U0145397

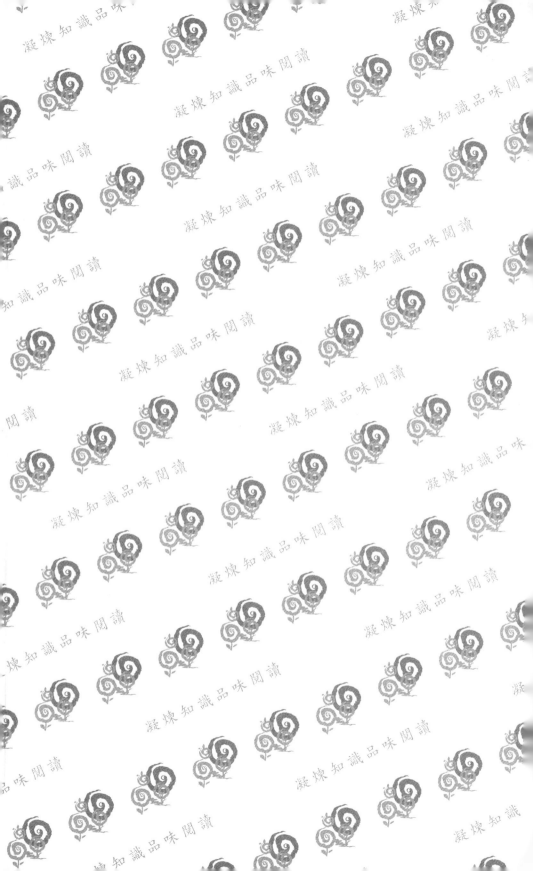

西洋哲學史（中）

16～18世紀哲學史

林玉体　著

Contents
目錄

前　言

　　由中古邁向現代，哲學體系更見龐大，且枝葉扶疏。一是歐洲大陸體系從法國的笛卡兒，到日爾曼的來布尼茲，二是海峽對岸的英格蘭及蘇格蘭的常識哲學，三是啓蒙運動的屆臨。其中所涉及的，有以哲學家思想爲中心的討論，也有以哲學問題爲主的議題。前者是哲學史上的大師陸續登臺亮相，後者則大體上以歐陸的理性主義（rationalism）及英倫的經驗主義（empiricism）爲主調：二者平行且分途發展，但並非不相干，卻紛然雜陳，且彼此貫穿其間。歐洲哲學家素來都是「國際人」，南北奔波，也東西遊學。一有著作問世，幾乎都爲他地學者廣爲閱讀、批判、評價、分析、闡釋，也因之蔚成學風。

一、新氣象、新觀點、新主張

(一)現代化思想的第一人

　　哲學史上幾乎公認法國的笛卡兒（René Descartes, 1596-1650）及英國的培根（Francis Bacon, 1561-1626）是思想史上劃時代的先鋒人物；前者以「懷疑」（doubts）爲爲學論點，此種態度乃與堅持傳統的學風大別苗頭。後者以實驗（experiments）爲重，證據第一，而不浪費光陰於故紙堆上。在科學與哲學分界還不十分明顯之際，笛卡兒被稱爲「第一位現代化哲學家」（The First Modern Philosopher），培根則穩登「第一位現代化科學家」（The First Modern Scientist）的寶座。學者研究或思考的對象，古今相同，不是客體（天）就是主體（人）；但研究或思考的方法及態度，卻先後有極大的出入。

　　現代與中古的分野，並非「二分」（dichotomy），也並不切割明確；相反的，卻藕斷絲連。中世紀教父哲學上的「唯名論」（nominalism）陣營，以具體實物爲研究及思考爲主，至於抽象的文字或符號觀念，那只是爲了方便而起的「名」，如此而已。此種遺緒，培根是克紹箕裘的。人們已厭煩於作爲文字、語詞，及標籤之奴。至於獨立己見之注重，不少中世紀學者不也相互攻伐，彼此不相讓嗎？

(二) 新語文之出現

　　宗教上的改革、天文學的地動說、地理上的大發現、科學儀器的大發明、印刷術的使用、中產階級之興起、現代式國家雛形初具等，都表示中世紀已告終。最明顯的事實，也是絕大多數讀書人的印象，是古文之式微。今文之力道，有如生龍活虎一般的漸漸取代拉丁而成爲學術用語。在過度階段，是古文及今文並陳；此一現象，猶如古代學術界中的文字表達一般，先是希臘語文坐大，其次是希臘語文及拉丁語文雙方作「雙重翻譯」（double translation），但最後則是拉丁語文一枝獨秀。有趣的是拉丁此種「古文」，命運先由不起眼轉而成爲中世紀以還各大學的「國際」及「學術」用語，卻漸漸地爲各地之「方言」（Vernaculars）所替換。英語文、法語文、德語文等之大量使用，已成時潮。培根及笛卡兒在拉丁語文造詣上都是一流，但他倆除了以拉丁語文著書講課之外，另也以英文（培根）及法文（笛卡兒）寫書。而史上最傑出的大戲劇家莎士比亞（William Shakespeare, 1546-1616）是與培根同時代的人，則全然以英文寫了三十七部戲劇。此外，寫作風格也與前有別，中世紀學者以古文（拉丁文）「評論」（commentaries）他人或先人之巨著爲主，現代人則時以古文時以今文提出各種論題之己見，謙虛地表達出對人類之天性、悟性、教育等的「某些想法」（some thoughts concerning...），排除「權威」之拘束，心態甚明。特別標舉「人」之尊嚴及生活之意義，較爲彰顯。

(三) 哲學家已不全限於大學教授

　　中世紀的大學者，幾乎清一色都是大學出身，且在名大學任教。以評注、闡釋、講述標準教科書爲主；但現代學者，已不完全由學術機關包辦。法國的笛卡兒從未成爲大學教授，荷蘭的斯賓諾沙（Barach Benedict Spinoza, 1632-1677）甚至婉拒日爾曼海德堡大學（University of Heidelberg）的教學禮聘；日爾曼的來布尼茲（Gottfried Wilhelm von Leibnitz, 1646-1716）更以實物爲務，教授頭銜不是他的致意所在。英國的洛克（John Locke, 1632-1704）雖在母校牛津教書，

但卻多半在政府單位擔任公職。愛爾蘭（Ireland）的柏克萊（George Berkeley, 1685-1753），身分是主教（bishop）。蘇格蘭（Scotland）的休姆（David Hume, 1711-1776）盼望在大學謀求教職卻未成。至於法國的「哲人」，多半是深度思考的文學作家。哲學園地已屬大眾所有。使用地方語文（今文）而不再側重古文，對哲學市場之擴大，更有助益。不過，日爾曼的黑格爾（Georg Wilhelm Fredrich Hegel, 1770-1831）說過，雖然康德（Immanuel Kant, 1724-1804）以德文寫作，卻是由於文字艱澀、抽象、隱晦難解，大眾才望而卻步。哲學家不必然是大學教授，哲學著作也不全部要使用拉丁文，但哲學之敘述，平實簡易與閃爍其辭，一目了然與詰屈贅牙，二者之差，何止天與地。

由於現代化的學者不一定如同中世紀一般的都屬大學教授，因而不必遵守高等學府傳統，或承襲過去權威；故講評論述，較可隨心所欲。凡有一得之見，若又能「言之成理，持之有故」，則可粲然成書。此外，中世紀的哲學家清一色是神學家，現代哲學家則不儘然如此。

「事實」與「價值」是兩種不同的領域，學者是大學教授或不在學術礱宮之內，這都是存在的事實。學者有神學家兼哲學家者，也有哲學家與神學家身分一分爲二者，這也都是事實；但二者分與合之價值，孰優孰劣，這是另一回事；分道揚鑣也不必然帶有價值上的必善或必惡結局。但在哲學史上，二者之分合，確是一種不爭的事實。對客體的大自然，及主體的人，進行研究，過程中一定要與上帝牽涉其內，或遠離上帝而不把創造主作爲思考中心，二者之「意義」，各有千秋。但時移勢易的是，中世紀，神的地位甚重；現代，則色彩已較淡，甚至與之揮手道別。神學掛帥的形上學家側重「目的因」（final causality），科學家則把注意焦點轉移到「動力因」（efficient causality），且以數學作爲決定一切之因。

總而言之，中世紀的神學是一切學之主，哲學只是它的婢女（handmaid）；其後科學萌生且勢大力壯，哲學似乎有變成科學的雜役女傭（charwoman）之趨勢。還好，介於神學及科學兩極端中間的哲學，十八世紀之前，仍擁有獨立自主

身分。倫理哲學、政治哲學、心理學，都帶有濃厚的哲學意味。

二、兩大學術主流

十八世紀之前的「現代哲學」，也是康德之前的哲學，大抵有兩大主流，一是歐洲大陸派之理性主義路線，二是英倫三島上的經驗主義哲學。

(一)兩主流互別苗頭

1. 歐陸的理性主義（continental rationalism），從笛卡兒到來布尼茲，向來皆仰賴理性，而不藉重神祕的靈感或情緒，且也拒絕採用超自然又神祕性的啓示眞理；此種傾向，英倫的經驗主義學者，也異口同聲地相互呼應。換句話說，「理性」分量之加重，全歐哲學家皆然！此外，由英吉利海峽形成兩岸之哲學分隔架勢，乃因對「知識」之起源問題有所爭執所致。知識論（epistemology）的相異理論，才使歐洲哲學分家。大陸派的歐洲學者咸認「先天觀念」（innate ideas）是存在的。海洋派的英倫學者則確信知識源於感覺經驗（experience），人性如臘板（*tabula rasa*），生來即一片空白，知識是後天的。前者認爲眞理或眞知，是「自明的」（self-evident），且在經驗之先，是「先驗的」（*a priori*）；後者堅信知識是要經過經驗檢證的，是後驗「驗明的」（*a posteriori*）。

2. 歐陸派較看齊於柏拉圖哲學：柏拉圖哲學以數學起家。數學上的基本觀念或名詞，如點、線、面，都不在經驗界中。中世紀的形上學家也幾乎皆同意此點。從此角度而言，中世紀及現代看起來沒什麼兩樣，都注重演繹法（deductive）。康德之前的所謂現代哲學家，更倚賴數學，視之爲一種「動態」（dynamic）學門，能夠展現活力的借用其符號，發展出解析幾何（analytic geometry）及微積分（calculus），不只可爲舊知識找到理性的紮實基礎，且更可開拓新領域；在這一方面，展現出與中世紀的固守舊知，大爲不同；且與英倫的經驗主義之墾荒相吻合，雖然英倫學者不承認觀念是「先天」的。中世紀神學家未悉數學上的大進步，頂多只能在舊學中溫故求暖，未能向未知領域進軍。「理

性主義」的學者卻能與「經驗主義」的思想家，攜手合作，在「知新」上大展鴻圖。從此，人類的知識更擴張得一日千里了。「理性」是人異於禽獸的重要分界。英倫經驗主義者莫不重視「理性」，但所謂的「理性」，是要經過「經驗」檢驗過的。歐陸學者的理性，則依數學運思。二者殊途而同歸。數學運算最是清晰（clarity）、「明確」（certainty），且秩序（order），不必擔心個人情感上的主觀或意氣，而妨礙真知的獲得。數學答案無人可置喙、敢插嘴，不像文字語言之嘮叨、囉嗦，且歧義及曖昧充斥。即令如倫理學，也可成為一門如同數學一般的牢靠學門。笛卡兒及來布尼茲在這方面是信心十足的。

數學運用於物理上，是無役不成的；但若以為取數學方法也可以在一切學門上皆能運作自如，就太誇大純數學的功能了。天文學家伽利略（Galileo, 1564-1642）曾經有如下的豪興，他說：上帝手寫哲學於一本宇宙書中，除非懂得該書的文字，否則吾人就不悉該書的內容。該書的文字是數學。來布尼茲醉心於符號邏輯的數學演算，一切的哲學論爭，都可因之止息。其實，英倫三島的牛頓（S. Issac Newton, 1642-1727），幾乎與歐陸的來布尼茲同時研發出高等數學的微積分。而其他的哲學大師，同為劍橋大學的其後名教授懷德海（Alfred North Whitehead, 1861-1947）及羅素（Bertrand Russell, 1872-1970），不只在純數學上聲名遠播，且後者對邏輯之研究也在學界稱雄，熠熠發亮。不過，那已是二十世紀的事了，不在本冊的時間範圍之內。

2. 以懷疑起家的笛卡兒，此種為學態度，配合以數學為解疑的方法，是現代哲學的最大特色。法國思想早有懷疑主義（scepticism）傳統，人文學者孟登（Mitchel Eyquem de Montaigne, 1533-1592）以重振懷疑古風為尚，認為感覺經驗是無足信賴的，相對性的，不能作為確定真理的準則；又堅信人無力建構某些形上體系，形上學說是人云亦云。人不如謙虛些，自認無知，也自覺心靈力的欠缺與脆弱。妄自尊大，非人文學者的風範。

但鐵定的事實，也要懷疑嗎？此外，懷疑本身，是不疑的，不可能連疑也疑。此種形上論證，不只有效，又可破疑。其次，數學的運算，答案絕對，且確

定永恆不變。至於存在的世界有兩種成分，一為物質，一為精神；二元論（dualism）不也是肯定的嗎？由「疑」而生「信」，則「信」更堅定更不「疑」。

(二) 演繹、歸納、理性

1. 數學及演繹法是現代哲學的一重要層面，經驗界的資料以及由實驗而生的事實，正是知識增進的不二法門，歸納法也不可或缺。傳統、習俗、權威，已失去學者信心。事實上的知識，只憑感官而來，而非「先驗」（a priori）的推理。先天理念或原則之確信不疑，必有待感官經驗予以佐證；否則公理或定論，都成空談，也是教條，無人相信其為真。取教父哲學的名實之爭的用詞來說，純數學推論，只是「名」而已，經驗資料才「實」。唯名論（nominalism）的後座力，穩紮在現代哲學家心中；數學及演繹法（deductive），結論是斬釘截鐵的帶有絕對性；感官經驗界所依的歸納法（inductive），只能得到暫時性、相對性、可能性的答案。只是前者在原地踏步，後者則是往前直衝；經驗及感官印象，才是擴充知識的最可靠源泉。感官印象有二，一是五種外感官（external sense organs）所得的印象；一是內感官，即心的感受，來自於「內省」（introspection）。

2. 現代又稱為啟蒙時代（the Enlightenment），尤其指的是十八世紀時代。啟蒙時代又稱為理性時代（the Age of Reason）。但理性之運作，不光指理性主義者的理性而已；也包括十八世紀的洛克及牛頓，二者大唱經驗主義。其實，人之理性運作，且以理性作為最高層的人性，自柏拉圖以還即如此。而理性功能之展現，也正是哲學家之成為哲學家的最大資產。啟蒙運動此一名詞，是帶有歷史意義的，旨在對嗆中世紀的唯權威是從，或以啟示真理此種來之於情意的一種反動。「啟蒙」（Enlighten）之字意，表示人們不該被蒙住的生活於洞穴中，卻要啟開遮住陽光的蓋子，使陽光普照大地；如此的萬有一切，才能回春，生機盎然。以理性來解疑，鬆開韁繩，跳出網羅，遠離束縛與枷鎖。誠如牛頓之所言，解「天」或「大自然」之謎，必須運用毫無偏見且自由自在的作理性觀測；至於

「人」或「小天地」（小宇宙）之疑難雜症，如道德、倫理、社會，及政治經濟上的沉疴，理性也可以藥到病除的不再受迷信、符咒、魔鬼所欺。宗教更得依理性才能信之仰之；啓示，若未有理性爲基，則不可信，最少不可全信，更不要盡信；切不可依情憑意氣作爲信仰的依據了。最與群眾息息相關的倫範教規，該獨立於形上學及神學的前提之外，讓道德學單獨成科；法律、經濟，及政治學，也該如此。自然之學既已明顯的成爲「自然科學」了，則人之學也該早日成爲「人文科學」。自然之學應擴大版圖，及於人文科學；前者之進步是日新月異，新知頗有進帳；後者也該追隨前者之後，大展鴻圖。

但啓蒙時代的哲學思想，並不單一，卻也是複雜且多層面。宗教上有人信上帝，有人則是無神論者；知識上有人肯定自明之理的先天觀念，有人則信賴感官經驗；社會實務上，法國人反彈舊政權（*ancien régime*）及天主教會，英國人早有革命之舉，天主教信仰之權威性及啓示眞理已少有人作爲憑依，但卻一仍其舊的是全英的國教。英法兩國哲學家對教會之敵意，深淺度自不相同；法國學者對人性之物質及肉體上的闡釋，較英人強烈。

換句話說，「理性」之抬頭，是啓蒙時代的特色；但理性之運作強弱度，則屬程度問題，而非性質的有無問題。不過，英吉利海峽的兩岸，哲學家之相互影響，倒是十分顯著；如同中世紀的大學一般，是國際性態勢。矛頭都指向著絕對主義，包括政治的、宗教的，及倫範的。

3. 「進步」（progress）是啓蒙時代的代名詞：進步指的是往前進（forward），也是往上進（upward）；而非往後看（backward），甚至向下沉淪（downward）。爲達此目的，哲學家的言論及著作，啓迪眾人或平民，爲第一要務，非局限於少數的精英。此種趨勢，終於爆發了1789年的法國大革命，悉數摧毀原有體制。在新大陸，更早了十多年而出現獨立建國運動（1776）。人心之解放，以及帶有人道及情愛胸懷的理性主義這種十九世紀的精神，都可以說繼承了啓蒙運動者的衣鉢。由人組成的社會中，最直接與個人發生權利及義務關係的，莫如政治。進步觀念引發了政治哲學家思索由理性而生的政治組織形態及

運作問題，因之，理性化的政治哲學家輩出。

　　進步只能賴理性，憑神性則反其道而行；此種史觀，正是啓蒙運動時大部分歷史學家的心態。理性時代的史家，譴責中世紀的人犯了偏見。其實，自以爲不偏不倚完全賴理性作歷史評價者，難免也以道德掛帥之心來評斷史實，此種觀念與中世紀神學家之歷史著作無大差別。

壹｜歐陸哲學

第一章

笛卡兒（René Descartes, 1596-1650）

笛卡兒是法國人，生性聰穎，又好學深思。1604年，其父送他入耶穌會（Society of Jesus）創辦的學校就讀，8年時光（到1612），學習邏輯、哲學，及數學。

我總覺得我不會比同學差，雖然他們之中有些人註定可充作我們的老師。

耶穌社是舊教徒力抗新教對天主教的批評而興起的改革教派，尤其重視信徒之教育。笛卡兒其後對傳統教育甚為不滿。孩提時除了數學一科之外，其他學門他都厭惡；不過他也持平地說，耶穌社中的教父，令他尊敬也深愛不已，比起其他當時的教育措施，他算是最為幸運的。令他遺憾的，是教學上的各種講解，論證力脆弱；哲學課時老師要學生說出一些真理，但老師卻是所知不多，幾乎無一不引發爭議，也無一不令人起疑，唯有數學才既確實又一清二楚，這也是他獨鍾該科的主因。

著作語文以拉丁為主，其後譯為法文、英文、德文；旅遊歐洲各地且從軍，從荷蘭抵瑞典，是應瑞典女王之邀向她講授他的哲學，時為1649年9月，北歐冬季嚴寒。笛卡兒習於躺在床上沉思冥想，但女王卻要他早晨五點即到她的圖書室授課。笛卡兒本來就身體不健壯，又染上風寒，終於在1650年一月不支而辭世。他脾氣好，心地仁慈，對僕人大方慷慨。雖有至交，但卻深信，退隱於世過寧靜生活，才是他的最愛。一生不婚，是個虔誠的天主教徒。生性膽怯懦弱，謹言慎行；即令他內心中深信，擬建立一套全新的哲學體系，必不會誠心純意地信奉天主教教條。卻也指出，通往天堂之道，對無知者及博學者而言，都是開放的。啟示性的神祕道理，遠超出人的知識範圍之外，因之，避免觸及純神學的爭論議題；光以理性來解決，已夠令人操煩的了。自認是數學家及哲學家，而非神學家，也據此作為他言行一致的基地。

第一節　方法論

依理性來尋求哲學上的眞理，畢生致力於眞理的追求，眞理是絕無誤的，是自明的，也不是繁多的，卻是建立知識大廈的基座。懷疑論對眞理的腐蝕及破壞，他要迎面擊之，此任務急迫且必要。他把哲學定義爲一種智慧的研究，而智慧之尋求，不只在實務界中中規中矩，且盡悉一切知識到完美的程度。因此不只可以身心健康，且也可藉之發明各種技藝。依此定義，哲學包括形上學及物理學或自然哲學；前者是樹根（roots），後者是樹幹（trunk）。經由幹而生枝（branches），即其他科學，而以醫學（medicine）、力學（mechanics），及道德學（morals）爲主要的枝葉。

哲學有二：

形上學（後物理學）（metaphysics）

物理學（自然哲學，physics, natural philosophy）。物理學有三種：

醫學（medicine）、力學（mechanics）、道德學（morals）

道德學是最完整之知識學問，也是獲智慧的最後境界。

由此可見，哲學最具實用價值。任何國家的文明，也以此來評價高低。以樹作喻，果實是長在枝葉上的，而非生在根或幹上。「始」上看不出果，「終」才現出「果」來。笛卡兒此種比喻，在「經驗事實」上是有漏洞的，花生或蕃薯之果是長在根上的。其次，依他的此番見解，倫理學該是他最強調的學門，但終其一生，他奮力以求的卻是對方法學用力最勤。《方法論》（*Discourse on the Method of rightly conducting the Reason and Seekig for Truth in the Sciences*）。該書於1637年出版。

一、理性

(一)理性乃是唯一的治學根據

笛卡兒自始即自覺且有意的與過去權威切割，尤其與亞里斯多德的哲學一刀兩斷。據亞氏之言爲己言者，他不容情地指出，這些人死抱亞氏不放，也不曾眞正了解亞氏之說，還以爲亞氏著作可解題；其實，亞氏對該種議題並未有隻言片語，且也可能從未想過該議題。笛卡兒豪氣干雲地說，憑自己的理性，而不要取權威爲依。

1. 儘量避免一種心態，把清楚且有證據的理念，與猜測的或頂多只具可能性的理念，混在一起。教父哲學犯此錯者最多，把或然性當必然性。知識只一種而已，即是絕對無誤性的知識，那就是數學。

2. 觀念之準確性，標準有二，一是清晰（clear），二是明辨（distinct）。最清晰的概念，莫如數目字、符號，或具體事實。若有兩種概念皆符合此一要件，而必要同時並列，則二者必須「有別」，即二者截然不同，這就有賴分析（analysis）。A及B之理念皆一清二楚，但舉A也得舉B，乃因二者有差；如二者皆同，則舉其中之一即可，不必浪費口舌與文字。A與B若既清晰又明辨，則A與B之存在，必有下述四種「又清晰又明辨」的變項，四者不只清晰且也彼此有別。

A	B
T	T
T	⊥
⊥	T
⊥	⊥

3. 依過去的課本得到的知識，或根據古人之說而得的信念，價值不高。在這方面，他特指亞里斯多德主義（Aristotelianism）及教父哲學（Scholasti-

cism）。其實，教父哲學中地位最高的托瑪斯也早已有言，訴諸權威是哲學論證中最爲脆弱而不堪一擊的。笛卡兒並非百分百地否認先人說法，但前賢之智慧，有必要從新發現；眞理之出土，也須有一套「方法」，系統的從基本及無可置疑的前提出發，且要求「既清楚又明辨」（clear and distinct）的予以表達與展現。

4. 懷疑論（Scepticism）比教父哲學（Scholasticism）更是他的大敵：他立志要以正確爲學方法，來建立正確的哲學體系，要件是先有個基本不可疑的前提。他不認爲先賢之主張皆謬，也不相信前哲之言論皆是；「懷疑」是爲學的第一要件。但熱愛數學的他，產生一種心理，即對數學之演算是深信不疑的，也最合乎方法上的要件。數學方法是追求眞理的唯一可靠方法，因此該應用於數學以外的所有學門上。數學方法不只對數學之獲得準確答案有效，且對其他學門也是萬應靈丹。因之，方法只一種而已。此一論點就與亞里斯多德不同了，亞氏認爲各學門各有不同的研究方法，研究倫理學之方法，不可與探討數學的方法同。

(二) 方法

笛卡兒所謂的方法，是制訂一些「確實」又「容易」的規則（certain and easy rules），「人人得精確的遵守之，不准以假當眞，也不需虛耗精力，卻能一步一步的增加知識，抵達眞正理解的程度；凡不逾越其能力範圍之外的一切，皆能了解」。此引言有數項要引伸，一是人的天然稟賦，與此（方法）息息相關。方法需佐以心靈力的運作，否則光有規則、技巧、方法，仍無濟於事。一是天然稟賦若不受其他因素的干擾，則在心靈能力充分運作下，可以充分發揮理解力而不致有誤。方法之用，旨在防止其他因素的介入；所謂的其他因素，即偏見、意氣用事、不當教育的影響、無耐心，匆促求結果，導致於心盲了，理也盲了。方法是準繩，人的心不可妄自「我行我素」。

心之運作有二，直覺（intuition）及演繹（deduction）：「這兩項心靈力的運作，使人人能夠完全免於幻覺，不必耽心不能求得知」。

1. 直覺：「直覺之心，完全來自於理性之光」。直覺時，心的理性運作是

清澈無雲的，且也聚精會神，因之絕不有疑在。直覺純屬心智的活動，所見既一清二楚（clear），也彼此有別（distinct），滿足此兩要件，當然可以掃除懷疑。直覺之確定性，與感官之動搖性及判斷之有誤性不同。

2. 演繹：是從已知推論出來的。該已知的知是真，且絕對的真。演繹是一種過程，是有程式的，是動態的；直覺則是靜態的。二者都是步向知識的最可靠途徑。

首先，滿足清楚及有別的要件，內心絕不有疑；把一切的疑都置於前，系統的一一予以排除。

其次從最簡單的命題下手，釐清曖昧及混淆的命題，然後一步一步的邁向複雜的命題；將任何困難命題予以分門別類，一一檢驗。此規則或方法，後稱之為「分析」（analysis）或分解（resolution），具有擊砰（breaking down）性，把繁化為簡，把難整為易，把遠拉近。換句話說，這是數學方法。但他認為歐幾里得的幾何有嚴重缺點，因為「公理」（axioms）及第一原則（first principles）是未經證明的（justified）。換句話說，幾何學家未說明他的公理或第一原則怎麼得出的。只有分析法或分解法，才能奏功，也因之才屬具有「發現力的邏輯」（a logic of discovery）。他舉他的名著《沉思錄》（*Meditations*）之「我思故我在」（*Cogito, ergo sum*）為例，證明由「我思」而得「我在」的此一過程。即令形上的基本真理，也能在按部就班的程式中，清晰又有別的展現出來，發現出來；把雜多的知識資料，化成最基本及初始的存在命題（the primary existential proposition）。笛卡兒本人對解剖學深感興趣，且在物理學上也進行一些實驗，將物理學當幾何學看。

最後，綜合（synthesis）或「組合法」（method of composition）：把各簡單的元素作一統合，也是一步一步按序的由下往上一層一層提升，不可遺漏任一步驟；且層層之關聯性緊密扣合。分析法有助於發現新事實，綜合法則把已知一清二楚的予以展現。

我存在，此種「知」是直覺上的知；經過分析之後，「我思故我在」此一命

題即出現，由此也可直覺的知上帝存在，及物質也存在。這些都是既清晰又明辨的理念。

二、先天觀念（innate ideas）

有些觀念或知識，是先天生成的，非後天的努力可得。這些先天觀念，一「思」即得；且先天觀念是永恆的、絕對的、無時空性的真理（eternal truth）

若A與B都等於C，則A等於B

(一) 先驗（a priori）

1. 人習慣上常說，某些疾病出在某些家庭裡，原因並非某些家庭的「嬰孩在母胎後才染上了病，而是本來即在性情上感染某些病」。

此種「先天性」在人心上所生的「性情」（disposition），就是會「想」會「思」（thinking）。許多「共同觀念」（common notions），也是普遍觀念（universal notions）之出現，正是在經驗之先早就存在的，稱為「先驗」。驗有先天及後天之分；「經驗」（experience）是後天的。既清晰又彼此有別的觀念，都是先天的。有些觀念如上帝，雖在嬰孩內心中未成為成熟的觀念，卻是一種潛能，一旦時機成熟，或機會來臨，就「自明」的生出上帝觀念，好比鳥有飛的先天能力一般。並非小鳥一出蛋殼即能翱翔於天空，而是要等羽翼已豐時。先天觀念之出現，不必賴感官經驗。笛卡兒雖也認為物理學該進行一些實驗，但他卻把物理學當幾何學看待，不像培根之成為經驗主義者。不過，感官經驗可以把先天觀念「激」出來。

2. 先天觀念既清楚又彼此有別，感官經驗則是偶發的、行險的（不保險）（adventitious）、混淆的，也是「虛幻不實的」（factious），有時是由想像所建構的（the constructions of the imagination）。借用亞里斯多德的話，先天觀念

是內心潛能性（potentialities）的外在實現性（actualization），也是人性本固有的。此種性，來之於天，來之於上帝。

3. 共相及形上，屬先天；形下的物理「原則」，由先天觀念所生。感官經驗是形下，是殊相；其功能或角色是提供「時機」（occasions），促使或刺激先天觀念從潛能性而形成實現性，猶如嬰孩出生，種子長芽一般。此外，感官知覺是外在的，先天觀念是內在的，二者一呼一應，知識於焉完成。物理學是感官經驗之學，實驗以證明（verificatory experiment）是必要的，最後也激出萬有一切（包括物理學）的形上原則，那是先天觀念了，也是真正科學知識之所在。若只具「經驗上的假設」（empirical hypothesis），是不足的。

(二) 疑

1. 懷疑要有方（methodic doubt）：以絕對真理作為知識追求的目標，有必要疑時就須疑，師遇生不疑時，也得教他起疑。

> 我希望自己悉心致力於追求真理，卻想採用一種顯然是相反方向的為學法，即令疑再如何無根無據，我也拒絕承認那是絕對錯誤。這是必要的，以便因此可以看出，是否存在於我的信念裡的觀念，完全是確信不疑的。

此種為學態度真是上乘，疑我所信者，縱使無理無由，我也「包容」「寬諒」。這不是伏爾泰（Voltaire, 1694-1778）一句名言的翻版嗎？

> I disagree of what you say, but I defend to the death your right to say it. （我不同意你的說法，但我以生命保證你有把它說出的權利）

我自己一點都不疑，對方竟然還疑。此刻，我也拒絕說對方全錯。這種風度，是謙謙君子的具體表現。或許對方辭窮或智低，找不出讓我心服口服的可疑

處。「信」或「疑」，「眞」或「假」，不能全由我說的算。當然，不可只爲了反對而反對，或爲疑而疑；也許是持疑者還未「眞正的」找到疑點。即令信，也有百分百的信、膚面的信，或是暫時性的信。許多信，只不過是柏拉圖所指斥的「意見」（opinion）而已，而非「知識」（knowledge）。

疑與信，採取笛卡兒的態度，理論上可，行爲上則問題多多。道德或法律準則，若都只俟確信爲眞時才予以遵守，一定帶來極大的不便。

2. 疑的範圍：感官經驗，常是騙人的，但也不該過分誇大五官欺人的事實。比如說，「我覺我的身體在。在睡眠中，我睜著眼，搖著頭，伸出手」等；或許這些特殊的現象都是假的，不過無論如何，數學之公理，卻是最眞不假。

因爲不管我醒著或睡著，2+3就是5，四角形一定不會超過四個邊。

此種眞，既明晰又顯然，「再也不應淪爲不確定」（suspected of any uncertainty），因爲都找不到反例。上舉的例子是從無騙人的。「經驗命題」（empirical propositions），則是可疑的；「分析命題」（analytic propositions）是絕不疑的。分析命題就是數學命題。

「疑」必因「思」。笛卡兒把知識論的「思」與本體論的「在」二爲一。我「思」故我「在」。我就是我，這在邏輯上是「套套言」（tautology），必眞；我思，思不是「我」的「偶有性」，卻是「本有性」。因之，「我是我」，及「我思」，二者等同；同時，「我在」也一齊同在。我、我思、我在，三合一。

第二節　我思故我在

「我思故我在」（*Cogito, ergo sum*, I think, therefore I am），是笛卡兒流傳千古的哲學名言，也是他運用「方法」解「疑」（methodic doubt）而使他最後獲致豪不疑也絕不有誤的眞理。

有疑，是一項不爭的事實。既有疑，則必有有疑的主體在，否則，疑又由誰而生？那個「誰」，就是「我」。因之「我疑，故我在」（I doubt, therefore I am）。而疑之生，也必因人會「思」，會「想」；所以「我思，故我在」。此種推論，又那有差池？即令有個天才型的壞蛋（evil genius）來騙我，但我之存在，也由此可證明──「我被騙故我在」。縱使我在作夢，也必然有個作夢的「我」存在。其實此種說法，四世紀的奧古斯丁早就提出，「*Si fallor, sum*」，「騙（fallor）」與「疑（doubt）」，都不妨「我」之存在。

一、「思」與「在」之關係

我「思」，故我在。注意，此句話道出只有我「思」時，我之存在才「眞」；若我「不思」，則我就「不在」。

> 若我一點都不思，停止了思，即令我剩下的時刻都以爲我眞的存在，我也無理由認爲我是存在的。

之所以產生上述的說法，都因爲人有「先天觀念」（innate ideas），而不必藉三段論式；否則三段論式在此的「大前提」（major premise）──「凡思，必在」（everything which thinks is or exists），必得先予以肯定爲眞，但這是不必費辭的，因爲該大前提本諸於「不必經證明」（自明）的先天觀念。三段論式如下：

凡思（想），則必在

我思
————————————

我在

　　笛卡兒的「我思，故我在」，並不先提出「大前提」——「凡思，則必在」；省略了大前提無妨，因為該大前提來之於先天觀念。而凡來之於先天觀念的，必真無疑；先天觀念是直覺的，不必論證，是自明的。前已言之，「凡人必死」（大前提），這是「先天觀念」；加上蘇格拉底是人（小前提），所以，蘇格拉底必死（結論）。

(一)心的功能

　　不只「思」是如此，猜測、想像、感受等也是如此。也因「我猜測，我想像，我感受」等，而證明「我在」。

至少下述是確實不誤的。我似乎看到了光，聽到了聲音，感到熱，這是不會出錯的。正確的說，稱之為感受的（feeling）。正確的使用上述諸句，也只不過是「思」（thinking）。

他也指出：

從「我在想，我正在走路」此一事實而言，我們很正確的推論出心之存在。心在，才想到我在走路，而非身子在走路。

我作夢以為我在走路呢？那也是因為我存在，所以才會作夢。我作夢是真的，而非我真的在走路。同理，若我「想」，我看到了太陽或聞到了玫瑰花香，則必然是因為我存在，即令實際上無太陽也無玫瑰花香存在。

「心」是主體，也是主觀的；物（如日、花）是客體，也是客觀的。

1. 我思故我在，是絕不出錯的真理，也是笛卡兒的哲學第一原則，既具體也實在，絕非玄之又玄的形上理論。至於上帝的存在，以什麼來證明呢？不管有多少人懷疑上帝之存在，但這些人總不該不肯定（懷疑）自己的存在。「我疑我存在」，是自相矛盾的。出口說：「我疑我之存在」，但這麼說時，已不得不肯定自己的存在了。

2. 人是身心二元的：心才會思，身是不會思的。「我思」，即表示「心」在運作，故不只我在，心也在；那麼，「我不思」呢？依邏輯推論「我不思」，則可能我在或可能我不在。「我思故我在」，是必然的；我不思，故我之在或不在，是或然的。若A→B（我思故我在），則-A→（Bv-B）。如「蘇格拉底是雅典人」，「非蘇格拉底是雅典人或非雅典人」。柏拉圖不是蘇格拉底，但也是雅典人；笛卡兒也不是蘇格拉底，就非雅典人了。因之：

心思，故心在；（身）物不思，故（身）物在或不在

「心」不在焉時，物在也「裝」（feign）不在。臺灣人說小偷是狀元才，資質高，是「天才」（genius），但卻使壞（evil）；詐騙集團耍欺騙技倆，使人信以為真，把真當假，以假當真。《紅樓夢》有言：「真是假時假亦真，假是真時真亦假」。懷疑論者「誇大了疑」（hyperbolic doubt），好比克里特（Crete）島上的人提出「謊言詭論」（liar paradox）一般的陷入真假莫辨的迷陣，但鬥不過「我思故我在」這一佈局。

3. 我思故我在，只能證明會思的我是存在的，以及心是在的，但不證明心之外的物或身是存在的。當然，也不否認身或物之在或不在。該句只單純的證明「思」在，至於「思」以外的，則不保證在或不在；且也只保證會思的我存在。至於我不思時，或我不能思時，我之在或不在，不包括在內。「思」包括「想」、「疑」、「了解」、「領會」、「確定」、「否認」、「意願」、「拒

絕」，同時也把「想像」及「感受」包含其中。

4. 人是身心二合一的，這是「本體論」（ontology）的說法；但在知識論
（epistemology）上，身心卻是分開的；因為只心有「知」的功能，身則無。心
屬精神，是「靈」（spiritual）界的，身則是肉體，物質界的（corporal, mate-
rial）。

「想」有動態及靜態兩種，即當動詞用的「正在想」（thinking），及當
名詞用的「思想或思維」（thoughts）；二者都有個「主」（thinker），但該
「主」不是「體」（corporeal），是看不見的，五官也不及的，卻一定「在」，
是一種「東西」（thing），但卻非「物」（matter）。

5. 比較下面句子中的「我」，是否有分別意義：

(1)我思故我在

(2)我下午到公園走一走

(1)的「我」，比較屬於其後菲希特（Johann Gottlieb Fichte, 1762-1814）的
「超驗的自我」（transcendental ego），(2)的我則是「經驗的自我」（empirical
ego）。不過，笛卡兒所謂的「我」，是作為會思的我；也是極為具體的我。(1)
句中的我，與(2)句中的我，二者皆「清晰」，也「有別（明辨）」。

(二) 真理的兩大效標，清晰（clear）及明辨（distinct）

1. 奠定「我思故我在」作為哲學第一原則，也是準確不誤的絕對真理之
後，他由此推出檢驗真理的兩大規準（criterion），清晰及明辨。

> 心力集中時顯然呈現在眼前者，如同眼睛清楚地看見，眼力也充分地作用其
> 間。

這是「清晰」。清晰之外，若彼此顯然不同，則是明辨。清晰與明辨，二
者須兼備，缺一不可。這種條件在數學最為鮮明，不只能服人之口，也能勝人之

心，是沒話說的。數學演算的一清二楚，各步驟又截然有別，又有誰不心折呢？

我被騙，故我在；不也是證明我存在的理由嗎？表示我受騙。因之，信、騙、眞、疑，都撼不動「我在」此一事實。同理，上帝之存在，也是如此。人「想」到己之不完美，有限（finite）世界之不完善及欠缺，「必然」會思及「無限」（infinite）界之完美（perfect）。出現完美觀念，這是少數人獨享的特有觀念（a privileged idea）；抄本（copy）一定不全等同於原本（orginal）；從經驗界中的不完美，以抵心中之完美，那就是上帝。此一觀念也既清晰（clear），又與別觀念顯然有別（distinct）。上帝存在的觀念，絕非心靈力的虛構，卻是如假包換的；也非來自於感官知覺，卻徹底屬於先天生成，其清晰度及有別度，「如同工人鑄造的印記一般」。上帝造我及創人時，早就把它置於我及人之中，並非嬰孩呱呱墜地「後」才生出上帝之觀念，而是這個初生兒早就有該觀念的「潛能」，內存而非外生；如同蘇格拉底擬遵守的神諭「知爾自己」一般，內心中早有一股激力，蠢蠢欲動。知你自己終得靠自己，外力頂多是協助、配角、幫忙而已，主角是「你」自己。

用現在簡單的邏輯符號來解下述論證：

「我思故我在」的符號化爲A→B（A：我思，B：我在）

我不在，故我不思，-B→-A

這兩命題是相同的。

我之所以會「思」，是上帝所賜予。一出生即有思的功能（faculty），也是潛能（potentiality）。由此「推出我思故我在」或「我思故上帝在」，就這麼簡單。

上帝不會耍詐，也不招搖撞騙，上帝是完美；只有能力欠缺者才使出欺人的下策。不完美因欠缺完美，故有一股內力向完美進軍，人是不完美的。

2. 繞此種「邪惡的循環」（vicious circle）圓圈，何解？要證明完美（上帝），就得先肯定不完美（我）；但也由於有不完美，所以才要求有個完美。二者不知誰先誰後，好比雞會生蛋，但無蛋則何來雞？也如同三段論式的大前提

（凡人皆死，all men are mortal）之所以爲眞，必是由其結論（蘇格拉底必死，Socrates is mortal）一般，這是在繞圓圈。同樣，爲了證明「蘇格拉底必死」，也得先肯定「凡人必死」。因之，繞圓圈是無止境的，沒停頓點，周而復始，始而復周。可以「武斷地」如同亞里斯多德的論證，上帝是第一動者（God is the First Mover），是個「不被推動的動者」（unmoved mover）嗎？解此難題，只好祭起奧坎剃刀（Occam's Razor），利刃斬亂麻，而以「清晰又明辨」爲效標。「我思故我在」，及「我思故上帝在」，兩種命題，皆合乎該標準。最能信而不起疑的，就是滿足該兩準繩，如同數學一般，又有誰不信其爲眞呢？誰能否認三角形三內角的和等於兩個直角（180°）？

「知」絕不有誤者，是既清晰又明辨的理念。此種理念至少有三：

三角形三內角的和，等於2個直角。

我思故我在。

上帝存在。

二、本體論證（ontological argument）

「我思故我在」的論證式，屬於本體論證。本體論證是本質性的（essential），而非偶有性的（accidental）；是本有的。「人」之本有性，就是「思」；疑也是一種思。本體論證不該淪爲文字之爭，如「一直線形成的三角形」（rectilinear triangle），那是虛構的，不存在的。那種三角形，三內角的和也不會是180°（兩個直角）。

此種本體論證，與因果論證有別。卻引發其後來布尼茲的質疑與挑戰。本體論證的兩大效標，就是「清晰」及「明辨」。笛卡兒是數學大師，來布尼茲也是數學奇才，仙拚仙。數學是純推論性之學，屬先天性的而非「後驗」（a posteriori）型的。人之「本質性」，是「身心合一」體，此一命題，不涉及身心孰先孰後的因果問題，猶如人有兩手，搖擺雙手時是左先或右先等爭議，純屬虛幻，

了無意義。潛能性與實現性也是屬「本質」性，必因其「有」且也必「存在」。作為人的「我」，是如此，「上帝」更是如此。這些「觀念」，是先天，且皆「明晰」又「有別」，準確無誤，不必疑，更不必多疑。

(一)物或身（bodies）之存在

既以「清晰」又「明辨」來證明「我」及「上帝」存在，關鍵字是「思」。思是作為人的本質。但身或物是不會思的，因之，物或身是存在嗎？身或物是會動的，心則不動。動表移動或擴延（local motion or extension）。

1. 身與心之關係，類似船（ship）與舵手（pilot）一般。教父哲學的教父們咸以亞里斯多德的形式（form）與資料（matter）作喻。心具有生理上、感覺上，及知能上的生命；托瑪斯還認為心予身以生命，使人之體變成人體，而與動物之體有別。身心合一，身會影響心，心也會左右身；二者的互動，極具經驗事實，既清晰又明辨，二者都非只彼此糾纏於局部而已，而是全面的。不過，二者關係之密切，比重不同，尤其在腦（brain）及在心（heart），二者之交集最頻繁，也最敏最銳。但

> 若再更仔細檢驗，我早就確定，身的部分被心的功能所立即影響的，不是在心，也非在全部的腦上，卻只不過是在最為內部的部分，即一條非常小的腺，位子在身體之中間部位，上面懸有導管，在內腔（anterior carities）及後腔（posteior carities）之間流動著「動物精靈」（animal spirit）；只須稍動一下（最輕微之動），就足以大大的更改該精靈的動作步驟，且互惠似的，該精靈的極微小之變，也牽動了該腺的大變。

上引語中的「動物精靈」，指的是在「血液裡最活躍也最微妙的部位」，注入於腦腔裡，是物體中「最為精細微小者」（extreme minuteness），其動迅速無比，如同火炬上冒出的焰一般，運作於神經及肌肉上，使身體有各種不同的動。

其後的醫學生理學指出，他所謂的腺就是「松果腺」（pineal gland）。

2. 心之屬性是「思」（thought）：物的屬性是「延」（extension），即有長短（length）、寬窄（breadth），及深淺（depth）、大小（size），及形狀（figure），都是它的客觀現象。這是「心」及「物」的第一性（first qualities）。

第二性（secondary qualities），即色（colour）、音（sound），及味（taste）等五官之覺，並非客觀的存在，只存在於心中。「第一性」既清楚又明辨，第二性則否，經常都是曖昧不明，混淆不清的。

物之存在是不可爭的，人憑感覺所得知的物，不一定就是物的本身。但物之具有「延」性，卻是既清楚又具明辨性。物的延性，也就是物的自有性，也是物的「先天性」（innate ideas）；至於色、聲等，則是「外臨的理念」（adventitious ideas），由物刺激人的感官，而生色、味等感覺。

3. 動與靜：坐船的人，姿勢不變動，也可從甲地抵乙地；不變動的身體姿態維持的時刻，稱為duration（持續時間）。比如說一場網球賽中，參賽的雙方持續多少時間才贏得一分。上船以後持續坐著不動，俟船抵岸時才改變身體姿態（如起身準備上岸），此種時刻也叫作duration。不具「持續連接性」者，前後時間稱為time，那是一般性的稱謂。time是客觀的，物理的，一般性的；duration則是主觀的、心理的、個別性的。

物之動與靜，都是不爭的事實，是上帝創造萬物的準則。此種「形上學」，支配了物理學。動則恆動，靜則恆靜。拋物體（projectiles）的行為即是如此。拋球之後，球雖離手，但球續往前行進（動），除非受阻，否則它就前進不休；由於空氣阻力，球速乃漸減。動則恆動，靜則恆靜，這是物之第一法則。第二法則即動的方向是直線的，但若遇到他物，則就轉了彎，甚至出現圓形；而圓形的動，離圓心越遠則速度越快，否則則越慢。

第三法則：直線往前動的物，如遇他物阻止之，無法續往前動，則只是變了方向，其他並未變。若己力大過於他力，則他力隨己力而變。

上述是笛卡兒的運動三律。

(二) 人異於禽獸者幾希？

1. 理性是人與禽獸的最大差別所在。笛卡兒堅信，動物無理性。他也不認爲動物雖也能「說話」，但不會「理性的說話」（talk intelligently）。部分動物有說話器官，如鸚鵡，但該種鳥知悉說出的聲音代表何意嗎？曾發明表達思想的記號嗎？動物容或有表意之情，那也只不過是一種本能，或自動的，而非帶有較複雜的意義在其中。人即令再如何愚蠢，總是程度上比動物高出一籌，更可以文字來表達內心的想法，連啞吧也學會工具以說出內心的理念。有些動物之器官，精緻如鐘錶的齒輪，但齒輪也是人所造的，而非動物所作出來的成品。

笛卡兒因之不得不說，動物只不過是一部機器（machines）或機械裝置（automata），甚至部分人體也是如此，如呼吸（respiration），消化（digestion），血液巡迴（circulation of the blood）等，在這些層面上與動物同。但二者之分別有性質上的，即人有「心」（mind），動物無；心是「精神」（spirit），程度上最高等級者爲智者，其次是庸人，最低級者爲禽獸。（wise, common man, beasts，三級）

2. 一切的學（science），都紮根於物理學（physics）；物理學原則皆植基於幾何（geometry）或抽象數學（abstract mathematics）。物界都屬於機械系統，除了動力因（efficient causes）可以解釋之外，無他因；目的因（最終因，final causality）是神學概念，不管其論證多眞，卻在物理學上無地位或貢獻可言；依心靈（souls）或神妙的生命原則（occult vital principle）來作爲解釋一切，對物理科學之進步是無任何幫助的。

第三節　道德學說

「我思故我在」屬於知識論的範疇。依純邏輯立場來說，笛卡兒的該句名言，位階還次於道德學上的自由意志之存在。人擁有自由意志，此「根」之深，比我思故我在還深。人若不擁有自由，就會耽溺於任性的懷疑（hyperbolical doubt）中。信及疑，都悉聽人之尊便；追根究柢，都源於人的自由選擇。人享有自由意志，可選擇信或疑。但只有既清晰又明辨者，吾人才信，這是「先天觀念」，也是「自明真理」（self-evident truth）。

掌有此種權力，人才能抵完美之境，也成為行動之主而非奴；且由於自由意志，獎及罰才具意義。

一、命定論與自由論，何者才屬正確？

上帝之存在既已證明。但上帝無所不能，人是否受控於上帝而不能享有自由身？因為上帝知悉一切，無時空性，對人之一舉一動，也瞭若指掌。如此，人能超越上帝的「掌」嗎？好比孫悟空儘管如何多變，但唐三藏的緊箍咒，就把他套牢了。人也是如此嗎？運命早由神定（divine pre-ordination），人還能享有優遊自在的時空嗎？

但自由意志是無可疑的。許多人認為姻緣天註定，命運也早已安排，因之否定人的自由決定權；神事先都早已決定一切。但若因此就來否定人的自由，是荒謬的，也是無稽之談。

> 對吾人領會的，以及也在吾人經驗範圍內的事，引發懷疑，原因乃是因為有一些事的性質，是吾人無法領會的。
>
> 走最明智的路，是認知此問題的解決，超出吾人的領會力之外。
>
> 若吾人回想起，人的思是有止境的。上帝的全知全能，不只知永恆的一切，包括現在是什麼或可能是什麼，並且也使意如此，又註定如此。上帝的

知是無涯的。

上帝知悉一切，人無所逃於上帝的「知」之外。但上帝並不替人決定，人該如何。人該如何，是人自己決定的。笛卡兒有如下的比喻：

> 兩個人彼此都知悉是敵人，在國王命令之下在某一時間於某一地點會面。王清楚得很，一場決鬥難免；王也願意看到此場龍爭虎鬥，即令或許有違王之令。不過雖王預知且內心裡也曉得一場決鬥難免，但王卻不能為該兩人代作決定。該兩人有任何行為，悉由他倆選擇。

此種神學的爭議議題，笛卡兒有時也意見不太一致。大抵上他採取一種「即席式的解答」（impromptu solutions），視狀況而定。不少行為是偶發性的，事先誰也無法掌控一切，只能當機立斷；若硬要說，視狀況而定的「定」，也是事先就已被上帝瞭若指掌（occasional），則此一議題就無討論的空間了。就「人」事而言，「事」之先若已全然知悉一切，那麼請也在事先就告白，或白紙寫黑字的有據可憑，才不會有事後諸葛亮之譏。

二、道德論

在《方法論》（*Discourse on Method*）一書上討論懷疑方法之運用以前，笛卡兒提出「倫理上的臨時條款」（provisional ethic）說。下決心守本國法且遵傳統，行動堅定；即令眾說紛紜之際，也信誓旦旦地不投機更不取巧，一生以理性的陶冶作目標，在真理追求上能日日進步。

若視倫理道德原則之建立，乃是一切學門的最高智慧所在，則笛卡兒的上述格言，算是草率且權宜性的。他未對倫範理出最完美的準則，無疑的，他也不覺得他夠資格為此事操心。但他的部分作品中涉及倫範者，卻有必要一提。

1. 熱情（passions）：熱情是心物交互作用的結果。心一生熱情，則身之熱情也隨之而生。熱情在，可以鼓舞勇敢之氣，去除懼怕之情。

2. 至福（beatitude）是人生至高的滿足心境，此種至福有兩類：

其一，自己能主控，即操之在我的至福，如德及智。

其二，除了自己能主控之外，也依存於他力之下的至福，如榮譽、富貴，及健康。

盡最大的力，以知悉一生之中的「該」與「不該」。

下定決心，實踐理性所下達的命令，不由情及欲所左右。

凡未能擁有的，都是超出己力範圍者。此番認識，要習以為常。

「欲」不儘然都與至「福」不合，但若因欲而急燥（impatience）或悲傷（sadness），則非至福了。

三、人性論

1. 在倫理「學」建立之前，該先討論人性之學。但笛卡兒不只未在倫理道德上建立「學」，也在人性之「學」上，不敢自稱有什麼建樹；只是在致信給顯要時，提及要作正確的道德判斷時，有些條件是不可或缺的。其中最為重要的是真理的知識。由此可見他的至福觀念，比托瑪斯及奧古斯丁的至福說法，較無神學或啟示色彩。雖然他也承認，至高的福，是天堂的福，而非人間之福。

在人性論上，他追隨斯多噶派的說法，以德為榮，倫範至上。但同時他也向亞里斯多德傾斜，比斯多噶派較注意身外財物事；雖然作為一個有德之人，是要自我滿足的（self-sufficiency），也經常要了解，可得之財分為己力可得及非己力可得。

2. 可見他的人性論，知的成分不少。肯定蘇格拉底的「知」即善，無知即「惡」的座右銘。一個人如真正看清楚此時此地的惡及惡行，分辨出該「惡」及為什麼是「惡」，與該「善」及為什麼是「善」的差別，則不會選擇為惡，意力

也不朝向於此。眞正的「一清二楚」（genuine clarity）及「表面上的一清二楚」（apparent clarity），是有別的。「情」之作祟，乃因「知」不清不楚所致。由於「知」不足，才使「情」有使力的空間。知識論正是倫理道德論的先決條件。人性論也是如此。讓知而智掛帥，俟知識論達到一定火候「後」，人性論及道德論才能有穩固的學理基礎。這也就是笛卡兒所提的「謙讓之德」（virtue of resignation）。至於他對「我存在」的沉思之喜悅，此種熱情，卻可以作爲哲人一生抱負的歷史使命。

　　總而言之，笛卡兒是法國人的光榮，是法國史上最重要的哲學家，影響力不只在他的祖國，且波及全歐及全球。

四、笛卡兒的哲學史地位

　　1. 以數學起家，且標舉數學的明顯性十足，這是笛卡兒哲學的特色。此種特色，後繼有人。實證哲學家孔德（Auguste Comte, 1798-1857），經濟數學家庫爾諾（Autoine-Augustin Cournot, 1801-1877），及數學家勒努維耶（Charles-Bernard Renouvier, 1815-1903），都是名數學家；柏格森（Henry Bergson, 1859-1941）更不用說了。至於數學家的龐加萊（Henri Poincaré, 1854-1912），更具天才。

　　2. 笛卡兒要求清晰及明辨的概念，影響其後法國學者的寫作風格。少數法國哲學家爲文之曖昧及混淆，顯然是舶來品，非法國土貨。不過，笛卡兒的清晰又明辨，說來容易，眞正作到，倒是一件艱鉅工程。他本身的著作，就難達此一要求；且說理也難免出現不一致現象。此風吹到黑格爾，後者對前者是脫帽致敬的。笛卡兒哲學建立在「思」（thought）或「意識」（consciousness）上，在思或意識之「前」，並無「先命題」（presuppositions）或先決條件，卻是「先天的」，自明的；不過，也常訴諸後天經驗上的自我（empirical ego）。黑格爾則百尺竿頭，更進一步的，將笛卡兒的「思」向上推到「絕對的唯心哲學」（ab-

solute idealism）。

　　語意晦澀的現象學（phenomenology）家胡塞爾（Edmund Husserl, 1859-1938），以描述及分析意識為主的為學新方法，對數學大為熱衷。可惜的是，胡塞爾的現象學，更無法如同數學演算一般的清淅又明辨。數學家之「思」，是有「過程」的，一步一步；或許是步與步之間間隔太大吧！省略了其中不少小差距的層級。如同爬樓梯一般，若上階離下階太大，則兒童或能力差者，當然舉步為艱。

　　3. 自我、意識、思，這都帶有「主體性」（subjectivity），也是笛卡兒耕耘畢生的田地；黑格爾據之發展出他的絕對唯心主義，同為德國人的胡塞爾，則演發出他的現象學。記住，二者的祖師爺，都是法國的笛卡兒。同時，法國的存在主義大師沙特（M. Jean-Paul Sartre, 1905-1980）雖另闢徑，但萬變不離笛卡兒原宗。沙特認為，哲學的起步，就是「個人的主體性」（the subjectivity of the individual）。基本真理即「我思故我在」，那是意識上的絕對真理；但他又接著說，「我思」時，我意識到自己呈現於他人之前，他人之存在，在「我思」（cogito）本身裡被發現出來；可見「我」及「他」，共同存在於「互為主體性的世界」（a world of inter-subjectivity）中。笛卡兒的「我思」之中的「我」，不是「自我封閉的我」（the self-enclosed ego）。因之，「我思故我在」的同時，也必然是「我思故他在」。此外，我思之「我」，與我思之後的「我」，已非二者完全等同的「我」，以「我思」證明「我在」，前「我」及後「我」，性質 或位階已異。

　　4. 中世紀教父神學家或哲學家窮忙於證明上帝之存在，笛卡兒一反其風，倒勤於論證「我」之存在，此種「以人代上帝」的「人本精神」（humanism），充分展現出文藝復興時代的「人本」精神。「我思」雖是一種主體性的意識行為，對他而言，卻極具客體性，是絕對的，確信不疑的。當然，笛卡兒把「心」的此種意識作用之無誤性，看成形同機器運作一般，也導致於啓蒙運動（Enlightenment）時，出現在法國的哲人掀起一股風潮，「機械式的物論」

（mechanistic materialism）遂形成一鮮明派別。數學（如幾何）的準確至信性，是令人無所疑的。此種特色適用於心，且在身上，也毫無置疑。但由此而延伸出兩種截然不同的流派，心及物兩條浩浩江河，從此分流，也彰顯出其後哲學的大體影像。心及物，源頭同；好比枝葉與樹根，二者緊密聯繫。但二者有別，又昭昭明甚。清晰及明辨，此二種眞理之效標，都源於笛卡兒。

第四節 巴斯卡（Blaise Pascal, 1623-1662）

笛卡兒從數學建立起他的哲學，巴斯卡在數學上的建樹，也不落笛卡兒之後。兩人同時也都是天主教徒。笛卡兒的哲學氣味大過於神學，巴斯卡反是，護教不遺餘力，對信仰極盡辯解之能事。由於在1654年曾經有過一次神祕的體驗，感受到上帝的親臨其身，從此一生即擬定以耶穌爲榜樣。但在完全放棄自我，皈依天主之同時，卻也不忘情於對塵俗世界的眷戀，尤對科學實驗及數學探討，力道比前更猛。因爲自認內心中喜獲一道新光，也是服務上帝的一生志業所在。道德、宗教、信仰第一，超自然的清澈居冠；數學及科學只不過是附屬，如此而已。笛卡兒心目中是眞理第一，信仰第二；巴斯卡不然。兩人皆認爲信仰與理性（眞理）是二合一的，只是偏重或偏愛的面向有顯著的差異。有人把巴斯卡列爲法國最重要的哲學家之一，與笛卡兒同享盛名，但他人則有異議。由於巴斯卡高度過問人面對死亡的疑惑，他甚至反對笛卡兒的哲學思維，認爲理性主義者如笛卡兒者流，太關注物質界而無視於「一必要事」（one thing necessary），才是純正愛智慧者該過問的；該「必要事」，就是生死問題。

一、生平

巴斯卡出生於法國南部的顯要家庭，附近荒涼陡峭崎嶇的山景，難免影響了他的性格。1631年與父親赴巴黎。從小即稟賦過人，心智力不俗。其父教他希臘文及拉丁文之際，他竟然自己對幾何有了重大的新發現，還對物理學深感興趣。1639年，16歲的這位「少年兄」，就爲文論及圓錐曲線（conic sections），隔年出版；後來還自創由器械操作的電腦（adding-machine or mechanical computer），對稅額評估（assessment of taxes）大有幫助，其父當時正擔任政府此項職務。更對義大利物理學家托里拆利（Torricelli, 1608-1647）的水銀管實驗以說明晴雨計原理，甚爲著魔，發展而作爲流體靜力學（hydrostatics）的基本原理。天才遭妒，未享長壽，不及「耳順」（40）之年即告別人間。辭世之前，也

專心致意於神學及宗教問題，更發明了微積分（infinitesimal calculus），積分學（integral calculus），及概率積分學（culculus of probabilities）。苦行修道（asceticism）並未擋住他對此一世界的塵俗關注。

「而立」之年（31歲，1654），他突然有個上帝造訪的親自感受，但「皈依」（conversion）的卻不是羅馬教會認為「正統」的耶穌會（Jesuits）。教皇（Holy See）於1653年還對他下封口令。還好，巴斯卡聲稱他歸屬的是「天主教會」（Catholic Church）。

二、數學方法，不宜過度誇張

同為出色的數學大師，笛卡兒認為哲學「只能」奠基於數學；巴斯卡則認為如此說法，是誇大其辭；甚至直言：「笛卡兒是無用的，且也不確定」（Descartes useless and uncertain）。巴斯卡並不藐視數學及科學成就，在某種範圍內，以幾何（包括力學、算數、幾何）方法來下定義，且演算井然有序，這是絕頂重要的；邏輯學家及幾何學家使用的方法，是萬無一失的。推論演繹（deduction）及數學演算（demonstration），此種數學方法確實上乘，但在應用（applilcability）上，卻不盡能左右逢源，且有時也英雄無用武之地（usefuless）。比如在自然科學上，總不能有一套純「先驗」（a priori）且必然（necessary）的原則。假設（hypotheses）頂多只具「可能性」（probable character）而已，即有可能是「假」而非真。在經驗界中，變數太多，不可逆料的偶發因也層出不窮，非人力可掌控，也不是數學方法就可神通廣大的無遠弗屆。此時，數學方法（mathematical method）就得讓位給實驗方法（experimental method）了。

(一)「經驗」知識的重要性

神學知識的來源是權威，即聖經教義；因為信仰的神祕性，非人類理性可臻。至於數學及科學知識，就得依經驗及實驗的漸增，才能領會自然的奧妙神

奇，尋幽探賾。「物理學的唯一原則，就是經驗」；也受經驗所束，逃不出經驗
範圍。

當我們說，鑽石是所有物體中最硬的，其意即指我們所熟知的一切物體而
已；不能、也不可、更不該把我們所不知的皆包括在內。

「所有」、「一切」、「全部」等，此種字眼的定義，都由「經驗」所
限；「空」或「無」（void or vacuum），也都純由「經驗」來決。有必要把
「權威」搬出來嗎？也不需憑「先驗」的數學演算啊！

1. 形上學領域，幾何方法無技施展。如上帝存不存的問題，只有依啓示信
仰而非靠自然理性之功。以形上學來證明上帝之存在，離人的理性推論太過遙
遠，也過於繁複，效果不佳。即令對少數人在特定時辰有效，但「一小時之後，
他們就擔心可能是受騙了」。若以自然界的神奇，來解釋上帝功力無窮的事實，
那只是對信徒才如此，對無神論者則報廢了。若以天體運行爲證據呢？更給無神
論者振振有辭的說，證據最爲薄弱。就理性及經驗而言，使無神論者更爲輕蔑
的，莫過於此。以上帝的存在，要使不可知論者（agnostics）及無神論者（athe-
ists），信服得五體投地，抽象的形上論證是無任何用處的。物理上的論證，不
只無用且更爲糟糕。形上及形下的兩種「推論」（reasoning），都破功。

2. 傳統以「理」來證明上帝之存在，非但是多此一舉，且也是徒勞；不
如以「情」、「心」、「意」吧！不幸與悲苦（misery）之經驗，人人有之，
且皆是切身之痛，又有誰能避之免之？此時此刻，人力無法挽回到安寧喜悅，
只盼望有個「救主」（redeemer）施出援手予以「贖回」（redemption），還以
快樂身。上帝扮演醫治者角色。擁有此種「知」，正是哲學家最足以「自豪自
傲」（pride）之處。無知於此的，則是不信神者，這是他們的「無知」（igno-
rance）。

(1)人知了上帝，卻無知人自己的悲慘。

(2) 人知了自己的悲慘，卻無知於救贖者能醫悲慘。

知上帝，加上知上帝之外有個耶穌基督（Christ），祂是救贖者。若連這些都無知，那是表示人之傲。無神論者能一生都保證無憂無慮、不煩不愁、沒疾沒病？或絕望（despair）？哲學式的論證上帝存在，不足以喚醒「僵硬的無神論者」（hardened atheist），且該種論證，「無用又貧瘠」（useless and sterile），不具體也不實在。除非加上一清二楚的了解，有個基督這個救世主，是歷史上眞有其「人」的上帝之子。

3. 理神論（deism）呢？理神論者相信有個上帝在，即造物主，不管它叫什麼「名」，是回教的阿拉、佛教的釋伽牟尼，或東方世界所拜的玉皇上帝、媽祖、關公，或祖師爺。理神論也是自然神論，是依人的理性推論而必然產生的宗教信仰。但理神論不一定是基督教（Christianity）。

> （有些）基督徒心目中的上帝，不只是幾何眞理上的作者，也是萬有的本源及秩序者；（不過）有該種觀念者，是異教人士（pagans），且也是尋歡作樂者（epicureans）。
>
> 尋覓上帝者若離了耶穌基督，而止於自然，則一來找不到光來滿足自己，二來也只是到這一種境地而已，在該境地上雖也知悉了上帝，也服侍了上帝，卻缺個仲介者（mediator）。因之，不是倒向無神論就是傾向理神論（自然神論），此二者對基督宗教而言，都同被憎惡。

(二)數學不只「眞」，且是「美」，更是「善」

1. 巴斯卡認爲認知上帝，是把上帝當作人最終極也最超自然的旨趣。上帝啓示在基督上，基督是人與上帝的仲介者及救贖者。單用幾何方法，無法使人認知上帝。幾何法是抽象的、無血無肉的、形式的、形上的。以此來知上帝，不如靠「亞伯拉罕」（Abraham）、以撒（Issac），及雅各（Jacob）三位父、子、

孫來領會。以有血有肉的人來了解上帝，認知上帝，不是最不會或忘嗎？

> 我不能原諒笛卡兒，他最好在整個哲學中跳過上帝不談；但他不得不要求上
> 帝使力推上一把，把世界安置於動態中，其後上帝就可置身度外了。

但可以視上帝如同發動機一般的機器，只要一開動，就可以安閒而無所事事
嗎？

上帝不可如此不負責任，一切丟給人去負責。哲學家證明上帝「存在」，不
只是「理」上如此，且也合乎人之「情」及「欲」。對人而言，是有價值的；對
幸福是有幫助的，對美好人生的享受是很多的。

> 幸福不在人之外，也不在人之內，卻在上帝之中。

上帝之存在，不只是「事實」，且也是「價值」。事實是「真」，價值則含
「美及善」。

2. 自然是有則的，人呢？由於人性的墮落，就亂而無則了，序也就混了。
哲學反思，清晰又明辨出什麼是正義，但那只是止於「知」而已；在「行」中若
無神賜之恩，就有不公不義之舉動。自愛及自我，愛只及於己，也只慮及己。

> 竊盜（larceny）、亂倫（incest）、殺嬰（murder of children, infanticide）、
> 害親，這些都在德行上占有地位。

換句話說，這些傳統習俗，都有「義行」為其偽裝，也為其「理由化」與
「正當化」。各地的倫理規範，南轅北轍，莫衷一是。

> 緯度（latitude）三度，就足以全部翻轉整個司法裁判；經度（meridian）一

度，也對眞理作了不同決定；一條河就足以綁住一種使人高興的義行。在庇里牛斯山脈（the Pyrenees），這邊是眞理，那邊就是歪理。

人純任其我行我素，則是盲目的，敗壞的；「人性本惡」，哲學家對此束手無策。斯多噶（Stoics）提出的「隱退」（retreat），就可找到「安逸所」（repose）。果眞如此嗎？那只是唱高調（elevated discourse），眞正履行者微乎其微。難怪他會說：

我們認為整個哲學，不值得花一小時去下苦工夫。

嘲弄哲學，才是眞正的哲學本事。

3. 他此處所言的哲學，是指自然哲學及科學，是人之外的學，也是他所瞧不起的學。只靠理性，不能建立人的學。未藉基督之光，人是無法領會自己的。理性的場域，只及於數學及自然科學（或自然哲學）。對人而言，最關緊要的，是知悉人性以及人的超自然命運。這些地盤，哲學家及科學家是發現不出來的。

我已虛度長時間花費在研究抽象科學上，懂得的人少，又能傳授該種訊息的人也不多。因此令我嫌棄。當我開始研究人，就看出，這些抽象學門是不適用的。

他所貶低的「理性」，取其狹義，即指抽象、分析、演繹等純是「心」的思維；幾何最常有此性質。廣義的理性，他是不敢小視的。此種論斷，也可稱之為合理的批判。總而言之，他的論點有二：

其一：數學方法及科學方法，不是獲得眞理的唯一方法。

其二：數學眞理及科學眞理，不是人最重要的眞理，也非人最該知的眞理。

可見一般性的推理，或是心內的思索，是不該予以譴責的。由「理」得的知，或眞，只是知或眞的一部分，卻不是最具價値的知及眞。

尤其重要的是，笛卡兒唯「理」是問，引伸之，完全依「理」的人，幾乎成爲機器人了，還以爲上帝之一切運作，也是如此。殊不知，人有情及欲而生的悲慘，更需上帝的撫慰及救贖啊！

三、心（heart, *le coeur*）

巴斯卡認爲「理」的廣義，該是「理」中有「理」；情、欲，及意，也有「理」；只是後者的「理」，不能以前者的「理」來「理」之。他有如下的名言：

心有心之理，該理是理性無法了解的。

(一) 領會的第一原則，要靠心

知悉眞理，除了動用「理」之外，且必有「心」之助。心，類似「本能」（instinct），是一種直覺（intuition），也是一種天性（nature）。

天性（Nature）擊敗了皮羅主義者（Pyrrhonists，懷疑論者）；理性（reason）破了獨斷論（dogmatics）。

1. 理即令可「知」上帝，但只有「心」才生出「愛」上帝之情。理性論者若以爲只有依「理」（reason）才能得眞理（truth），則顯示出他們的偏見與傲慢。

理之運作，是漫長的、間接的、程度性的；心則不然，是立即（immediacy）、直接（directness）、瞬間（spontaneity）。二者所獲致的眞理，在清晰性及明辨性上，後者大於前者。幾何上的「公理」（axioms），是一種先天觀念；同理，道德倫範法則以及宗教信仰之基本理念，也是不告自明的，是頓悟的（insight）。懷疑論者不能搖撼分毫。

2. 笛卡兒只談「理」性，巴斯卡則更提及「心」性，但並無以「心」取代「理」之用意。心的直覺或頓悟，如對上帝之虔敬，純屬「個人之事」（personal matter）。遇到「心」中無神者，就以「理」辯駁之。如此，比較有可能堵懷疑論者及無知論者的悠悠之口。巴斯卡爲基督教辯解（apology）時，要請「理性」當工具，且以經驗及歷史事實佐證；但更加上神跡（miracles）及預言（prophecy）等，而非單以「幾何」或「先驗」作演繹推理之用。說之以「理」，動之以「心」（情），如此的論證，才算成功。若在論證中不察顏觀色，隨機應變，無法打動對方心坎，則論理再多，時間再久，終是功敗垂成。

(二) 人性之脆弱

1. 人的天性是敗壞的：原罪（original sin）觀念，永遠離不了人。「無上帝，則人類是不幸的」。無窮大（infinitely great）及無窮小（infinitely small），皆非人之智力所及。介於二者（兩極）之間，人的知雖有，但也不全；感官及想像又會引人入歧路。人常以習俗爲依歸，社會生活中，又誤以爲權力乃是正義法則；拳頭大的人，說的話算數；自愛但不愛人，自私但不利人。眼瞎、目盲、耳聾，這才是社會及政治生活失序之源。此外，人渾身滿是矛盾，人本身又是一個謎，人發現不到有令人如意之事；人欲又永無止境，絕無滿足的一天。

2. 在他描述人生的悲慘及可憐、卑鄙、無恥之餘，藉早他90年出生且當過法國市長的孟登（Michel de Montaigne, 1533-1592）之警告，人勿太囂張跋扈。而不悉人之墮落、脆弱、與敗壞。巴斯卡看重於上帝之救贖，「無上帝」，則人是無望的，不可只一味地醉心於論辯中過活。

3. 學蘇格拉底的口吻，人是無知的；但只要能認知自己無知，則就有了知，且有不少知，也有極崇高價值的知。人只要一知自己墮落、敗壞、不幸、可憐，那就「偉大」（greatness）了。人比動物高明，雖然人與動物都是「性本惡」；但人知自己性本惡，動物無此知，故動物不會迎善去惡，人卻會改過自新。聰明是不足的，且多數人都只有事後諸葛亮的聰明層級而已。

一朝爲王時，他會是不幸福嗎？除非被罷黜了。

應把笛卡兒的「思」，放在此處。支那史上末代皇帝之家人，是最不幸福的。

> 人只不過是一根蘆葦（reed），是大自然界中最脆弱的，卻是一根會思考的蘆葦。

所以柔弱可以勝過剛強。「上善若水」，勿以爲水可欺；「一陣風，一滴水，就可以毀了蘆葦」。人這根蘆葦即令被消滅了，但人對死是有知有覺的。宇宙的一切，除了人之外，無此種知覺。這不是人異於一切的根源嗎？在時及空界中，人是微不足道的；但人的「思」，卻可以包山包海，無遠弗屆，把萬有皆納入思之中。人無限度的追尋幸福，此種追尋，卻正是不幸福；二者之鴻溝中，擺的就是耶穌基督。上帝，耶穌基督，人，三者合一；耶穌基督作爲鴻溝的橋樑。只知有上帝而不知悉人的可悲，易生驕縱（pride）。相反的，只知人的狂妄，而不知上帝，則失望（despair）降臨。還好，耶穌基督恰好在二者之中，使人找到了安頓點，不往兩極處。

(三)賭注（wager）

信神與不信神這兩極端，是「信者恆信，不信者恆不信」。證明上帝存在，對早已信上帝的人是不必要的；好比牧師與神父相互傳教一般。至於向早已鐵齒的不信神者提出論證，那是如同對牛彈琴，鴨子聽雷，徒勞無功。除了這

兩類之外，另有第三類，即「懸疑」（suspended judgment）者，這種人不置可否，還在「過程」中；信與不信，暫時保留，還未作最後決定。巴斯卡對這些人提出一種「賭注」說（wager-argument）。下賭注者，是還未見輸贏的：但心中當然盤算著有贏面出現。人生如戲，戲還未到謝幕時，以喜以悲作結局，難料人生或許正是也如此。

1. 不下賭注者，其實也算是一種賭注，是一種選擇，是一種「思」。對信不信，不予介意，這本身也是一種介意。「無為無不為」，「無何區別」，或「信與不信」，皆無關緊要。此種心態，正也是一種認可，認為「無可無不可」皆可。

2. 但這只不過是拖延時間而已，終得要作決定，那就下注吧！下注者當然希望成功不輸，賭「信」者若贏了，則贏全盤，若輸呢？則未有所失。一旦進入「擇」，則須「思」及賭注的利害得失。若只賺不賠，還須猶豫嗎？

3. 賭者是以「確定」有的「得」，來贏一「不確定」有的「得」。下注五元，表示下賭者「確定」擁有五元；贏了，則可得必比五元多。輸了，則少掉了五元。賭是一種冒險。人生不確定之事，指不勝屈；戰爭、旅遊，作生意，無一不充滿變數，確定又不疑者不多；明日會如何，有誰敢逆料？但思及明日還活著，此種可能性必甚大。巴斯卡認為：

宗教上的確定性，比明日還活著的確信還高。

一生即令在死亡屆臨之際，還未能敬拜上帝，則是畢生的最大損失。

一生只信確信者，此種人與宗教無緣。但未來的事，不確定者何其多！不過，「確定明日還活著」，此種信，比確定「宗教真有其事」還少。那麼為何在「確定明日還活著」的人，不信宗教呢？其實，上帝留給人不少有關宗教的表記（signs），只是人忽略或未注意及之。「找一找吧！這是值得你去操煩的！」

　　總之，賭博的金錢或財物輸贏，十賭九輸；但賭宗教信仰者，倒保證必贏。人生如賭局，賭贏賭輸者，都已賭過，夠人生這種「本」了！輸贏都不顧其本，贏是贏，輸也是贏；不虛此生了！未下賭注之人，才是最不幸的，也輸得最慘！「確定明白還活著」，此句話不「永遠」是「眞」，但「確定宗教眞有其事」，此種「眞」是恆眞！

　　懷疑論的克服，純依理性，這是笛卡兒的論點。難怪1663年羅馬教會將他的書列入「禁書入目錄（Index）」中，「除非經過修正」（*donec corrigantur*）。巴斯卡則較注重信仰之力道。他的「賭注」說，美國哈佛大學哲學及心理學名教授詹姆斯（William James, 1842-1910）特別心儀。[1]

---

[1]　William James, *Essays in Pragmatism*, Alburey Castell (ed), N.Y., Hafner Publishing Co. 1968. 91.

第五節　馬萊布郎（Nicolas Malebranche, 1638-1715）

馬萊布郎生於巴黎，於巴黎大學的沙邦學寮（the Sorbonne）研究哲學及神學，對當時大學教授著迷於亞里斯多德學說，少感興趣。22歲（1660）時接觸到一本笛卡兒遺著，佩服得五體投地。之前，他從無這位本國大哲學家的一手資料。從此下定決心拜笛卡兒爲師。他親灸的該書《論人》（*Traité de l'homme*），內容屬於生理學（physiology）者居多，他其後補以數學，使該學更爲紮實。笛卡兒哲學的後續發展，由法國同胞接棒者多；不過，荷蘭也是大本營。

雖然鍾情於笛卡兒，但作爲天主教會修道院的一員，是無法忘情於聖奧古斯丁的神學的。因之，把神學與哲學合流，是他的基本任務。他不像巴斯卡之批判笛卡兒，卻盡力將神學與哲學予以整合爲一。一方面承認人的自由意志，一方面也不忽視神的恩寵之價值。自由意志產生「偶發主義」（occasionalism），事先無法預料，事出突然，但神恩卻是必然的。因之，道德只有一種，那就是基督教的倫範，其他學說，都淪爲次等。

一、論「誤」（errors）

笛卡兒的身心二元論，馬氏承受。廣義言之，哲學與神學是二元的，合而爲一，是取笛卡兒的「清晰又明辨」爲效標；不如此，則「誤」生。

誤才是使人壞或惡毒（wretchedness）的因，也是世界充滿惡的主要源頭。

(一)除「誤」務盡，才能獲得穩固又眞正的幸福

人人都有能力排除「誤」，那就是要證據確鑿。神祕的啓示眞理，信徒仰望的是聖經教義的權威。但在哲學眞理上，權威是不管用的。笛卡兒哲學之所以優

於亞里斯多德，乃因笛卡兒的論證，是命題不容懷疑。

　　作為一位忠實的基督教徒，必得盲目的信；但作為一個哲學家，則一定要求
　　證據充分。

　　1. 必然性真理（necessary truth），如數學、形上學、「甚至大部分的物
理學（phyics），及倫理學（ethics）」，也含在其中。或然性真理（contingent
truth），歷史命題屬之。至於「道德」（morals）、政治（politics）、醫學
（medicine），及一切的實用性學門（practical sciences），吾人滿足於「可能
性」（probability）即可，並且這些領域的確定性無法獲致，且也等不及了；賭
一賭，下注吧！但不應也不必傾囊而出；如此，才少犯「誤」。因為這些實際學
門的真理之「確切證據」，還不完全。

　　誤之本源有一，即人的自由意志；賭注，表示人發揮了自由意志。分析言
之，由此而生的誤，形成三種「知覺」（perception），一是感官（senses），二
是想像（imagination），三是純悟性（pure understanding）。

　　2. 「誤」之生，感官其實並非元凶：一個人覺得暖和，他有此感覺，絕非
受騙。但若他因此判斷，他所感受到的溫暖，是由「心」所引起，這就會出差池
了。他同笛卡兒一樣，認為物的第二性（secondary qualities），不是客觀的，卻
是意識作用，但非物的本然性。

　　皮膚的報告是正確的，但心的判斷才造成了「誤」。因之，勿匆促下判斷
（precipitate judgments）。至於物的第一性呢？如大、小。

　　人之眼看到的月，比任何星星都大；（其實）卻是無比的小，這一點，吾人
　　是無疑的。

　　此外，外表上的動、靜、快、慢，都是相對的。

笛卡兒把「本體」（substance）作二分，一是身，一是心。心是不具延展性的（unextended substance），也是心靈的（spiritual）；身則是肉體的，也是物質的（material substance），具延展性（extension），會移動，有不同的形狀。馬氏更進一步的在感官知覺上作分析，且善用之，但「只作爲保身維生」，如此而已。

感官是一種生理器官，神經（nerves）是樞紐；神經是微細的管道，使「動物精靈」（animal spirits）暢行無阻。當外物接觸了感官，最外圍或邊陲的神經，就開始運作「動物精靈」，將外物的印象傳到腦裡，「心」的運作由此開始。

(二)想像及純悟性

由想像而生的知覺（perception），也常會引發錯誤的認知，客觀的物件存在時，感官感知之；不存在時，卻使該物件殘存在神經上；若還以爲該對象或物件實質上呈現於感官上，則純依感官的報告，也是正確的；但若依此作出判斷，以爲該影像（image），等於實存的對象，則就出錯了。

1. 想像的力道，小於實際上的感官所引發的感覺（sensation）；有時卻前者栩栩如生，鮮明度更甚於感覺。究其實，只不過是虛。以虛爲實，錯也出在判斷。

由想像而生的記憶（memory），懷古之心油然而生，卻不知想像也具未來意。懷古是守舊，未來則表創新。

> 神學之事，尚古是正確的。信徒該喜愛眞理，典型在宿昔……但哲學之事，卻該反方向而走，喜新厭舊才是正道。二者理由相同，皆是愛好且追求眞理。

理性要求人人得注意，只有不再起疑的眞理，才接受之。因之，哲學工作持

開放心胸（open-mindedness）的「現代觀」（modernity）；神學工作則忠心不二的信守傳統的天主教主義，教父的著作是神學真理的見證人。

想像中所生的「形影」（image），也是「誤」之源。「由一個影，生一個子」；影是虛的，子是實的；可見想像力影響「真」，是多麼的神奇！且想像具有「感染傳遞」（contagious communication）性，一傳十，十傳百，「謠言」因之而起。流傳於二至九世紀於北非及小亞細亞地區的一股基督教異端（即孟他那斯，Montanus，二世紀），藉通神而揚言聖靈的啟示，連篤信耶穌基督的拉丁雄辯家特塔良（Tertullian, 160-230）都難免受其蠱惑；煽動性的演說家如孟登，也是如此。

2. 「純悟性」（pure understanding），是他所言的第三種致誤之源。其意即由心的器官所生的功能（faculty）來領會外物時，卻未在腦中同時呈現出有形體的形象。「感覺」及「想像」都由「身」生，「純悟」則本諸於心。須知，心的「能」是有限的，「心」中若只有「名」而無「實」，即只具抽象性，也只不過形成一大堆文字、符號，或形式的堆積，卻「空」無一物予以呼應。因之，缺乏清晰性及明辨性此種「真理」的效標。唯有數學方法才能破除此蔽，尤其是笛卡兒的解析法。善用代數（algebra）及算術（arithmetic）這兩門基礎「科學」，才能獲得真正的真理，也是最後的真理。

真理之途是漫長的，先由最簡單的也最容易的下手，數學程式不就是如此嗎？然後及於繁複的及困難的。在這方面，笛卡兒是英雄（hero），亞里斯多德卻只是個惡棍（villain）。此處所提的亞里斯多德，是因中世紀太崇拜亞氏而形成「亞氏派」（Aristotelians）中的亞氏。大師若成為「至聖」，則必是學風傾頹又腐化的表徵，馬氏也不希望笛卡兒哲學完全取代亞氏哲學。

二、身心二者之關係

感官因外物之刺激，促使「動物精靈」（*animal spirits*）遊走於腦部纖維

（fibres）而生出理念，這是人體生理結構上的運作程式。身及心既是二元，二者不是「互動」（interaction），而是「呼應」（correspondence）。心具「思」性，身具「延」性；心的「思」，如促使身的「動」，好比人如同一部機器；心的「思」若不促使身「動」，則身心是平行的（Psycho-Physical Parallelism）。

1. 心是主動的，身是被動的：笛卡兒對身心二者之動，提出的解釋，是適可而止；只認爲在松果腺上，身心有交集；馬萊布郎反對此說。身心之似乎有連動，其實是受上帝之指揮。上帝才是「動」（主動及被動）的最後因；心之動身，只是「偶有的因果關係」（occasional causality）而已，是相對的，而非絕對的。

以針戳指甲而生的痛，屬於啓示性的感覺。

以針刺指甲，「必」生痛覺嗎？不然，若無「心」，甚至手已麻木，則毫無痛感。因與果之聯結，是偶有的，非必然的。

2. 萬有皆全由上帝決定，但人卻享有自由之心或意。共善之追求是一致的，人人皆不可逃，也無自由選擇權。但殊善、個別的善、私下的善，則人人之決定，不會全相同。

總而言之，馬氏對笛卡兒是讚美之辭盈耳，以數學爲獲致清晰又明辨觀念之源。笛卡兒預期，後人能秉此方式向科學進軍，發現新知。但馬氏卻祭出上帝爲主的神學中心論（theocentric philosophy），此種角色，猶如次一世紀的柏克萊（Berkeley）。柏克萊步經驗主義開宗師洛克（John Locke, 1632-1704）的後塵，但卻止於他的神學中心論。馬氏以「理性主義」出發，柏克萊則循經驗主義論調，但二者殊途同歸，都不忘以神學爲主座。洛克於1695年寫了一文，檢驗馬氏於早一年出版的著作《馬氏論點，視萬物皆在上帝中》（*An Examination of Malebranche's Opinion of Seeing All Things in God*），而持反對主場，該文於洛克

逝世前二年才公諸於世（1706）。英法兩國哲學家因此筆戰不休。不只如此，馬氏的神學中心論，還與斯賓諾沙的哲學主調掛鉤，因而引發諸多爭論議題。斯賓諾沙正是下章要請出場的主角。

第二章

斯賓諾沙（Barach Spinoza, 1632-1677）

　　比托瑪斯還短命（49歲）的斯賓諾沙（45歲），生於荷蘭的阿姆斯特丹（Amsterdam）。原是葡萄牙的猶太人，16世紀末移民在荷蘭這個當時文教昌明的國度。猶太民族在各地慘遭放逐與淩欺，但對猶太教信仰卻是終生不渝。由於荷蘭的信教較舊教的葡萄牙自由，遷至荷蘭的猶太人逐敢公開宣稱他們相信猶太教。生活習慣，思想觀念，及儀式，也秉諸猶太傳統習俗。母語雖是西班牙語，早歲還學葡萄牙語，幼年即念舊約（Old Testament）及猶太法典（Talmud），拉丁語文則由德文教師所授，另鑽研數學及笛卡兒哲學，又學點希臘語文，雖然不及拉丁語文之流暢。此外，他還學希伯來、義大利、法國，及荷蘭語文。

　　正統的猶太神學以及經文的闡釋，他早就不滿意。24歲時（1656）逐被開除出教，不得入猶太人社區一步。爲了謀生，乃以光學儀器磨鏡度日，純粹過寧靜又退隱日子。1660年，遷居到雷登（Leyden），與英國倫敦皇家學會（Royal Society in London）祕書有書信往返。1663年又住於附近的海牙（The Hague）。下章將述及的來布尼茲於1676年來此拜訪。終其一生，從未在學術機構任職。41歲（1673）時，海德堡大學（University of Heidelberg）曾邀他擔任哲學教職，他卻以保持獨立自由身婉拒。四年後死於肺病，可能與畢生磨鏡而呼吸到惡濁灰塵有關。那時後，已有不少荷蘭人到臺灣傳教經商，現在的臺南府城──熱蘭遮（Zealandia），即爲荷蘭人所建。

　　在有生之年時，出版的作品只二，並且也只有一本具有署名，即1663年以幾何形式論笛卡兒的《哲學原理》（*Principles of Philosophy*）；1670年的《神學及政治論》（*Theological-Potitical Treatise*），則是匿名作品。死後付梓的論著不少，內容涉及到知識論、倫理學、政治學等，要旨仍延續笛卡兒的爲學方法，即以數學尤其是幾何學爲出發點，如此方能獲得清晰又明辨的觀念。著作中充斥著「定義」（definition）及「公設」（axioms），那是無爭議的觀念。

第一節　泛神論的上帝、天、自然

以幾何形式展現斯氏的全部哲學，統歸於上帝、天，及大自然的統一性之中。斯氏的「上帝」觀念是泛神論（pantheism）的，有別於「有神論」（theism）。泛神論認為上帝包容萬物，上帝與萬物合而為一；有神論則主張神與萬物分離。

一、泛神論（pantheism）

斯氏的成長過程中，先是受到猶太教的影響，認定上帝是最終的實體。猶太教的教義，本諸舊約（Old Testament）。斯氏幼年即認為，上帝自由自在的創造萬有。此種說法在哲學上是無法證實的。不過，他承認那是神學語言，對不習慣於哲學語言者，是有助於了解上帝本質的，旨在行而不在知。擬從聖經教義（如舊約）中尋求哲學真理者，是再蠢不過的；因為二者用語不同，二者也無相互矛盾處。哲學所給的，純是依理說話。在聖經教義（Scriptures）裡，是找不到哲學真理的。以理性解釋猶太教，是徒勞的。斯氏在未接觸笛卡兒哲學前，閱讀過猶太神祕作家的著作，不過在他內心中卻疑點叢生，還評之為「戲謔玩忽者」（triflers）的「精神錯亂」（insanity）。他一直感到震驚，還以為那是幼稚無知的想法，而非透露神學的祕密。此種早年的閱讀心得，已深入斯氏的潛意識中。上帝本身，上帝的靈智（intellect），以及由上帝靈智而感受的萬物，三者合一；此種「思」，早已植入他的心坎裡。笛卡兒認為心的屬性是「思」，物的屬性是「延」，斯氏則認為神的屬性也具「延」性，甚至還帶有些許的命定論（determinism）色彩；因為人的自由抉擇，人的性格（character）及動機（motive），可以解說人的一切行為，皆是有因的；若以為某些行動是自由的，那純只是因為吾人不悉造成該自由行動之因。

不管如何，認為上帝與自然（天）等同，卻是他早年的猶太教學習及其後的笛卡兒研究，二者之合璧。在笛卡兒的部分，取幾何予以闡釋，最為他所熱愛，

而捨棄其餘部分。換句話說，「方法」之鑰，取自於笛卡兒，以便發展成一套有系統的哲學。倫敦皇家學會祕書（Henry Oldenburg）訊及笛卡兒及培根學說的最大缺陷處時，斯氏回以：「遠離第一因及萬物之源的知識」，乃是英法第一位哲學家（法）及科學家（英）的致命傷。斯氏是有己見的。

二、因果論（causality）

因有「自因」，即本身就是因而無他因。這個自因，就是「上帝」。上帝是一切因之因；上帝之外，無他因。因皆來自於上帝。自因即「上帝本身」（God in Himself）。但有因就有果，所有的果也都由上帝所造成。上帝「創造」（creation）萬有，自因的上帝，就是「本然的天」（*Natura naturans*），創造出的萬物，即是「生成的天」（*Natura naturata*）。在此，「天」（Nature）與「上帝」（God）是異名而同實。自因也就是亞里斯多德所言之「第一因」（First Cause）。「本然的天」（自因）之屬性，是「思」；但「生成的天」，「延」就是它的屬性。笛卡兒所言之身心兩種屬性，一是思，一是延，上帝是二者兼而有之。故上帝既有「思」的屬性，也有「延」的屬性。笛卡兒以為心的思，是精神的，身的延是物質的，斯氏則認為上帝也是物質的，與泛神論的說法相吻合。神性與物性不分，身心二元在此變成單元，也是一元。

「延」就是「動及止」（motion-and-rest）。動與止，是相對的，也是絕對的。絕對的動與止，即「思」。藉柏拉圖的原本及抄本說，予以解釋，原本是「思」，抄本則是「延」。思即是理念，延即是具體實物或是幻影。原本中有抄本，抄本中也「分受」有原本。從「絕對」的角度言之，原本與抄本是二合一的。但依相對的角度，則分為二。無論如何，原本內藏有抄本，而抄本源於原本。就亞里斯多德的潛能性及實踐性說法而言，也是如此。理想與實際，雖一分為二，其實二合一。上帝與人是有別的。

似一隻神聖體的狗（the dog as a heavenly body），都不似一隻會吠會叫的狗（the dog as a barking animal）。

上帝當然是神聖無比的，在天堂裡；動物則在塵俗世界中。但本然的上帝在創造萬物時，動物如狗，也是上帝所創。二者有同也有別。

無窮（無限）的萬物（things）呈現出無限的樣式（modes），來之於具有神聖性（divine nature）的必然（necessity）而來。

上帝創造萬物，是必然的；而創造出的萬物，皆有數不盡的形態或樣式，這也是必然的。這些數不盡的變化，絕對性的總數之量早定，不增也不少；相對性的增減，只不過是就局部性而言，整體上是不多也不減的。

因一果一，有；因一果多，也常見。

有因必有果，此種知，人知之；若有因卻不一定有果，這是因為人之知有缺。

由於吾人之知還不完美，故有偶有性（contingent）出現。

但上帝是「自由」（free）的。斯氏頗喜下定義，由定義而引伸出許多命題。此處的「自由」，是何意呢？

「自由」之存在，只不過是上帝的必然性使然；且也只由上帝單獨的行動所決定。

因為上帝是「自因」的，即「上帝的行動，是自我決定的」（He is self-determined in His Actions），上帝之外，無外因。外因「動」不了上帝。相形或相對之下，人亦然。人是身心合一體。就人以「身」而言，其屬性是「延」；就人之「心」來說，其屬性是「思」；「延」及「思」，都是人的「樣態或模式」（mode），是一體的兩面。笛卡兒的身心「互動」（interaction），本身不成問題；猶如神的屬性在「延」及「思」上，都是上帝的兩個層面一般。笛卡兒之

後，身心如何交流或互動的繁雜問題，斯氏認為根本不存在，不是把身化為心或把心化為身，而是極其簡單地認為，那是一而二且又二而一的。但這不是耍文字遊戲嗎？

因與果，就「本體論」（ontology）來說，是二而一的。若以因果論而言，就一而二了。因果論本諸泛神論而來，之所以持泛神論，斯氏鐵信那是邏輯的必然推論結果，而那也是因果論之一。上帝既在定義上是無窮、無止、無盡的（infinite），完全不倚也不靠，其屬性也是如此；其中只有兩個屬性為人所知，也就是天文數學家布魯諾（Giordano Bruno, 1548-1600）所言之「本然的天」及「生成的天」（*Natura naturans* and *Natura naturata*），「本然的天」是無限的（infinite），「生成的天」則是有窮的（finite），也是感官可及的，屬於經驗界的。由此而推演成必有個上帝存在。他告訴友人，他知悉上帝，這理念既清晰又明辨，猶如他有三角形理念一般。自然秩序（the order of nature）必順著上帝，而無別的秩序。若認為上帝之創造，帶有某種「企圖」（choosing），或在創中有所圖，這種說法是不當的。因為如此，似乎把上帝比作一個超人了。

人則不然。人之行為都帶有目的，因之常易以人釋天。當人不悉事件之因時，就常以人的觀點來替天說話。當發現大自然對人有益時，則言有個超自然的力道造福人群；一旦發現大自然造成人類的不便，如地震及疾病時，則又以上天發怒或不悅來譴責人；至於天災地變而殃及萬民，包括虔敬的善人及不信神的壞蛋時，則搬出的解釋是說，那是來之於上帝帶有教訓味道的判斷使然。如此

　　真理就永埋在人類中了。要不是有了數學，否則真理的另類標準，又怎能出現呢？數學是不過問最後因的。

三、自由意志或命題

最後因（final causality），都只不過是人所編織（fabrication）的。提出最後因，則扭曲了眞正的因果關係，也是對「最後因」此一辭的無知而來。其實，「動力因」（efficient cause）不可屈居於所謂的最後因之下，否則就是倒果爲因，先後倒置了。

1. 若萬事萬物皆秉諸神性而來，而神性是最完美無缺者，也都是善的，則又何來欠缺與惡呢？其實，解釋也不需。因爲所謂的「不完美」（imperfection）及「惡」（evils），都只不過是站在人的立場而說的。人的行爲都是有目的的，這也是基於人的本位。地震傷人甚至死人，造成財務損失，因之把它定義爲惡。其實，地震本身只不過是大自然的現象，如此而已。吾人要探究的是「動力因」，即爲什麼會產生地震。至於自然現象一定是有利於人的，斯氏倒不這麼認爲，人也不該據此而振振有辭的「言之成理」。以人代天，是人的狂妄。

但過問「最後因」，則必得命定論的結局嗎？斯氏認爲，人之本務不該在此。追究「動力因」，可在科學探討上呈現出一開闊的發揮空間。斯氏在此方面的建議，提供其後許多科學上重大「假設」的提出。他卻是個思索形上問題爲重的哲學家，這也正是其後科學家咸少關注之點。

2. 排除「最後因」，是基於下述兩個要點：

(1)縱貫面的（vertical），即垂直面的：被創造物是「生成的天」，在下；「本然的天」，即上帝在上；前者有窮，後者無盡。此一層面，指涉最後因。

(2)橫斷面的（horizontal），也是平行面的：以動力因來說明任何「事件」（events）、「模式」，或樣態（modes）。如此一來，物理學或心理學上的探討就出現了。

第二節　知識論及倫理學說

一、論知識眞假的等級

同於柏拉圖，斯氏把知識的準確性，依強弱分成四種等級：

1. 來自於他說（by hearsay）：由別人告訴的。這個「別人」，是自己相信其言爲眞者。如「別人告訴我，使我知自己的生日，某些人是我的父母等：那是我不會置疑的」。未經證明，即認可其爲眞，也從未經私下的經驗來證實。

2. 曖昧不清或混淆的經驗（vague experience or confused）：如我知我會死。由於我曾看過我的同輩人死了，死時雖不一定同年歲也非生相同的病。其次，「我知油可助燃，而水可熄火，也知狗是會吠的動物。人是理性的動物，也基於此。我也知幾乎所有的東西都有助於生活。」

3. 靠推論而得知，但或許推論的證據不足。比如說，「我知事出必有因」，但因的觀念卻不十分清楚明白，也不太曉得因與果怎麼連上去的。

4. 基於「近似的因」（proximate cause）或只靠「本質」（essence）就認爲知已得者：如以爲我知某事，就以爲我知一切事；或以一知爲百，或一葉知秋之類者屬之；以偏概全也如是。知一物之具體面，就以爲知該物的本質面。此層面的知，數學也在其中。

上述是他在一本書名爲《論領會之糾正》（*Treatise on the Correction of the Understanding*）中所提者。此外，在《倫理學》（*Ethics*）中提的知識層次，則有三而非四，刪掉第一種的「他說」。

數學及物理之基本原則，來之於「自明」的命題（self-evident proposition），也是不許疑的命題，這是分析性的、演繹推論性的，也是理性功能的展現。感官知覺所得的「眞理」，屬於上述第一層次的眞理；具體經驗界上的「知」，也歸於此類。而理性的推論，則提升了一層登上了第二層，但也只不過是對整個「自然」的知，僅達「逼近」的地步而已；第三層的知，位階最高，也

最統包無遺，即「洞識或直覺」的知（intuitive knowledge, *scientia intuitiva*）。上達此一層次，不是「跳躍式的」或「神祕式的」（a leap or by a mystical process），卻也與第一及第二層的知，有緊密的關聯及結合。知若已臻第三層，則不只理性滿足，情性也雀躍，人與上帝同位，上帝與萬有交接，不分不離；這不也是泛神論的說法嗎？此種說法，植根於他小時候親自的體驗。

二、倫理學說

衷心熱愛數學的斯賓諾沙，視倫理或道德行為如同數學。他在《倫理學》（*Ethics*）一書中說：

> 人的行動及欲望，簡直就是大自然中的我，在處理線條（lines）平面（planes）及物體（bodies）時一般。

身與心如何連結或交互活動，對他而言，不是問題。因為身心是一體的。有時，屬性是「思」：別時，則是「延」。二者不必強分。身心如何相互影響，此一問題不必介意，也不必操煩的舉出「動力因」（efficient causes）來予以釋說。若又把抉擇的自由搬出來，確實沒必要。究其實，身心之單動或互動，都早已決定了的。誤說為有自由，乃因吾人智力之所及，還不知其因所造成。一定有因，也必然有因；一定有果，且也必然有果。只是吾人的認知有限，對有些真正的因與果，還未全然知悉所致。大自然的奧祕，透露給人知的部分仍不多，還有更多的玄奇隱藏著，等待人智去挖掘。「創」似乎不受傳統的規則所限，但也該在創中有規有則，只是人類還未發現而已。

他卻也在《倫理學》一書中的最後部分，談及人在受束於情緒時如何掙脫，有何祕訣可不為情困以獲自由身？因果關係中，有因必有果，有果必有因，這是「決定論」或命定論（determinism）的口吻，但卻也該有一種倫理的理想

主義（ethical idealism）；此種似乎不相一致的論調，到底眞意何在？下述有些
說明：

(一)自由與束縛

　　大自然界中，任何一存在體都極力保留自我，斯氏稱此種現象爲*conatus*
（自然超力），也是一種天生的本能（natural tendency or striving），從中也透
露出任何存在物的本質性（essence）。就人而言，人之本質性即成爲人。人受
情所束，難道不也受「理」所縛嗎？「人性的枷鎖」把人綁住，人又何能享有自
由身啊？

　　1. 天然的傾向，斯氏名之爲*conatus*，也稱之爲*appetite*，如同「胃口」
（*appetitus*, appetite）一般。身心二者同時皆有此種「欲求」（desire, *cupidi-*
tas）。欲求可往上提升，也可向下傾斜；往上者稱爲「樂」（pleasure, *laeti-*
tia），向下者叫做「苦」（pain, *tristitia*），身心二者皆同。身上的苦樂及心上
的苦樂，同時俱在；身樂心也樂，心苦身也苦，二者都會有助於或有礙於思力
（心）及延力（身）。由於「保存自我」乃是萬有一切的天然本性；樂有益於保
存自我，相反的，苦即可能毀了自我。萬有一切，也皆趨樂避苦。

　　2. 樂之中有愛（love, *amor*），恨（hate, *odium*）則含苦，也是一種痛。以
自己的苦樂或愛恨等，投射於他人身上，且以之作爲說明或解釋別人的愛恨情
緒，憐憫（compassion）之情遂生；將心比心，以己心比他心；尤其是苦痛之
情，更是如此。

　　3. 善（good, *booum*）及惡（evil, *malum*），與樂及苦二者，息息相關。善
與樂，皆人之所欲；苦與惡，皆人之所不喜。苦樂及愛恨等，都是情緒；由於情
緒是自己作不了主的，因之善惡的判斷也是早就註定了的。人們常不悉如此，乃
因對因果關聯性無知所造成；一旦對情之源頭有所了解，則必然領會到吾人對善
惡的判斷，也是早已定案了。

　　4. 一項不可否認的事實，是情之因，因人而異，也因時地而有別。情之

生，是被動的（passive）；passion這個英文字（熱情），是被激起的，也操控了人。但此種被動性，卻不人人皆同。一物而生衆情，且是各異其趣的情；有人愛，有人因之而恨；有人稱爲善，他人則名之爲惡。

情的被動性，由「身」生者多。情若也有主動性（active），則大部分由「心」所生。主動的情，斯氏名之爲「堅忍」（fortitude, *fortitudo*）。堅忍之情又可細分爲二，一是「勇」或「高尙」（courage or magnanimity, *animositas*）；二是「貴」（nobility, *generositas*）。耐性，冷靜，臨危不亂等，都是「勇」的具體表現。至於「貴」，即與人爲友時，謙虛（modesty）及仁慈（clemency）等，皆是其德目。「德」的行爲，即由被動情改爲主動情。德之升級，猶如知或睿智之升級一般。

5. 情之生，是自然現象；但判斷其爲善爲惡，則是人的理性作爲。判斷要依知，且循理；上臻「善及惡」的「眞正知識」，並非易事，困難度頗高。情欲即令是正面或積極的，但在善惡考慮上，是不一定等同的。近樂之力道強，就會壓過是否會帶來遠憂，若缺乏制情控欲的能力者，斯氏稱爲「情奴」（servitude）；明知有害，卻一頭栽在爲惡之途上，具此種「了解」（understanding）者，才能解脫情奴，恢復主人身。恨意深者，爲惡必最大。了解上帝愛世人者，必不會有恨意及恨行；最高度的「了解」，就是了解上帝，那也是最高的德；且領會上帝必會愛上帝，最領會者也愛上帝最忱。

(二)斯氏的倫理學說，與斯多噶派極爲接近，尤其在「命定論」（determinism）上，一切早經決定，無自由決定可言。

1. 人人「覺得」（feel）自由，這是無可爭議的事實；擬進行何種舉動，採取何種方式，似乎悉聽人人之便，也似乎人人在某一層次上都是自由的。這是心理上的感覺。嚴肅來講，此種自由等於是說，無法可以予以約束。其實，此種看起來好像是無拘無束，事實上卻也是有拘有束，只是一般人不悉「眞正」的拘及束何在？難道其中未有個「勸誡者」（exhorter）出現，而使當事人改變初衷，

讓他人甚至自己也料想不到會有出人意表（也出乎自己意志）之外的舉動，使他人或自己都會大感意外，不循初意而行，而順另意而為。初意或後意之中，必有「理」要守，若有機會讓改變心意者說了一番道理來，不也證明了那種意外之行，也是按理出牌；就是說不出一個「理」字來，也許是該理還未為人所知，如此而已。若該理也可被發現，則當事人也是依理行事。凡事依理而行，不是理性上的決定論嗎？傳統所言之命定，該改為理定。不管命定還是理定，反正都是早已定，這不是「決定論」（detemined）的真正意思嗎？如同一塊落石，若突然間這落石有了意識，即令意識到它是自甘掉下去的，但因不悉落下之因，無法享有不掉下去的自由。掉下去是早經決定的，至於為何有此種決定，具意識的石頭並不可能知悉，即令知悉也無法改變決定。

2. 一切罪惡不可推諉塞責：致信給倫敦皇家學會祕書長（Oldenburg）時，斯氏說，雖然人人皆有藉口予以理由化，但並非人人都可獲上帝的賜福與寬諒。

> 馬之成為馬而非成為人，這是可理解的，也有藉口的（excusable），但馬必成為馬，而非成為人。被瘋狗咬了一口而發瘋，這是可以寬諒的，但怎可因此窒息呢？最後，一個人管不住自己的欲望，也不擔心法律制裁而節制欲望，雖他的軟弱可以理解，卻無法享有上帝之愛及知上帝的滿足，這種人必然消失死亡。

換句話說，作為情奴，以及作為上帝之寵愛而享恩寵，二者有明顯的不同。

其次，致信給另一友人（Van Blyenbergh）時，就更露骨地說：

> 就哲學語言而論，不可以說上帝但願人人皆遂其所欲，或不必管上帝喜不喜歡。所有的這些，都屬人的素質（Human qualities），上帝並無這些！

把一切壞事都找藉口來搪塞，歸之於「早已定」，或「我作不了主」，難道謀財害命（murderer）與施捨濟貧（almsgivers），都可同享美名乎？

斯氏的另一個論點，是所有的邪惡不端（wickedness）都可寬諒。當有人出面反對時，他回覆說：

那然後呢？邪惡者若是必然爲惡的，則沒有比這更可怕且更有傷害性的了。

知是關鍵，如同蘇格拉底所堅信的，爲惡乃因由於無知。人可知卻停留在無知，這是最「惡」者。他的信仰也同於蘇氏，由無知變成有知，這是人的責任，不能怪他人，更不該怪上帝。大家習以爲常的品德字眼，如好（good）、壞（bad）、正義（just）、不公（unjust）、功過（merit, dismerit）等，尤其是「罪」（sin），都是服不服政府規定而受到的獎懲而已，皆屬「外在觀念」（extrinsic notions），不算是「心」（mind）的屬性（attributes）。

總之，若倫範德行，如同數學一般，都是必然的，則道德責任感必無置喙餘地，因爲一切行爲一旦都早已定，則無處罰意義。當然，這得有個前提，如同斯氏所言，行爲之「因」，此方面的知識，還未爲人盡悉；在盡悉之前，自由意志之說還有發揮空間，接受勸說來改變主意。屆時若也是必然，則何必費唇舌來指點「迷」津？當然，這也涉及到遲速及機運問題。在解惑的過程中，是否遇高明或機緣，使得覺醒在時間上有了遲速之別。

第三節　政治論

　　斯賓諾沙的政治論與霍布斯的說法，大同小異；後者的論著，前者都仔細拜讀。咸認人之過社會生活，乃受人性追求己利的條件所控制。形成政治社會來限制個人的自由，乃是開明的自利行為，也是一種理性的設計。為了防止無政府狀態所造成的更大災難及混亂，人人有必要成群而過有法律秩序的生活。即令因此而犧牲了個人隨意而活的快感，也在所不惜。

　　持決定論（determinism）的斯氏，也認為個別的人為何「必然」要過「群居」生活，是早已命定的（predetermined）。人受制於天，無可逃於自然法則之外。此種自然法則也就是天律（natural law）。在天律中，人享有「自然權利」（natural right）。作為人，這是必然的，也是早已訂定的；否則人就不成為人了。

一、天律

　　天律猶如天性一般，「大魚吞小魚」，那是魚群中的必然現象。大魚有吞食小魚的「機會」（given the occasion）時，必運用與其共存的「力道」（power），吞食了小魚，那是魚性使然。人性呢？人性的力道有二，一是理性力，一是欲性力。理性力充分運作者是「智者」（the wise man），欲性力充分運作者是蠢者及笨者。二者之對比，猶如獅與貓一般。

　　個人獨自生存，生存機會必少；因為許多危險及不利於生存者，憑己力無法應付。中世紀教父哲學家秉諸亞里斯多德之詮釋，把人定義為社會性的動物。斯氏也毫無疑義的接受。社會合同（social compact）乃是必然的結局。自保或自存（self-preservation）是萬有的本性（天性），人亦不例外。共同過社會生活，自存或自保之可能性必大於離群索居。

　　1. 社會合同（social compact）：社會合同既經個人的心甘情願，則單獨的個人也把個人的權力、利益、想法等拋棄，而交給治理社會合同者。治理社會合

同者，人數可能是一人、少數人、多數人，或全體。享有下令權，人人有義務遵守之。因之治權（dominion）有三種類型，一是君權制（monarchy），即一人或寡人制；一是貴族制（aristocracy），即多數制；一是民主制（democracy），即全民制。不管如何，享有治權者若任意胡爲或武斷，則流爲暴政。「沒人甘願長期受制於暴君之橫行」（no one can long retain a tyrant's sway），則必引發對抗，至其退位爲止。組成社會共同營政治生活，唯一的目的就是使人能過「和平及安全生活」（peace and security of life），如此而已，別無他圖。因爲在「和平及安全生活之下」，人人擁有的自由最大。按此宗旨而言，全民式的民主政治是最佳的政體（政治體制）。在全民享有治權之下，人人平等，如同自然狀況之下一般。斯氏對全民之擁有理性力，似乎太過樂觀；他認爲全民政治，尤其全民之數量夠大時，非理性因素就不能作祟。

有權就會有力，無力則無權。但力的支使，須按理而非依欲。斯氏也知，絕大多數的人是循欲而行，而非按理而動，故有必要立法約束之。

2. 一國之內的人民依「合同」而共組成一個政治體，他國亦然。國與國之間是否也仿「合同」關係，來促進國與國之間的安全與和平，如此更可「積善」（accruing good），而不擔心惡生。斯氏已預言聯合國或國際性政體之出現。

二、宗教寬容（religious toleration）

政治組織是權力的展現，但理性的生活方式卻需寬宏大量，尤其在信仰上。斯氏出身猶太家庭，一生目睹宗教戰爭無有已時；他同霍布斯一般地震驚於宗教戰爭及信仰分裂中，但解決方式卻二者殊異。霍布斯期望教會權力該屈居民事政府之下，如同英國，這是國家權力超越教會，甚至可干涉教會事務的說法。斯氏則極力分辨哲學語言及神學語言之區別。

神學語言之主旨，不在於提出科學資料，用意只在於要求信徒採取某種行爲，只要該種行爲符合宗教信仰，而無害於公共福祉，就應該予以准許；否則，

自由虔敬信神之心，就不得而生，且公共和平也不易獲致。選擇何種教義信條，悉聽信徒尊便。至於信仰的正誤判斷，則留給後果去承攬，人人享有

> 絕對不能廢除的自然權利（天則），是自己有什麼想法的主人。

> 設立政府的唯一目的，就是自由。這是他斬釘截鐵的名言。

> 政府之設立，並不在於將人從理性的東西轉成禽獸或布偶，卻要使人民能展現其身心力道以獲安全，運用理性時毫無鐐銬。

因之，寬容也不限於宗教層面。人民若提出合理的信念來批判治者，而非出之於惹麻煩，生紛爭，或煽動暴亂，則應任由各種意見的提出。但爲了公共福祉，言論自由可以稍爲收斂；一味的擬掀風作浪，爲叛變引火加油，或教唆違法亂紀，擾亂和平，這是不准許的，也是理性的人不會答應的。理性的討論及批判，不只無害，且有益；言論自由一旦受到壓抑，則簡直就是愚民政策了；且也阿護成風，僞善矯揉橫行，無恥之言行漫天可見。此外，

> 自由對文科及理科的進步，是絕對必要的。

民主政體最能保障這種自由，那是「最自然的政府形式」。在民主社會裡，「人人的行爲置於權力單位的管轄，但並不把判斷及理性交付出來」。

1. 信仰是不能受威迫的，擬以力使之就範，必生惡果。但完全毫無限制的寬容，是不切實際的。沒有一種政府准許有人鼓吹政治謀殺，或盡力宣傳犯罪。在公益範圍內，儘量擴大言論的尺寸；至於尺寸的明確度，無人可以明訂。此一問題，不屬於形上或先驗領域，卻涉及到歷史。比如說，所有運用理性的人大概都同意，處在戰爭或危急狀況下，即令是最理性式的批判，此種自由之享有，總

比平時爲少。政府的基本原則，是鼓舞而非毀滅自由，以便促進文化的進展。

2. 斯氏屬「無神論者」（atheist）嗎？斯氏辭世後，一段長時間常被誤以爲他是無神論者而飽受指責；批他爲無神論者，乃因他把上帝（God）與「天」（大自然）（Nature）二者劃上等號；此種「誣指」，引發現代迷上斯氏者爲他打抱不平，也帶火氣地爲文反駁。但動用情緒不是解決問題的良策，冷靜理性才是妙訣。關鍵點在於「上帝」及「天」二辭之定義，人言言殊。猶太教信徒及基督教信徒，對此二辭之界說，幾乎各說各話，有時曖昧不明；談玄說祕，還引了幾何及形上用辭及公式。

此外，更多的人送上了「泛神論」（pantheism）的標籤給斯氏，尤其是浪漫主義者（romantics）。無論如何，斯氏一生的企圖，都擬以自然來解釋萬有的一切，不取最後因那種超自然或超驗方式，認定自然是一種有機的宇宙，有利於運思者進行科學探討；只是斯氏運用的方法是哲學式而非科學式。不管是無神論或泛神論，這些後來者對他的評價所生的兩極化，都無礙於斯氏一生永抱著和平的心境，免除情困之擾，認定富貴（rich）、名氣（fame），及樂（pleasure），是虛空徒勞（vanity），且也不實（futility）；對至福至善之追求，了無益處。

> 愛上永恆之物，單獨向無限處尋求，就可以喂飽心靈上的樂，一切苦痛也免。故我使出渾身力道作此欲求，也追尋不息。
>
> 把人的最佳境界之可能性，發揮盡至，乃是一切學門的終極目標。不然一切皆是無用的。所有努力及思考都朝此一目標邁進。

第三章

來布尼茲（Cotteried Wilhelm Leibniz, 1646-1716）

第一節　生平及思想大要

一、生平

　　出生於來比錫（Leipiz），其父在大學任教，主授道德哲學。幼年即顯天分，是個早熟孩子，鑽研希臘文及教父哲學。年僅13歲時即告訴他人，可以閱讀西班牙耶穌教會出色的神學家及哲學家蘇亞雷茲（Francisco Suárez, 1548-1617）之作品，認為該作品之流暢易懂，如同常人讀愛情小說一般。蘇亞雷茲是聖托瑪斯之後最傑出的學者之一，是國際法的奠基者，反對君權神授；英王詹姆斯一世（James I., 1566-1625）大為憤怒，遂火焚其著作於倫敦的聖保羅大教堂（St. Paul's Cathedral）臺階上。這位傑出學者甚至認為，殖民地與母國地位平等。來布尼茲於15歲時上大學，認識了現代化的哲學名家，如培根、霍布斯、笛卡兒、開普勒，及伽利略，從中找到了「較佳哲學」（better philosophy）的典範；單獨自處時，常內心掙扎著新舊的各種衝突理念，舊學新說如何調和，是他內心不寧靜的主因。不過，在舊學的教父哲學上，他的素養比斯賓諾沙深厚，由1663年的學士論文可以證明，他站在唯名論的立場說話；該年他赴耶那（Jena）學數學及法學，1667年還獲法學博士學位，更在宮廷服務，還於1672年奉派至巴黎當外交官，接觸法學家思想；隔年赴英，遇到化學家波義耳（Robert Boyle, 1627-1691）及倫敦皇家學會祕書長（Oldenburg），後返巴黎停留至1676年，該年是他發現微積分（infinitesimal calculus）之年。而牛頓（Sir Isaac Newton, 1642-1727）比他早撰述微積分論文，但直到1687年才公布於世，比來布尼茲晚3年（1684）。學界論辯誰搶頭香，實在不怎麼必要。

　　回故鄉之後，拜訪斯賓諾沙，先前早已兩人有書信往返。來布尼茲對斯氏哲學深感好奇，常批判反駁之。在讀到斯氏遺著後，乃認為斯氏思想是笛卡兒主張的延續，且認為斯氏學說頗富刺激性。由於曾當過外交官，不擬得罪當道，嚴守正統，此種個性與斯氏之獨居遺世，二者性格上格格不入。加上來布尼茲也是

學有所長者，不受當代及先賢往聖所束。來氏有其獨特性哲學，也是順理成章之事。

　　仿英倫之皇家學會（Royal Society），1682年他在來比錫成立學者團體（*Acta eruditorum*），1700年還成爲柏林科學院（Society of the Sciences at Berlin）的創會會長，其後改爲普魯士研究院（Prussian Academy）；還致力於調和宗教派別，將新教（Protestants）及舊教（Catholics）統一於共同基點上；更奮力要在新教的喀爾文派（Calvinist）及路德派（Lutheran）作和事佬；但茲事體大，難度頗高，終於一事無成。在政治企圖心上，他更有個奇想，擬把基督教的國家聯合起來組織一個統一的歐洲（United Europe）；但法俄兩大帝不爲所動，他的「偉業」，都胎死腹中。更奇的是他對遠東發生興趣，耶穌會傳教士抵支那後，由於儀式崇拜與東方這個大國鬧得不可開交，他是替耶穌會說話的。

　　有生之年的大半時光都極享盛名，顯要也爭先呵護他，但臨死之際，卻默默無聞。即令他創辦的柏林科學院，也無人知曉他的訃聞；只有法國研究院（French Academy）舉辦追思活動。

二、宇宙知識，《單子論》（*Monadology*）

　　從上述的生平介紹中透露出，來布尼茲心中的一些理念，認定宇宙的一切，皆是諧合又協調的（Universal harmony）；有單元，也有多元，彼此有緊密的聯繫，也有支節的分離。早在1669年，時值23歲的他，就致信給友人提到：「大自然之作爲，絕不徒勞」（Nature does nothing in vain）；且又說：「萬物皆閃避自我毀滅」（everything shuns its own destruction）。萬有的一切，皆極力尋求自保、自存、自生，這是斯賓諾沙的「天律」。「大自然有則有序，簡直是上帝的時鐘（the clock of God, *horologium Dei*）。把大自然描述得如此漂亮美麗，早在文藝復興時就有哲學家提過；來布尼茲據此更進一步地以「單子論」（monads）闡釋之。

1. 數學最有則有序：把繁化為簡，分析將整化為單，全部化為部分，化到不能再簡為止。「微分」就是一種解析工作，微到不能微；最微的，就是「單子」（monad）。然後把無數的微分予以「積」，微積分就逼近甚至等於全了。如全部文章是由篇及節組成，又分為段落，句子；句子是由字、辭、片語所建構。字也由字母所組成。「學」文，乃先從學字母開始。就「文」科來論，字母就是「單子」；就「理」科而言，數目字就是「單子」。

2. 真理有二途：一是先驗（a priori）的演繹，也是必然的；一是或然的命題（contingent propositions），如李世民是唐太宗，奧古斯都是羅馬皇帝，基督生於伯利恆（Bethlehem），是巴勒斯坦（Palestine）的古都。這些歷史及地理事實的知識，都不能經由邏輯推論而得，也非屬「定義」的領域，卻是要靠觀察（observation）及歸納（induction）才能得知。其真理並不展現在存有，或「物本身」（essence）上，卻顯現在其「存在」（existence）上。

3. 知識論持先天觀念說或後天經驗說，是兩大門派：特重數學的來氏，當然對洛克在《人類悟性論》（Essay Concerning Human Understanding）上力主人性如白紙的主張，大表不能苟同，為文準備反駁，時為1701-1709年。卻等到1765年才以《人類悟性新論》（New Essays on Human Understanding）（Nouveaux essais sur l'entendement humain）與世人見面，時已距他辭世半個世紀了。

三、來氏思想大抵可分兩類

1. 大眾化式的哲學（popular philosophy, or exoteric philosophy），如同柏拉圖及亞里斯多德的寫作，有專為哲學門外漢或普通人領會者。此方面的論點，從他的書信、論著、小品、期刊中可以約略看出，但也得俟1903年才有來氏全集問世。1923年普魯士研究院（Prussian Academy of Science）打算出40本，但由於政局動盪不安，此項大計畫延宕不少時日；加上其中常出現有無法「持之以故，言之成理」者甚多，且為了彰顯他在宗教信仰上與正統不違，因之言行不一之事

頻現。人品道德上，不如斯賓諾沙的高風亮節。

2. 深奧的哲學（esoteric philosoply）：衷心於數學及邏輯的來氏以符號代替語言，希望將哲學上的各種論證以邏輯符號譯出，然後使用數學運算方式，就可以使史上各種哲學論爭議題，獲得「確信」的解答，猶如數學運算一般地既清晰又明辨。不少在這方面垂青者如羅素（Bertrand Russell, 1872-1970），認為這是來氏才華的頂級展現，但卻極為抽象，常人難以領會。

來氏去世後，哲學界的評價，議論紛紛，莫衷一是。但他一生期望宗教及政治上的諧和，協調一致，不該因地域或情況之有別，而在各自解讀之外，還大動干戈。宇宙中的大自然，都指示一種大方針，大家和好相處。安放來氏於哲學的何種鴿舍裡確實不易，雖邏輯部分占了他的哲學大空間，但倫理及宗教部分也不該予以懸置。確實，他的人格極其複雜，但若怪他人格分裂（split personality），這就太過分了。由於來氏在哲學史上是顆大明星，興趣又多方；稱呼他是史家、邏輯學者、數學家及哲學家，皆可。

第二節　邏輯與知識論

一、眞理有二源

一是理性，一是事實。這是來氏的「邏輯原則」（logical principles）。理性的眞理及事實的眞理，二者既清晰也明辨。

(一) 理性的眞理（truths of reason）

來氏認爲任何命題（proposition）都有主詞（subject）及述詞（predicate）；一切的敘述語句，皆可化爲「主詞，述詞」形式。命題若是不驗自明的（self-evident），則其「眞」是「必然的」（necessary）；與之作對或矛盾者，必「假」；因爲不可違反矛盾律（principle of contradiction）；換句話說，要符合「同一律」（principle of identity）。用邏輯術語來說，「同一律」就是「套套邏輯」（tautology），即A是A。試問A是A，此種「眞」且「必眞」，還用證明嗎？他的《新論》主旨在此；此種「命題」，還需後天經驗予以檢證嗎？A不可同時是A又同時是非A，即A&-A，此句命題，是矛盾的，「必」假，這也是「自明」的眞理。喜幾何的來氏舉的例，如下：

等邊的長方形（equilateral rectangle）並非長方形

此一「命題」，「必」是矛盾的，必「假」。

因爲「主詞」（等邊的長方形），「必」與「述詞」（長方形）相呼應（correspondence）。數學函數的「蘊含」（implication）意，即在於此。

(二) 事實的眞理（truths of fact）

是不必然的；與之作對的，是可理解的，是有事實根據的；反駁之，不會造

成邏輯的矛盾率。如：

　　蘇格拉底活著

　　蘇格拉底娶了妻

　　這些命題之「眞」，是「偶有的」（contingent），有眞有假。因爲就現時而論，蘇格拉底已去世了而非活著。其次，蘇格拉底在10歲時並無妻。當他活著時，若另一命題「蘇格拉底非活著」，則兩命題就自相矛盾了；因有其一必有其二。可見事實的眞理，是「假設性的」（hypothetical），不屬「先驗的」（*a priori*），卻是「後驗的」（*a posteriori*），是「可能的」（possible）而非「必然的」（necessary）。

　　總之，「理性的眞理」屬「分析性」的（analytic），因爲主詞中「必」有述詞，如「白馬是白的」。主詞中的「白馬」，是「白」加上「馬」。述詞中的「白」，「必」涵於主詞中；故該命題「必」眞。至於「事實的眞理」，則屬「綜合性的」（synthetic），如蘇格拉底是雅典人。主詞中的「蘇格拉底」，有許多「屬性」（attributes），數之不盡，如他是雅典人，他是男性，他是哲學家，他身胖體壯……他是這些屬性的「綜合體」。可見「理性的眞理」不只「必然」，也含有「或然」，故把「事實眞理」也包含其中。

　　但有一例外，即「上帝是存在的」（God exists）。主詞的「上帝」，必「蘊含」了述詞的「存在」。該命題屬理性的眞理，誰反對，誰就抵觸了矛盾率。

二、「套套言」（tautologies）

　　理性的眞理中，主詞與述詞是「同一的」（identicals），這是最初始的眞理（primitive truths），如A is A。此眞理之認知，憑直覺（intuition），是「自明

的」（self-evident）；是「重言而不及其他」，即「同語反覆」，如他舉的A is A，主詞（A）與述詞（A），是同一的，重覆說了一次。這是就「正面」（af-firmative）說的，「反面」（negative）也是如此，如：

What is A cannot be non-A.（A不是非A或非A不是A）

此外，「反面」敘述時，若主詞與述詞不同類，也屬「理性的眞理」，即「必眞」。如：熱不同於色（heat is not the same thing as colour）。

說者若知悉「熱」（heat）此一「詞」（term），與「色」（colour）不同，則「熱不同於色」，此一命題何須還得經證明呢？

理性的眞理，即屬「套套言」（tautologies），他說：

> 數學的重大基礎，乃是矛盾率或同一律；即一命題不許同時眞又同時假。因之A是A，而不許是非A。就這單一原則來說，就足以展現出算術及幾何的任何意義了，也是任何數學原則了。但爲了從數學過渡到自然哲學，則有必要提另外原則，那是我在《神義論》（*Essays in Theodicy, Essais de Théodicée*）一書中所提的「充足理由原則」（the principle of sufficient reason）。也就是說，一事之發生，爲何理由在此而非在彼。

《神義論》一書出版於1710年，是系統的答覆法國哲學家培爾（Pierre Bayle, 1647-1706）於1697年編輯著名的《歷史及批判辭典》（*Historical and Critical Dictionary*）其中一條目而來的。力主信仰寬容的培爾，深信哲學的推理會導致全面的懷疑主義。但人性卻也逼使人民接受盲目的信仰，這是18世紀初期極爲流行的說法。神義論（Theodicy）主張有邪惡在，但神展現義來糾正邪惡。

(一)定義

1. 命題中的「定義」（definitions），需具數學性，如3=2+1，只不過是「因爲3這個數目字的定義」而來。定義決不可粗率、任性，或武斷；定義有

「名」（nominal）與「實」（real）之分。就「實」而言，是「代表著可能性的（possible）」；「名」則否。「實」表示有可能存在於事實中，3這個數目字，如不可能使2+1等同於3，則3的定義又有何種「眞理」性呢？

2. 就純數學而言，是由自明的命題，或從一「公設」（axioms）而得出定義及命題。此處有數點該注意：

首先，不許犯了矛盾律。圓及方是不相容的，因之：「圓的四邊形」（a round square），只有其名而無有其實。

其次，數學命題也只是理性的眞理之一而已，其他凡涉及可能性的，也算理性的眞理。

最後，可能性就是存在性。理性的眞理如數學，有助於了解存在體的實在性（existent reality）。天文學必用到數學，但數學不能告訴我們，天文中的星星是否存在。同理，數學方法有助於神學研究，但數學無法告訴信徒，上帝是否存在。數學是純理性的，存在是事實性的，二者不等同。

來氏舉出一例，熱不同於色。此一必眞的命題（理性的眞理），也只不過是表明熱及色是事實上「獨自」（disparate）存在的，二者不混，猶如三角形有三個邊一般。同理，當言及「人是一種動物」時，只是說把「人」這一組（class），置於「動物」這一組之下，這些命題，都是「共相式的」（universals），或「本有性的」（essences）。事實的「存在」與否，則是殊相式的（particulars），或是存在性的（existence）。唯有上帝是例外。「上帝之存在，及所有直角的角都彼此相同，都是必然性的眞」。不過，我存在，或其他的角是眞正的直角，則是一種偶有性的眞。

(二) 眞理

1. 理性的眞理，彼此之間的連結（推論）是必然的；但事實的眞理，彼此之間的連接（推論）就不一定常是必然的。可見在眞理的連接上，也分成兩類；前者是絕對的，必然的，不如此就犯了矛盾律。幾何推論所形成的永恆眞

理，就屬此類。其他就歸之於「假設性」的必然（necessary *tx hypothesi*），即「適然」、「或然」，或「偶然」（by accident），本身是可眞可假的（contingent）。與之作對者，不會犯矛盾律。

若A則B時，這只不過是一種「假設性的命題」（hypothetical propostion）。此命題得眞的可能性有三種，只有一種得假，即當A眞而B假時。此一知識，現在連唸過數學的中學生皆知悉。眞值表如下：

A	B	A→B
T	T	T
T	⊥	⊥
⊥	T	T
⊥	⊥	T

2. 理性的眞理，是分析性的，也是必然性的命題，如邏輯及純數學命題；事實的眞理，是綜合性的，也是適然性的命題；除了一個例外（即上帝之存在），其餘全部存在性的陳述，都歸於此類。前者是「存有性的」（essential），後者是「存在性的」（existential），必有時及空等條件。上帝既有存有性，也具存在性；而其他的存在，都因上帝而存在。只一個「存有」即上帝，上帝所創或所選的世界，都屬存在性。由於上帝的指令具有自由性，因之，存在性的世界，只不過是上帝所創的可能世界中之一而已，另有其他可能的世界存在。上帝隨己意可以挑其中一種的世界。

演繹的學門（deductive science），在幾何上管用；但物理學門（physical science）就派不上用場了，卻得賴實驗予以證明。因之：

我們必須釐清「絕對性的必要」，與「假設性的必要」，二者之區別。

「絕對性的必要」（an absolute necessity），指的是理性上的眞（理）；「假設性的必要」（a hypothetical necessity），就是事實上的眞（理）。

3. 換句話說，物理世界不同於幾何世界；語言或文字世界，也有別於符號或數字世界。上帝所創的「實際世界」（actual universe），也異於「可能的世界」（possible worlds）。可能的世界，種類或數量奇多，把可能的世界中不會相互排斥者集結起來，即是上帝所創的實際又存在的世界。並非把所有「可能的」（possible）共組在一起，也保證是可能的（compossible）。

> 宇宙再怎麼大，我有理由相信，並非一切可能的物種（species），當組合在一起時，也可以在這麼大的宇宙中存在。將此說法運用於下也可成立，即不只涉及現存於世的萬物，且也涉及萬物的整個系列。換句話說，我相信，必要的物種（過去）從未存在且今後（未來）也不存在。（那是由於）與上帝所選擇的創造物系列，無法相容（compatible）所致。

舉個例吧!若上帝選擇去創造一種系統，在該系統內，A找到一個位子。此時，若B在邏輯上不相容於A，則必把B排除掉。此種排除，只有在「設定」（assumption）上帝選擇一種系統，在該系統中，A找到一個位子，如此而已。B之所以不能找到一位子，原因是因A與B在邏輯上二者互斥。至於：

> 爲何某物而非他物存在，眞正原因，乃由於「神意」（the divine will）的自由旨令（free decrees）。

三、「神意」之指令

「或然性命題」（contingent propositions）成爲分析性的，乃因「神意」的

指令，使或然也就變成必然了。之所以如此，是具「充足理由」（sufficient reason）的。充足理由的命題，就等於把主詞與述詞之間的關係所形成的命題，如同分析性命題一般，並不拂逆矛盾律。如：

凱撒決定渡過盧比孔河

羅馬大將凱撒（Julius Caesar, 100-44B.C.）於紀元前49年，決定渡過義大利北部與阿爾卑斯山（Alps），與另一羅馬大將龐培（Pompey, 106-48B.C.）決一死戰。他之作此決定，是神意的指令。而神意的指令，意指已窮盡所有可能性的理由。「充足理由」（sufficient reason）就等於是充足條件（sufficient condition），是「有之必然」了。此時的主詞與述詞之間的關係，不就是「分析性」（analytic）了嗎？凱撒把一切可能性的因皆窮盡了，且排除了與之作對的其他可能性，就孤注一擲。決定之前，必是「老謀深算」，無一遺漏；如此方可料事如神。當然，人算不如天算。盡舉充足理由，也是一種最完美的知。知之極至，行必隨之。凱撒已作渡河決定，是充分考慮的結果。

(一) 數學

1. 數學上有有理數（rational numbers）如2，及無理數（surds）如$\sqrt{2}$之分；前者是必然的（necessary），後者是適（或）然的（contingent），可以微分之。繼續不斷的微分，永無終止；只有上帝才知悉止於何處何時。當此一祕密一被解開，則絕對的必然性（absolute necessity）之結，就迎刃而解了。微積分的發明，就本諸於此。有理數與無理數這兩種「可能」（possible），變成同一（compossible）。凱撒有自由意志，上帝更有自由意志；凱撒因「充足理由」而在自由意志之下，決定渡河，猶如上帝在自由意志之下，選擇創造出這個可能的宇宙。但二者稍有不同之處。上帝之決定，基於一個前提，即此一被上帝所創造的可能世界，是最美好者。凱撒之自由決定，也「必」基於他是作了最明智的

抉擇，也是「別無選擇」的選擇，更是理性（合理）的選擇。據此，他的決定，來之於他的自由意志，故渡河行為也極其自由自在，自由的眞諦也在此顯現。因之，自由意志的抉擇，屬於「先驗的」（*a priori*），且也是「必然的」（necessary）。「自由」（freedom）與「心甘情願」（voluntary）二者合一。人是理性的動物，此種認知，既屬「先驗」，則依理而行，是必然的，也是自由的，絕不另有遲疑，也無被束受縛感。

2. 上帝之「擇」，是擇「最佳」者（the best），也是萬無一失的，性質屬於有理數。凱撒的選擇，也同於上帝，都有充足理由，但也僅止於無理數而已。「人」智再高，也遠遜於造物主；機關算盡，有時也會半路殺出程咬金。

3. 上帝之自由，屬於形上界，也是邏輯界上的完美（metaphysical and logical perfection）；凱撒之自由，歸於道德完美（moral perfection），是善的（goodness）。前者是「存有的」（essence），實質（reality），共相的（universal）；後者則屬「存在的」（existential），也是殊相的（particulars）；二者之自由，都非任性的，武斷的，隨意的，更非絕對「幻想式的」（absolutely chimerical）。上帝與人一般，一旦「選」了，就「必選」那種最佳也最確實者；「創」是不必然的，但上帝一旦選了「創」，必創出一個最可能最佳的世界。來氏的「適然性原則」（principle of contingency），即可選也可不選。

一切的適然性命題，都有成為適然的理由，而無其他理由。

所有適然性命題，都展現在「存在物」（the existence of things）中，如「蘇格拉底是雅典人」。「蘇格拉底」、「雅典人」，及「蘇格拉底是雅典人」，此三種命題（陳述語句），都是歷史上及地理上的「事實眞理」，無庸置疑。至於凱撒渡河，也是一件史實，他渡河之「充足理由」，是存在的；但該充足理由不一定符合完美原則。因為充足理由是「事實」（眞），完美原則是「價值」（善或美）。

4. 上帝自由自在的創造萬有，人也是自由自在的生活於大地中，中世紀教父哲學家都這麼說。來氏也接受此傳統觀念。但上帝及人雙雙都有的「自由」，到底其真諦何在？來氏特指，自由絕非胡亂胡為。依他的邏輯解析立場，既然述詞早已全在主詞中，主詞是共相的，存有的；述詞是殊相的，存在的。主詞支配述詞，述詞既受制，何來自由呢？更不用說上帝難道也受到邏輯上或形上的「逼迫」，一定非得造出一個最純的可能世界嗎？這不是與「自由」本意背道而馳了？不少時人及後人，每評來氏油腔滑調。來氏的「擇」（choices）或「決定」（decision）是先驗性的（*a priori*）確定（certain），但卻也是自由的（free）。這些說詞是相互結舌的。來氏是頂尖能力者，必也知悉自由與決定，二者水火；但他也說，「可預期性」（predictability）與自由（freedom）本身，可以並存不礙。

(二) 邏輯

1. 來氏以邏輯見長，評析命題之主詞及述詞之必然關聯性，來解哲學史上的各種疑難雜症。此種表態，是由上帝示範。先將命題中的主詞予以充分解析，發現其中一種「必」與述詞有「絕對」的連結性。比如說，亞力山大大帝（Alexander the Great）之稱為「帝」，必有「帝」的各種屬性。人要盡悉一切，似乎不可能。「但上帝卻能，完全知道這個大帝的風格」。這種「必然性」（necessity），「把他當主詞到底會有什麼述詞出現，都一目了然。至於征服波斯大帝國的大流士（Darius，紀元前五世紀），及印度的波羅斯王（Porus，紀元前四世紀），能先驗而非憑經驗的早知他倆之死是自然的還是被毒害的，這只能由歷史事實而知」。他意有所指或話中有話地說：

> 提及有關亞當（Adam）的個人性，即包括將會發生在他身上的一切。我之如此說，也誠如全部的哲學家所說的一般，即他們說一句真正的命題時，述詞是在主詞之內的。

由主詞含有述詞的命題句，是否就帶有主詞的一切「潛能性」（potential-ites），都可發展開來在述詞中展現——自我開展（self-unfolding）；則主詞必有一股動力來發號施令，如同一位將帥（the mandate）或立法者（legislator）一般，具有規範意，這就帶有濃厚的道德色彩了。當「盡悉」一切時，則主詞必含述詞；未「盡悉」一切時，則不能言「必」，只說能「或」（或許，可能）。

2. 邏輯注重解剖或分析：從雜的，多的，大的，一直分解到最爲微小者。若兩種理念分不出區別之所在，則二者合一，也二者同一。此一觀念，是來氏哲學的重點，也是他的形上學的大要。若可分，也彼此都在諧合之下，而可分也務必要分到極微細時才止步。到此一地步，「單子」（monad）說即出。這是來氏在哲學上的另一重要學說。萬異全納於同，此同即「單子」。

拋物線（parabola）與橢圓（ellipse），有同有異，這是幾何；同理，靜與動也如同。最微小的動就是靜，最微小的靜就是動，這是物理。幾何及物理現象，都是連續性的，不是跳躍式或不連貫。他因之提出連續性法則（principle of continuity）。

沒有立即性或一旦性，這是我的大格言，也是最完整能予以證實的。

大自然不是躍進的。此一格言，我稱之爲連續性法則。

此一法則可以四通八達，「從一地到另一地，從一形式到別一形式，從一狀態到他一狀態」。變是漸變的，躍進只是表面的假相，是由於漸變是極微小的變所累積而成。而極微小的變，通常不爲人知。一旦意識到（知）了，就以爲大變，這是錯的。分不清彼此有別（indiscernibles）時，以爲彼此等同（identity）。

第三節　單子論

　　發明微積分是來氏在數學上的重大貢獻。把數微之又微，微到不能微，就是數的元點或基點；然後積之，積之不能積，就是數的最大量。單子論（doctrine of monads）是來氏招牌的哲學理念。萬有的一切最基點或元素，在蘇格拉底之前的哲學家，以爲是水、火、土、氣等「有形」體者，其後被無形體的「不定」或「原子」所取代。來氏的「單子」較接近於「原子」，漢譯爲「單子」，是單之不能再單，如同數字之微之不能再微一般。故單子論與微積分，是一脈相承的，也是來氏的一貫之道。

　　Monad此字是希臘字，具有整體、單一體（unity）之意，與一（one）同。

一、單子的特色

　　來氏同意笛卡兒「清晰又明辨」的理念二要素。他爲文說明單子之特色如下：

(一) 單子是動之源

　　單子本身不是滯停歇息的，卻是自動自發的。因之有「力」（force），也有「能」（energy），更能動（activity）。這些字眼：

　　德文是*Kraft*，法文是*la force*，我則指稱那是屬於一種特別的動力學（dynamics）。

　　對吾人之領會「本質」（substance）觀念，幫助甚大。

　　當年亞里斯多德的形上學或知識論，提出十大範疇，其實只是兩類。一類是「本質」（substance），其餘九類皆是「偶有」（accidentals）。來氏認爲，本

質之特色，就是單子的特色。

1. 單子因之與原子大異其趣：原子帶有濃厚的「物質」（material）性，或機械（mechanical）性；單子則染上了精神（spiritual）或心靈（soul）色彩，接近中世紀教父哲學家常提及的亞里斯多德之潛能性（potentiality）或「圓極性」（entelechies，即潛能性的完全實現）。故無「身」（body）之「延」（extension）性，而有「心」（mind）之「思」（thought）性。

支那的孟子說過，「心之官」爲「思」。把「心」當作「器官」，那是一種比喻，類似眼、耳、鼻等器官（faculties）。但「心」（mind）不是「心臟」（heart），心臟是器官，現在的醫學界比較傾向於把「心」之官能，解釋爲「大腦」（brain）之運作。

2. 單子是肉眼看不到的，肉眼所能看的，必已是單子的集結。集結中的「主力單子」（dominant monad）是心靈（soul）。每一單子自成一世界，集結的單子也另成一世界。但單一單子的世界及集結眾多單子的世界，彼此之間是諧和協調一致的，這是「上帝預先建立的和諧」（harmony pre-established by God）。

(二) 各單子之「動」如同各鐘錶之運作

上帝創造萬有的一切，皆有則有序，非雜亂無章。人體或其他有生物一般的身心運作，都是諧和協調一致的。上帝如同製錶者，上帝造出無數的錶，錶與錶之間，就「現象」（phenomena）而言，似乎無聯繫；但此一錶之時分鈔針，必與他錶完全一致，「分秒不差」。不必調也不用修理就「同步」（synchronize）。身心如何交會，在何處交會，此一困擾問題，迎刃而解，不必如同笛卡兒臆想出在松果線上了。

1. 上帝一旦作出精確的錶，則運行的各錶，皆分秒皆準確無誤。因果中的「最後因」（final cause）及「機械因」（mechanical cause）因此得到不生衝突的並存，人是身心二分的合體物。

心靈（souls）依最後因法則（the laws of final causes），身（bodies）則憑動力因法則（the laws of efficient causes）。此二領域是彼此相諧和的。歷史的演進，是要在「自然世界」（the natural world）中建立起「道德世界」（a moral world）。

換句話說，「自然的物理王國」（the physical kingdom of nature）及「恩寵的道德王國」（the moral kingdom of grace），二者毫無芥蒂存在。

2. 各單子本身就有一種內在的「衝力」，邁向預定的諧合。此種力也是一股胃口（appetition），是會計算手段及目的（means and ends）的；因之，「蠢蠢欲動」早已存在於單子中。進程有二，一是「知覺」（perception），二是「統覺」（apperception）。前者是混淆的、無區分的、無記憶性也無意識的。處於此種狀況下的單子，如同植物，或暈厥或沉睡。統覺則升級了，其中含有過去經驗的成分。

> 我們看到動物時，知覺到從前曾遇到過被襲擊，基於此種先前知覺之連接，以及類似的知覺，比如說，我們手執一棒展示於狗前，狗也記起該種棒所造成的痛，只好從鼻中發出低吠而跑開。

3. 可見單子分兩種，一是「裸單子」（naked monad），一是「主單子」（dominant monad）。後者多了「記憶」（memory）因素，也就是「統覺」單子。前者則只是「知覺」單子，較無「意識」（consciousness）在其中。「主單子」又稱爲「理性的靈」（rational souls）或「精神」（spirits）。推理的運作，從此而生。

4. 人具有「統覺」屬性。並非人人皆有「眞正推理的習性」（true reasoning is habitual），即令在意識狀態下，知覺仍是困擾又混淆的，未臻「統覺」之境。此例太多。如至鮑魚之肆，久而不聞其腥臭；近大道之旁，隆隆車聲也置若罔聞；散步於海濱的遊客，一般都了然於水浪之聲響，但小漣漪則未查覺。人四

分之三的活動，形同禽獸。

　　四分之三的人，是依經驗過活的。

　　少有人會找科學原因，說明為何明天是陽光普照；只不過是依記憶及聯想而已。單子可以說是微又積的「分」。此種作為，不只可解數學難題，也把倫理行為的因果解釋，展現眼前。兩軍對峙，勝敗之「因」，微之又積之，把對方逼到墙角作困獸之鬥，「別無選擇」，即令是萬獸之王，也是虎落平陽的結局，勝負「已定」！

二、一元論而非二元論

　　笛卡兒的身心二元，來氏雖也如同上述的把「覺」分成「知覺」及「統覺」，但二者之分際是相對的而非絕對。此種相對性，也展現在「時」（time）及「空」（space）上。因之他的時空相對說，也與牛頓爵士（Sir Issac Newton, 1642-1727）及其在劍橋大學的門徒克拉克（Samuel Clarke, 1675-1729）的時空絕對論，大異其趣。且指出那是「某些現代英人的偶像」（an idol of some modern Englishmen）。

　　來氏認為單子既是萬有的最初始單位，而單子並非物質的（immaterial），因之皆有所「覺」。覺有高下，是程度問題，而非有無問題，屬量而不屬值，所以是相對的，而非絕對的。身心及時空之差異，也在於此，是連續性的演化而來。但是他的「單子論」（monadology）用語，染有宗教意與生物學上的進化論，並不相干。

(一)「心」與「體」

　　1. 人之「心靈」（soul），是非物質的；人之「體」（body），也是由非物質的單子（immaterial monads）所組成；二者的合成體（corporeality），既都

由單子所組成，身心二者之間，並無一種直接物理上的互動影響力作用在其間，卻有類似各鐘錶之彼此時秒不差現象。最後，靈的單子是主單子，身的單子是裸單子；但二者之異，也只是相對的，而非絕對的。

2. 依單子的內在動性，以及預訂的諧和論，不難理會出來氏對於洛克知識來自於經驗說，另以《新論》（*New Essays*）回應，而提出「先天觀念」（innate idea）及「先天眞理」（innate truth）說。

(二) 先天

「先天」字眼，有必要特別說明。試看下面三命題：

1. 甜的不是苦的：甜及苦，必「先」經由感覺而來，感覺是後天的。但甜及苦之觀念，並不單只是該覺由外還是由內而有別而已。常人只就「現象」（phenomena）說話，現象只是「表像」（appearances），而非實質（reality）。堅持地球繞太陽的哥白尼，也用日常語言（ordinary language）說：「日出日落」（sun rising and setting）字眼一般。甜與苦，屬於一種混淆的理念，憑外官而來，而非由內官的心靈而生。但「甜本身」（sweatness），「苦本身」（bitterness），「圓本身」（circulerity），「方本身」（squareness），則只由心靈生，是先天的。苦及樂是主觀的感受，視苦爲樂，吃苦就是吃補者有人，屬於一種「混雜性的結論」（a mixed conclusion, *hybrida conclusio*）。

2. 邏輯及數學是先天的嗎？小孩或幼童在「先天」上並不悉於此。有些先天觀念之獲致，不是一蹴可及。有些觀念是本能性的（instinctive），如矛盾率的知識；有些則也得賴後天經驗，由感官而來。來氏並不認爲：「每種先天的眞理，都能爲人人所知」；也不相信：「凡靠學習得來的，都非先天的」。兒童有機會看到黑板上的圖形，因而了解了幾何定理。黑板上的三角形是憑眼睛看到的；但幾何上的三角形，是一種觀念，眼睛是看不到的。黑板上所畫出來的三角形，不是幾何上的三角形，後者只是「表象」而已。

3. 上帝的觀念，是先天的，且本身也是單子：

我一向這麼認為，現仍如此認為，上帝的觀念是先天的；笛卡兒也如此認為。

但此句話並不是說，人人皆對上帝有個清晰又有別的觀念。「一開始」時，並不如此。「更多的注意及方法，是必要的」。學者都不常如此了，何況常人。此一議題下節敘述。

總之，單子是「無窗無戶」的（windowless），就猶如此錶與別一錶不相往來一般。但由於預訂的諧和性，使各個單子看似獨立的個體，卻具一致的性質，彼此和衷共濟。錶本身也不開窗戶，也無窗戶可以互通。錶、無機物、礦物等，是由「裸單子」組成，也相對的且比較上的是無意識的；但有機物、植物、動物、人等，則由「主單子」所掌控。至於最高的上帝，本身也是單子，主單子性最明顯。

第四節　上帝論

一、上帝存在的論證

來氏認為上帝存在的論證，有效性（validity）極為明顯。論證方式有多種：

1. 本體論證（ontological argument）：「上帝存在」（God exists）此一命題，屬於分析性的（analytic），即主詞早含有述詞。主詞既「蘊涵」（implication）著述詞，因之是「先驗」（*a priori*）的。「上帝」此一「辭」（term）或概念（notion），必把「存在」（existence）此一述詞，含於其中，「有之必然」。邏輯的形式推論（formal inference）正是如此。「上帝」指涉著最完美者（a supreme perfect Being），「存在」是「完美」之一種。否認此種命題，就犯了矛盾律。「上帝」（God）與「存在」（existence），二者之間的連詞，是「必」（necessary），「必」也「必」含「可能」（possible），但「可能的必」（possible necessary），是矛盾的。猶如「必修」的課，「必」把「選修」包括在內；但「選修」「必」是「必修」，這是不通的（矛盾的）。其不通性，猶如「四方形的圓形」（square circle）一般。

2. 從「永恆及必然真理」（eternal and necessary truth）中，證明上帝的存在：奧古斯丁頗喜愛此種方式的論證。數學命題是「永恆及必然的真理，不倚賴任何適然性或偶有性（contingent）。」如由三直線接合在一起的形，必是三角形；不管三角形的形狀及數量有多少，形狀及數量都是適然性的，也是偶有性的。必然性也建立在形上基礎裡，即上帝。上帝必存在，因為永恆真理「遵照神意」（divine will）。上帝是一種「存有」（essence），存有必含「存在」（existence）；前者是本質（substance），後者是「偶有」（accident）；前者是「必然」（necessary），後者是「可能」（possible）。「可能」是從「必然」生出，「可能」也是一種「若然」，即「假設」（hypothetical）。「若是三

角形，則三內角的和必是180°」。

3. 由「充足理由」（sufficient reason）之原則，得出「事實之眞」（truths of fact），來證明上帝存在。事實之眞，屬於「後驗」（*a posteriori*）。

有因必有果。因之前有因，果之後有果。如此推之，是無止境的。爲了證明A、B，及C，就有必要舉D、E，及F；而爲了要解釋D、E、F，也有必要把G、H、I等搬出來。最後的因，就是上帝。上帝是萬因之因，是「萬物的最後始源」（the Ultimate Origin of Things），那也是他爲文的標題。目前的世界，是因與果循循環環中的一階段而已，屬於「物理上的」（physically）或「假設性的」（hypothetically），但非「絕對的」（absolutely）或「形上的」（meta-physically）。事實之眞或存在命題（existential proposition），都是適然性的，偶發（有）性的。而非形上的必然（metaphysically necessary），屬一系列環節（series）中的一串鍊（a chain）；最初的始源，必不在該系列環節的串練之中。上帝的因是內存的，而非外加的。與物種始源的進化論不同。

4. 從「預訂諧和」（pre-established harmony）說，來作爲「後驗式的」證明上帝之存在：單子是萬有之最基本元素。單子與單子之間，並無相互往返，但卻各自顯現出最完美的諧和性。由此可知，必有個「共因」（a common cause）。此事之「清楚明白」，著實令人驚奇（suprising clearness）。由單子構成的宇宙，森然有序有則，莫非有一種「道德上的確定性」（a moral certainty）存在，即「預訂的諧和」。

二、「惡」之源

上帝之創，必是最完美者，最善的，是可能世界中最好的一個。理論上言之，上帝可以創造出一個與此有別的世界。但從道德上來說，上帝只能創造出最佳的世界。來氏此種說法，屬形上的樂觀論（metaphysical optimism）。此觀點大爲悲觀論者如叔本華（Arthur Schopenhauer, 1788-1860）所嘲弄。後者認爲，

此一世界最差勁，又哪有個仁慈博愛的「造物主」（Creator）呢？來氏該有義務提出解釋，闡明他的樂天主義。1710年他出版了《神義論，論上帝之善，人之自由及惡源》（*Theodicy, Essays on the Goodness of God, the Freedom of Man and the Origin of Evil*）。

惡有三種：「形上的、物理上的，及道德上的」。

1. 形上的惡（metaphysical evil）：形上的惡只不過是「不完美」（imperfection），正是奧古斯丁所提的「欠缺」（privation）。世界上無惡，只是不那麼善而已，或比較少了善，或消極性（negative），或「不足」（deficient）。猶如說，「缺陷」也是一種「美」一般。形上的惡，本身也是一種善；可以給善有個對比，使世人更加體認善的意義及價值；若無形上的惡作陪襯，就無法彰顯善的格外重要。此種「惡」，怎可不讓其存在呢？其他兩種惡（物理及道德上的），都不是絕對的，而是相對的，可以當作手段、工具、方法，以實現善的目的。有了「欠缺」感，才會奮力修補、充實、改正。如生病一般，由於有了生病，才真能領悟健康的真諦。

2. 物理上的惡（physical evil），及道德上的惡（moral evil）：形上的惡既是「不完美」，不完美必出現在被創造物上，包括人。不完美才是「錯」（error）及「惡」（evil）之「根」（root）。創造物既來之於完美的上帝，則何來「惡」呢？上帝是「存有」（essence），被創造物是「存在」（existence）；前者完美無缺，後者則有瑕疵，但後者之存在，總比不存在為佳。上帝該為此而負責嗎？不，上帝用心良苦。上帝之善，本身自足；但人之善，一定要有惡相伴，人才「真」能體會上帝的意旨。

物理上的惡是「受苦」（suffering），道德上的惡是「罪」（sin），皆本諸於形上的惡而來；即令「身心上的受苦」，以及窮兇惡極（monstrosities），也都是「預訂諧和」中一種有序有則之一部分。道德上的惡，是良心上的不安，那是內在的制裁，而非法律、宗教，或自然性的外在懲罰。若樂人人皆有，動物也有之。但人對苦樂的敏銳度，強過於動物。動物比之於人，看起來比較不會苦樂

形之於色，這也是人優於動物之處。來氏看好的可能世界，是最好的世界，其中若有「惡」，也是作爲「陶冶、啓迪」（edification）作用，不該輕蔑地予以冷嘲熱諷。

好是有等級性的，由少好「開展」（unfolding）爲較好，「限制」（limitation）由多變少。此種作爲，也是上帝賜予人的恩典，怎可把責任推諉於上帝呢？人享有自由意志，因之責任感也由人受。從此一角度言之，惡不但未具消極意，且擁有積極性。此生若不能善有善報，惡有惡報，來生必能如此。笛卡兒不朽的理念中，是無記憶存在的，來氏反之。失去記憶而爲不朽，就少了時間及比較意。

> 此種失去記憶的不朽，是一無用處的。從道德而言，該說法毀了一切的獎賞（all reward），一切的補償（all recompense）、以及一切的懲罰（all punishment）……爲了要滿足於人種之期望，必須證明上帝治理一切，是聰智的，公義的，絕無不償及不罰之事。這是倫理的重大基礎。

3. 「自由」（freedom）與「命定」（determination）問題：依來氏的邏輯及形上觀點，「命定」是必然的結局。但他的《神義論》，則合乎正統的神學主張，即「自由」說。二者又如何調和而不生衝突呢？

上帝創造的世界，是可能世界中最爲美好者。這裡所說的美好，不是早實現了的，卻還在進行中，也在發展中。最終的諧和，才是早已決定了的（pre-established）。但在過程中，上帝賜給人「自由」，使「道德的世界」融入於「自然的世界」裡（a moral world within the natural world）。這時，上帝扮演了如同宇宙的技師或建造匠（architect of the mechanism of the universe）；上帝也形同「精神之城」（the city of spirits）中的「皇上」（monarch），使「自然的物理王國」（physical kingdom of nature）及「神恩的道德王國」（the moral kingdom of grace）二者之間極爲和諧。單子中的主單子上升，潛力充分發揮，現實變爲

理想。此種進步，無有已時。這是他的史觀。邏輯及數學之眞理，是無時空性的，是「命定」的，且早已預先訂定了；但一股動態性的，永遠存在的自我開展及自我完美活動，卻也是一種事實上的眞，即歷史上的人爲現象。但此種歷史事實是偶有的，終得隸屬於邏輯及數學的「必然」之下。「太陽底下無新花樣」，一切早已安排就緒，都是可以預期的，也都在邏輯及數學的緊箍咒中而無所逃。矛盾律不許觸犯，是邏輯及數學上的鐵律。但在這之下，歷史卻享有適者生存的原則（principle of fitness），那是變幻多方的；在緊箍咒中，孫悟空也可展現七十二種神奇的變化，這不也是「自由」嗎？

貳｜英倫哲學

前述三章的哲學家都在歐洲大陸，下述數章的哲學家則是英格蘭及蘇格蘭人。隔著英吉利海峽，歐洲的「兩岸」哲學思潮，互別苗頭，在十七及十八世紀各顯神通。其實，二者並非不相交的平行線，卻是互通訊息頻繁，且彼此影響。

　　哲學史的通例，一向稱呼中世紀哲學比起十七世紀哲學，學風大相逕庭。從時間上來說，哲學史邁向「現代」，在兩岸都有舉足輕重的代表性人物，但英人卻搶了頭香，培根差不多早生笛卡兒一代。英國少山，四邊環大海；歐陸則叢山峻嶺不計其數；前者動，後者靜；海洋派與大陸派學者，因環境的因素，也左右了兩「岸」哲學思考方向。

第四章

霍布斯（Thomas Hobbes, 1588-1679）

　　生於英格蘭最早的城鎮（Malmesbury），父親是神職人員。1608年離開牛津之後，曾服侍於貴族顯要家庭，且到法國及義大利兩年（1608-1610），擔任顯要之子的家教。返英後還將希臘史學家修息底斯（Thucydides, 460-404B.C.）的作品，譯爲英文，1628年出版。曾與培根有過私交，且與對「眞理」下過功夫的赫伯特伯爵（Lord Herbert of Cherbury, 1583-1648）認識，但還未著迷於哲學。1629-1631年又再度去法，教了另一名顯要之子。在巴黎稍悉歐幾里得（Euclid）的《幾何初步》（Elements）：史家曾指出，霍布斯雖不如笛卡兒那般的在幼年時即醉心於數學，也沒在數學上大展奇才，但以科學方法來爲學，倒是他的終生興趣。感官經驗印象，或許才是他的最愛！

　　英吉利海峽並不寬廣，他來來去去，還在翡冷翠（Florence）遇到天文學家伽利略。在巴黎加入哲學及科學社團，因而知悉笛卡兒哲學，但反對笛卡兒的《沉思錄》（Meditations）。哲學本身不是他著力的所在，倒對社會及政治問題深感興趣。1640年及1650年分別寫了兩本書，都與法律、政治，及人性有關。

　　1640年時由於他屬保皇黨，深覺性命受到威脅，乃躲在法國避風頭。1649年被斬首示眾的英王查理一世（Charles I, 1600-1649），在未登基前是威爾斯親王（Prince of Wales），留亡於巴黎時，曾受教於霍布斯。有了這層關係，霍布斯當然極有可能被牽連而惹禍上身，還好1652年時，他與1649-1660年期間的大英共和時代（Commonwealth）二者和平共處。從他的政治哲學代表作《巨靈》（Leviathan）一書來看，他注重實際而不光談理論。凡是一個政府，「事實上」（de facto）已掌控了大權，人民就得承認該政權的合法性。1660年「復辟」（Restoration）之後，查理二世（Charles II, 1630-1685）還賜予恩寵且也賞他年金（pension）。一生著作不少，致力於爭議議題上。在論自由或命定論紛爭中，他堅持命定論立場。倒是不自量力地竟然與牛頓之前最偉大的數學大師沃利斯（John Wallis, 1616-1703）意見不合，備受極爲強烈的指摘。更因主張無神論（atheism）及異端（heresy），而招來衛教之士的撻伐。還好，他卻能享高壽而辭世。

第一節　實用哲學

知識即權力（Knowledge is power）是培根的名言，霍布斯大力稱讚哲學的實用性功能。哲學要能產生實用，在「果」上生不同的效應，不要只在「因」上虛耗時光。「知識之目的，就是權力」。坐而言，不如起而行；沉思是不管用的。自然哲學須有利於人生，道德及政治哲學也該如此。人生多災多難，何其不幸，其中，內戰是主因，源於對政治生活及行為規則不盡了解所致。

哲學知識應集中在道德哲學上，哲學知識本身就是一種權力，可造成物質生活的繁榮及社會生活的和平及安全。但並非一切知識都由哲學所包括。

一、知識有兩類：事實的知識及推理的知識

(一) 事實的知識

事實的知識也有兩種，一是指從經驗資料而生的知識，霍布斯稱之為「果」（effects）或「呈現」（appearances）；二是由記憶而生之印象。前者是立即又快速的，後者則較遙遠或稍緩的知識。人人皆知太陽由東方上升，但此種知，不能稱為科學的天文學知識。此外，人人知行為發生了，但不一定領會人類行為所帶來的哲學或科學意義。科學知識或哲學知識，是要處理因果關係的。經驗或呈現的事實，只是知識的一面向而已，即「事實」的知識（Knowledge of fact），如同法院審案時的「見證人」（witness）所陳述者。見證人一陳述，即已成歷史。

(二) 推理的知識（ratiocination）

由果推到因，由因知悉果。現在或過去甚至其後的事實，都只是事實而已，不是真正的科學或哲學知識；若不把其中的因果「理」出所以然來，則不能稱為「知識」。推理的知識，是悉其果的知識，也是確信另一事實的知識（knowledge of the consequence of one affirmation to another）。此種知識，是「假

設性的或條件性的」（hypothetical or conditional）。

　　若A為真，則B也真。

　　霍布斯以下例說明之：

　　若一圖形是圓形，則任一通過圓心的直線，就必然把圓分成相同的兩半。這才算是科學或哲學的知。「若這是，則那也是；若這過去是，則那過去也是；若這以後是，則那以後也是」（If this be, that is; if this has been, that has been; if this shall be, that shall be）。

　　事實上的知，與推理上的知，二者都旨在探討人的行為法則及政治生活的規範。霍布斯在哲學史上的「豐功偉業」，就是為政治科學奠基。事實上的知，是一種「現象」（phenomena），也是一種「呈現」（appearance），但那也只不過是構成知識的初步而已；該更進一步的探討且思索其「因」（causes），是如何「生成」（generation）的。換句話說，前者是「知其然」，後者則是「知其所以然」；前者的知，頂多包括過去及當前而已，靠觀察（observation）及記憶（memory）即可，後者則延伸到未來。「已知」加上「推論」工夫，那就是「憶測或推理」（reasoning）了。

　　若由因探不出果來，就不足以作為哲學或科學題材，更不具備科學或哲學的知識。因此，凡無法含有因果關聯性的題材，都不是哲學或科學的範圍。單憑記憶的歷史，或只依權威如宗教或上帝，都排除在科學或哲學的知識範圍之外。他並非說無歷史或無上帝，只是說這兩門不是科學或哲學的題材，如此而已。

二、動的哲學

　　哲學（或科學）既以因果關係為主軸，由因「生」果，由果「知」因，也由因「知」果，故哲學或科學知識是「動」的。「動」（motion）是「普遍

因」（one universal cause）。由動而生殊，由單一的名、字，或辭，不能構成為知識。由其而「生」的概念，才具意義（significantt, meaningful），也就是有價值的科學及哲學知識。「生」就是「動」。單說圓形（round），或四方形（quadrangle），不構成為知識；但二者如形成（動）而為「圓形四方形」（round quadrangle），則不知所云，本身矛盾，是「空詞」（empty term）；該組合體之荒謬（absurd），正如同「非肉體的身」（incorporeal body）一般的可笑，是玩文字把戲而已。有其「名」，而無其「實」。有「非物質的東西」（immaterial substance）嗎？如把「三聖合一」（Trinity）中之位格予以「具體化」（hypostatical）於聖父、聖子、聖靈裡，且合而為一（transubstantiate），即「化身說」——聖餐中之餅及酒，形質轉化為耶穌的真血真肉，且「永恆如今」（eternal-now），是「了無意義」（signify nothing）。雖都出現了一些字眼，卻猶如只聽到音而已，真是無聊（nonsense）。霍布斯直言無諱地說，道出該「命題」者不是犯了錯，卻是荒誕。神學之研究，如在該命題上作苦工，則徒勞的虛耗時光，一點都不是理性之運作。

(一) 霍布斯是無神論者（atheist）嗎？

基於上述論點，霍布斯採取經驗主義者的分析，遂對名詞的定義上有關上帝的部分，皆歸之於「胡言亂語」（gibberish）。信仰純只是一種情緒上的發洩。不過，他卻也提及，好奇心或愛知，乃是「知」之「因」，這是極其自然的，也導致於在「因」的探索上，得到一種「無因」之「果」來。上帝是恆在的觀念，遂之而起。眼前可視及的世界，是多麼的令人欽佩其有則有序：人從此孕育出必有因在，人把該因稱為「上帝」。他強調「上帝」這兩個字，人是難以體會的；「無窮無盡」（infinite）是上帝的屬性，人的知，在此方面是無能為力的。上帝的偉大及權力之至尊，都超出人的知識範圍之外；人無法知之，只能敬之，愛之，信之。上帝的層次，人與之相比，無法望其項背。因之，人之對上帝，只要「虔誠」（piously）就可，不該「武斷地」（dogmatically）任置一詞，因

爲遠超出人的心領神會之外。「啓示」（revelation）來自於上帝，涵有隱喻性（metaphorically），是「純非智性的」（purely unintelligible）。上帝觀念，不是人的理性運作範圍，卻該以一種崇拜及禮敬的「心情」與上帝交往。

此一自然宗教觀，早由十四世紀的哲人，發揮得淋漓盡致。宗教及神學，屬「信」（faith）的地盤，非「理」（reason）的哲學可以過問。中世紀教父哲學家早已提示給世人，人擬知上帝，頂多只能知「上帝是這個樣」（knowing of God that He is），而不能知「上帝是什麼樣」（knowing what He is）。「that」是確定的，不可疑的；「what」則是未知數！更不用提上帝的「爲何」（Why）及「如何」（How）諸問題了。霍布斯接續此一脈絡，但卻也有區隔。中世紀教父，包括托瑪斯在內，都坦言上帝是「無肉身的」（incorporeal substance），「精神是無盡止的」（infinite spirit）；對此，霍布斯頗有煩言。誠如上述，他認爲這只不過是耍嘴皮而已。

可見他確信上帝之存在。只是他對上帝的定義，與其他哲學家或神學家不同。上帝是萬有之最初因，是「動」的，由動而把因化爲果。該種動，或由因而生成的果，就如同物質界、身體界、有形界般。笛卡兒說，人是身心二合一的，「心」之官是「思」，「身」之官是「延」；思及延，二者意義同：一是人眼不可見，一是可見。身之延，人眼可見，這已是不爭之事；至於「思」之動，人眼雖無可見，但也是不爭之事。粗心及細心，壯志似的大抱負（大心）及雞腸鳥肚似的志向（小心），也幾乎有「長短」（magnitude）性。「心」以「身」來解，才會誤把霍布斯當成物者及無神論者。

(二)哲學分成兩類

身心二者，一有形，一無形；宇宙也如此。有形的世界是「自然體」（natural body）所構成，無形的世界是人爲的產物，稱爲「公共體」（commonwealth），「由人的意志及同意」（made by the wills and agreement of men）所生。哲學依此一分爲二，即自然哲學及公民哲學。

1. 公民哲學（civil philosophy）之內容，包括由人所組成的公共體之「性質」（nature）、「功能」（function），及「財富」（properties）。因之，必須首先了解人之性格、舉止、態度。此部分的哲學，傳統稱之爲「倫理學」（ethics），其中涉及到民事責任，則名爲「政治學」（politics）。二者合一，成爲公民哲學。把哲學題材作如此的分析，且予以系統化，其中之一是「自然部分」（*De corpore*）；其二是「人事部分」（*De homine*），其三是公共體及人之民事義務（*De cive*）。

由「動」而生的學，如幾何；先由「點」（point）始，點生線（line），線生平面（plane surface）；由光之動而生出物理學；由心之動，即嗜好及嫌惡、願望、憤怒等而生的因及果，即是道德哲學。這都含有因果關聯性。一由自然體所生，即自然哲學。一由公共體所生，即政治學或公民哲學；涉及人民之權利及義務，及治者的權利及義務；倫理學、政治學、修辭學、邏輯學等，都包括在內。

2. 自然哲學：涉及量及動。有數學、天文學、力學、物理學。若把人體當自然體看待，則倫理學也歸屬自然哲學之一；因爲人體也是「自然體」（natural body）而非人爲體。集合人體而成的公共體，才是「人爲體」（artificial body）。

(三) 演繹（deduction）的重要地位

科學或哲學知識既是「假設性的或條件性的」，則演繹的價值乃益發顯明，數學方法的價值也高升。理性主義（rationalism）或「推理」（reasoning），都使用數學用語。他又另提ratiocination一字，即是計算（computation），是加及減（add, substract），是分析性的。把哲學或科學的宗旨放在實用性上，他走培根之路，重實驗；但在方法上卻踏著笛卡兒步子；歐陸的理性主義學風，特爲鮮明。

當然，他也認爲純粹的演繹而無任何經驗上的材料爲其內容，此種哲學或科

學，就是空中樓閣。二者都是建立在一共同原則之下，由此才能使物理學、心理學、政治學，合成一整體的系統。演繹不可空洞化、抽象化、形式化，總得要有「給予的事實」（given facts）。他再度提醒的事，光是事實，不足以稱爲科學或哲學。這是前已述及的。

1. 演繹（ratiocination）即計算（computation），計算即加（addition）減（substraction），也是「合」（composition）及「分」或「散」（divsion or resolution）。分或散就是「分析法」（analytical method）。合即「綜合法」（synthetical method）。

　(1)分析法：由殊（particular）到共（universal），以抵「第一原則」（first principle）。如把合的理念予以細分或拆散，則有「固體的」（solid）、可見的（visible）、重的（heavy）等共通性，再細分之以抵最「共」的原則。

　(2)綜合法：相反方向的由共推到殊。

二者都是「發明方法」（the method of invention），這是他的稱呼。借用於伽利略，現在則稱爲演繹法及歸納法。

2. 數學的成就是利用方法學才得到的最大貢獻者。上窮碧落下黃泉，遠洋航海的試驗，古今異樣的爲學思緒，「我們欠幾何的債」，最多。天文學及其他應用科學，莫不倚賴數學的進步。若道德哲學家在確定人之「情」及人之「行」諸問題時，能如同數學家在了解「幾何圖形上的量」之性質一般的清楚，則干戈將息，穩如玉山的和平也可期。可見數學與物理學息息相關，更與倫理學發生連繫。

研究自然哲學的人，除非開始致力用心於幾何，否則就徒勞了。作家或爭辯家若無知於幾何，也只不過浪費讀者及作者時光而已。

要注意的是，他一再強調：「由經驗所下的結論，是不及於共的」（Experience conclude nothing universally）。反而是，科學才能有「共的結論」（conclude universally），但要植基於「感官經驗」（based on sense-experience）。

3. 在唯實及唯名的爭辯中，他站在唯名論（nominalism）這邊：科學是過問現象界（phenomena）的。現象界所呈現（appearance）的，是一種幻形（images）；把幻形轉化爲「字」（words），由字連結的句子，才使科學成爲可能。「名」之使用，只是爲了方便；由「名」之組成而建構的理論或因果說明，都只是假設性及條件性的，最後總得要取經驗上的具體事實予以檢驗，予以證實（verification）。霍布斯本人對科學的實驗方法並不寄予大的厚望，因之事實上他在求證上著墨不多。

4. 數學上所使用的數字或符號，在「定義」（definition）上，是任意的（arbitarily）。

若A蘊含著B，則A爲眞時，B必眞。

純數學是如此。至於有無純自然科學、倫理學，或政治學等「眞實世界」（real world），則是另當別論。數學原則之自明式的設定（postulates），也是「公設」（axioms），別無爭議，屬第一原則。至於是否有高於第一原則的至上原則（ultimate first principles），置於數學之先，也在物理學之前？霍布斯的唯名論，認定的名是武斷的（任意的），隨定義者之喜愛而訂。若推理、演繹、分析、綜合的結論皆依此而來，則對不同定義者的結論必生紛歧；故有人評霍氏之唯名論是帶有懷疑性的唯名論者（sceptical nominalist）。其實，數學、哲學，及經驗科學，三者是有分野的，不能等同視之。但十七世紀時，此種分野性未引時人注意，後人也不該太怪他。數字及幾何圖形，既單純也固定，不似語言文字語句之混淆性及歧義性。因之把數學推論無限上綱地應用於應用科學上，必然產生頗爲繁複的問題。

三、因果的爭議

霍布斯認為哲學的主要工作，是「因」之發現（the discovery of causes），及果（effect）之被認知。但什麼是造成果之「因」？能生果之因，必該因使果之生，可臻成熟之境。因有總因及分因，也有主因及次要因之別。次要因或小因累積再多，「果」也不至於產生。「萬事皆備，只欠東風」；可見「東風」這個偶有因（accident）如不出現，則萬事是無法皆備的。「因」與「果」是條件關係，也是假設性的，「若……則」（if ...then）或「若且唯若……則」（if and only if ...then）。若把A當因，即前項（antecedent），則A是肇事者（agent），B為果，即後項（consequent），也是受事者（patients）。若火使手生熱，則火是肇事者，手是受事者。

A與B皆有數不盡的偶發現象（phenomena）或呈現（appearances）。A與B之間的「因果關係」（causality），依數學及邏輯言之，有下述三種，且也只有下述三種。

(一)因果關係三要件

1. 充足條件（sufficient condition）：即有A必有B。偶發現象如是充足條件性質，則雖是偶發，也必然生出因果。

2. 必要條件（necessary condition）：即無A則必無B。

3. 充要條件（sufficient and necessary condition）：A之偶發現象之一若構成為B之充足兼必要條件，則必生因果關係；如無，則必不是因果關係。如無A則必也無B，「且」有A必有B。

(二)因有四種

藉亞里斯多德及中世紀教父哲學家的通用說法，因有「質料因」（material cause），「動力因」（efficient cause），「目的因」（final cause），及「形式因」（formal cause）。

1. 動力因來之於肇事者（agent），質料因則源於受事者（patient）：前者具有主動力（active power），後者則是被動力（passive power）。

2. 目的因及形式因皆源於動力因，皆爲肇事者的主動力所引發。

(三)若因果的必然性存在，則無自由可言。

因果的必然性，只出現在數學及邏輯上而已。即令在自然科學上，此種概率（可能機會）不是百分百，更不用說是人文社會學科領域了。因之政治學及倫理道德學上的「自由」現象必多。但霍布斯卻以機械式的決定論（mechanistic determinism）作爲最後斷語。

1. 他深信果皆事出有因，只是人類是否能確知其因，該種知是無涯的；偶有、突發、料想之外的事件，層出不窮；絕對的知其因，這是沒把握的。絕對的因果，存在於數學或邏輯等形式或符號學科，是客觀的；相對的因果，則出現在政治、倫理、心理活動等層面，主觀性頗爲明顯。前者無偶發現象，後者則偶發頻傳；在「若……則……」之條件或假設命題上，必然性有，或然性更不少。

2. 「心」之作祟，才認定「偶有」之存在：偶有之出現，人人不同，且變數太多。發生在A的偶然，不必然發生在B上，反之亦然！偶然現象似乎是一種「幽靈」（phantasm），神出鬼沒，不可逆料；童乩似乎較易與鬼神打交道，具發財命者中獎機會特多。「事實」上，機率是公平的，但這涉及到時間及空間問題。舉例而言，A在某地（空間）某時發生車禍（偶有事件），A對該時該地的印象尤其深刻；若把時空無限延長，則該特有事件的特有印象也就相對模糊。可見在時空觀念上，「心」之主觀性極爲明顯。時空有物理上以及心理上的區分，前者客觀，後者主觀。有人度日如年，有人則數十年如一日；有人在斗室就可享悠閒，有人則必住豪宅才能心滿意足。此種個別差異性，是「小處著眼」的，若「大處著手」，則「齊物」了。

至於時空之有限或無窮，問題之癥結仍存在於此，純是心之「想像」（imagination）所造成。時間之「始」與「終」，空間之狹與寬，此一問題猶

如數目字之大小一般，是相對的而非絕對的。3本身無大無小，就5而言，3比5小；但就1來說，3比1大。誰大誰小，視狀況而定。

　　3.「身心」二者是小宇宙的人及大宇宙的「天」（自然）之本原：「身」之屬性是「延」，「心」之屬性爲「思」，笛卡兒早已言及。純粹的身，或物，具體的，是因果「必然」的。心是抽象的，或然的。心不在時，物也自存。物與心是二者各自獨立的，但也有相互運作的時辰與空間，如「想像的空間」與「想像的時間」（imaginary space and time）。想像的空與時，是人的心理之主觀現象。因果之「必然」性，存在於絕對的空時；「或然」性則出現在「相對的空時」，也是「想像的空時」；「偶有性」時時出現。事出必有因，若有些因是「突發」或「偶有」的（如「車禍」之機率有，但不常見），但偶有中的「或然」，也「必」有「必然」，得把人的「心」考慮上去。俗云人算不如天算，那是因爲天算中的某些因，「還」未爲人所知（時間因素），也還未在某地出現（空間因素）。以孔明之「智」（知之至），算定曹操「必走華容道。虛則實之，實則虛之」。軍師知悉曹操疑心甚重，因之故佈疑雲，且容許關雲長予以截擊，必有把握活抓這位梟雄。「豈知」心存「義重如山」的關雲長，竟然放他一馬，或許諸葛亮也早知如此，但又有能奈何？「或然」之中也是「必然」，顯然一切早都安排就序，如宇宙運行之中規中矩一般。一來若人「知」較臻「眞知」地步，則「或然」之概率將減低。二來即令無法把或然消除淨盡，但在或然的天地與時間裡，人知及人智之「自由」揮灑，也大有用武之地。光是「減少」或然，「增加」必然，就得殫精竭智了。壓垮駱駝（果）的最後一根稻草（因），若還未用上，則因果關係也無法成立，「功」也虧了一「簣」。

四、知

(一)知有三層次

　　1. 身及心，有其「本然性」（即本有性）（essence），及「存在性，存

有性」（existeace）。前者屬知的「第一性」（primary qualities），是「必然的」。存有性的屬性，由本有性所分出，此種知，是知的第二及第三層（secondary and tertiary qualities）；「或然性」出現於此。「硬本身」（hardness），猶如柏拉圖「理念上的床」（idea of bed），是抽象的、形上的、「名」的；至於「硬」（hard），乃由「硬本身」分出，是知的第二層次。而由人的「心」對硬所生的情意等，更是主觀的，屬於第三層次了。此種說法，洛克更說得一清二白。

「硬」（hard）是具體的名，「硬本身」（hardness）是抽象的名。「硬」之意，指的是在「硬」的部分容不了他物。至於「硬本身」，即指「硬」之外的部分，則容得了他物；「硬」是什麼，為什麼有硬；且要說出理由，為何在硬的部分上容不了他物。

硬之外的部分，就可容下他物。「硬本身」即硬的第一性，涉及不到因果。「硬」屬第二性，與因果關係就明顯了，必然性及或然性現象隨即產生。「硬本身」恆存，但「硬」則受限於時空；此時或此地硬，不「必然」他時或他地也硬。至於人對硬的主觀價值判斷，偶有因更數之不盡，這也是常識經驗，事實勝於雄辯，不必贅言。「硬本身」不是一種「體或物」（body），但「硬」則是一種「體或物」，是體是物，必有「延」（extension）及「形」（figure）。「體或物本身」，不占時空，但「體或物」則占時空。前者之「延」是「虛延」（feigned extension），後者的「延」則是「真延」（true extension），是有大小長短或等級的（magnitude）。

2. 第二及第三層的知，所得的或然性，表達在人心的意識（consciousness）裡。第一層則存在於物或身上。色、音、味等，都是一種「幽靈或幻影」（phantasm）；「聽到」（hearing）的幻影就是「聲音」（sound），聞到（smell）的就是氣味（odour），嚐到的（taste）就是滋味（savour），都屬感官知覺上的（sensible），都由「感覺者」（sentients）所生的一種「幻覺」。之所以產生這些覺，都非來之於「物」，而源於感覺器官。冷、硬、熱、涼、軟

等亦然，由於「物」與「感官」二者之「動」（motion）而生；也由於物持續之動，與感官之最外緣二者發生接觸，傳達到感官之最內層，同時二者之積壓，也引發感官之「傾力向內」（endeavour inwards）及「傾力向外」（endeavour outwards）同時運作。「理念」（ideas）或「概念」（conception）就出現了，如「色」、「音」、「味」或觸覺之癢或光之明暗等，都屬於外表的呈現（appearance）。發現出這些外表呈現之「因」，也是找出「幻影」之因，乃是哲學探討最該致力之所在。

(二)「動」（motion）

動指的是「局部的動」（local motion），也指的是「身」之「延」。

動是一種持續的放棄一處而抵達另一處。

「靜」（at rest）即指同時在同一處。依此定義而言，正在動者表示之前曾經被動過，不如此，則該還處於原地。靜也是如此。動者恆動，靜者恆靜，除非有外力阻擋。「動」及「變」（change）亦然；世事之滄桑，或浮沉（mutation），是局部的動與變所造成，但那也是由感覺而起的「呈現」而已。

1. 動物的動有二，此種動，爲動物所專屬：一是「生命力的動」（vital motion），如「血液循環持續進行」。英醫生哈維（William Harvey, 1578-1657）最早發現動脈及靜脈（veins and arteries），都有血液不息的循環於人體全身。霍布斯也作如下的描述：

血液、脈搏、呼吸、生理調配、營養、排泄等，這些動，是不需依想像力來說明的。

換句話說，動物機體上的該種「生命活力」之動（vital processes），並不需

刻意的致力或意識上的奮力，如消化呼吸、血液循環等。

2. 心甘情願的動（voluntary motion）：如走動（going）、說話（speak-ing）、動筋骨（moving the limbs）等。一開始有如此的動，就「投合心意」（first fancied in our minds）。第一種由內自發性的動，就是「想像」（imagina-tion）。至於「呈現於走路、說話、打擊，及其他可見的行動，通稱爲奮力而爲（endeavour）」。「主動的內力」（*conatus*）觀念，在斯賓諾沙身上最爲明顯。

「嗜」或「欲」（appetite or desire）肇因於此，「遠離之」（fromward something），即稱爲「厭惡」（aversion）。嗜、欲、厭之客觀性，如同愛或恨；但一提及欲及厭，即指物件不在眼前；談到愛及恨時，對象即在身邊。

有些嗜是天生的，一出娘胎即擁有，如吃食物；其他則憑經驗而來。人人之所欲或所嗜，名之爲「善」（good）；所恨或所厭，則名之爲「惡」（evil）；所蔑視的，即稱爲「下流」（vile）或「不足取」（inconsiderable），不屑一顧。這些名稱，都是相對的而非絕對，也無客觀標準，且因人而異，也因時因地而有別。但若生活於政治或社會共同體（commonwealth）之下，則不許人人自訂善惡標準，好壞是由治者所決定。

(三)情

由不同的欲或厭，而生出不同的情（passions），但純樂與純苦是例外。純樂及純苦，是隨純善或純惡而生。這都表示一種「動」（motion）。外物刺激了感官，因而使腦生「動」（motion）及「激」（agitation），稱之爲「概念」（conception）。該動與「心」（heart）相連，則「情」（passion）即生。

1. 簡單的情（simple passions），如嗜欲、愛、厭、恨，及憂（grief），表現的外表形式不一，名稱也不同。如表示己意是否已達，則有「希望」（hope）及「失望」（despair）字眼；其次，依愛或恨的對象，而分辨出「貪婪」（coveteousness）及「雄心」（ambition）之別；前者醉心於財富，後者即擬在

職位上高升，搶先在別人之前。第三，集合眾情，則取另一特別名予以稱之，如「愛某某人，只能歸屬於己」，稱之爲「愛情」（the passion of love）。同理，若擔心「只是單戀而已」，對方不爲所動，則此種情稱爲嫉妒（jealousy）。最後，由動本身所生的情，如「頓然的垂頭喪氣」（sudden dejection），「引發飲泣之情」（the passion that cause the weeping），以及因某些事件，致使「強烈的希望」猛失，或「支持力道」（prop of power）已不在。

2. 身及心之苦樂，二者有別：心之苦樂，乃由於對結局或效應（an end or of consequence）之期待而起。心樂稱爲joy（悅），心苦稱爲grief（憂），與身之苦稱爲「痛」（pain）有別。不管情如何之多，都源於「動」。他常被別人引用的一句話說：高興或快樂（delight or pleasure），「只不過是由於心（heart）之動，概念（conception）是由於頭（head）之動」。

3. 「謹慎細心」（deliberation）是人所特有的「動」。在這方面，他也以「情」解之。當一個人之所欲，卻夾雜著棄之情；或考慮及後果時，好壞兼而有之。此際，把「所有的欲、厭、願、懼，皆總合起來，一直到最後要怎麼進行，或者想到那是不可能進行的。」則稱之爲「謹慎細心」。其實此種煩惱，其他動物也會遭遇。

此刻，「意」（will）是展現其力的時辰了。慎思明辨之後，就憑意力作裁示，行動也爲意力所指揮。霍布斯認爲人是如此，動物亦然。可見人的自由意志力，不必然大於動物。當自由不能衝破必然性的束縛，則人及動物都不會出現有該種意志。但自由若展現在力道的了解，或貫徹意志力的行動之外時，則人及動物都該同樣擁有該種意志力的「行動」，而非只止於該意志力的擁有而已。力道的了解是靜態的，因意志力而採取行動，則是動態的。

權力欲之「情」，是所有情中最大的。求富，求知，求榮譽等，也只不過是都以求權力爲最終目標。錢財、知識、榮譽，都與權力無法脫鉤。心智力之提升，也緊隨著權力之追求而來；個人獨居是如此，集體生活更是如此。他的政治理論之哲學基點，也在此奠定。心智能力（mental capacity）或機智（wit），在

天性稟賦上有遲速，也有大小（量及質），區別也在於人之「情」。舉例言之，追求感官快樂者，若在情上少有此種想像，則不會以此為目標；因之也不會以追求知識作為人生興趣。由於花費在身體及感官的愉悅上，因之心智較魯鈍。推測其因，有可能是心靈的活動（the motion of the spirit）上較有困難（difficulty），也較粗糙（grossness）。德是天生，智則後天成分大。「智德」（intellectual virtues）中，教育扮演重要角色。教育使人知悉何種「情」之「動」，有助於權力的增加。

第二節 《巨靈》（*Leviatham*）

呼應培根的名言：「知識即權力」（knowledge is power）。擁有哲學的知，目的在於增加知識，而知識必以實用爲第一。最實用的知識，就是有利於人民之福祉；權力之運作，也以此爲主軸。霍布斯在哲學史最廣爲人知的大作，就是政治作品的《巨靈》，該作可比美於義大利的馬基維里之《君王論》。

一、人性的分析

哲學的本質，建立在人性上，柏拉圖早就言及。霍布斯的政治哲學，也以人性論爲出發點。

(一)人生平等

大自然賦予每個人都有相同的體力及智力，但並非人人享有相同程度的身手矯健且腦筋敏銳。幸而大體來說，大自然也賜予人類一種補償機置。身體弱者能勝過塊頭粗、掌力又大的壯漢，憑的是謀略或技巧。經驗也提醒，人人須謹愼小心，以便能夠實現人生旨趣。維持生命之首務，保全自我列爲優先。目盲者聽力功能特別傑出。這都是不爭的事實。

1. 爭戰之所由起：人人爲了自我保存，尋歡作樂也是人的天性，但也因此難免引發人人相爭，或對他人之不信任。人人相處時，若有他人以賤視之眼對人，必引起對方反彈。評價他人不合己意，也必誘使對方嗆聲。「就人性而言，爭吵有三主因，一是競爭（competition），一是不信任（mistrust, diffidence），一是虛榮（glory）」。此故，爭戰無有已時。

> 戰（war）不是只在戰場而已，也不只是打鬥，卻是無時無刻的（a tract of time）。由爭而獲得心理快慰，這是人人皆知的。因此，戰必把時間算在內，如同氣候一般。「糟天氣」（foul weather），並非單指下了一兩次大

雨，卻是連續好幾天的。爭不一定是真的開打了，而是心懷如此，且時時如此；沒有別的，別的就是和平時辰。

2. 個人之爭與人群之爭：個人之爭，是自然現象。個人憑己力（身力及心力）來獲得安全；人之此種爭，與其他動物無別。爭若只止於此，則談不上文化或文明。

在此種狀況下，用功努力（industry）使不上，因為成果不確定，若只如此，則地球上不能出現文化。不需航海，不必由外輸入進口物品；無需寬敞的建物，不必有大力才能移動的器物工具，也不需了解地球表面的知識。更不必算時計分，沒有美藝、文字、社會，且更糟的是持續擔心於暴死，恐懼於暴斃。人的一生是孤獨的、貧賤的、骯髒的、野蠻的，且短暫的。

上述常被引用的文字，出現在他的《巨靈》一書中。他描述：人若處在自然狀態下的「爭」，將造成文明及福祉兩相皆缺的後果。他的結論，一刀兩斷的說，唯有人為的社會組織出現且建立一個政治共同體（the commonwealth），才能使人永續和平及文明。平等的觀念，早由哲學界建立；當年蘇格拉底認為，人人皆有知，只是把知忘了，所以需勤於回憶，就可恢復知。笛卡兒更認為，人人之知是相同的，會有差異，乃因為學態度及方法錯了使然。為學態度要懷疑，而不可死抱權威不放；為學要訣是取法於數學的演繹。培根則強調實驗。此種知識上的平等，擴大到社會上的平等，為其後民主政治革命鋪上了一條坦途大道。

(二)法之出現，基於人人之同意

只要稍覽人世生活，一瞥即可知，在社會生活中，人人不能互信。旅行時帶有武器在手，晚上門要上鎖，貴重物得上鎖；人對同類是怎麼想的，自保以防不測，是人性之必然。該種行為無善惡可言。

難道不因人人皆有此種行爲而來怪人類嗎？如同我因說這種話就來指責我嗎？但你我卻都不會因此來譴責人性。人之欲與情（desires, passion），本身是無罪的；依此種人性而生的行爲，也沒什麼不對，除非人人知悉法律是禁止的。未定法之前，人人也不知法，得等到人人同意訂出法了，才能出現法。

1. 在爭戰狀態中，並無客觀的道德及善惡的評定標準：因爲處在爭戰狀態時，

正確及錯誤，公義及不義的觀念，是沒什麼可談的。若無公權力（common power），則無法；若無法，則也沒有不義之事。在爭戰中，力（force）及詐（fraud），是最重要的主德。

並且：

也無「我的」（mine）及「你的」（thine）之分，沒大沒小（no domin-ion）。只要他得了，就是他的；只要他能保有多久，他就擁有多久。

2. 此種爭戰狀態是一種「史實」呢——憑經驗，抑或是一種「先驗」（a priori），一種邏輯上的推論，是抽象思考的結果呢？霍布斯認爲，前者才屬正確。爭戰狀態並不恆存，也不「普遍存在於世界」。但此種爭戰狀態，卻構成了政治實體的先決條件。理論上言之，人之情及欲，才是爭戰之源；但也因此，人爲的社會或政治組織才得以出現，史實斑斑可考。帝王強化邊界防禦工事，以防敵軍偷襲；即令平時，也密派間諜到鄰國刺探虛實，不是經常保持「戰爭姿態」（posture war）嗎？即令本國內也內戰頻傳，「無有一種公權力致使人駭怕的」。縱使是新大陸的美洲，「野人此刻的日子，是蠻橫不講理的」。小家庭之

內政管理，和諧原因仍基於「天性之貪婪」（natural lust）。

　　3. 在自然的爭戰狀態中，人的理性及情性也跟著出現。人之情不只使爭戰之事恆存，同時人也害怕死亡，更擬追求必要的生活所需。物品靠打拼獲致。此外，情是造成爭戰之因，但也是求和平之源。而自我保存此種基本欲情之能起作用，「自然法」（Laws of Nature, *lex naturalis*）也就呼之欲出。自然法，依他的定義，是由正確理性所下達的命令，時時思及為了保存生命，何種行為該行，何種行為該免。自然法也如同格言或通律，是有理由的；凡對生命有害的行為就該禁止，也是一種遠離傷身的法。可見他所說的「法」，一點也無神學或形上學的意義或指涉，幾乎只完全限定在以自我為中心的審慎（egoistic prudence）上：自我保存，自尋安全，這都是自然現象，也是天生的本能。但本能也不該盲目，因此理性就要使上力了。其實，理性不也是人的本能嗎？基於此，政治及社會的共同體，順勢而生，如同水到渠成一般的「自然」。

　　4. 可見人之本性，或人之自然天性或本能，是有情、欲、意，及理的。人憑經驗，知悉若行為不受理性指揮，卻耽溺於一時的衝動或受偏心忌妒所左右，則將受困遭難；只有私謀而無共策，則只能暫時有利於己而已。若持續如此，自我保存必生危險。因此理性的思考，只好把個人納入社會中，組成一種政治體；此種「自我」就是開明的了（enlightened egoism）。從自我出發，不止於自我的考慮，也思及鄰人的安危，這就是「理性」，也是純粹的「理性運作或算計」（true ratiocination）。

(三)社會及政治組織之「自然」存在

　　政治體或過社會生活而非獨居，看似「人為」，其實也是應自然之需。此種事實，不需藉上帝也不必求於先驗，更不必設定有一個絕對價值高懸其上，卻僅僅只是一種天性上的「必然」。必然的前提雖是假設性的，即「若」人的自然性是如此如此，則人的自然性，「必」會產生社會組織及政府機構。這就是康德常言的「假設性的斷然」（hypothetical imperatives）命題了。自然法則有三：

1. 第一法則：「一旦有和平希望，則人人皆尋求和平」；和平未抵，人人皆奮力追求和平，且在戰中獲取和平。

利用和平，幫助和平，且以戰止戰。靠著戰爭之優勢，利用戰爭以求和平。戰爭時，自我保存處在危險中；只有和平時期，人生安全才能確保。

2. 自由：自己與他人同為了和平，且就「遠慮」來說，自我保護也是必要之舉。「此種權利，是適用一切的；既可反駁他人，則也該准許別人反駁他自己」。宣示自己的權利，也等於放棄阻擋別人也有相同的權利。需知，有必要如此，也是為了自己好。「放棄或轉移此種權利的人，不管用什麼語言文字或什麼記號，他人是不會懂的」。一個人若主張有權利只保護自己的生命，他人將不懂他作此宣佈，對自己有什麼好處。因為自然界中，若只有「他」自己存在，則作此主張，一點意義也無。好比說，宇宙中若單存有魯濱遜（Rubinson），他又何必講什麼仁義道德、約束、喜好，或權利呢？因為這些，都因為有個「他」存在，不是只有「我」而已。「自由」也只有在「人群」中才有意義，若只有我在，我又何必主張什麼自由或權利或義務了。

可見「自由」來自於人己之間的關係，該關係是「契約或合同」（contract）性質，是「權力相對的相互轉換」（the mutual transfering of right）。訂契約或合同時，訂的一方提出自己的要求，也讓他方在某段確定時間後提出他的需欲；一旦雙方首肯，則就「成交」了，這叫做pact或covenant（協定，合約）。霍布斯所言之政治體，就是一種「社會合約」（social covenant）。

3. 合同既成，人就得履行之，否則形同紙上談兵，毫無用處，這是自然法的最後規則。不然，「戰爭條件」（the condition of war）續存。此約也構成為公義（justice）的基本要件。行為之當與不當，義與不義，該與不該，皆本諸於此；違此法者，則是不義之行者，遵守者則是義者。依此，合同或契約或協定之所以有效，必先得成立一個政治體，該政治體擁有權力，迫使人人要履行合同中明定的法；雙方若只簽了約，但爾虞我詐，互不信任，也彼此擔心對方不踐約，則「戰」將無法止息！

在《巨靈》一書中，自然法共有19種之多，但上述三者最關緊要。而核心之點，是雙方皆本諸「良心」（conscience），此字眼似乎道德味特濃。但此種較具法定權力的說教，不是霍布斯的初衷。他的學說，一貫之道，來之於人的自然欲望是爲了安全。基於此而定的法即合同，就必須遵守；稱之爲「法」（laws），其實也不十分妥適，那只不過是依理性所推出來的結論——保身護己。名之爲「法」，強調有下令之指揮權而已。也連帶的把「義務感」（obligatory character）附著上了。本來，自然法有「內在性」（in foro interno），即有一股必然的衝動性；也有「外生性」（in foro externo），即需採取行動，雖然並非經常如此。守諾言，謙恭馴良，一言既出，駟馬也難追；心口如一者，也言出必行者，若對方要詐，則必可能吃了大虧，且置己身於危境，成爲對方的刀上俎。此種情事一旦發生，必然反自然法則之道而行，「逆天」；最終的自我保存之目的，難望實現。康德也因之而提出「斷然的假設範疇」（categorical imperative），臺大殷海光教授依imperative這個英文字的漢釋爲「應迫」，眞是神來之筆；不只有「良心」上的必然，且也「迫」使當事者非履行不可。其實，霍布斯之政治理論，一點都與道德學說無涉。他深信自然法才是「道德哲學的眞正基礎」。善惡之學的根，也在於此。既然

> 私欲才是衡量善惡的標準（private appetite is the measure of good and evil）

因爲私欲恰與安全欲相符。因之：

> 全民皆同意於此，即和平是善的。所以，和平的手段或方法，也是善的。

二、哲學的本務，在探求「本因」（generative cause）

果是已存在的事實，了解果並不困難。但探索因，且追根究柢，這才是哲學

的首要職責。

(一)「政治體」（common wealth）是一種「人為」（artificial）的產物

此種「人為性」，種因於自然性。因有近有遠，近因幾乎人人皆一目了然，遠因卻更悠關重要。「自保」（self-preservation）及「安全」（security）是人人之通欲。但處在戰與爭時，此種欲望永無法實現。因之也賴有一股推促力或強制力，依獎懲來處理遵守者及違規者。就此而言，似乎與自然性相互頂撞。

一切的合同，若無「劍」（the sword），只有「字」（words），則對人而言，一點都使不上力。「令」但不佐以「力」，則「力」猶如空氣。

1. 一意代全意：「把眾多的權（power）及力（strength）集結於一人，或一群人身上；將眾多人之聲音，合成一種意志」。政治結合體須任命一個人或一群人來代表全體。一人之意與全民之意，在文字語言及行動上，不管「實」或「虛」（truly or by fiction），都等同，則該人就是「法人」（a natural person）。一人之意，不只代表己意，同時也代表他人之意，則該人就是「代理人」（feigned or artificial person）。現在通稱為「代議士或民意代表」（representative），藉自己的口說出大家的話，而非只表達「己見」。

2. 代議士享何權力呢？單人的己意與眾多的他意全合的「法人」，事實上難以存在。「代表」他人之「代議士」，這種「自然法人」的可能性較高。但這種代議士憑什麼以代他人發言而享有權力呢？這就涉及權力的轉移問題了。他人「甘願」放棄自己的權力，而「授權」（authorize）於他人（即代議士）身上。若該權全由一人所擁有，由此而生的政體，就是政治體（common wealth），拉丁字是Civitas，享有全人之意及權。因之使出之力，是集合眾人之力，力之大，如同一隻怪獸一般，「巨靈」（Leviathan）之名因之出現；以禮敬之名稱之，叫做「活神」（mortal god），是會死亡的；但在「不朽的上帝」（Immortal

God）庇護之下，「人人享有和平及防衛」。俗云眾志可以成城，集合千萬人之力，就力大無窮了。在保護個人的安全及和平之下，力不可擋，不是更有保障嗎？

把眾權攬在一人身上，此人就是「治者」（sovereign），他人就是「臣民」（subject）。治者爲了權宜或方便之計，爲了和平及防衛之需要，可以代表全民發號施令，臣民有遵守的義務。

3. 治者之權既由臣民所授予，臣民自己所簽的合同，是臣民同意的，臣民放棄了己權或私權，因之只有盡義務之分了，而無法再享有權力；相反的，治者則只享權力而不必盡義務。霍布斯認爲，合同是臣民共同同意簽的，而非治者與臣民之間的契約。換句話說，契約之簽訂，是臣民與臣民所簽的，治者並不參與其中。這有一種好處，即可免除內戰。霍布斯最擔心的是「無政府狀態」（anarchism）。若治者享有中央集權力，則他最不希望看到的內戰（civil war）就可避免。治者權力最大也最高，是絕對的；不管治者之數是一人或一群人，臣民「皆」同意棄權而把權交予治者。治者身分不是代表全國簽約者的部分或某黨某派（party）而已，卻代表人民之「公意」（general will），享絕對權，則「法」力就無邊，不受限制，效果顯著，不打折扣，不受掣肘。合同一簽，治者立即出現，二者幾乎是同時存在，法之規範性立即生效。

4. 治者權力源於契約，因之「君權神授」（divine right of kings）是不存在的：治者雖地位最高，也最絕對，但霍布斯卻常以「這個人」（this man）或「這群人」（this assembly of man）稱之，而不恭稱爲「殿下」或「皇上」。他雖是保皇黨（royalist）的，卻也因此不討同黨人的喜。

基於合同而生的政府組織架構，共有三類：一是一人治的帝王式（monarchy），二是少數人治的貴族式（aristocracy），三是多數人治的民主式（democracy）。但不管如何，治權是整體的，不可分；「三權分立」、「權能區分」，或「制衡」說，他是不認可的。

(二) 治權之源

治權若起自合同，在歷史上卻找不出例子，只能純就哲學或邏輯上的推論而來，也使他的「原子式的個人主義」（atomic individualism）遷移到「組織嚴密的社會」（organized society）。從小到大，由簡到繁。但個體的自我心態一旦組成政治體之後，「自保」、「自衛」等自我爲主的自然天性，並不因組成大我的社會政治體而減少或消失；只是在大我的政治體裡，個人式的離心力以及作戰時相互敵視或彼此毀滅的心意，就會因治權力的規範而受到扼止。這對社會秩序的維護及生活安寧的保障，「功利效益性」（utility），最爲明確。

1. 政治體由合同而成者，稱之爲自發性「機構」（by institution），是組成分子主動需求的；其次，若以外「力」（force）而取得的政權，稱之爲奪得的組織（by acquisition），其意即人人基於「怕死或遭受限制」（for fear or bonds）此種外因，「由此而授權予某一人或一群人享有奪取他人生命自由權」。二者之本源皆來自於「懼怕」（fear）。前者是人人互怕，後者則是人人怕治者。前者之人人因怕而「願」組成社會，後者也是因人人怕治者，不得不也在政治團體裡過活。可見他的政治論，不必取形上的或神學的原則，都基於「理性」上的考量。並且二者也都與功利效益論息息相關。基於他對人性心理學上的事實描述，就足以作爲政治理論的準則。

2. 國家政府之權淩駕於教會之上：1643年，來自於瑞士醫生及宗教教義辯論師的伊拉斯都（Thomas Erastus, 1524-1583）所形成的學風（Erastianism），出現在英國，大受霍布斯所喜愛，明示政府權至高無上。他露骨地說，「力」第一。教皇權（Papacy）形同已逝羅馬帝國（Roman empire）的死鬼（ghost）穿上皇冠衣飾，卻躺在墳墓裡。原本享有的巨大宗教權，已無法從羅馬教皇的廢墟中東山再起。他豪無掩飾的仍以「力」之大小，爲考慮要項。教會人士，不管職務之高下，若不藉政府公權力，還能施展任何精神力及司法力嗎？同樣的，他也不理會新教改革家路德（Martin Luther, 1483-1546）之認爲，人人在私底下皆可與神聖的啓示訊息取得與上帝交往之通道。他反問布拉姆霍主教（John Bramhall,

Bishop of Derry, 1594-1663）：「若非因王之權威下令，把聖經教義（Scripture）視同一種法律，則還有其他的權威可以使之成爲法律嗎？」若信徒皆可自以爲是的闡釋聖經教義，則公權力形同具文了。

3. 人人一旦「授」了權予政府，就「一言既出」，無法收回了，也不能返自己獨立自存身分。治權是永不讓渡的，「銀貨兩訖」，成交了；一手（民）交貨，一手（政府）收貨。但政權擁有者，卻可分配一些權力給予人民。國會由人民所組成，政權可以把部分權放在國會身上，不是放在個人身上。但政權如集中於王一人，則王可攬全權。享全權者到底是帝王一人或國會的多數人，悉由人民簽合同而訂定；一完成之後，享政權（也是治權）者，不管是一人或多人，所享的權是絕對性的，不能更改的，不許放棄的，也不會喪失。但享有政權者可以棄約，訂合同的個人卻不能爽約（forfeited），已無可逃於被治者的身分了。

4. 政府一旦由人民授權，則政府之一舉一動，也皆本諸於人人。因之：

凡治者之所爲，皆不會傷及臣民，也不會被指責爲不公不義。

臣民無權置治者於死地，也不許臣民處分治者。治者之權既由人人所同意授予，則判裁治者，也形同是一個人在懲罰他人了。換句話說，政府處分人民是應該的，人民則不該處分政府。

5. 政權所專享「權」的有數種之多，有權制訂規則要求臣民遵守；且也以「吏」爲「師」，來教導臣民。爲了和平，凡義不義之事，悉由政府斷定。「不許內戰，也不准街談巷議」（to prevent discord and civil war）。若一旦「惡行或善行，人人可以自裁」，這是政治體上的大病。人處在自然環境中，人人定是非，明善惡；「凡反良心者，即是罪惡」，那也是該遵循的自然法則。但在公共生活的政治體上，就不許如此了。「民法」（civil law）才是「公共良心」（public conscience），也是「善惡的標準」（the measure of good and evil）。

三、決定論（determinism）

個人捨棄了自然狀態之後，委身於人為的政治體；在自然狀態下所享的自由，悉數消失，一切聽令於政府之法律。

(一)「自然的自由」（natural liberty）

霍布斯定義「自然的自由」為「外在的礙行阻力之消失」（the absence of external hindrance to motion）。換句話說，任何外力的干擾，使我行我素無法進行。去除這些，即是「自然的自由」，此一說法；完全符合「決定論」。人的意願（volitions），欲求（desires）及傾向（inclination），都是「必然的」（necessary）；因為都在一連串的因果鎖鍊中；一旦依此而行，則無外力介入，此種行不是自由行嗎？一個自由人，是本著自己的能力及機智（strength and wit），認為有能力去行。有此意志去行時，並不受阻。但人一旦納入政治體了呢？那是有人為限制或鎖鍊的，又是大家共同簽約而把己權交在治者身上的。

1. 有法必有罰，那是必要之舉，以防他人之任性或者暴力。不為法所縛，即恢復自然狀態。不少人歌頌古代希臘人及羅馬人生活於自由之中。

> 雅典人及羅馬人是自由的，因為生活在自由的政治體下。

要點在於「個人權利」（the rights of individuals）及「治者權利」（the rights of sovereigns），二者有別。許多人發現，古史的社會混亂中，「治者採取無節制的控制行動……儘管流下不少的血；也在希臘及拉丁語文的史事記載裡，受到偏愛，認為情有可原。」

要注意的是，在政治體之下，並非一切行為都已有法可循。在此，臣民就享有自由決定權了，那是治者早已准許而心照不宣的（praetermitted）。如：

> 買賣的自由，及與別人簽約，選擇自己的住居，自己的飲食，自己的生活經

營方式，以何種方式來教導小孩才比較適合，等等。

凡無法規定的一舉一動，悉聽人民尊便。此種領域，在政治體中，為數也不少。

2. 臣民有抵制治者之權嗎？合同簽訂之初衷，是為了全民的安寧及和平，保命也保身。試看下述兩句的不同：

若你高興，那就殺我吧！或殺我同胞吧！
我要自殺，或殺我同胞。

前句是被動的，後句則主動。

要釐清的是，訂立合同的原始目的何在。既然生命第一，則若治者下令一個人要自殺或自殘，不許呼吸空氣，不許飲食，不該反擊來攻者，則臣民有「不遵守的自由」（the liberty to disobey）。人人無義務自我招供認罪。除非原先訂約之意旨受損，否則人人沒義務聽令殺人或取走武器。霍布斯明示，治者有權制裁不聽令者；但最終原則更為重要，原先訂合同的本意，是使得人人因此而更可自保。因之，不可只下令就要求臣民一定要聽令。

(二)臣民之身分解除

若臣民不聽令於治者，一來是治者放棄了其治權，二來即令治者願維持其治者身分，但事實上已無力保護臣民，則臣民與治者之合同就解體了。一旦失去了「力」，則合同形同虛設。一訂合同時，合同是永續不絕的；但事實上，「自然夭折早已植下了不少種子（many seeds of natural mortality）」。若因戰爭而投降於勝方，則臣民成為戰敗者，就變成對方之臣民了；若因內爭而使治者失能，則臣民回還自然狀態，其後由新的治權予以再建。

四、餘波

(一)政治理論與實際之反映

1. 以「爭」作爲政治理論之要素：馬克斯主義者（Marxists）認定的爭，是經濟上的，即資本主義國家所滋生的階級鬥爭。霍布斯之爭，是個人的自然爭；爭導致國家或政府掌大權。個人是自私的，自我本位的（atomic individualism）；藉公共體予以平衡。爲了使私德上的人人之私，不能永無已時，只好尋求公德者享有中央集權力，使治權力大無邊，就可以有效地制止他最擔心的無政府狀態（anarchy）。他是有史實爲憑據的，尤其是他活著時候的英國。離心力讓社會分崩離析，極權主義（totalitarianism）不如威權主義（anthoritarianism）。霍布斯的理想之權，最高旨趣是要保護個人安全與和平；在他心目中，還不至於有如其後黑格爾所說的「國家至上」。

2. 權力來之於人民之同意而非神授。一清二楚的是，有力者即是治者。培根的知者即是有權者（knowledge is power），他改爲「有力者就是治者」（power is the sovereign）。純以心理學的立場，從人性本惡而得出，政治體之建立，是一種「人爲」的向善工程。此舉與支那的荀子及義大利的馬基維里（Machiavélli）相同。

3. 劍橋出身的名數學家瓦利士（John Wallis, 1616-1703），與霍布斯意見不合；前者認爲：《巨靈》的作者主張王權高於一切，在國王權與國會權相爭的「內戰」期間，霍布斯之出版該書，旨在討好國會派首領克倫威爾（Oliver Cromwell, 1599-1658），在英格蘭（England）、蘇格蘭（Scotland），及愛爾蘭（Ireland）三島上成立共和國，揭「護國公」（Protector）名號，以便使霍布斯可以安全返國。霍布斯不承認此項向當局阿諛的指控。其實他由法返回故里，是因他非難王權神授而得罪了法國神職人員，使他在異域亟感身心不安全。既主張王權至上論，他也不爲文爲反王權者說話。因之他的政治學說，是兩邊不討好，都得不到雙方關愛的眼神。

1. 他的政治論，在人性本惡的心理立場上，與奧古斯丁的政治論相合。依「原罪」（original sin）之說而形成的《上帝之城》（*the City of God*），這是奧古斯丁名著，霍布斯則以人天性上的自我本位說代之，有必要限制個人的惡欲，才簽社會合同而成立政治體，以免戰爭費時曠日。就另一觀點視之，托瑪斯的政治論認為，國家是一種自然機構（natural institution），主要功能在於促進公共利益。霍布斯學說也與此接近。不過，奧古斯丁並不相信政權可決定道德，道德法則是超越性的。霍布斯也主張無此道德法則。處於自然狀態時，人人皆可評善論惡，是相對的；但一旦成為政治體，則政權單位可以立法，守法者即善，違法者即惡。此外，霍布斯的政治理論，一點都不含有形上或宗教色彩，與上述基督（天主）教會中的兩大聖，顯然不同。「國王權高於教皇權」（Erastiarism），純因實際問題才提出的解決方案，與神學及形上學無涉。

2. 總而言之，霍布斯的《巨靈》，是繼馬基維利的《君王論》之後，一部影響西洋政治理論發展極為重要的著作。權集中，不分散；中央集權，治者全攬行政、司法，及立法權，那是經「治於人者」一致同意所授的權。該權一經授予，則不許取消。權要藉力，所訂的法才有效果。此外，在教皇權及帝王權之爭執中，他力主帝王權最高，為先前的享利第八（Henry VIII, 1491-1547）之「至尊」（Supremacy）助聲。他的社會契約說（social contract），其後的盧梭（J. J. Rousseau, 1712-1778）還取為書名；但人性之善惡出發點，二者卻大異其趣。霍布斯雖站在人性之自我觀點，嚴肅來說，也不能歸之於人性本惡論，當個人處在自狀態時，又那有善惡？凡有利於自保，生命安全，及平和生活者，皆是人人之「欲」；此種「欲」，與善惡無涉。至於人人既不得不共同生活於政治體時，由治權者所頒的法，才為行為之善惡訂調。盧梭則力主人性本善論，屆時詳評之。

霍布斯的論點，有不少不明處，或不一致者。如治於人者當發現治者不履行契約時，該有反抗權，似乎與他的無法收回契約認同說相違。至於他的權力集中說，弊端太多，且也極為危險。其後的孟德斯鳩（Charles Montesquieu, 1689-1755）及洛克之權能制衡（Check and Balance）論，才使政治理論之恰當性，因

此奠基。

(二)霍布斯著作中很少或根本不提宗教及神學，引發劍橋學者的反彈

霍布斯認為，哲學涉及於物體之動（bodies in motion）；物體之動，都是感官可及的，也因之是可認知的。「上帝」若是指非物質者（immaterial Being）或無止境的精神體（infinite spiritual Being），則理性對之是毫無所知的；他的此種論點，並非十七世紀時英國哲學界的普遍主張。他的哲學在當時是異數，引起不少反對聲音。有關於上帝之神祕性，或啓示居最高眞理地位，以及抽象界之冥思性，時人認為憑理性之力，也可及於一二。同時，獨斷教條上各教派紛爭不已，時人也寄望彼此寬容，擴大視野，不該對敵對立。這是下章將敘述的洛克之見解。洛克是牛津出身的名學者。牛津是英國最古老的大學，晚約半世紀而成立的劍橋，卻有一股學風，除了反擊霍布斯主張之外，還大力恢復柏拉圖主義。

劍橋的柏拉圖主義者雖非一流學人，卻占有獨立思考地位。他們重振「理性」的認知功能。

1. 「理念」（idea）即「共通之概念」（common notions）：柏拉圖哲學環繞著「理念」，劍橋學者仿之。理念是先天的，具「先驗性」（*a priori*）、獨立性（independence）、普遍性（universality）、確定性（certainty）、必然性（necessity），及立即性（immediacy）。這些「共通之概念」，皆本諸於上帝，依「自然本能」（natural instinct）即可認知其存在。先於經驗，而非經驗之後的產物，人性不是洛克所言之「白紙或臘板」（white paper or *tabula rasa*），卻形同一本還未翻開紙張的書本一般。一切經驗上的知，若無先有這些共通之概念，則經驗也形同一片空白。此種說法，大為康德所鍾愛，他也據此而詳盡的作系統的理論陳述及批判。

「共通之概念」雖植基於上帝，人初生時卻不能一開始即有此項認知。不過，一旦有此認知，該認知也成為共通的認知，無時空性；理性一旦運作，且不為偏見或情緒所困，則人人皆可擁有共通之概念。

共通之概念中，凡與宗教及道德知識有關者，才是最應重視的。因之共通之概念有五：

(1) 最高的存有（a supreme Being）

(2) 最高的存有才是該受崇拜者

(3) 道德生活乃是神聖崇拜中最主要的部分

(4) 懺悔可以救贖罪及惡

(5) 來生對今生之功過，給予獎賞。

所有的教條，不應獨斷，卻該保留給理性作爲判官。宗教信仰需取決於理性。持此觀點的赫伯特（Edward Herbert, Ist Baron Herbert of Cherbury, 1553-1648）卻是牛津出身，理性力就可以上臻上述的五大共通之概念。

2. 反擊無神論及物論哲學：劍橋伊曼紐爾學寮（Emmanuel College）畢業的一群學者，及求學於基督學寮（Christ College）的一位學者，共同效法柏拉圖及普羅泰納（Plotinus）主張，都站在基督教哲學的立場，起而反對霍布斯的無神論（atheism），也不滿笛卡兒的機械及物論（mechanistic and materialistic）觀點，咸信英法的兩位大師，都是他們共同的敵人；也一致認爲，解釋宇宙萬有的一切，必須倚仗精神面。伊曼紐爾學寮是「清教徒」（Puritan）的大本營，也是喀爾文主義（Calvinism）的基地，不滿部分喀爾文門徒及霍布斯從者那種以狹窄又獨斷論的觀點來論人。人是上帝的形象，稟賦著理性；理性是「主的臘燭，由上帝點燃，引導我們向著上帝前進」；怎可貶抑或小看上帝呢？部分喀爾文門徒主張某些信徒，即「選民」，在犯過之前，即註定就要下地獄，永受煎熬之苦。這種說法是荒誕不足以探信的。劍橋學者鑽研古代哲學家及倫理學家的著作，逃脫了喀爾文主義的桎梏，高喊理性的重要性；但也強調理性之光時而暗淡，及人性之時而碎弱，這正是喀爾文神學學說中的一環。在信仰及理性二者中，喀爾文過度重視前者而踐踏理性，才是劍橋學者最無法苟同者。其實，他們並不專門特別垂青於某一神學主張，而較注重該返回基督徒之原始精神。各教派之論點，該彼此互諒互重，寬容至上，博愛爲懷，以「廣教派的自由主義者」

（Latitutinarians）加在他們身上，似乎比較正確及妥適。但這並不是說他們反對「神祕」（mysteries）或「啓示了的眞理」（revealed truth）。

現代意義的「理性主義學者」（rationalists），與當時劍橋之理性論者及霍布斯是掛不上邊的，前者極力反駁任何曖昧不明又混淆不清的教義。最該過問的是：若與品德無涉，則一切教義爭執，即可丟入垃圾箱。霍布斯竟然還費神討論政府或國家成立之本源，其重要性僅是次階的。若能過誠信無欺的基督信徒生活，導致於實際操守行爲之產生，這才是當務之急。

3. 劍橋學者更非現代意義的實用派（pragmatists），只是重視理性力可以上臻上帝境界，獲得客觀眞理，且掌握一種洞識，與絕對及普世性的道德法則相連。這之中，有兩項要點須謹記於心：一是誠心正意地追求一種有德的生活，這才是掌握眞理時洞識出上帝之必要條件；其次，最重要的眞理，乃是過基督式生活，建立在最一清二楚的基礎上。最不屑的是教派論爭，彼此挖苦抓糞；或醉心於混沌晦澀的純理論探索，中世紀「煩瑣學派」（scholasticism）的遺毒猶存。那種只問邏輯推論技巧之精緻美妙，卻忽略了「必要事」（one thing necessary）。捨本逐末，最不足取。

(三)「沉思冥想」態度（contemplative attitude），不可或缺

雖強調道德的純淨（moral purity）及眞理之獲致（the attainment of truth），卻也注重對「實體」（reality）之領悟。因之對眞理之靜思默想，認定是個人的專屬（personal appropriation），而非對實體的操弄（manipulation）。換句話說，眞理知識之獲得，旨不在如同培根所揚言的把知識換成權力，或將知識降低層次，而爲科學作「實用性的開發利用」（practical exploitation），這是劍橋學者無法諒解的。

1. 與培根不同的是，他們深信，超感官界的實體，此層次的認知，憑理性是可及的。但此層知識，不可轉化作爲科學式的鑽探。清教徒將宗教眞理置於「實用」目的之下，他們期期以爲不可；卻讚揚普羅泰納的說法，將人心轉換到

沉思冥想界，抵達神聖的實體層，那是與上帝有關的世界。難怪史家稱，劍橋的柏拉圖主義者，與時代潮流脫節。當時的英國學風是經驗主義當家，連宗教運動都注重實物界了；他們卻在內心裡，迷住了往昔的柏拉圖風味，也神迷於文藝復興時代的復古情。

2. 對宇宙萬有之闡釋，精神第一，那是基督徒道德生活的奠基石。藉古諷今，尤取霍布斯為指摘對象，批之為只不過個「無神論者」（a sheer atheist）。深悉上帝，此一理念一得，即擁有一切。至於物質或機械論說法，正是感官論（sensationalism）的代名詞。柏拉圖早就警告，勿將感官經驗等同於知識。其次，許多觀念並不因感官而起。凡看不見的就是不存在的，這是幼稚又可笑了；若又以為感官所無法抵者，皆毫無意義可言，那更是目光如豆之流的見解。

> 以為存在若不落入形體的感官界，則一切皆空無，此種說法必否認心及靈之存在於吾人及他人身上，因為我們對之無感也不能視及。但我們確實相信，心靈之存在，除了在自我認知時，靠吾人內在意識（inward consciousness）之外，也基於理性原則，即「無不能生有」（nothing cannot act）[1]。他人之心靈，對吾人所展現的，是經由心靈而生的效應（effect）[2]，作用在反應物上，產生動作（motions）、行動（actions），及論點（discourse）。

3. 反擊無神論觀點：上述引語之後，緊接的是：

> 無神論者不能否認心或靈存在於人身上的事實，雖然該事實不落在感官

---

[1] 此句英文之意，即「無」（nothing）不能（cannot）有「行」（act）。行是外表的，也是一種存在的事實，即「有」。有的屬性中，「行」是其一，另有更多的「存在」。

[2] 心靈（soul）是「因」，效應是「果」。

上：（但）他們總不可無理由的否認一種「完美心」（a perfect mind）之存在吧！「完美心」是主宰宇宙的，無它，則「不完美」就無法彰顯了。上帝的存在，無一人可用眼去看，卻可藉理性因果推出，這是一清二楚的；（果就是）可見的宇宙現象，從中吾人就意識到上帝在吾人心中。

空氣是看不到的，人可以因此認定空氣是不存在的，知識怎麼落到如此不堪的造詣呢？無神論者（atheists）承認上帝是人眼看不到的，就可以因此推論出，上帝由於難以領會（incomprehensibility），就得到一結論，以為上帝這個詞（term）毫無意義可言嗎？上帝不能被人領會，乃因上帝是無盡的，而人心都是有限的；如同知是無涯的，生是有涯的一般，有涯怎能體會出無涯呢？依柏拉圖之說，經驗界沒有完美的床，但理念界必有一種超完美無缺的床，即床的理念本身；至於現實、經驗，或感官可及的床，都不完美，都有欠缺。由於

不完美對吾人來說是熟悉之事，完美是評量不完美的準則，而非以不完美來評完美。因之，先體會完美，才合乎秩序。如同光先於暗，正面的先於負面的、欠缺的、不足的。

4. 神的理念不是想像（imagination）的產物，更非立法者所裁，或政治人物將目的置於人身上一般。有人體獸身（centaur）之怪物，這種想像是不真實的，虛假的。由此，怎能產生完美呢？車置馬前了，倒果為因，實不足取。「完美不是人造的也不是捏成的（feigned）。政治人物、詩人、哲學家，或任何人，皆無此能耐。

由「不完美」的感官經驗界，推論出理念界中必有個完美在。此說法，早由笛卡兒說出，沒有犯矛盾律。

5. 反擊機械論及物質觀：笛卡兒排除一切的因，只保留物質因及機械因；如眼之視，耳之聽，是多麼的一清二楚。除了「酒鬼之蠢」（sottish stupidity）

或「無神論者之不信（疑神疑鬼）」（atheistic incredulity）對它存疑之外，人是有靈的，即令動物也具有「有感的靈」（sensitive souls），不是一具機器（machine）或「自動機」（antomata），或如同錶或鐘（watches or clocks）。對於霍布斯以物質名詞來說「意識」（consciousness）及「思維」（thought），更予以非難。物質上的名詞，如大小（magnitude）、形狀（figure）、位置（site）、動（motion）或止（rest），純是數學上的，雖確實有這些，但無論如何予以組合，從不會因之演變成「生命」（life）或「認知」（cognition）。心物二元論是謬說。

心物之間也無「演化上的連續性」（evolutionary continuity），由礦物、植物、動物，最後演化成理性生命，但物如何生出心呢？二者不是程度上的差別，而是性質本有不同。

在宇宙的完美上，是有等級（a scale）或階梯（ladder）的；後者在前者之上，但由下不能登上，卻是由上往下。

「上」即心，「下」即物；物不能生心。心是主宰，是指揮。心的神祕性，非物可以解，也不是理性可以為力，卻要神功。笛卡兒的唯理性是問的主智論（intellectualism），有走入無神論之虞。

6. 霍布斯認為社會是由個人所組成，個人如同原子（a human atom），以自我為本位（egoistic），這是無可救治的人性。劍橋學者抨擊此種說法，反而相信人是社會動物，內心裡有利他心及仁慈胸懷；增進己利與提升公益，可以二者並行不悖。以公益作為「上法」（supreme law），也變成「道德法」（moral law）；治者之心意（sovereign will），及民法（civil law），皆以此為基。此種說法，為其後的功利效益論（utilitarianism）奠基。此處尤該注意的是，劍橋學者此種說法，不違初衷的仍然把公益當作是上帝的愛及慈，甚至義。義含有獎懲，包括生時及死後。劍橋學者脫不掉宗教情懷，由此可見。

　　總之，英國哲學的重點，是經驗主義掛帥。劍橋學者之上述主張，不合時代潮流，但潮流有大主幹，也有小支流。柏拉圖思想特重超驗界的理念，在心與物中，強調心的功能，由「理念」（idea）轉而爲「理想」（ideal），是心之作用使然。理想的天國，是上帝的世界。心論（idealism）之說，隨之而出。由十八世紀的柏克萊（Berkeley）宣揚之，他是繼洛克之後的重要哲學家。此種主義，雖在英不是顯學，但後繼者卻不乏其人。

　　劍橋的柏拉圖主義者，發揚柏拉圖學說；傳多創少，哲學造詣平平，因之少提其人而僅言及該「集團」之學說大要，以免增加讀者多餘的負擔。兩古老大學中的牛津，出現了一顆哲學史上光芒萬丈的名星，他就是洛克。

第五章

洛克（John Locke, 1632-1704）

　　培根12歲即上劍橋，發現該大學死守亞里斯多德學說，權威性頗濃，乃憤而退學；洛克出生於培根去世後六年，20歲（1652）入更爲古老的牛津，也聞到一股濃濃的中世紀教父哲學遺風，讓他噁心不已。上起哲學課，每每皆困在晦澀名詞的爭議以及無用處的問題上，使一向以爲清楚明白者，到課堂時就頭昏腦脹（perplexed），不如私底下自讀笛卡兒的著作，反而獲益良多。但勿因此以爲他是那位法國理性主義代表人物的傳人。不管如何，笛卡兒提出觀念的「一清二楚」，且彼此「森然有別」（clear and distinct）兩項要求，他一生惦記在心，終身不忘。他所厭惡的教父哲學，加上他所心儀的笛卡兒學說，二者都與他形影不離。但抱有己見及創見的他，從不爲之受囚。

　　就讀於牛津的C.C.C.（Christ Church College，基督教堂學寮），是牛津眾多學寮中氣派非凡，鄰近泰晤士（Thames）支流，有林蔭蔽天的大道，是他經常散步的地方。筆者於1990年在該大學進修期間，經常徘徊於該處，確實是誕生一流思想家的風水地。洛克博學，不以某一科爲限；與享譽學界的物理學泰斗牛頓（Sir Issac Newton, 1642-1727），及提出波義耳定律的波義耳（Sir Robert Boyle, 1627-1691）是莫逆之交。本身對化學及物理深感興趣，還探討醫學，甚至於1674年時值42歲時獲醫科博士學位，且擁有行醫執照。但一來他不天天執壺，一來雖也是母校教職身分，卻經常費時於公共事務上；33歲（1665）時還去歐陸當外交官，兩年後返國，因緣際會的作爲達官顯要之祕書、醫學顧問，及家教。伯樂識才，發現洛克是匹千里馬。只是好景不常，政治道上風險過高，洛克遂退隱入母校執教鞭。1675年時因病去法遇到支援及反對笛卡兒的一群歐陸學人，也受到數學家但卻走伊比鳩魯學派路線的伽桑狄（Pierre Gessondi, 1592-1655）之影響。

　　返國後又跟從陷入政爭漩渦中的政要，爲了安全，雙雙走訪甚至逃至荷蘭。光榮革命的1688年，方使他免受緝捕名單之憂，從此定居於倫敦。久病纏身之苦加上擔任部分公職，比古稀之年多2歲即辭世。告別儀式中，有劍橋大學柏拉圖主義者之女爲其唸悼文。洛克與他們早有交情，雖論點殊異，但「彬彬風

範」，紳士典型的洛克，不只寬容待之，且還以私誼情與之交往。

洛克的哲學思想，由兩大著作所代表，一是《人類悟性論》（*Essay Concerning Human Understanding*），另一是《民事政府雙論》（*Two Treatises of Civil Government*）。前者涉及知識論，經驗主義之名從此建立；後者是民主政治學說。二者對其後的知識理論及政治實務發生天搖地動的支配力；他的其餘作品，也都與此有關。

1667年，洛克成為沙夫茨伯里伯爵第一（Sheftesbury, first earl, 1621-1683）的私人醫生，彼此形同家人一般。受此一貴族的影響，洛克對政治、財產、貿易、王朝，及心靈等，發生研究興趣。該貴族極力反對當時的國王查理二世（Charles, II, 1630-1685, 1660-1685為王），希望透過憲法程序，阻擋其弟詹姆斯二世（James, II, 1638-1701）繼位，後者是個天主教徒。但事敗，乃另謀政變。1683年的計策被發現，這位伯爵也去世，洛克不得不逃亡荷蘭。在追隨該伯爵期間，寫了一文論寬容。1689年出版《論寬容》（*Letter Concerning Toleration*），成為政治學名著。1688年英國史上發生「光榮革命」（Glogrious Revolution），洛克此後著作陸續出世。隔一年《政府兩論》及轟動學界的《人類悟性論》付梓，被小米爾（John Stuart Mill, 1806-1873）恭稱為「心性分析哲學無可置疑的奠基者」（unquestioned founder of the analytic philosophy of mind）。興趣多方的他，對錢幣再鑄（re-coinage）、教育，及宗教事都有涉獵，還當過貿易大巨（Commissioner of Trade）。

在政爭期中，洛克謹慎地避免被迫害，隱名不宣自己的政治作品。在不利時間內，牛津大學當局下令不許師生閱讀他的《悟性論》（1703），還燒了部分被認為屬危險的書籍。光榮革命後，他才安返國門，但從此不再步入母校。直到1944（或1945）年，劍橋大學的基督學寮（Christ's College, Cambridge）圖書館裡才有人找到了洛克準備出版的《政府兩論》；1947年，洛克母校，也是全英最古老的玻德里安圖書館（Bodleian Library），購買了洛克手稿。洛克作品重新出世，頓時引發英美學界的關切及討論。

第一節　知識論

　　洛克爲人穩健，不慍不火，不疾不徐（moderation）；頗有中道風，溫文有禮。上過英九大公學之一的西敏寺（Westminster），「紳士」（gentleman）儀態的教導，在洛克身上表露無遺；作人如此，爲文亦然；他不會把話說死，常有變通餘地。此種「民主」風，支配了他的哲學思想。

一、經驗主義的知識論

(一) 知識建基於常識

　　哲學史上公認洛克是典型的經驗主義者（empiricist），認爲所有知識之資料，都由感官經驗（sense perception）及內省（introspection）所提供。前者來之於外感官（external sense organs），後者則來之於內感官（internal organs）。可見感官有內有外，雙管齊下，並非一般人所誤會的只經五官（外官）才是知識的唯一管道，卻忽略了另外還有內感官即「心」。五種外感官，是常人所熟悉的。經驗屬形下的。就形上學而論，把形下的具體經驗，經過理性的運作予以整理、分析、批判，這就是「心」的功能了；因之抽象化、符號化、數學化，也跟著而來，「形上」界即臨。這麼說，因「理性」運作，難免也與「理性主義者」（rationalist）掛上邊，這是極其自然的。他一向希望知識之眞假，善惡之判斷，美醜之評定，除了根據客觀具體的經驗事實之外，也要憑理性而非情意或欲性來裁示。從這角度言之，封他爲理性主義者，也未嘗不可。但如果理性主義者堅持只能依理性之運作，而拒絕承認有種精神實體（spiritual reality）、超自然秩序（supernatural order），或神啓可能性（the possibility of divine revelation）的存在，則他是不屬於該種定義下的理性主義者的；換句話說，他的立場，不是絕對的，卻是有條件的、可伸縮的、具彈性的。不能依「理」來解釋而讓他心服口從的學說，他是拒絕接受的。知識論上如此，政治主張亦如此。他

極發揚寬容說，但寬容是有限度的，不可無限引伸；若因「寬容」（toleration）
而導致「縱容」（indulgence），他就不寬容了。因之，政治生活中必有法、規
則，及令，總不可「無政府」（anarchy）。他之擔心於此，心態與霍布斯同；
但他是有宗教信仰的，霍布斯的無神論（atheism），他就不敢領教了。此外，
若因宗教狂熱而引發無節制的濫情（intemperate zeal），或天花亂墜式的奇想
（fantisism），他則不寄以同情。期待他有一種令人乍舌式的誇張（brilliant ex-
travagance）或電光石火式的天才（flashes of genius），是會失望的。不逾越極
端，不走火入魔，只要常識即可領會，夠了。不過洛克自以為的常識，不盡然別
人也這麼認為。

　　1. 知識不止於常識：知識雖以常識為基，但卻不能停止於常識。洛克本人
對「常識」下過工夫，結果，他的知識論，卻變成極深奧又抽象，非「常」人能
領會。尤其對哲學的門外漢，更是摸不著頭緒。可靠或真實的知識，並非「一下
子」（spontaneously）可悉的，即令對常識下過一番分析及反省的努力，也不能
一步即登天。在最後的結論與初步的常識之間，因為有時離了一萬八千里，不
許作跳躍式的思考，卻該如數學一般地按步就緒，一階一階地來。如行人走路
（pedestrian），不慌不忙（unexciting）。知識，尤其是純正的知識，怎可一試
及第或一蹴即及？欲速則不達；民主之路也是如此，許多瓶頸、迂迴、挫折。求
知及為人，二者都應誠實以告，若還擔心對方是否坦誠，則一切皆免談了。

　　把常識誠實不欺也毫無保留的全盤托出，變成知識的要件及資料。但常識不
等於知識。常識就「陳述」上來說，洛克本人坦率地直言，他犯了「既懶又忙」
（too lazy or too busy）之罪過。若別人未能「悟」出他的著作要義，要怪的是他
自己，咎不在讀者。把「致讀者書」（Epistle to the Reader）置於書前，當作序
（preface）成為其後寫作的慣例。

　　2. 以英文當寫作的文字工具，少用專門名詞：他的大部分作品，都平鋪直
敘，前言接後語，首尾連貫。但就以他的《人類悟性論》為例，他所用的詞，
有時意義不同，在領會上令讀者吃盡苦頭。在數學或符號的計算上，2 + 3 = 3

+ 2，兩次的2及3（2及3各出現兩次），若兩次不同「意」時，又如何能2 + 3 = 3 + 2呢？文字上要先掃除此種障礙。他坦言該書「仍是一串不連貫的包裹」（incoherent），且不是一時完稿，卻陸陸續續的間斷，經常是「隨興之所至」（by humor）或「狀況允許」（occasions permitted）之下的所爲。時寫時輟，難免有重覆現象；而再述時，前言後語之用詞又不盡全然意義相同。在文字使用上，中世紀教父哲學家捲入的「名」與「實」之爭，洛克也無法不遭池魚之殃。到底吾人之「知」，是直接知具體的實物（things），還是知代替實物而生的字（words），字即「名」（name），或詞（term），或觀念（idea）？此事若先不釐清，則歧義（ambiguity）及混淆（confusion），就無法滿足笛卡兒所要求的兩要件了。

(二)知識變成哲學中的一重要部分

哲學史上的哲學名家爲文論知者不少，但洛克是首位以專書形態出現，爲文主題，全部放在知識的起源、效度、範圍上。這是哲學史上第一人。其後康德繼其衣鉢，「知識論」（epistemology），儼然成了現代哲學的主幹。在這方面，洛克是搶頭香者。西洋哲學在環球哲學上之居於舉足輕重角色，洛克之功不可沒。哲學的其他支幹，也莫不與之發生親密關係。以知識爲本（knowledge based）之名，正是現代文明的最重大特徵。

1. 「知識論」中，什麼論題是「適合」於討論的？洛克認爲「適不適合」（fit or not fit）此一問題，極爲重要。因爲許多人不自量力的虛擲時光，盡在「不適合」的議題上，浪費唇舌與筆墨。洛克建議，落入「人智」（human intellect）範圍內者，才設法以人的智力解決，以免「懷疑」發生。知是無涯的。有些知，憑人現有的智力或技巧，是無解的。

2. 在該書序言中，洛克指出，著書目的在於：「探索人類知識的起源、確定性，以及延伸性（original, certainty, and extent）；並且也涉及信念、意見，及同意（belief, opinion, and assent）的依據及程度（the grounds & degrees）」。此

外，他又把「觀念」（idea）定義爲「把心運用在思上」（the mind can be employed about in thinking）。可見他的知識論，有心理學上的及知識論上的。知識的起源，以及運用心於思，屬於心理學問題；至於信念、意見，及同意，這些確定性問題，則是知識論的主要範圍。二者該有清楚又有別的分際，在洛克以前的時代，還未有此省覺。他同柏拉圖一般的認爲：將「意見」（opinion）及「知識」（knowledge）二者之界線釐清，是頗具價值的；採用什麼標準來檢驗，爲何吾人未能獲得準確知識，該如何「整頓我們所同意的」（regulate our assent），且「穩健吾人所說服的」（moderate our persuasions）。說之以理，動之以情；絕不硬拗，也不強辯，更也不煽情。

(三)反「先天觀念」（innate ideas）說

把「觀念」界定在心之思上，這合乎笛卡兒的說法。心之思，必有對象。洛克首先清掃地盤，以便爲經驗主義說法獲得確定不疑的基礎。自古以來，諸如下述「觀念」，皆普遍爲世人所接受；是「深印在人心上的，心靈首先接受了，然後以文字敘述之」。如：

1. 凡是是的，就是是的（what soever is, is）。

2. 一物不能同時爲是，又同時爲非（it is impossible for the same thing to be and not to be）。

上述屬「思辨型的」（speculative）。例如：「全部大於部分」，「所有部分的總合，就是全部」；「雙親極力保護（preserve）且珍愛（cherish）孩子」。

3. 道德上的格言。這是實際上的（practical）。在這一部分，洛克的矛頭指向劍橋那批柏拉圖主義者及笛卡兒。

洛克認爲：即令「全人」皆同意，有某些原則大家都皆受，也不能因此就認定那些原則是先天的，是一出生即烙印在「人心」（the Mind of Man）上的。換句話說，若不根據先天觀念而依其他「假設」，公認原則也可成立。則何必一定

要說，觀念是先天的呢？可以省略不提也無妨啊！他自信滿滿地說，無先天觀念論，普世公認的原則也可成立。

其次，先天觀念說是不值一駁的。因為從無一種觀念是全部人皆同意認可的。持經驗主義的他，簡易的取孩童及白癡為例，他們都有「心」；但都未必能悟出「A不能同時為真又同時為假」，此種原則。若該原則從胎兒一有生命時即「印入」心中，則他們必早已悉其原則。此外：

> 絕大部分未受過教育的文盲及野人，雖年歲已不少，縱使已達理性運作歲數，也從未想過這些及其他的「一般命題」（general propositions）。

「冥思性」的原則，「印地安人少提，更少發現存於兒童的想法中。該種原則的印象，也不在普通人的心裡（on the minds of naturals）。」

第三，至於實際上或道德上的原則，即「格言」，更少有例子像冥思性原則一般的為人人所接受而不疑。正義原則或遵守契約，該是普世性的，但慣犯一出生，就堅信該原則的嗎？

洛克終於說出他的評斷標準了，即以「行為」（the actions of men），才是「內心思考的最佳詮釋者（the best interpreters of their thoughts）」。最古怪也最不合理的是：

> 以為先天實際原則，只止於內心的冥思。

「自然的傾向」（natural tendencies），不等同於「先天原則」（innate principles）。以道德原則為例，或許全部的人都有「自然的傾向」要為善去惡，但表現在具體的行為上，卻各種族、各社區、各時代，皆天差地別。此種事實，橫擺在哲學家面前，可以視而不見嗎？

二、理性

　　力唱經驗主義的洛克，卻也大力主張理性的重要性。他不信一個人長到某種年齡時，必能通曉所有法則、原理，或公設（自明的，先天的）；有些人連少數的抽象通則皆一竅不通。事實上，他也承認有些人一經啓迪或自我沉思，也可認識通則，但不能因此就認爲該種通則可以稱爲「先天觀念」。果眞如此，他倒要反問，此種通則或先天觀念的量，一大卡車也載不完。「先天命題，車載斗量」（legions of innate propositions）。了解或「悟」出該命題，原來還得受過他人之教導，或自我之反思，這都是後天的努力，是「思」開始「運」的成果，也是理性初動的現象。

　　1. 數學：此種理性初動的學門，就是數學。數學命題必經過學習，才能領會。數學的「公設」或「定理」（axiom），絕非「乍看之下就一目了然」（explicitly），但也不是含蓄（implicitly）。堅信先天觀念者都認爲，先天觀念如同白日見物，一清見底；若有隱晦，人心也有能力撥雲見日。因之，外顯說及內潛論（explicitly and implicitly），各與先天觀念相衝。數學教學就是最佳的說明。既有先天觀念，那又何必後天教學，尤其是數學。

　　先天觀念說，在歐陸有一股大潮，勢力雄沛。笛卡兒及來布尼茲是先天說的兩員大將，洛克如西班牙作家塞凡蒂斯（Miguel de Cervantes, 1547-1616）小說中的唐吉訶德（Don Quixote）一般，爲眞理或理想而不顧身地向風車（windmill）挑戰。

　　2. 「經驗」兩字及experience一字，即是人心中充滿觀念的資料，也是理性運作及知識的內容。經驗有二，一是外感官的感覺（sensations）而生的知覺（perceptions），一是內感官的反思（reflection）。前者有五種，即五官作爲知識訊息的通道，因而有視覺、聽覺、觸覺、味覺、嗅覺。後者只一，思、疑、信、決心（willing），及察覺（perceiving）等，皆屬之。由這些而形成的理念（ideas），乃是知識或眞理的組成要件。基於此而出口成章的語言或文字，若

未有「經驗」爲佐料，則只不過是一大堆的音及無意義的字而已。

> 高超的思想，塔尖聳抵雲端，直達天頂，卻立足於此，也由此生出；人之四
> 處無邊的遊蕩，抵遙遠的冥想界，也從此升起，但撼動不了觀念（ideas）
> 的任一環節。感官或反思，供作沉思之資。

「先天觀念」，洛克改爲「經驗學者的原則」（empiricist principle）。此
一名詞並非他首創，托瑪斯早已提出，所有的自然觀念（natural ideas）及知識
（knowledge），都植基於經驗，哪有先天觀念呢？在五官的感官知覺（sense-
perception），及內感官的反思（introspection or reflection）時間先後上，前者居
先，後者殿後。但托瑪斯及洛克都非絕對的經驗主義者；只有全把形上學都排除
在外，才是道地的絕對經驗主義者。知識從經驗來，先賢早已言之；洛克對此特
別爲文，加上他的大名頂頂，遂使經驗主義形成大風吹。

登高必先由此卑，行遠必先從此邇；高由卑（低）起，遠從邇（近）始。常
識是構成知識的要件（必要條件），即無常識必無知識，猶如無蔬菜則作不成一
道菜，但光是蔬菜，並不是一道菜，卻還需烹飪等工夫。

知識的資料既有內外兩源，無此則心的功能是被動的（passive），而無法主
動（active），是其次的，只能等候，更無法出擊。這是不少批評者非難經驗主
義的口實。但對洛克而言，這是一種誤解。因爲他所說的「觀念」，雖有時不十
分一致，卻在「簡單觀念」（simple ideas）及「複雜觀念」（complex ideas）上
有所區隔；前者的「心」是被動的，後者的「心」是主動的。

三、簡單觀念（simple ideas）及複雜觀念（complex ideas）

洛克舉例說明：一塊冰之冷（coldness）及硬（hardness），百合花（lily）
之香味（scent）及白（whitness），糖之味（tast）等，這些「觀念」之由來，外

感官即夠；如眼之視覺（sight）看到白，皮膚之觸覺得到硬等「觀念」。有由單一感覺所得的觀念，如眼看到白色；也有由兩種感官以上所得的觀念，如空間、延、形狀、靜止、動作等，是眼加上皮膚之感覺所得。此外，有些觀念單由外感官而來，有些則源於內感官；且也有觀念是內外感官交集作用的結果，如愉快或欣喜，痛苦或不安。至於勢力（power）、存在（existence）、整體（unity）的觀念，亦然。以「勢力」為例，該觀念之起，必先得知外力及內力各自或相互運作的後果。

(一) 簡單觀念有四

心之獲得簡單觀念，都是被動的。「感官的物件（客體），每每逼使心對之產生特殊的觀念，不管心要或不要。而心之運作，也不得不對它至少不要產生某些混淆不明的觀念。一個人是不會完全無知於他想作什麼的。」一朵花呈現時，眼睛看到的，單純就是花。就視覺而言，不會存有看到花以外的觀念。心一有如此的簡單觀念時，不會愛之，毀之，或隨意取其他觀念代之。「就是什麼奇才，或是多智，或是心思敏銳又花樣多者，在心中發明或型構新的簡單觀念，也無法取代上述所言及之方法。任何悟力（any force of understanding），都毀不了那已存在的簡單觀念。」簡單的觀念，被動性是共同的特色。四組簡單觀念如下：

由單一感官而得者，即：

1. 「一感官而得的觀念」（ideas of one sense）。
2. 由一感官以上而得者，如「空間或延」（space or extension）。

由反思所得的觀念（ideas of reflexion）也有兩種：

3. 知覺或思考（perception or thinking）
4. 願或意（volition or willing）。

(二) 複雜觀念有三

簡單觀念猶比蔬菜，複雜觀念就是一道菜，有可能成為佳餚，成為上品食

物，將兩個或兩個以上的簡單觀念予以組合。此時，心之活動，不受「觀察」（observation，外省）及「心省或內省」（introspection）所限，卻有一種「意願性」去組合而成新觀念，心是主動的；但以簡單觀念爲基料成爲一種新的名，如「美（beauty）」、「感激」（gratitude）、「一個人」（a man）、「一軍隊」（an army）、「一個宇宙」（a univeise）等；以經驗主義的立場，來說明複雜的觀念，是一清二楚的。如把簡單觀念中的「白」（whiteness）、「甜」（sweetness），及「硬」（hardness），組成一複雜的觀念，那就是「一堆或一塊糖」（a lump of sugar）。若不深入探究，簡單觀念中的「簡單」究係何指，而「觀念」（ideas）又具何意，則乍看之下，他的說法，也可成立。

在《悟性論》的原始初稿中，他把複雜的觀念分爲三：

1. 單一本質（substance）的觀念，如一個人、一朵玫瑰花、一堆金的觀念，及集合性本質（collective substances）的觀念，如軍隊。

2. 樣態（modes）或變形（modification）。如相貌（figure）或「思考」（thinking）或「跑動」（running）。

3. 關係（relations），即此一觀念與彼一觀念之間的關係。

上述分類之寫作，到眞正付梓前，簡化成爲下述三種，即「樣態」、「本質」，及「關係」。以「外物」爲主。

《悟性論》問世時，加上以內心爲主的分類。「心」由「物」所引發的簡單觀念，複雜觀念遂之而生。心除了作簡單觀念的組合之外，還把簡單或複雜的觀念相互作比較，而又形成一種新觀念，這就是不同觀念之間的「關係」（relation）觀念。此外，心也有「抽象」（abstraction）力，即把觀念予以孤立起來，使之不與其他觀念發生關係。總之，複雜觀念有三，即modes，substances，及relations（樣態，本體，關係）。其中，抽象觀念與外在的「感覺」及內在的「反思」資料最爲遙遠。「這部分，我將盡力說明，空、時、無限（infinite），及其他一些看起來似乎與初始最爲遙遠的理念。」

四、樣態、本質，及關係——複雜觀念

(一)樣態（modes）

複雜觀念本身不能自存，卻依本質而生。如「三角形、感恩、謀殺等字眼」。樣態又分成二種：一是簡單的（simple），一是混雜的（mixed）。

1. 首先要注意的，洛克也知，某些「理念」並非由感官經驗而生，卻是內心理性思考的結果。如一切的數不是單數（odd）就是複數（even）。至於奇數及偶數的「觀念」，「小學生在分櫻桃核（cherry stones）時」，就學到了。正常的感官「看」不到偶數或奇數，但可目及櫻桃核。只有「經驗界」中的偶數可分，單數是不可分的。但單數及偶數此種「名詞」，非由感官界得知，那是屬於「理念」。櫻桃核是構成知識的材料，知識的材料及知識本身（觀念），都非先天的，全是後天習得的。

簡言之，觀念不是「先天」，都是「後天」；也非「自明」卻是「他明」；更非「內雕（native inscription or grafted），而是外塑」。之所以相信為真，乃因感官經驗界無法反駁。真理不是「一下子」立即獲到的，卻得費時；「程序」（過程）是必要的。

試看下述語句：White is not Black.（白不是黑）

　　　　　　　　Yellowness is not Sweetness.（黃不是甜）

該陳述或命題之「真」，是「自明」的嗎？不，一定得等到領會了該陳述或命題裡的英文字及漢字之後。若說「犬不是狗」呢？到底「真」或「假」？依「字」（名）而言，「犬」字當然不是「狗」字；但就「指謂」（denoting）而言，二者所「指」的「實」，都同。

2. 至於「上帝的觀念」（the idea of God）是先天的嗎？此一命題，該屬於冥思層面；但實際層面（即應用層面）更多，因涉及道德行為。由於「言行」不一者甚眾。

可見該觀念不是先天的，是人人皆同意的。洛克認為，人的行為乃是衡量道

德的最佳效標。但人的行爲卻千奇百怪的「變化多端」（very various）；某一道德法則是人人奉行不渝的，但卻不一定依之而行。道德準則必需經過「理性思考及討論」（Reasoning and Discourse），又那是先天又自明的呢？

3. 簡單的樣態（模式）：簡單（simple）的如「一打」，或「得分50」；「混合」（mixed）的如「美」，係由色加上形狀，使人欣悅。

把十二個單位合在一起，則有一「打」的觀念。各單位性質同，只是序列或量數有變。得分（score）五十或一百萬等，亦然。「打」的觀念，也如同1，2，3等觀念屬同一位階。而動的樣態或模式，有溜、滾、走、爬、翻、跑、舞、跳、蹦等。樣態是約定俗成的。若把樣態（簡單的及混合的）全部予以例舉，將變成一部大字典；把神學的、倫理的、法律的，及政治上所使用者全部包括在內了，如「義務」（obligation）、謊話（lie）、僞善（hypocrisy）、褻瀆神聖（sacrilage）、謀殺（murder）、弒君（parricide），都列入其中。但由於時移勢易，風俗多變，語文使用也跟著更改；新詞增，舊辭減。某一國的用字習慣，別國是不可能用的，也難找到完全相同的詞予以譯之。

(二) 本質

樣態不是自然的產物，卻是人對本質（substance）所生的複雜觀念，如美；或由「三角形、謝恩、謀殺（triangle, gratitude, murder）」等字而生的觀念。

1. 洛克所討論的簡單模式，如空（space）、時程（duration）、數（number）、不定（infinity）、動（motion）、音（sound）、色（colour）、味（taste）、嗅（smell）等。因之，動的樣態有多種（上段已述），色也多種，如有紅或綠等。

「空」是簡單觀念，但由兩種感官（視及觸）聯合而生。兩物之間的空間，即爲距離。「空」含有三要素，即長度（length）、寬度（breadth），及厚度（thickness），是三度空間；擴而充之，即是環宇（Usiverses）。數、時，及空，有無止境之意。不管他的說明是否合乎心理學或數學的觀點，或多麼遠離經

驗所可能獲得的立即性感覺，卻都可以依經驗主義原則來闡釋，而不必假手於先天觀念。

2. 洛克所舉的混和模式，如義務、酗酒、偽善、褻瀆神靈，及謀殺等，皆由簡單觀念所組合而成。這些混合模式，都具體表現在實際行為中，外顯行為極其鮮明，觀念存於人心之時也長。與「思」併在時，混和樣態即在，不思則混合樣式即不存。由思而形成文字或語言，「弒親」的英文字parricide一使用，則與之搭配的觀念而生的混合模式即出；若所弒的非父，而只是個老人或是一個年輕人，則未有單一的英文字表之，也就不能用一英文字來陳述該種行為，混和模式也即不存。

(三)混合模式有三：

1. 「單由經驗及觀察而來者」，如看到兩個人打鬥或擊劍，則生「摔跤或擊劍的觀念」（the idea of wrestling or fencing）。

2. 將各種不同的簡單觀念自動組合起來：「首位發明印刷術及銅版術（printing, etching）者，在出現印刷術及銅版術之前，必先在內心中有個該術的觀念」。

3. 經過別人解說才知某種稱謂，即表示那是未曾看過的活動或觀念：小孩子少不更事，未看過或聽過的活動或觀念甚多，經過大人的說明，即可領會其意。但未曾親歷其境地目睹謀殺案或褻瀆神聖之活動，若能以孩子熟悉的相似辭彙予以解說，就能產生複雜觀念的混合樣態了。比如說，稚童早已悉簡單觀念，大人把複雜觀念拆解成簡單觀念，好讓孩童易於領會；然後把簡單觀念組合成複雜觀念，則混合模式的複雜觀念就容易出現。孩子若已知「人的觀念」，又大部分也知悉什麼叫做「殺」，則「謀殺」這兩個字或辭的複雜觀念，即令他未親自看過該舉動，也可了解其意。其實，絕大多數的人未親眼看過「謀殺」，但卻有「謀殺」的複雜觀念及混合模式。洛克所舉的最後一例，太具「教學」價值了！

可見觀念或知識，都源於經驗。又哪需依仗什麼「先天觀念」呢？

「觀念或理念」（ideas）及「質」（qualities），是有別的。凡由心所感受的，稱為理念。由理念而生的力道，即是「質」。以「雪球」（snowball）為例，雪球所生之力，涉及白、冷、圓等理念，這是雪球的「質」；相應而生的「感覺或知覺」（sensations or perception），即是「理念」。

(四) 本質（substance）是「質料的」（material），如「金」。

金的存在不因人知而有變動，與義務或婚姻之字眼不同。樣態因人而生，本質則不然。本質的觀念，也有「名」與「實」之分。

1. 有些質與物體的本質不可分，不管該質怎麼變。一堆穀粒，它的「質」是固體性（solidity）、延展性（extension）、形狀性（figure），及「動性」（mobility）；把它分解成部分，該「質」不失仍存。「這些我稱為原始或該物體的初質（primary qualities），即能生「簡單觀念」，如固體、延積、動，或止等。次質（secondary qualities）不在物本身，卻可以在感覺上生出力道，如色、聲、味、氣等。第三質或第三性（tertiary qualities）即指物本身不對人們生出觀念，卻有體積、形狀、組織的變化，且及於他物，如「太陽有力道使臘變白，火使鉛軟化成液流」。

物體能使人因感覺或知覺而產生物體本身未具有的觀念，這是物的「次性」，如甜、藍，或溫等；也是物體的某種體型、形狀，及物本身內在分子的流動使然。物有形，人對之也生出形的理念；但人看玫瑰而有紅觀念，乃因玫瑰本身有種力，使人之眼生出紅的觀念。現代的人可以用眼球內的「光波」（light-waves），來解釋人眼看玫瑰花為紅色的原因。

第一性，也是原始性（primary or original qualities）：即物本身，如固體性（solidity）、延性（extension）、形狀性（figure）、動止性（mobility），及數字性（number）；也等於是波義耳所特別宣導的微粒子說（corpuscular hypothesis）。

第二性（secondary qualities）非屬於物本身，卻由第一性而生的力道，刺激

內外感官而生的感覺，如色、音、味、甜、藍、溫、冷等。物本身無色，色因人之感覺而生，其他亦然；雪之眩目，乃因雪之白使然。但雪本身無白或黑。雪之所以白，是人眼及其他條件「配合」（resemblance）使然，如同花不迷人人自迷一般，似乎二者皆有「迷」的「相似性」。白或迷，本身並不自存，卻依附於人的感官知覺上。中世紀教父哲學不知於此，是「大錯特錯」（grand mistake）。他們的知識水準，與過路人齊而已。波義耳直接回以：因為光之折射或反射，反應於人眼上，才使白雪眩目。洛克則更舉出明顯的例，斑岩（porphyry）的色，暗夜是看不到的；杏仁（almond）的色及味，若以杵磨之，則變色也變味。同樣的水，「一手覺冷，一手覺熱」。可見第二性常生幻覺及錯覺。

2. 初性為物體本身所自有，這是學界有共識的，但次性是否因人而異，與物本身無關，此種爭論因之而起。次性是主觀的（subjective），洛克不以為然。物體的次性產生一種力道，使人生出色、音等簡單觀念。若說次性觀念是主觀的，則初性也是。洛克認為，初性是物之本然，次性也是物之本然，但作用於人上，「火或雪之特有體積、數量、形狀，及其中部分的動，都實實在在於物之中，不受人之感受或不感受所影響；可以稱為物之真實性質，也實實的存在於火或雪中。但光、熱、白，或冷，卻不在雪或火之中」。

讓我們考慮一下斑岩的紅色及白色，敲打時若把光擋住，其色盡失不見，吾人也不再生出光的觀念。光一旦返回，則再度把色呈現在吾人眼前。搗碎杏仁，清楚的白色將變為混濁，甜美味道成為油狀。杵磨的控打，使物真正生變的是物的質料變了嗎？

洛克明確的說，感官知覺的物，或內省「對象」的思，都不是知識；只有由感官知覺及內省所生的「觀念」，才形構出知識來。「心」之作用大矣哉！要是無心之功能，則視而不見，聽而不聞，百嗅不覺其香，千觸也無痛覺。可見物之初性，也由心生。其後的柏克萊，對此有更多的發揮。

3. 本質「支撐」（upholding）或「頂住」（standing under）在其上的樣態或模式者，也是簡單觀念的集結（collection），不是由人所虛構出來的幻想（the figment of man's fancies）。這正是經驗主義對名詞定義之所由來。比如說玫瑰（the rose），吾人對該「物」感受到許多簡單的觀念，如紅、白、味道、形狀等，把這些「偶有性」（accidents）集結，即名之爲玫瑰。

> 同理，太陽觀念（the idea of the sun），只不過是一大堆簡單觀念的集結。亮的、熱的、圓的、恆動的、與人有相當距離，或其他，等等。

或許可以這麼說，「本質」就是共名；模式或樣態，就是殊名。共名作爲殊名的基礎，支持著殊名，也頂住著殊名。殊名極爲具體，共名也非常具體；二者都以經驗爲基。

精神界的本質（spiritual substance），也是集結簡單觀念而成的複雜理念，即將簡單觀念中的「思」或「疑」（thinking, doubting）等，集結起來。

4. 亞里斯多德的範疇（categories）有十，其實也可分爲二，其一就是「本有性」（essentials）的本質（substance），其餘就是9種「偶有性」（accidents），如時、空、關係等。由偶有性而生的簡單觀念，集結的共名，即是本質。偶有性中都有初性、次性，及三性，三性都顯示出「力」（powers）。人的感官藉該力而能感受，如金。人對金的觀念，乃由「黃」（yellowness）在王水（aqua regia）中，可融（fusibility）也可化（solubility）等性質（qualities）所組成。該性質對金而言，前者（黃）是積極力（active power），後二者（融及化）是消極力（passive power）。

(五)關係（relation）

關係是一種「比較」（comparing）。觀念爲單一時，是未有「關係」的；只有成雙時，因有比較，關係遂起，如「丈夫」（husband）、「太太」

（wife）、「較白」（whiter）、父（father）、子（son）等，皆屬「關係詞」
（relative terms）。

　　不過仍有一些用語，在乍看之下屬「絕對」（absolute），其實卻也「隱藏
一種心照不宣式卻少可觀查到的關係」，如「不完美」（imperfect）這種詞。

　　任何一簡單或複雜的觀念，皆可與別一觀念相互作比較，而有「關係」觀念
之產生。但一切的關係觀念，最終皆可化簡爲簡單觀念，也都還原到感覺及反思
二者上，那是一切觀念之源。

　　1. 因果關係：「因果」（causality）是「關係」的變形。

　　　凡生出任一簡單或複雜觀念者，我們指派一個適用的詞，即「因」
　　　（cause），由因而生者，叫「果」（effect）。

　　經驗主義的洛克，在抽象的「定義」之後，立即取具體的實例解說之。在
此，以「流體」（fluidity）這「簡單觀念」爲例：臘因某程度的熱，而變成液
體。「熱」的觀念，屬簡單觀念。當熱與臘的流體性一生關係，則熱就是使硬臘
變成軟臘之「因」，而硬臘成液體狀，就是「果」。木頭（wood）屬於「複雜
理念」，當與火發生關係後，即成「灰燼」（ashes）。「灰燼」屬於「複雜觀
念」。火是因，灰燼是果。

　　2. 同與殊觀念：關係中除了有因有果之外，另也生出「同」與「殊」的觀
念（ideas of identity and diversity）。一物不能同時存在於此又存於彼；存於此者
必與存於彼者，二者有殊。A物在 t 時存於 x 處，同時吾人也看到B物在 t 時存於
y 處，則必可判定：A物與B物是不同物，不管二物多麼的相似。但A物與B物在
t 時都在 x 處，則二者之有別就難，而常以爲是同一而非分殊。

　　以上帝爲例，由於上帝是永恆的，無時空的，不變的，常在的；因之，上
帝是「自我同一」（self-identity）的；上帝之外的一切存在，都受限於時空。因
之有同或有殊現象發生。此時，該分清同與殊又與「質」及「量」（quality and

quantity）有「關係」。

對「物」而言，純機械式的量之增減，不妨礙其「同」。一塊石頭及一大堆石頭，只是量變，但仍爲石頭則不變。但石頭如變成鑽石，則質已變。同理，有機物（organism）之量變爲質變更爲明顯。一種植物繼續長大，作爲植物本身是不變的，動物亦然；而機器更如此。機器之零件換了，更新了，修補了，若機器之功能未有更動，則該機器之名不會更改。但有機體如動物之異於機器，乃因二者之動，一來自於外（機器），一來自於內（動物）。

至於人，人在不同時空中之被認定爲同一人，大概都以「外表」的持續性（bodily continuity）爲標準，是肉體的而非心理的。若「化身說」（hypothesis of reincarnation）可以成立，取心靈作爲判別同異之標準，則活在古代希臘的X君，與生於中古歐洲的Y君，兩人是同一人，原因是兩人心思相同嗎？洛克取通俗的觀點：

> 無人只因確信Heliogabalus之心靈，也存在於他所養的豬中，就可以說該豬是人或是Heliogabalus。

Heliogabalus是羅馬皇帝Varius Avitus Bassianus之別名，218-222年在位期間，以愚行、放蕩，及荒誕聞名。

但只是肉體上的持續性與否，就可以判定一個人前後屬同一人與否的效標嗎？「思考」（thinking）與「意識」（consciousness）二者不能分離。因意識而思考，因思考而查覺（perceiving）。「查覺不出他所查覺的，這是不可能之事」（it being impossible for any one to perceive without perceiving that he does perceive）。而「查覺」要溯往，把內思及外行都包括在內，也作爲指認一個人是否同殊的標準。

在「肉體的持續性」上，一個人在 t 時有其特別且與別人溝通不了的意識，在 y 時也另持有其特別且也無法與別人溝通的意識，則不可以說，在 t 時的這個

人與在 y 時的這個人，是同一個人。人類的法律，不能處分瘋子的行為如同處分清醒者的行為，也不罰清醒者如同處分瘋人之所作所為一般。兩人是不同的人。

五、語言或文字問題

洛克在探討知識的起源及限度等議題之後，本來立即要思及知識之應用，但卻又發現，語言或文字問題得先解決。

上帝既創人為社會的群居動物，則語文使用，乃變成一種結合社會的大工具。語言由文字組成，文字是觀念的符號。人與他人必有個共通的語文，書寫大家都一清二楚的文字，且字必指涉著物，將自己心中的觀念陳述時，別人能領會了解，否則只不過是一種無意義的聲音。幼童習字或學語，若取鸚鵡為榜樣，則將一事無成。觀念具有代表者（representationist）之意，語或文亦然；如以 apple 這個字或說出這個字的發音，「代」蘋果這種「物」（thing）。觀念是私下的，能具有溝通意，則必人己同意其所指涉的意義，彼此互通訊息，才不會出差池或誤會。語及文，各地互異，同是「人」，英文是 man，法文是 homme，漢文是人。

> 巧言猶如美女，漂亮迷人；但要道出相反的話，都說不出口。

煽情及動人的修辭，誤導了正確的判斷；情緒及挑釁性語言（emotive and evocative）之正用與誤用，不可不慎。一字之差，意離千里；用字遣詞之研究，此門「記號學」（the science of signs），重要性非同小可。可惜，洛克的此種先知先覺，卻晚到二十世紀後才引來學界的重視。由語文所生的傳達問題，早由希臘辯者所警覺。臺灣文學作家張深切（1904-1965）在鬧劇《邱罔舍》第11場，有一段如下的對話：

（理髮師）：嘴秋不知要剃嗎？

（顧客）：不剃留著要享福（《張深切全集》卷7（共12卷），臺北文經社，1998，頁78。）

嘴秋是臺語，鬍鬚的意思。由於答話中未有問號（？）或驚嘆號（！），也不知回答話時的表情，或語音的高低等「脈絡」（context）。因之，剃與不剃，都是（但也不是）答案。語意學（semantics）、語用學（pragmatics）、語法學（syntax）等，都亟待學界開採的領域！

(一)通名或通辭（general terms）與殊名或殊辭（particular terms）

依感官經驗論，人以感官覺萬物。每個物皆有其名。人之眼所看的是一條牛或一群牛，每隻牛如都給予「名」，則在記憶上及溝通上極其不便。若都能以漢文的「牛」或英文的cow「代」之，則可省下不少麻煩。把具體物以文字或語言或符號化，這是一種抽象的心智活動；抽象層次有高低、深淺、廣狹。存在的每一物，卻個個是獨特的。光憑視覺，人也可看出物與物之間，彼此有同也有異。金或gold這個字，代表全部人眼所看到的金時，一旦看到另一物與此同，則歸入於金或gold這個辭（或字）之下。他取三角形（triangle）為例：

該形既非oblique，也不是rectangle，更不一定是equilateral，equicrural，scalenon。

Obique是斜邊三角形，rectangle是四方形，equilateral是等邊三角形，equicrural是等腰三角形，scalenon是不等邊三角形。

可見三角形的「觀念」：是抽象的結果。但該觀念都是實實在在的，一點也不虛，更非幻（image）。該種「抽象」，其實例頗「具體」。

(二)語文之名或辭，構成為知識的觀念

由「三角形的三個內角」，這些文字所組成的一個辭，都有具體的感官

知覺，也是一種觀念（A）；其次，「兩個直角」，是由四字而組成的辭，也同樣有具體的感官知覺，因之也是一種觀念（B）。當A與B不生衝突（agreement），則A等於B，A也同於B；若生衝突（disagreement），則A不同於B。A同不同於B，又是另一種觀念；洛克有時稱前者為「同」（identity），後者為「異」（diversity）。又如：

1. 白與圓的觀念，並不是紅與方的觀念。——憑感官即知。

2. 彼此觀念之間的關係，數學命題最為顯著。

3. 共存（coexistence）觀念。

4. 真實存在（of real existence），即上帝的觀念。

上述的知識分類或許不清不楚；且看下述的另一種解釋。

(三) 知識的等級（degress）

外感官的知覺（sensation）及內感官的反思（reflection），是知識的兩大來源，因之而形成的「觀念」，其「真假」性如何，也等同於「符合」或「不符合」（agreement or disagreement）於內思及外感之「物」（things）。這之中，有程度的等級之分。

1. 最符合的是數學知識（mathematical knowledge），又稱「直覺知識」（intuitive knowledge）。觀念之生是立即又直接的。如白不是黑，3大於2，此種知識最為準確不疑，一清二楚，毫無爭議。這是知識的第一級。

2. 其次是演算式的知識（demonstrative knowledge），即「推理」（reasoning）來證明或予以演算。洛克說：「三角形三內角之和」等於兩直角，此種觀念無法立即得到。因之有必要藉「中介觀念」（intervening ideas）之助，來演算，使前一觀念「符合」後一觀念。不過在演算中，每一步驟的觀念，如同「直覺知識」般的清晰明白。這是知識的第二級。

3. 等而下之（確定性等級較前二者為差）的是「意見或信仰」（opinion or faith）：觀念與物，即令兩不相搭配，卻有時也能舉證釋疑者，如白天看太陽所

生的觀念，異於夜間思及太陽所生的觀念；眞正聞玫瑰花香時之經驗（觀念），也必然不同於回憶時所生的觀念。若說二者都處在睡夢中，也不得不承認睡夢中身陷火裡，與實際上遭火焚，二者極爲不同。此種知識，稱爲感受式的知識（sensitive knowledge）。此種知識，人人不同，人人同者不多，異者不少。這是知識的第三級。

知識的第一級，人人皆同之，或人人皆異之；第二級，人人大部分同之，也大部分異之；第三級，幾乎都只是個別性的同之或異之。就此而言，洛克頗同意笛卡兒的說法。

六、知識的限度，即擴充度（extending）

(一)知識爲觀念所限

由外感官知覺及內感官反思所形成的觀念，是構成爲知識的資料；若無觀念，則知識成空；知識也由觀念所限，知識不能越乎觀念之外；猶如無史「料」，則無史「書」一般；史料短少（short of），史書就難以寫出史「實」。

試看他舉的下例：

> 我們有了「火焰」（flame）此一觀念，那是指一堆熱，易燃，及向上升的東西；金的觀念，是一種某程度的硬體，黃色，可熔也可化（malleable and fusible）。

以「金」來說，金的「黃」及「硬」，二者是「共存的觀念」（coexistence），但二者的關聯性並不必然，也不像數學演算中前一步與後一步是步步「必」相連一般，卻可以說二者不生任何關係的單獨存在。數學知識可以由此命題「推」到另一命題，其他知識則否，「限」度極大。由金的「硬」觀念，此種

知識，又那能必然的擴及到金有「黃」觀念之存在呢？「黃」之存在於「金」，也只是一種「偶然」，而非「本然」的。俗語所說的「黃金」，也只是「金」的一種而已，怎能說金一定是黃的，不也有白色的嗎？共同存在的觀念，若存在著「必然關聯性」（necessary connections），則由此擴延的知，也是確信的知；如否，則知的穩定性必搖。也就是說，「金」這種複雜觀念中，必有黃及硬等簡單觀念；但黃及硬二者「必連」（必共存），此種判斷是有「毛病」的（deficient）；那只是「事實」上的相連（*de facto connections*）而已。自然科學或「實驗哲學」（experimental philosophy）不似數學，不能「佯稱」（pretend to）屬於百無一失的可獲得必真的知識，或「毫無所疑的真理」（unquestionable truths）。

　　1. 自然科學本身是一種經驗科學，經驗科學的致命傷有二：一是經驗本身，就自我設限了。經驗都是局部性的，而非全面性、普世性、無時空性；二是人類的無知，因為感官知覺無法抵「最微小分子」（the minute particle），也不可能「有眼大如天」。在這方面，知識之所得及其準確度，是悲觀的。嚴格的說，自然科學不具「科學的資格」。在無恰當又精密的儀器及設備下，自然科學不能「佯稱」（pretend to）為科學。

　　2. 數學是一門關係性的知識（relational knowledge），甚至倫理學亦然！因為數學及倫理學，都「只不過是本身自有的觀念」（only of our own ideas）。純數學是符號而已，是「形式的」（formal），而沒有「內容的」（content），只有名而不必有實，如圓或方，以及這些符號之間的「關係」；與具體的方或圓之是否存在，無涉。論述倫理規範或人生準則的德目時亦然。羅馬雄辯政治家西塞洛（Cicero），名著《政論》（*De officiis*）中言及之格言，「舉世皆不存在，當他寫出時，只不過是寫出該觀念」。就此一層次言之，倫理學形同數學。這種說法，幾乎同柏拉圖。「觀念」與「事實」是不同的世界。

　　但就簡單觀念言之，則不然。簡單觀念不是由心起，完美觀念如圓才是由心生。簡單觀念源於物，色亦然。物之有色與物本身，就「力」（power）而

言，二者不盡然完全符合（conformity）。色有白有黃等，因「白」（white）而生出「白本身」（whiteness）；也因「苦」（bitter）而生出「苦本身」（bitterness），這都是「心」（mind）之作用。白「本身」是抽象的，白則是具體的：「白本身」有「力」生出「白」，二者之間是有分際的，不受人心之存或不存而影響。

可知自然科學的知，是可能性的知；信及眞，也止於可能性而已；數學及倫理上的知，則屬絕對的知，也是絕對的信及眞。

3. 判斷（judgment）：物有力，如色、光等；心也有力，即外感官知覺及內感官知覺（反思）。心物一交（觸）時，有時心是被動的；如物置於人前，人不得不被動的與之發生關係，由此種互動而生的觀念，就是知識的源頭。心對之有所「感」之後，也能知未生感之前，該物早已存在，並不因心對之有感或無感而受影響。把兩種或兩種以上的觀念相接合或相分離，即是一種「判斷」。判斷力是「力」的展現，判斷的確否，也只止於可能性而已，屬於「意見」（opinion）階，因那不是「自明的」（self-evident）。

試看下例：依吾人之經驗，鐵沉於水。此種「經驗事實」，若在感官界中只發生過一次，則其後，斷定鐵沉於水的可信度必低於多次經驗；或每次判斷時，都與經驗事實不一致，則判斷爲眞的可能性，必遭疑，期待性降低。其次，若證不是本諸於己而是賴他人，則該證經判斷爲眞之可能性的高低，也影響自己的判斷。第三，他證數量之多寡，也是一件需計及的因素。

洛克把「引發概率的命題」（the propositions we receive upon inducement of probability）分爲兩種：一種是經驗可及者，一種是非經驗可及者。前者如「去年冬天，英國下了雪」；後者指人的感官無力可以取證者，或無法作經驗上觀察（empirical investigation）者，如「天使」，或「熱乃是肉眼覺不出的微粒燃體之激動」，只好取「喻」（analogy）來比之。人之下有動物、植物、礦物，就「像」人之上有天使或上帝一般。兩物相磨易生熱，從此得「知」：熱乃因微粒物質之快速流動所生。去年冬天下雪，此一命題「引發」（inducement）出今年

多天下雪的「可能機率」（probability）必高，但不「必然高」，由「經驗」來判斷。至於「天使」，或經驗無法抵之「熱粒子」，只好以「喻」比之。

總之，洛克認爲自然科學知識之「眞」，只及於物之「名」（nominal），即偶有性而已，而未臻「本然實質性」（real essences）。至於歷史命題之眞實性，概率要憑相關的證據（relevant testimony），而非可以只因衆口就可鑠金。

(二)「眞理」的判官

眞理的判官有二，一是經驗事實，一是理性推論。

除此之外，二者都需冷靜而勿動用「煽情」（enthusiasm）。前二者皆可向衆公開，後者只內存於私底。

1. 上帝的存在，洛克本諸於前二者的判斷，是持肯定態度的；但若有熱心過火者不依前二者而只憑自己情感上的好惡來斷定上帝之存否，他就無法噤聲不語了。啓示眞理，一定可以用上述二者予以「證」之，勿以「情」作爲說服之術。其次，任何的「啓示」，若逆於「理性」，則該啓示一定不是來自於上帝；他此處所指的，必是指天主教所揚言的一種教條，即「化身說」（transubstantia-tion）。他有一專章論及，章名還稱之爲該種「同意是錯或誤」（wrong assent or error）。即令啓示高於理性，也不可與理性相沖。天主教神學家或許不會否認此種論點，但卻區分下述二者之別：其一，啓示與理性不合的命題；其二，決定命題之眞假時，若以理性爲據，也得要先有個前提，即理性若不借助於啓示，則該理性就不能作判官。就實際運作上來看，上述之區分常互相混。洛克特別強調，啓示必可依理性解之，若不能，則必不是「眞」啓示，而是有人以假啓示作爲眞啓示。洛克站在劍橋柏拉圖學派立場，不爲教義所囿而以「自由主義身分者」（latitudinarians）發言，勿爲自封爲先知及宣教師所誤導，也勿輕信頑固派邏輯學者所揚言的，以爲上帝既已把啓示眞理從某些代理人口中道出，則必不會與理性作對。洛克簡明地說，「反理性」或「高於理性」的教條，判其眞僞，只有靠「理性」。

2. 走中道不趨極端：準確性之抵達，困難重重，限制頗多。因之，概率範圍極大，但也並非無藩籬。「寬容」（toleration）也該有尺寸（within limits）。在宗教信仰上，對無神論者（atheists）是不該赦免的；向外國勢力效忠者，以及在信仰上只對己寬容卻對他人不寬容者，都是不許寬容的。他認為：無神論者連神都不信了，則必膽大妄為，又哪有什麼行為規範要他遵守呢？誓言、契約、協議，更不用談了。至於後二者，他指的是天主教徒或回教徒（Catholics, Mohammedans），身處教會要職者還以信仰之名捏造假證據置人於非命。1678年英發生「教皇謀略」（Popish plot）事件，由教宗天主教的歐茨（Titus Oates, 1649-1705）所策動，是對反天主教者的誣告，此事件必給洛克不少感觸。具體的史實呈現於世人面前的是株連該次捏造的謀略者甚廣，甚至35人被處死！是多麼無辜！

第二節　倫理學及政治論

　　洛克不只在知識論上使西洋哲學在此一領域大放異彩，且在實際的政治學說上，為其後的民主政治哲學展開新頁。政治學與倫理學不可分。在反擊先天觀念論時，他不只駁斥任何有關先天冥思性原則，同時也不滿有任何先天通道或政治原理。反倒吾道一以貫之地說，那些皆本諸經驗，都是後天的產物，皆因感官知覺及反思所形成的簡單觀念所組成。

一、倫理學及政治論不可分

　　物與由物而生的感官知覺，及反思而成的觀念，二者之間的關係，就是知識。知識上的真與假，純依物與觀念之間的合與不合（agreement and disaqreement）而定。吾人之認知功能，只在於觀念的檢查與比較而已。同理，道德原則亦然。道德原則此種觀念，也都由經驗而來。道德原則之遵守與否，與道德原則本身無涉。因之，即令說真話，在道德上被稱為善行，但說真話此種道德上的善行，也植基於經驗。至於大多數人說謊，並不影響道德論只探討道德觀念之間彼此的關係，猶如知識論只追究觀念與觀念間的關係一般。難怪他說，道德（morality）形同數學（mathematics），是可以「推演證實」（demonstration）的。道德知識，類似數學知識一般的具有「確定性」（certainty）及清楚性（clearness）。二者皆可分析，試看下例：

　　若無財產，則無有不義（where there is no property, there is no injustice）。
　　無一政府允許絕對自由（no government allows absolute liberty）

　　他自以為上述兩例一清一楚。其實，不盡然！

(一)倫理學與法有關

法有三種，神法（the divine law）、民法（the civil law），及「意見或名聲法」（the law of opinion or reputation）──稱讚或斥責，獎勵或詆毀，「源之於一種祕密也心照不宣的（a secret and tacit）」，在各社會各世界、各種族、各部落中建立「共識」（consent）。從中就有數種行為，得名或失譽，乃因該地風尚、格言，及判斷而來。換句話說，輿論的指指點點，約束了某些行為，倫理規則也相伴而生。

神法的行為判斷標準，基於罪或義務（sins or duties）

民法的行為判斷標準，基於天真無邪或犯法（innocent or criminal）

意見法的判斷標準，基於德行或惡行（virtues or vices）

1. 洛克認為，人天生自由且平等。但劍橋大學三一學寮（Trinity College）出身且被認為是保皇黨的菲爾默爵士（Sir Robert Filmer, 1588-1653），死後於1679年問世的《族長》（*Patriarchia*）一書，卻認為國家形同一個家族；第一個國王即一家之主。服從族長的權威，等於是履行政治職責的關鍵。還「牽強附會」的引《聖經》為證，認為亞當（Adam）就是第一個國王，英王查理一世（Charles I, 1600-1649）可被視為亞當的長子而統治全英。英王一聆龍心大悅，封他為爵士。保皇黨（Tories）與自由黨（Whig）對峙，洛克是後者的要角，認為保皇黨之說，是胡言亂語的自圓其說（ridicule），形同一頭愚不可及的驢子（ass）。君權不是神授。即令上帝的第一子亞當享有該權，也不盡然保證，其後接替者都享有該權；縱使後繼者都享有該權，但有關的該種史料，也早已消失，怎可無憑無據亂發言論？

絕對王權或皇權之所以成立，理由是「人天生並不自由」（men are not naturally free）。洛克服膺他在牛津同一學寮（C.C.C.基督教堂學寮，Christ Church College）的學長胡克（Richard Hooker, 1553-1600）的見解。在《聖經》、教會、理性三者中，都給予該有的定位。如聖經語文明確，則或許可奉為無上權威；若經文語意不明，則參照教會傳統。一旦如前二者皆不足以適應新情況，則

取理性為斷。胡克主張，人天生自由又平等。此種說法，「本身明確也從無爭議。因之作為人人自愛互愛，及人人盡義務的基礎，從而得出正義（justice）、慈悲（charity），及大格言（great maxims）。」

在建立公民社會的理論上，他同霍布斯，皆取源於人之天性。但二者卻異曲。人人同意相互簽契約或合同來組成一個政治體，這是兩人唯一同調者。洛克或許基於人之性本善觀點，大大的有別於霍布斯之堅信人性本惡。前者發現：「人之共住群居，乃依理性。在地球上，無一是位尊有權作判別者，這才確實稱為自然狀態」。憑力，若使之不當，必擾生戰起，這不符合自然狀態，且拂逆了自然狀態。

2. 自然狀態含有一種自然的道德法規，那是憑理性建立的。自然狀態不是「縱溺」（licence）。此種說法，大為其後的盧梭所歡心；這位自然主義大師每一提起他，都以「賢明的洛克」（the wise Locke）稱之。自然法就是道德法，因為行為之獎懲，不需由人來操心，自然就會施以制裁（sanction），產生「自然後效」（natural consequence）。自然在出手時，是不管貴族或平民、愚或劣、男或女、老或少的，「一律平等」。「無人該在他的一生中，為害他人的生命、自由，或擁有的財富」。因為人人皆是上帝的子民，得一視同仁的對待。霍布斯心中的自然法，帶有權力的虛矯，對人性是悲觀的。洛克不然。洛克認為上帝造人，就賜予人以理性、公正、以及自然權利，如自保自衛，且為自由奮鬥到底；同時，也不容許他人剝奪此種權利，或將自己作主的身分降為奴役資格。

3. 自然權中最為重要的是財產權（the right of property）：無財產則人無法自保。上帝把人降生在地球上，地球就是全民的財產。凡地球上足以使人生存下來的一切物資，人都有權力保之。雖上帝也給人分產或分地，以作為人的私產，但依上帝的意旨，理性明白告訴世人，人人皆該有私產。如此，地球上的資產才會更為豐富。若無財產觀念，也就無「義不義」的想法。

4. 勞動（labour）：既有私土，就需努力耕耘私地。「四處流的泉水，為大家所共有。但誰能懷疑，大壺水罐裡的水，只有擁有者才能使用？他的勞動，來

自於自然手；自然手人人皆有，全部小孩都平等的享有雙手，也因之可以作為己用。」

比如說，一個人在果樹下摘取蘋果果腹，無人可以與他爭辯他之擁有蘋果且有權吃了蘋果。不過，何時該蘋果屬於他的私產？何時他吃了下去，消化了，何時他薨了蘋果？何時把蘋果帶回家？當他把蘋果摘下時，蘋果即屬於他的了，這是一清二楚的。換句話說，他把勞動「滲入」（mixed his labour）其中，從蘋果本屬於公共財的，如今變成私產。所有地上財產之變成私有，大概都走同一途徑。若有人把森林樹砍下，清除乾淨，下犁又播種，則該地及其產物即歸屬於他之所有，因為那是他的勞動所得。手一旦準備把種子播在土地上，則穀物就會長出來。

此種勞動價值論，其後大獲重視，倒出乎洛克預料之外。他的此一說法，頗迎合自由黨地主的心態，該黨也是支持他的幕後金主。但他並不贊成無限制的據地而有損他人之土地擁有。一個人擁有的財產，足供享受及實用（enjoyment and use）即可，超過於此，就是暴殄天物了。洛克的時代，機器取代雙手還未成氣候。「人有多少手可耕可耘、栽種、改善、培育、使用產物，他就有多少財產」。他心目中的世界，該是當時的美洲新大陸。「整個世界一開始，如同現今的美洲，現在更如此。在美洲，沒有錢這種東西；其他地方所知的錢，不像美洲一般。」

5. 財產繼承，這是自然權利。「人人擁有雙重自由，一是自己享有人自身的自由，二是他比別人更有權同兄弟一起繼承父母留下的遺產。家是一種自然的社會。父親有義務提供子女之生存所必須。不過，不勞而獲的財產，不如子女憑肉體及心智勞力的創業所得。」

(二) 社會、政治體

人處在自然狀態時，他人無權過問。但上帝卻帶有一種必然的又強烈的義務感，也為了方便，乃趨使人要過社會生活。其實，社會也不是非自然的。

1. 成文法之必要：家庭是最原初的人之社會，甚至民事或政治社會也是自然的，因為可以滿足人人的個別需求。人若一生皆在自然狀態中，離群索居，不倚他人，則在保全自己安全時，會危險叢生。此外，若人人甘願組成社會，且內心也願遵守社會公約，但實際上言行不一者隨時隨地多見，致使有效的抵達自衛自保及自由之目的，殊難逆料。人雖是理性動物，那是就「理想」層面說的。事實上，人的偏見多，「為了私益、己利，及個人興趣，也無知到不擬研究或思考的地步，更不喜以法律來綁住某種殊行。」

因之，以「成文法」來定義自由法，目的在排難解紛。並且，人處在自然狀態時，雖享有權力來判裁違規者，但多半律己寬待人嚴；因此，司法系統必須建立。第三，處在自然法之下，人欠缺權力來制止犯罪者，不得不「快速的朝社會邁進」，不要只止於自然狀態下了，共組「政治體，集結在政府之下，就旨在財產的保存。」洛克此處所提的財產，是廣義的，包括「生命、自由，及房地產」（lives, liberties, and estates）。

2. 「同意」（consent）：政治社會及政府之成立，該有的理由，建基於組成分子（個人）之「同意」。人處在自然狀態，相較對比於政治社會，是不利多於利的。政治社會或政府一現，必然在某種程度上限制了個人在自然狀態下所享有的某些自由。要點是：基於個人心甘情願的「同意」，則無怨言可出。

可見同意與否關鍵。但同意絕不使自己成為僕役（a state of servitude），放棄了立法、行政，及司法權。若完全授予政府執行該三權，也旨在提升公共善（common god），並由政府處分違禁者。此種同意，其實也是出之於人人之自我心或自私心，期待個人的自由享受可以因之擴大，且更受保障。「無一理性動物，願意把自己改變得更糟。」

其次，「多數決」（majority）較「一致決」（unanimous consent）實際。因為要萬眾一心，皆無異議，在實際上是殊難的。一致決形同一人決，那是專制極權式的政治體，對個人自由之侵犯，必大於多數決。

3. 同意說產生的爭議甚多：一來，人類史上曾有過政府之成立乃因人民之

同意？雖有史實記載此事，但未有史實的歷史也甚多。二來，即以洛克所生活的大英（Great Britain）而言，即令古早祖先曾「同意」共設政府，但其後子孫不見得必如此。洛克也說，父親「不能基於契約就綁住孩子或後代」。一個人可以立遺囑，要求其子若不遵其父之交代屬於某一政黨，則不能享受遺產。但其子若不喜歡該種要求，可以宣佈放棄繼承權。

洛克進一步提出，同意有明有隱（explicit and tacit）。一個人若成長於某個政治社會中，依國家公布的法律享受公民權，就足以表示，這個人至少暗地裡同意作該社會的一位成員；若他不甘願如此，只希作個自然狀態下的人，這是於理說不過去的。一個人既在某個國家中安然享受公民權，即表示他歡喜承擔公民職責及義務，至少潛隱的意識就是如此。但生來即是英人或法人而無法抉擇時，洛克說事實上，這種人可以放棄國籍而到第三國或遠赴異邦去過逍遙自在的自然人生活。洛克的時代，護照規定、移民法及徵兵條文等，還未出現，故人人可以選擇住處，至少肉體上可以移去美洲或非洲的荒野地。

4. 「民約」簽兩次或一次：霍布斯的政治理論，認為人民同意把自然狀態之下的個人權力，悉數交給政府，且雙方此種同意，一次完成。洛克似乎需要兩次，一次即同於霍布斯，個人就變成特定政治社會的一個成員，且也願接受該政治社會中多數人的決定而履約。第二次約，是新成立的政治社會之大多數人或全民，自行成立政府抑或另設各種不同的政體，有一人式的王權（monarchy），寡人式的專權（oligarchy），或多數人治的民主（democracy）。前二者是世襲（hereditary）或推選的（elective）；政府之被推翻，就霍布斯的設計而言，只要政治社會解體即可；洛克的規劃則不然，似乎要經過兩道手續，但二者唯一相同的部分，即人民同意與否，都是政府成立或廢止的要件。

二、分權，立法權高於司法或行法權

洛克的構想，人民與政府之間的關係，是彼此相互「信託」（trustee-

ship），雙方合夥：一方（人民）交出權利，一方（政府）履行義務。因之政治
共同體（commonwealth）之首務，即是立法權（legislative power）之建立；把
立法工作交在人民認為是可相信的人手上，則人民甘願依法而行。否則，和平、
安全、財產，仍會像往昔一般，在自然狀態之下無法確保。因之，立法權是最高
權（supreme power），其他的權皆隸屬立法權之下。一人治的王權，雖享有最
高行政權（executive power），但卻不許有立法權。洛克強調，權力不可集中獨
攬，而應「分權」。立法與行政，不由同一人或一群人獨享。換句話說，立法者
不該同時也是司法或行法者，因為難免為了個人利益而循私枉法。在立法與司法
或行法之高下上，立法位階在後二者之上。

(一)立法權之至高無上性，卻得接受「民意」的指導

人民才是頭家，是主人。信託的主雇是人民，若人民發覺立的法不符人民的
意，則人民有權予以廢除或更改。

1. 追根究柢，法與德不可分。依德的法（moral law），也是上帝所授的
法，那是普世通用的法，以人民的福祉及善為最高旨趣。其中特別要指出，若不
經人民同意，不可立法增稅。凡人民授權而享立法權者，在未經人民同意之前，
不准轉移該權予他人或團體身上，若由後者所立的法也失效。

2. 三權：目前世人所熟知的立法、司法，及行政三權，與洛克的三權稍有
別。除了立法（legislative）及行法（行政，司法）（executive）之外，另有結
盟權（federative），即有宣戰、締約、結盟、停戰，及與其他政治共同體共同
簽約的新權。其實，此權也可隸屬於行法（司法）權之下，旨在於防止「亂序及
毀滅」（dirorder and ruin）。洛克視司法為行政的一部分。

(二) 政府解體

「政治社會解體了，政府當然就不存」。外來的征服者，「將社會撕成一
片」，則政府顯然消失不見。靠武力來解體政治社會的，有外力，也有內力；前
者他稱為「外來的推翻」（overturning from without），但也有「物自腐而後蟲

生者」，即內部的敗壞。他花了大部篇幅在《民事政府二論》（*Second Treatise of Civil Government*）中，評論此種解體方式。立法既已更，則由立法而成立的政治社會已然變了原樣。

1. 洛克以大英憲法爲例，大英的立法，權委由三種人行使，一是由人民選出來的代議士，即下議院（House of Commons）；二是世襲的貴族代表（hereditary nobility），即上議院（House of Lords）；三是單一的世襲者，即親王（prince），享有最高的行政權且有權召集或解散前二者所組成的議會（國會）。若親王以任性的寡意（朕意）爲法律，或阻止立法權之由國會（尤其是下議院）行使，適時不召開國會，或召開時，限定議員之自由行動，或任意變更議員推選辦法而不先徵求人民同意，且又拗違人民利益，在此種狀況下，立法已不復原初。

2. 其次，最高行政權的擁有者（即親王）若放棄或疏忽其職責，以致於有法等於無法，則政府顯然形同虛設。

3. 最後，當親王或立法行動，都與彼此之信託相背而駛，有損公民財產或胡亂的威脅公民的生命、自由，或財產時，則政府就形同泡影而消失不見。一旦此種時刻來臨，則「反叛」（rebellion）是正當的。叛變有必要經常發生嗎？公民若在政府的淫威之下，則他們必抓住良機反撲，不管治者之治權是多麼的神聖。其次，若政府在「公共事務上犯了點小差池」，也未必非要求下臺不可。一旦治者若已成爲暴君（tyrants），所作所爲皆倒行逆施，則背叛者不是治於人者（民）而是治人者（王）了。不該有的暴動（unjustified insurrection）及反叛（rebellion），屬於犯罪（crime）；不過，背叛只要正當，都是該行的。誰來判定當不當，「我回答，人民就是判官」。在上帝之下，只有人民才能決定信託是否眞的可信也可托。

三、洛克的政治論可受公評之處

(一)通論與殊例，二者之「合」與「不合」

1. 屬於一般性、普世性、通論性，或永恆性的（perennial）政治理論，當應用於特殊狀況下，難免有理論與實際不合之情事發生，尤其在「例舉」時為然；細節常存魔鬼（the devil is in the detail）。洛克的《民事政府論》（*Treatise on Civil Government*），多多少少都與他生存的時代之政治情勢有關聯。作為一個自由派輝格（Whig）黨的信徒，極力反對斯圖亞超過一世紀以上王朝（the Stuarts, 1607-1714）的執政，即James I, Charles I及II, James II, Mary, Anne，而大力鼓吹議會政治。除了展示「政府之經營，該以公共善為旨趣」外，不得不取資於他當時的政治實情。此種現象，古代的柏拉圖如此，其後的馬克斯亦難免，洛克當然也不例外。因此，吾人確不必吹毛求疵。

2. 社會協同（契約）論，是人為的還是自然生成的？洛克在此似乎語意不明。若符應他的經驗主義哲學，該是後天的產物。

3. 何謂「共善」（common good），此概念尤有待進一步解析。洛克以為共善與「保有私產」，二者是異名同實，旨趣也相連。其實自洛克之後，世界上發生經濟、政治，及社會生活上的重大變遷與快速發展，可能超出他之所料，他持之以恆的自由精神（liberalism），有必要重新闡釋。

4. 洛克的政治理論原則，雖帶有時空性，但永恆性仍有。以「共善」為旨，又有何人提出異議？雖然這並不由他首創。中世紀的托瑪斯早他言及，但該原則有必要一再地解說，是持「操作意」（operative）——視實際的運作而定；但在適用於不同的時空時，也容許有彈性餘地。政府該為人民負責，責任在提升「公善」。問題是自然權利及自然的道德法，雙雙都存在於治者及治於人者的「良心」中，而以內心動機上的「善」作藉口，但在實地「操作」時，每遇與之不符的具體法條或刑責；也正因為如此，暴政及暴民才不時的發生或存在。政治史上，桀紂之徒不是多如過江之鯽嗎？

5. 理論上的良莠撇一邊，實際上，洛克的政治哲學其後成為英國十八世紀的顯學。雖休姆批評他的社會契約論，但不影響他的勢力；邊沁主義（Benthamnism）及柏克（Edmund Burke, 1729-1797）理論，都作為洛克學的左右手，也取洛克學說為資產。在歐陸，他的主張更大放異彩，連他逃亡的國家荷蘭也與有榮焉；法國在啓蒙運動中更蒙受其利，三權分立論的大將孟德斯鳩（Montesquieu）是主帥。至於流風遠播到美洲新大陸而支配美國第三任總統傑佛遜（Jefferson，1743-1826）身上的，更是昭昭明甚。這些史實，證實了唱衰哲學家是百無一用的書生，支那的儒者太低估了吧！

6. 誠如法國百科全書者（French Encyclopedist）達郎拜（d'Alembert）之所言，洛克的形上學，如同牛頓創的物理學。他所說的洛克形上學，指的是洛克的知識倫，即人類領會力（悟性，understanding）之力道（powers）及限度（limitations）。就此一層面言之，洛克對知識論的看重，將人的悟性予以解析，以「功能」（function）來解形上學（metaphysics），更為其後歐美哲學開拓出一塊博大精深的地盤。

7. 在倫理學上，洛克學說帶有快樂主義色彩（hedonistic elements），與政治論是密不可分的。他的經濟自由主義（economic liberalism），不干涉的貿易論（*laissez-faire*），與法國「重農主義」（physiocrats）的創始者揆芮（Francois Quesnay, 1694-1774），以及名著《國富論》（*Wealth of Nations*, 1776）作者蘇格蘭的斯密（Adam Smith, 1723-1790），都與洛克的政治及經濟學說有遠親關係。

8. 洛克的經驗主義，作用於巴克萊及休姆的，哲學史必不會放過。洛克本人，性情溫和，不偏不倚。若單取他的學說之一部分予以發揮，有時對洛克而言，是稍有過分之嫌。例如：他言理性乃是判斷啓示可信與否的標準，此種說法，理神論者（deists）喜出望外，其中，波林布魯克子爵（Henry St. John Ist Viscount Belingbroke, 1678-1751）雖與當年輝格黨有過節，卻公開稱讚洛克乃是他唯一行最敬禮的哲學家。其次，洛克提的觀念聯合（association of ideas），由大唱聯合論心理學（associationist psychology）名家哈特雷（David Hartley, 1705-

1757）及普里斯特利（Joseph Priestley, 1733-1804）發揮得淋漓盡致。將物理事件及精神事件兩相接合，且以物來解心。不過走到此一地步，洛克是望而卻步的，他絕非一位物質主義或物論者（materialist）；更不把「思」（thoughts）及「觀念」（ideas），單純地視之爲感覺的變形而已。物質主義與感覺主義（sensationalism），二者或許只是一尺之遙。他曾說過，人既知上帝，也因此知，而使人的思考力可以及於一種純物質的東西上。洛克學說中的感覺主義，直接間接的由法國啓蒙時代的學者踵事增華，成爲「百科全書派」（Encyclopedists）的最熱門話題。取洛克的一「經」，就說至數萬言。此種流風，東西輝映。

總而言之，洛克可以說是時代的代言人。力主自由探究精神及「理性主義」（rationalism），高唱理性，厭惡權威專斷（authoritarianism）之外，佐以經驗主義上的事實，當作眞理判斷的準繩。尤須一提的是，洛克從小就浸浴於身心的英國紳士儀態，作風穩健，不激進，對宗教信仰極爲虔敬，高度具有責任感。這方面，不少受他影響的歐陸思想家，是望塵莫及的。

Adam Smith，舊譯爲亞當斯密，本書譯爲斯密，習慣上，漢譯外人只取其姓而已。Adam是名，Smith是姓。如連名帶姓全譯，是沒有必要的，除非有同姓且在哲學史上也聲名顯赫者，如Roger Bacon及Francis Bacon，或如Mill父子（James Mill及John Stuart Mill）。若外國人的姓名要全譯，那Georg Wilhelm Friedrich Hegel呢？

第三節　反先天觀念說

經驗主義注重環境的因素。洛克生在被斬頭的英王查理一世（Charles I, 1600-1649）登基（1625）之後7年，死在安妮女王（Queen Anne, 1665-1714）上臺（1702）之後2年；與他同年生的名人有斯賓諾沙，及建築家雷恩（Sir Christopher Wren, 1632-1723）。一生歲月跨過哲學家霍布斯（1588-1679）、笛卡兒（1596-1650）及來布尼茲（1646-1716）；自然科學家伽利略（1564-1642）、哈維（1578-1657）、波義耳（1627-1691），及牛頓（1642-1727）；作家柏塞爾（Henry Purcell, 1659-1695）；作曲家韓德爾（George Frederick Handel, 1685-1759），及巴哈（Johann Sebastian Bach, 1685-1750）；畫家魯濱斯（Peter Paul Rubens, 1577-1640）、倫布蘭特（Rembrandt Van Rijn, 1606-1669）；小說家密爾頓（Milton, 1608-1674）、莫里哀（Molière, 1622-1673）、丕普斯（Samuel Pepys, 1633-1703）、狄福（Defoe, 1661-1731）、史威夫特（Jonathan Swift, 1667-1745）等，都是世界文明史上的偉人；1642年，第一部史上氣壓計（barometer）問世，1642-51年英發生內戰（Civil War），義大利人Stradivari（1641-1737）製作出小提琴，1660年英王復辟（Restoration）。1666年倫敦大火，燒了五天五夜，連在牛津（倫敦離牛津距離大概如同臺北離新竹）的洛克，都能看到濃煙及火光，瘟疫也跟著橫行，卻也因此使中世紀的黑死病（世紀之病）從此匿跡；1662年英皇家學會（Royal Society）成立；1675年格林威治天文臺（Greenwich Observatory）於倫敦郊區矗立。這些，都是轟動全球的大事。

15歲（1647）時，洛克父親送他入學的西敏寺公學，附近就是1649年查理一世行刑之處。外在世界極不寧靜，本人還陷身政爭中。學醫也行醫的他，常為氣喘及支氣管炎所擾；令人意外的是他竟然在外務多又危險，且長年身心不安狀況下，不只執筆為文，寫了不少政治、道德、經濟、神學、醫學，及教育等實際層面的文章；還道道地地的有嚴肅性及理論性的哲學著作，分量甚重。1690年的《人類悟性論》及《政府雙論》，1689-92年的《論寬容》（Letters Concern-

ing Toleration），1693年的《教育論叢》（*Some Thoughts Concerning Educa-tion*），1695年的《基督教之合理性》（*The Reasonableness of Christianity*）等，都是不同凡響的巨構。

洛克學過希臘文，也有時以法文寫作。他的哲學思想，與法國的笛卡兒最爲不同。《悟性論》一書，洛克在「告讀者」（The Epistle to the Reader）中指出，他與學界朋友五六個，相約每月月圓晚上在他住處聚會，以便回家時道路較明亮可認；在「月光俱樂部」（Lunar Club），本打算探討一個與知識論極不相干的議題，卻讓他覺得，該先「檢驗我們自己的能力，且看看我們所領悟的是什麼，是否適合去探討」。衆人遂同意作爲下次聚會的議題。經過二十年功夫，該書才完成。洛克自承，他提議的討論議題，是「既匆促且還未消化過的想法」（hasty and undigested Thoughts）。

原本擬進行的題目是：「道德原則及啓示宗教」（the principles of moral-ity and reveal'd Religion）；五六位朋友中有一位是戴瑞爾（James Tyrrell, 1642-1718），是洛克在牛津的友人，交情甚深。洛克希望追本探源，與其思及道德原則及啓示宗教，不如深究人類知識的「起源、確定性，及擴充（限度）性，以及信念、意見，及同意的基礎及程度」（the Original, Certainty, and Extent of human Knowledge; together with the Grounds and Degrees of Belief, Opinion and As-sent）。

一、知識可分爲一般性及特殊性兩種

一般性的知識是洛克想探討的，特殊性的知識是哲學史上哲學大家所思索的道德知識或宗教知識。前者未先解決，就勿妄想後者有正確答案。並且，也可解懷疑論者的詰難，包括「悟力有哪些」（the capacities of our Understanding），「知識的廣度及水平線」（Extent of our Knowledge and Horizon），水平線即寬度。這些疑點一旦能爲人所悉，就可讓吾人領悟「是」與「不是」之別；並且

在一方是公開承認無知時較少躊躇，一方則在思想及討論（Thoughts and Discourse）時，更能予以雇用而得出有利且滿足之結果。

由於知無涯，且無知的部分及程度比知的部分爲多且深，故難杜懷疑論者之口。人的知是有極限的，不可能樣樣皆知得準。不只如此，洛克的知識論，竟還引出更多且更大的懷疑論，後繼者之一的休姆（David Hume）就是其中最大的代表人物。不過至少，洛克認爲某些知識或眞理能爲人所確認，是不必起疑的，也是不必失望的。此外，承認自己無知，或缺知，也能心滿意足，不必感失望。

> 人心（Mind of man）在忙於處理超越吾人領會範圍之外時，要更小心……坐下來吧！靜靜的面對那些吾人所無知之事。經過檢查，那是超越吾人能力範圍之外的……。若吾人能找出，領會力可延伸吾人視野之外有多遠……則吾人當自覺滿意；在該狀況下，我們可獲得多少知。

一旦面臨知識瓶頸，是否就甘願心滿意足的投降。或許有人會「大膽地與自己的性格爭吵，將手中掌控的『福報』（Blessings）悉數拋棄，因爲手掌不夠大到能抓住每件東西」。

(一) 懷疑論

上述的懷疑論，指出人的知是有限的（limited）；其次，懷疑論具有「建設性」（constructive）。一來，人所知也需知的，是對人極其重要的知，如宗教及道德上的知，那是人人與上帝之間的知識；即令有些知或許不可能爲人所知，但由於該知都具「實際性」（practicalities），也是日常生活必生的問題，人遂自認有充足理由必須去「行」而非只「知」而已。由於上帝是人生「生命上的方便之計」（the convenience of Life），也提供「正直方面的訊息」（Information of Vertue，Vertue即今之Virtue），可以使生命往善。尤其在倫理道德及宗教這兩層面上，無「眞不眞」這回事──懷疑其「眞」的存在，是必然的；且人類也缺

充足的方法，可獲得該層面上的準確知識。若能在品德操守上具有建設或實際作用，正可獲得大家的「大關注」（great Concernments）。洛克當時的著作文字，名詞的第一字母都大寫。

1. 洛克提出知識論的上述議題，並非史上第一遭，或爆出冷門（out of the blue），更非癖性（idiosyncratic）或純個人興趣使然，但他是「一位時代的兒童」（a child of his time）。

1560年代，法國出現一本公元後約200年的作品，作者名爲賽克斯特（Sextus Empiricus），屬希臘化時代的人物。該作品使今人領會皮羅（Pyrrho of Elis, 360-270B.C.）的希臘懷疑論學說（Greek Scepticim）或畢羅主義（Pyrrhonism）。懷疑論與獨斷論（dogmatism）是死對頭。懷疑論力主「懸疑」（suspension of judgment）——判斷高高掛著，還未決。獨斷論則對「是與否」，持斬釘截鐵的論斷。賽克斯特標出十大「論題」（tropes）或「模式」（modes），其中第四及第五提到：雖然吾人「確實可以說」溫度（temperatures）及形狀（shapes），人人感受及角度各自不同；但擬過問其「性質」（nature），或實際是什麼，則人只好啞口無言以對。

> 浴室的玄關（vestibule），由外而入者感到溫溫的；由浴室內泡湯較久而離去者，則感到涼涼的。
>
> 遠處看山，山如圓形；近處看山，山如方形。

2. 判斷眞理的標準，有三項因素必須考慮：一是當事者（agent）；二是工具（instrument），也是判斷方法或手段；三是程序（procedure）。一來人人殊異，二來工具之使用，不依感官就得靠理智，或二者兼而有之。但感官是不可靠的。「感官所得者相互衝突，也因之無法下斷語」。而理智判斷，也人言言殊。

十六世紀時，上述論點的著作，重新現世，立即在宗教改革時的信仰爭議戰火中加了不少油柴。路德（Martin Luther, 1483-1546）高舉火把，抗議天主教會

獨斷式的「信仰規則」（rule of faith）。天主教會長年以來，都堅信宗教知識上的眞假斷定，乃依教會傳統、教皇御令，及教會大公會議（Church Councils）。路德「抗議」之且與天主教會決裂，揚言教皇或大公會議並非「絕無差池」（infallible）；宗教眞理及知識，不是羅馬教會或領導人說了算，卻得本諸於聖經教義（Scriptures），且經虔敬及眞誠的信徒所了解的才算數。

除了宗教知識碰及「眞理的標準」（Criterion of Truth）之外，十六及十七世紀的不少學者，也擴大疑點在自然界上。由於議論紛紛，難保有人認爲知識之準確性是不可企及的。但三種主張依稀可見：

首先，自然世界的知識，只要細心或愼思，是可獲得的。培根（F. Bacon）及赫伯特（Lord Herbert of Cherbury, 1583-1648），也如此認爲；前者早已在本書談過，後者是英國有神論（deism）之父，寫了不少歷史、宗教，及形上學的文字。

其次，持中庸論者，如法國的伽桑狄（Pierre Gassendi, 1592-1655），及其老友梅森（Marin Mersenne, 1588-1648），認爲在「表像」（appearances）及感官呈現（sense-presentations）之外，人之知是不可抵的；但理性及經驗，卻可提供解釋及期待，在何種條件下，吾人之經驗可以改也可變。前者力主古代原子論之重要價值，後者是法國當時著名的數學家、哲學家，及科學家。

最後，建構性的懷疑論（constructive scepticism），把絕對眞理的準確性排除；但爲了人類生存之必要，在道德及宗教上，信仰是必要的。皇家學會（Royal Society）的重要幹部如波義耳（Robert Boyle）等屬之。洛克正是此一派的主將。

(二) 經驗論

洛克認爲可靠的知識，「最後」（ultimately）都來之於經驗，但不「馬上，立即」（immediately）來之於經驗。「吾人所有的知識，都建基於經驗」（all our knowledge is founded in experience, and from that it ultimately derives it self）。由經驗「直接」而來的不是知識本身，只不過是建構知識的「料」（materials）。知識的料，就是觀念。知識及觀念，都非來自於先天。他信心十足的說，凡心中無偏見的讀者（unprejudiced Readers），只要動用他們的「自然稟賦」（natural Faculties），都可獲有全部的知識，不必倚賴任何的「先天印象」（Innate Impressions）──人一出生，即印在心中（the Mind of Man）者；或心靈（soul）─「有」（Being），就已接受了的。

1. 洛克的時代，學界喜歡作分類。他的《人類悟性論》（*An Essay Concering Human Understanding*）在倫敦撰述，到出版時（1690）已相隔二十年；其後陸續更正增加，譯爲法文（1700）及拉丁（1701），甚至還被改編成「摘要本」（epitomized）、「問答本」（analysed in question and answer form）、「教義讀本」（catechised）、「考試用本」（issued with questions for examination）、「精選本」（elected from），及「要點本」（summarised），可見是多麼的普及且受注意！

由於離今已逾三百多年，文字拼寫上有古今之異，句子構造亦然；標點符號及語彙，今人不熟者甚夥。原文又常出現斜體字（如idea，次數最多）及大寫字母的字，是否含有殊意，不得而知！他也提醒讀者，稍作文法上的改造，是可「考慮的」（a little allowance be made for the Grammatical Construction）。讀洛克的作品，常引發一種印象，是字繁句多（clumsy）；吃苦頭（laboured）、語句重複（repetitive），這是負面的，也是不佳的評語，常常無法一氣呵成的平順流暢；不過，卻也常常給讀者優雅的格言，利於記憶的警句，且不時出現帶有辛辣的幽默，及赤裸裸不加修飾的機智片語。

2. 若出現了用字遣詞難以領會，可以不帶情面的予以一筆勾消，不需耗時費力於其間。平情而論，洛克作品比他的同輩及前輩，惹此麻煩者較少。一般而言，「古今」對比之下，他算是今派。精於語言文字解析以釐清思想觀念的二十世紀名學者，也是「牛津哲學」及「普通語言」運動的大師賴爾（Gilbert Ryle, 1900-1976），把洛克的《悟性論》當作是古今分水嶺（watershed）。「自洛克

以還，學術界展現一股異於往昔的風味。若吾人能乘時間火箭（time-rocket），飛回1700年的英格蘭，就可聞到它的氣息，且可以取吾人的新知與之交談而未有所失。至於1660年的英格蘭呢？那我們就差不多形同缺水的魚在奄奄一息地喘氣而已。」

這是比較性的。洛克的文字表達，比他之前的學者，清晰度就是他的優勢。洛克為人厚道，若有批判，頗不願指名道姓，涉及他的同輩及先人中「那些告訴我們者」（those who tell us），無人對號入座；不過卻也坦言且數次提及「笛卡兒們（the Cartesians），即法國哲學家笛卡兒的追隨者」。此外，在「致讀者書」（The Epistle to the Reader）中提的「草率讀者」（Cursory Readers），明確指出諾利斯（John Norris, 1657-1711）是其中之一。諾利斯是英傳教士，是法國笛卡兒學派馬萊布朗（Nicolas Malebranche, 1638-1715）的愛徒，首度為文批判洛克的《悟性論》。

二、知識論是一切哲學議題論爭的基礎

洛克的一群朋友，本擬探討道德論及啟示宗教的原則，但洛克認為：那是第二順位的。第一順位，也是優先該思考的是：知識的起源、限度、信度，以及如何求得知等問題。這也是蘇格拉底的陳年舊案。道德及宗教上的善，如未建立在知上，則皆是可疑的。知識本身是普遍性的、一般性的；道德及宗教的知，則屬特殊層面的知。若一般性或普遍性的知不可能，則道德及宗教上的特殊知，更渺不可期。若不信知的準確性，則懷疑論當家，知識論的討論也就沒必要存在。

(一)「知」你自己

蘇格拉底時代的雅典神廟德爾菲（Delphi），出現兩句寓言警告世人，一是「知你自己」（know yourself），一是「不趨極端」（nothing too much）。「知」的條件或前提甚多，人不可自卑以為什麼都不知；但也不可自大，妄想知悉一切。一經「探索」（Enquiries），遠超出人的能力（Capacities）之外，

就生驚歎（Wonder），問題（Questions）萌生，爭議（Disputes）增多；一清二楚的有個答案（Resolution），是從未曾有的，則疑（Doubts）自然持續且有多無少，最後導致於「絕對的懷疑論」（perfect scepticism）出現。相反的，若能將人的悟性力，即領會力（the Capacities of our Understanding）仔細好好考慮一番，則一旦發現吾人知識可以抵何境界（Extent），地平線的視野（Horizon）找到了，可以釐清吾人領會的地盤與無法了解的領域，二者之間作一個清楚的劃分。則一來，可以比較不會輕易的默認成為那批口口聲聲說是無知（the avow'd Ignorance）者；一來，也可運用自己的思索（Thoughts）及討論（Discourse），從而比別人居較有利（Advantage）及滿意（Satisfaction）的地位。

1. 「疑」不可能盡「疑」，猶如「不疑」不可能盡「不疑」：笛卡兒的懷疑態度及精神，是作學問的不二法門。人的知，只是知中的一小部分而已；此小部分可以擴大，但不必然大到無邊無際。疑與不疑，都不能無限延伸，總該有止處。且疑也有正面作用，具建設性（constructive），即以知來解疑。使知能夠更明，也擴大地盤，得感謝疑者。俗云：謠言止於智者。洛克可以說，疑者止於知者。就如同笛卡兒的為學「程序」一般，以疑出發，但以不疑告終。更不用說，知疑此種知，不也是準確不疑的嗎？洛克《悟性論》的基本立場，同於笛卡兒的《沉思錄》（*Meditations*）或《方法論》（*Methodology*）。

2. 心要謙卑：「檢視」（survey）自己的心力，「估量」（Estimate）該力道的大小，乃是判定知與不知的分際線。越此線時，人就該「靜靜的」承認無知「quiet Ignorance」。有些人竟「大膽的與自己的天生體型（Constitution）叫陣，乾脆把雙手所掌有的『恩賜』（Blessing）拋走，認為雙手不夠大，無法握住每一樣東西。」企盼有更大的大手，可以盡抓一切。

3. 洛克深信，人人「需知」且也「知」的是：要盡義務，並得向上帝負責。此外，即令有不少事為人所不知不曉，但在日常生活的實際問題上，卻有足夠的理由提供吾人一種信仰來處理，該信仰即是道德及宗教的基礎。上帝賞理性予人，使人生活方便（the Conveniences of Life）。提供品德訊息（Information of

Vertue），且使人人「發現舒適的生活食糧及改善途徑」（Discovery the comfortable provision for this Life and the Way that leads to a better）。因此，人的知雖未抵全面性或完美性（Universal or perfect Comprehension），但在「重大的關懷事項上，早已有所獲」（secures their great Concernments）。懷疑論者連這種「重大的關懷事項」也無所悉，是自打嘴巴的。這種人怎麼活過來的，這不是最大的事實及證據嗎？

(二) 駁先天觀念說

洛克認為，主張先天觀念的人，以為某些真理存之於心，是「天然的銘刻」（Native Instription）。大自然、天、上帝（Nature），將第一原則（first Principles）「接枝」（ingrafted）在人心上。獻書向洛克致意的宗教及哲學作家（名為Richard Burthogge, 1638?-1694?），提到：「吾人一聽到就立即不得不認同或思及的命題」，即令在認同（assented）時不怎麼自然，卻是「具有司法上的效力」（judicially）。可見人擁有先天觀念，或知識來之於天、自然、上帝。作為人，也因「本」具此天賦，才與動植物有別；雖非自生，卻也與自生同其意義。

不必靠觀察，人在知「全部」及「部分」意義之後，則「全部必大於命分」此一命題（proposition），「結果是自然為真」（naturally results the truth of this proposition），何需勞及感官（oblig'd to sense for it）？

本屋與別屋是否長度及寬度皆同，用尺來量即可確知；但本屋是否與本屋之長度及寬度同，則不必藉尺，又有誰會不認同呢？甲屋及甲屋之間的「關係」（relation），就是自己與自己的關係，又有何其他關係比這還接近的？是等同了。此一「一般性命題」（general propositions），即是「先天」，因為既「確實」也「自明為真」（certainly and self-evidently true）。換句話說，A同於B，要量才知；至於A同於A，就不必多此一舉了；那是邏輯的「套套言」（tautology），也是同一律（law of identity）。A與B的關係有同有異，至於A與A的關係，「必然」只有同而無異。此種命題，又哪有可疑？

但先天觀念等於是自明觀念，也是眞觀念，洛克不以爲然。

1. 許多命題看起來似乎是顯然的眞，他人也立即且普遍的接受，但能放諸四海皆準，俟諸百世而不惑嗎？十七世紀與二十一世紀的有些人，都堅持有先天觀念，但二者的先天觀念並不必然皆同。眞理本身，必有其內在自明的特性（internal characteristic or feature）。光是「自明」，無法說服不服者；雙方雖各以「自明」爲基座，不幸，彼此之自明卻無法爲對方所認同。洛克以爲，「自明」並非辯護自明的萬應靈丹；證明自明爲眞的，可以用「自明之外」的證據、事實、理由等來辯護，難道只有「自明」才是唯一的說詞嗎？舉例言之，兒童及白癡，對於「凡是是，就是是」（whatsoever is is）」此種「體認或想法」（Apprehension or Thought）是少有的（have not the least）。形上的、抽象的、玄妙的、意想的「眞理」，都是天生，這是洛克無法接受的命題。

2. 理性運作後，先天觀念就出嗎？幼童及白癡無先天觀念，因爲他們的理性還未運作。難道「白不是黑」，「苦非甜」，這種大家立即且普遍認同的觀念，也要取「先天」來解釋嗎？

理性未萌之前未有先天觀念，但理性之後的觀念，則多半來之於經驗。上帝的觀念從何而起（生）呢？此一議題的思辯性少於實用性，因之也在普遍的接受性上較爲欠缺（come short of an universal reception）。只要「稍與人類史打交道者」（but moderately conversant in the History of Mankind）皆了然。在這一層面上，洛克有點熱情揚溢且興致高昂地指出，道德實踐上的時空差異甚大。道德及宗教原則上的眞，要藉理性運作（Reasoning）及商談討論（Discosrse），加上心靈的操練（Exercise of the Mind），才能找到「確定性的眞理。」

3. 以先天觀念來說明眞理，既然在理論上困難重重，不如另闢管道；與其靠「外在資產」（external property），以爲上天，早注記於人心，不如選擇命題本身自含的特性（an internal characteristic of propositions themselves）。以「必生」的經驗作料及內容，才能使觀念「自明」。

試問「三從四德」、「女子無才便是德」、「女子該守活寡，且從一而

終」、「不孝有三，無後爲大」等「倫範」或「至理名言」，是「自明」的「先天觀念」嗎？「自明」即人人皆明，普世性、絕對、至上、永恆、不變的，且即令智能再低者也人人能「領會」（understanding），這是洛克最爲無法接受的「觀念」！

第四節　倫敦皇家學會（Royal Society of London, 1662）

　　學術之進步，單打獨鬥的成效，小於眾志可以成城。培根早洛克約五十年，即夢想有個「索羅門之屋」（Solomon's House），集合一群優秀學者給予充分自由，提供最佳的儀器設備，來帶動學術的「進展」（Advancement），而不會停滯不前。

　　有夢最美，希望相隨。英國人甚至整個歐洲人並沒有使培根失望，1662年，倫敦皇家學會（Royal Society of London），由英國王查理二世（Charles Ⅱ, 1630-1685）正式授印成立。歐陸的法國在1666年於巴黎設「科學院」（Academy of Sciences），1700年，以來布尼茲為首的學者也在柏林設皇家學苑（Royal Academy），甚至美洲新大陸由富蘭克林（Benjamin Franklin, 1706-1790）發起也在賓州費城（Philadelphia, Pennsylvania）誕生了「美國哲學學會」（American Philosophical Society, 1743）。其實早在1603年，羅馬就出現了「天文學會」（The Lyncean Society），1661年翡冷翠（Florence，佛羅倫斯）也有類似學會之存在，伽利略是會員之一。抵制舊學的新學，是山雨欲來風滿樓了。

一、十七世紀的學風，正是古今二者之交鋒。

　　「現代」（Moderns）向「古代」（Ancients）挑戰，且把箭靶朝向亞里斯多德哲學。事實上，亞氏哲學是無辜的，該痛責的是中世紀教父哲學的亞氏遺風所造成，由此而激化了新時代學者的不屑與不滿。新人不擬步舊人後塵，最大的理由有二，一是以「文字」（words）代替「實物」（things）；二是一切崇尚權威以至於威權主義（authoritarianism）儼然成型；返觀（backward）而不前瞻（forward），更妄想「提升」（upward）了；不只「水平面」（horizontal）上褒足不前，「縱貫面」（vertical）更不升反降。此學風類似支那的宋明理學，「無事唯靜坐」；靜思、默想、打禪、入定，即令「天崩地裂」，也只是「講學」或「臨危一死報君王」；四體不勤，五穀不分，百無一用就是這一批讀聖賢

書的書蠹。說了一大畚箕，作的不到一小湯匙，光說不練；文字、辭藻、修飾，是鬼斧神功，但如同培根所指斥的，完美得即令似蜘蛛結網，但捕捉不到一隻小蒼蠅。文字、技藝、科學等著述，車載斗量，但充斥著「同一件事的一再反覆，處理方法雖有別，但在內容上沒有新花樣。因之，整匹貨雖乍看之下種類多，經過檢驗可以通過的，卻少之又少」。中世紀的教父哲學家從古希臘學術上所得的，造詣程度僅止於幼童地步。「只會說」，或依古人嘴巴，而無己見（cannot generate）；「爭議一籮框，實際工作則貧瘠」；對「人種而言，毫無擴大價值之處」。「過去確立的，現在也認為確立」；卻不尋求以討論來解決，只是「固著」（fixed）於原點，且也以此為「食糧」（fed）。

(一) 一經說至數萬言，卻無經驗事實予以佐證

英戲劇家韋伯斯特（John Webster, 1580-1625）認為，流行的教父哲學（Scholasticism）只不過是一種觀念混淆不清的迷亂（chaos），展現的「不外是無關緊要的、瑣碎的、無成果的、支離的、虛妄的、離奇的、不宜的、纏上死結的、不敬神的、非宗教的、多刺的、成篇爭吵的、謾罵的、疑處多多的、吵架不休的問題」。這位劇作家用上的這些尖酸苛薄的形容詞，大概學英文的師生也要常查字典。（what is it else but a confused *Chao*, of needless, frivolous, fruitless, trivial, vain, curious, impertinent, knotty, ungodly, irreligious thorny, and hel-hate'th disputes, altercations, doubts, questions and endless janglings.）

1. 為學態度及方法，今昔有異：「現代第一位哲學家」笛卡兒之得到「現代」及「第一位」封號，乃因他的為學態度，與古代（中世紀）大異其趣。不盲信或盡信權威。而培根獲「第一位現代科學家」之美名，乃因他以「實驗」方法，另闢了一條大道。未經思考又沒有經驗事實的知識，是「垃圾」而非黃金。為學之「心」不可受古人所奴；「屈服」（subserviency）及「保守」（conservatism）最是不該。既經聖人言，議論安敢到？言必稱堯舜，動不動就「子曰」；此種貨色，又哪有受尊敬的條件？囫圇吞棗，消化不良，在飲食中傷了腸

胃，在心靈上則腐蝕了精神。學術如一池死水，像一座靜止不動的雕像，竟然還有不少人為之頂禮膜拜，燒香祈禱，這不是蠢蛋就是發瘋。

2. 洛克是推手：先天觀念就是此種學風的具體顯現。道德及宗教之權威性之所以尤濃，洛克追根究柢，原來是先天觀念在作祟。不加思索地就取權威及二手意見，作為建立準則的效標，而不以純正的個人領會作奠石。培根早就明言，懶人有種惡習，喜歡化繁為簡，鍾愛於一句口號或一個程式，乾淨俐落，似乎以為真理的捷徑在此，而不希望仔細探究。把「話說天下大事，分久必合，合久必分」，奉守為「斬釘截鐵」的不易至理。至理都是普世性的，無時空性，故是先天的。「一旦或一經接受了……就少了研究之苦」，而無視於經驗事實常呈現「反例」（counterexample）；「虎父無犬子」，「知子莫若父」，「有其父必有其子」，此種事例之不確，族繁不及備述。但懶蟲卻不興此道，若有心人提醒，反而惹煩甚至受怒斥，有權者更以力封住質問者的嘴巴！

視先天觀念為至理名言者，洛克認為都是權威性格者。他們不喜別人揭穿謎底，更厭惡他人取理性及經驗作為檢驗真假的效標。道出「真理」（truths）者才真正能獲得別人的尊敬。權威者說的話，也只不過是「意見」（Opinions）而已；即令是大哲如亞里斯多德，有時也「盲目地擁抱，且自信滿滿地宣洩前人的意見」。真相只有一個，「不由悖理的巧智詭言，以及口舌之爭吵中篩出」。教父哲學的空洞、貧瘠、無骨肉，勢必該有一股新潮作激進式的改造。清除垃圾（rubbish-clearing）是先決的必要工程，然後是「重建」（reconstruction），「另築」（rebuilding）。哲學界來了「時代泉流」（Spring-tide）。但亞里斯多德的後代門生（Peripatetic）阻擋此潮水（the Current of the Tide）。「斷垣殘壁的建物」（the rotten Building）該倒下去了，如同倫敦大火把原來木造的屋子幾乎悉數燒光一般，要改用大理石為建材了，如此才能永矗不倒也不燬。「古人」（the Antients）不可以再作「判斷上的暴君」（a Tyranny over our judgment）。洛克謙虛的說，他願意為此效力，作個「地層勞工」（under-labourer）。在「致讀者書」（Epistle to the Reader）中，作了如下的宣示：

學術知識的王國（the commonwealth of Learning），此刻並不缺建構大師；宏偉的設計，在提升科學上，將留給後人讚歎的紀念物，但不能人人期望自己是個波義耳，或是希德納姆，或無可匹敵的牛頓先生……。雄心之發揮，作個地層勞工就夠了。將地層下的垃圾清除乾淨，以免擋住知識之路。天才若加上奮力打拼，則知識之進步將更大，但不可使用看起來似乎有學問，但卻瑣碎的濫用一些笨拙的、虛僞的、不知所云的辭句（frivolous use of uncouth, affected, or unintelligible Terms）……。哲學只不過是一種「事物之眞知識」（the true knowledge of Things）……。混淆不明又無意義的語言形式（Vague and insignificant Forms of Speech），語文的濫用（Abuse of Language）竟然被認爲是科學的神祕（Mysteries of Science）……在空泛的聖殿及無知（the Sanctuary of Vanity and Ignorance）上打轉。我倒想提供人類悟性（Humane Understanding）的某些服務。

世人皆知，波義耳（Robert Boyle, 1627-1691）是出生於愛爾蘭（Ireland）的物理兼化學名師，也是牛津出身；希德納姆（Thomas Sydenham, 1624-1689）是流行病醫學專家，被號稱爲英國的希伯克拉底（Hippocrates, 460-377B. C.）——史上的醫學之父；兩人都是洛克在牛津的校友。至於被洛克封上「無可匹敵」的牛頓，更是連臺灣小朋友皆知的鼎鼎大名科學家。他們都是其後皇家學會的主幹。

教父哲學承襲亞里斯多德哲學衣缽，對「新發現無感」（is inept for New discoveries），欠缺打開「大自然閣樓」（Cabinet of Natures）的門鎖，因之無睹於「寶物」（rich treasures）深藏其中。新人把爲學重點放在「實物」（things）上，舊學則津津計較於「文字」（words）之爭論。「心」的運作不應圍於「內」，卻該往「外」，否則，幻想上的「怪物」（Chimerical）加上一味的「嘮叨」（Verbosities），將使悟力弱化失能，且沉浸於「名」（Names）的大海裡；辭藻之美及多，令人羨豔，但卻如同一池止水。以動代靜，以實驗換冥

思，以操作替嘴巴；觀察進，而文字表述退；則大自然的真象，就呈現於吾人眼前。美麗的「花園」（Garden），豐碩的「果實」（Fruits），就可提供使用，享受不盡。

行文至此，不得不稍洩心意。漢文在整個支那史尤其是宋明理學時代，更有此特色。當年荀子《勸學篇》言：「鼫鼠五技而窮」，後人就把這種螻蛄的五技，用文字之美闡釋為「能飛不能上屋，能緣不能窮木，能游不能渡谷，能穴不能掩身，能走不能先人」。都在搞語文遊戲。惜哉！支那未出洛克！

(二) 皇家學會之成立

把「思想」變成「思潮」，這才能促進學術及文明的大躍進。思想如只是個人或少數人的結晶，而不起漣漪或大波浪，則如曇花一現，或彗星一閃即逝。本來洛克的朋友早有「月光會」（Lunar Society）的非正式組織，以此為胚胎；其後又有公權力的撐腰，英王認可「立案」（Royal Charter）於1662年。因之，成為該會會員（Fellow），是無上的光榮。撰述該會會史的斯普拉特（Thomas Sprat, 1635-1713）是語言學家，本人也在1663年成為會員。在1667年出版會史時，詩人也是熱心贊助者的考利（Abraham Cowley, 1615-1667）獻詞，言及哲學及人類知識，「直到最近都只停留在幼年階段」（Kept in Nonage till of late），「嬉遊於虛幻的矯智中」（sports of wanton Writ），「儘在腦際盤旋著盛典」（Pageants of the Brain），而不「窮取自然界無盡的寶藏」（The Riches which do hoorded...lye/In Natures endless Treasurie）。

1. 成城有必要仰眾志，支木怎可撐大廈？傳統所形成的權威，好比霍布斯巨著之名《巨靈》一般的雷霆萬鈞。還好，皇家學會集結新學同夥，他們的集體努力，都令世人一新耳目。牛頓於1672年被推為會員，1703年還當會長（President），1687年發表《數學的哲學自然原則》（*Philosophiae Naturalis Principia Mathematica*）。洛克自1689年即與之成為知己。波義耳於1680年是會長，是「現代化學之父」，設計氣壓計（air-pump）及晴雨計（barometer）。唯一未成

爲會員的是希德納姆，他是處理天花及流行病的名醫。至於惠更斯（Christiaan Huygens, 1629-1695）是來自荷蘭的偉大數學家兼天文學者及醫生，1663年即是皇家學會會員，1669年還受聘到該學會講學。

2. 十七世紀的時人稱呼上述人物爲「名家」（virtuosi）。洛克於1652年在牛津求學時，即以醫學爲研究主科，雖1674年才正式行醫；事實上，1666年之後的一生，他都懸壺濟世，與同道通訊，相互交換醫療個案的處理心得。1667年碰到流行病權威的希德納姆，該年恰是大瘟疫（Great Plague）大肆猖獗之年。之後他在倫敦是貴族的家庭醫生；但他的興趣並不局限於生理學以及實際的醫病上。與波義耳是世交，1660年相遇於牛津，兩人共同關心空氣或氣候與流行病傳染二者之關係。不過，洛克在自然科學上的成就，不如他的密友。1668年學術團體懷胎者的他，才成爲皇家學會會員。該會的組成分子，約有三分之一算是正字標記的「科學人」（scientific men）。該會的主要工作，是要扭轉學風：「文字是虛空的」（Nullius in Verba），「文字之外難道沒有別的？」（in the words of no one else?）。

現在通用的科學（science）一詞，尤其是自然科學（natural science），在十七世紀時名之爲「自然哲學」（natural philosophy）。因之，即令洛克未有過分天才，在自然科學上有重大的發現，但他在實驗科學的哲學基礎上，下了不少功夫，成果是有形的，收穫也是人人可見的，甚至是現成馬上用得到的。但洛克甘願作「地層勞工」，爲波義耳及牛頓等人作肩膀，也是實至名歸。不管新知或舊學，若未在知識論上有一堅實的磐石，則蓋在其上的建物，都岌岌可危。

但科學萬能，實驗與觀察是唯一的治學良方，人力無遠弗屆嗎？古典學者卡少蒙（Meric Casaubon, 1599-1671）爲古學撐腰，認爲經典研究的人生價值，不可小視。1669年發表《論自然實驗哲學》（Letter ... Concerning Natural Experimental Philosophie，1980年重印），擔心新學有導致「無神」（atheism）之虞；過分專注於物（matter），可能就忽視了「心」（Spirits）、「上帝」（God）、「不朽」（inmortal）。其實，核心要點是恐怕人因之自狂自傲（arrogance），

以爲人可勝天。此種警句，對洛克而言，是過慮的。洛克隨時提醒自己，不許有
「知識上的傲慢」（intellectual arrogance）；認爲一切的經驗事實，都「該成爲
磨石上的穀粉」（legitimate grist for his mill）。在磨石下的一切，都是粉，都有
使用價值。

蝨（louse）及蚤（flea）在顯微鏡下的搏鬥，使觀察者體認到不少有關自我
克制、適度、以及寬大爲懷的美德。「餘生大受此規則之益，以免隨時動氣。比
之於從閱讀或聽他人道及者多多」。那位爲古人發聲的學者，嘲笑一種觀念，以
爲光是搜集有關蚤及蝨的資料，就足以產生由好的文學作品中孕育出道德及文明
教育的成果。洛克依此提出異議，試問一生都在操弄顯微鏡（microscope）者，
不也能如此的以小見大嗎？

霍布斯由於主張無神論，遂無法入列皇家學會名冊之內。

3. 人心如「白紙」（white paper），未有任何「注記」（characters），
也空無任何「觀念」（idea）。由「經驗」（experience）供給而生「觀念」，
此種觀念有二：一由外感官（senses）所提供，黃、白、熱、冷、較、硬、
苦、甜等觀念遂出，二是內感官（reflection）而生的知覺（Perception），思考
（thinking）、懷疑（Doubting）、相信（Believing）、推理（Reasoning）、
知悉（Knowing）、意願（Willing）等觀念。柏拉圖認爲這些「觀念」，都是
理性功能的運作，那是「人性」中最高層級的展現；因之「觀念」（idea），
又稱爲「理念」──由「理」而生。並且，「理念」或觀念，從此與具體的
「物」或感官經驗，一刀兩斷。由「觀念（理念）」而來的，才叫做「知識」
（knowledge），那才是眞；反之，頂多是「意見」（opinion）或「幻影」（im-
age）而已。從而理性運作的「推論」，尤其是亞里斯多德特別發揮的「三段論
式」（syllogism），也就變成中世紀教父哲學的最愛。加上文藝復興運動的「復
古」，古文學位居要津；文法、修辭、語言、文字等形式，更進一步地在教育及
文化上備受垂青。「字」離「物」，二者相距，何止千里。皇家學會的重要幹
部，追隨培根後塵；物極必反，大唱「物先於字」（things before words），在具

體的物理、化學、天文、氣象、血液、流行病等，都有重大發現；更不用提太陽中心說的理論了。加上數學研究上的突飛猛進，解析幾何和微積分等的發明，以及顯微鏡望遠鏡的製作及運用，「物」之地位有超居「字」之上的**趨勢**。洛克雖非自然科學家，卻在知識的起源、限度、方法上，下了苦功夫；正本清源，乃是他在哲學史上居相當地位的重要理由。

4. 本著笛卡兒「清晰」又「明辨」的要求，最一清二楚且彼此有別的，莫過於「物」而非「字」。字是一種名或詞，是抽象的、形式的、符號的、人為的。臺灣人皆知的習俗之一，是端午節要吃粽子，冬至則享湯圓，這都是約定俗成的。夫妻一道去購物，於端午節時買了粽子，太太說要俟冬至時才吃，夫頗不以為然！認為怎可放那麼久？如因此爭吵，著實是虛擲時光與精力，且破壞和樂氣氛。其實兩人都知悉該兩節日的「實質」意義，只是一時糊塗，誤以端午當冬至。端午或冬至，都只是「名」而已。撥亂反正，以「實」來驗之，就真相大白了。

把文字語言還給實物，這才是知識探索在「務本」之道時，「定義」之明確，功勞最大。洛克也說過，「只提獸（Beast）加上斑（spots）」，則「豹」（Leopard）與「山貓」（Lynx），二者分不清；因二者皆是毛皮有斑點的獸。可知「獸」這個字，「決定」（determinate）山貓及豹的歸屬；而山貓及豹被「獸」所「決定」（determined），「決定」高於「被決定」。此種語意之不生混淆，以「實物」例舉之，又哪有什麼好爭吵的？與具體之經驗事實「吻合」或「不吻合」（agreement or disagreement），乃是真假的最後效標。更不用說，鐵置於雨水下會生銹，金是可鎔的（malleable），但鉛則不銹；這些都得靠觀察、經驗，或實驗。

二、由具體經驗建構知識

知識之真假等級，不由先天觀念判斷而取資於具體經驗。

(一) 皇家學會的會員皆同意洛克此種「灼見」

1. 最準確也最不可不信的知，是「直覺上的知」（intuitive）：如「圓形不是三角形」。這不是本於「先天觀念」，卻仍然要依具體的感官經驗。「圓形」與「三角形」這兩個觀念，基本上二者不能產生「吻合」之關係；二者相「連」（connection），一「看」就知悉二者是不同的「物」。至於「圓形不是白色的」，此命題爲假；因爲圓形與白色，「感官經驗」會告訴我們，二者可以「相容」（compatible）。

2. 第二等級的知，是「演算（展示）式的」（demonstrative），即並非可以馬上一眼就看出來的，中間要經過媒介（medium），也是一種「過程」；其中每一串連，都植基於立即性的感官經驗；如「三角形三內角的和，等於兩個直角」。有些觀念，並不立即明顯了解，要經過解析、歸納、綜合；幾何學上的證明題，有時還得依補助線才能「一目了然」；數學上的畢氏定理——直角三角形斜邊的平方，等於兩邊的平方和；這些「公理」（axioms），都得經過「演算」才得知。

(二) 舊知靠三段論式

1. 上述兩種準確知識，笛卡兒早已言及。「算術及幾何」，染不上一點點的錯誤（falsity）或不確定性（uncertainty）。洛克也承認如此。其次是「演繹」（deduction）：直覺及演繹，「在抵達知識上，全不必擔心有任何的幻覺（illusion）」。不過，演繹式的知，因爲推論或演算過程中的環節多，難免有時受記憶力的減弱而影響了彼此關係的強度。笛卡兒認定幾乎不出錯，也未有不確的，是算術（arithmetic）及幾何（geometry）。洛克更進一步地說，「道德」（morality）亦然。

「公設」（axioms）或「原則」（principles），是「必然的」，不能有例外；希臘文稱爲*koinai ennoi*，即英文的common notions，漢譯爲「共同觀念」，拉丁字是*praecognita*。比亞里斯多德更早的幾何學家歐幾里得（Euclid），在

《幾何初步》（*Elements of Geometry*）裡早已言及，那是知識研究或人類運思的出發點。

但「原則」或「公設」也有層次。最原則的原則，最公設的公設，莫過於：

「存或不存」（anything exists or does not exist）

一物不能同時為「是」又同時為「非」（it is impossible for anything...at one and the same time to be the same and not to be the same.）

2. 思想三律中的「同一律」，A「是」A；「矛盾律」，A「及」-A；「排中律」，A「或」-A，屬於此，都是「直覺的」（intuitive）。至於亞里斯多德舉的四因說，那是屬於「展現式的」（demonstrative）。「凡知，是由少知變成多知」；「知」的定義如此，該無人反對！但洛克指出，上述公設的公設，並不能獨享作為知識的最基本原則。難道「人不是馬」及「紅不是藍」（A man is not a hourse, Red is not Blue）不也是嗎？不也是「自明」的？但那是「天生的觀念」嗎？天生的盲者，即無後天視覺經驗者，怎知「紅不是藍呢？」只要有一「反例」（counter example），則「公設」就不攻自破。公設之先天觀念說法，也就倒了。洛克承認，知識有可能來自於直覺或演算的「展現」，即上述兩種，尤其是直覺知識。但直覺知識不能作為裁斷展現式知識或感官知識的判官，在優先順序上，不必然取得首座；甚至可以倒轉過來，而恭請第三種知識即感官知識上座。換句話說，殊相的重要性，大過於共相；公設是後來才有的，而非先天即存。

三、例舉是洛克經驗主義的強項

(一)取「人」或「鳥」的定義爲例

人屬於動物「類」（genus），與馬、牛、鳥等，同類，但卻與之有「別」（differentia）。把「類」與「別」一齊考慮，才能正確的定義「人」。試看下例：

1. 人是「理性的動物」（*Animal rationale*, rational animal）

2. 人是「二足大指甲而無毛也」（*Animal implume bipes latis unguibus*, featherless wide-nailed biped）。

二者當中，何者才屬「正確」，才算眞正的知「人」。還不是得最後請出具體的感官經驗，來決定與事實「吻合」與否，這也才是關鍵。分類或定義（classification and the definition）不能完全依古，先人有時任性也武斷。洛克質問動物學者，「蝙蝠是否爲鳥」？自然學者兼鳥禽專家同時是劍橋出身的雷依（John Ray, 1627-1705）作出了決定，在洛克《悟性論》發表後三年，斷定蝙蝠不是鳥，而是哺乳類動物。可見，洛克提出一個看起來好像是瑣碎的小問題，卻對「哺乳概念的形成，踏上了重要的一大步。」

(二)對三段論式的批判

1. 知識若只停留在上述二種，且全依三段論式，則一來知識貧瘠，二來知可能不確，三來新知無法出現。「理性」功能，洛克非但未予忽視，且理性大可作爲「擴張知識」且「規範吾人之認可」（regulating our assent）；即透過「演繹」（Deductions）來決定同意與否。但他對三段論式的過分誇張使用，頗有微詞；認爲那不是理性運作的「唯一」工具，且也非有用的方法，更不能對理性運作提供最佳的服務。雖然洛克曾詼諧又諷刺地說，上帝「並不荒廢於只把人造成光只是兩腳的動物，而留給亞里斯多德使人成爲理性的」。但亞氏發展出來的三段論式，在理性運作上產生的獨霸結果，意義之不明，更甚於前。「經驗」顯

示，許多人未悉三段論的「形式」，卻也能推理得極精極明。「亞洲人及美洲人……從未聽過三段論式，也非把三段論式依式來運作，但他們卻都會推理。」文明社會的學者擅長三段論式之道，卻「捕捉也糾纏了他們的心」（catch and intangle the Mind）。

　　三段論式的前提是必然的真，且也是最基本的。但又怎能證明其前提享有此種特權呢？萬一前提是可能性的真呢？「中世紀演變而成的三段論式，只具說教性（dialectical），可當教學用，卻無法等同於數學式的演算，在論辯中得勝。」而非在「公正的探討中」（in fair Enquiries）對真理有所發現或確認（Discovery or confirmation of Truth）。中世紀大學在十一世紀成立後，師生竟然沉迷於三段論式之爭吵中：「質疑者」（questioners）及「答辯者」（answerers）各有手冊作為劄記「論點」（topic）之用。大學歲月浪費在文字及口辯的迷宮中；最核心的要害，誠如培根早就提出的警示，是舊學式的三段論教學，頂多只能「傳道」，卻無法「創道」；無「匙打開知識祕密之門」，只停在「公設」上打轉，原地踏步，不能向前開步前進。

　　2. 新知有一，即經驗上的知；但知識不可能「止步於此」，卻應起腳往前直衝，且向上提升，範圍拓廣，程度加深，可信度增強。《悟性論》涉及「知識的改良」（On the Improvement of Knowledge）及擴充（Extent of Knowledge）。在這兩方面，數學及道德最有把握；因為二門學科皆可「運算、展現」（demonstration）。運算或展現，都要動手腳，如畢氏定理的證明一般，由「已知」的直角三角形，證明「斜邊的平方等於兩邊的平方和」。「邊」的平方、和、直角，這都是目前的「已知」，但可經演算，把「未知」的「斜邊平方等於兩邊平方和」演算出來。吾人的數學知識，就向前擴廣了。因之「演算」（demonstration）這種「方法」（method），乃是「知識演進」或「成長」的重大因素。把「已知」及「未知」相連（connection），知識增加了，且連結性屬「必然」的，則知識就是「普遍性的，也是準確性的」（universal or certain knowledge）。

　　3. 知識有極限：知既來之於經驗，因之，無經驗則無知。主因是人的感官「既少又有限」。又因「宇宙太大，無邊無際，距人太遙」；以及有些事物太小！小到感官對之無感。別的動植物之感官，若無人的此種限制，則「知識」必比人多。人為萬物之靈，此句狂語，在某些層面上是不確的。但「展現」式的知識，人確比其他生物勝一大籌。

　　除了「展現（演算）」方法之外，觀察及實驗（Observation and Experiment）也可增加知識。運用後者，吾人才知「金」及「融於酸性液」（dissolving in sulphuric acid），二者有必然的關聯。其實，觀察及實驗也是一種「另類」的「演算式展現」。武林高手得「出招」，把絕招「展演」，行家就知他的斤兩。傳統的為學，只重視數學式的「演算」，至於「新學」，即擬在其他領域也能如同數學演算一般。數學演算，及觀察兼實驗，都必須呼應「清楚、不含混、有辨別性」此種笛卡兒的為學要求。古代學者將前者之所得，歸於「知識」（knowledge），後者則是「意見」（opinion）：洛克認為，二者都是知識。若能「每試必爽」，則準確性及普世性，二者同；也不必區分前者為「先驗」（a priori），後者為「後驗」（a posteriori），二都都以「驗」為基。數學的「演算」，及數學以外諸學門的「觀察及實驗」，都可以把「前因」與「後果」，或「前項」及「後項」的「必要性關聯」（necessary connection），一清二楚的展現出來，公諸於世。知識如依此而行，必不會止於舊知，且可拓展新地盤。

(三)「必然的知識」也就是普世性的知識，不是也來之於感官嗎？

　　1. 人人皆知「金」，也知「酸性液體」，但「金融於酸性液體」的此種「知」，若不依觀察及實驗，則又那能「證實」？「事實」（fact）是檢驗真理的效標，而不是靠三段論式的推論。洛克說：

或許吾人的知，不能領會（領悟）到「金」的「實質本性」（substance），這是人類知識的極限。但人依觀察及實驗（即感官經驗），得悉金融於酸性

液體，這是「千眞萬確」。不是淪於傳統哲學所貶低的「意見」層，卻也能上臻「知識」階。

洛克認爲觀念無先天的，觀念都是後天的。先天觀念之被認定是自明的、絕對的，那是經由傳統、權威、神聖所轉手的，不經過「展現、演算、觀察，及實驗」。古昔迄今的不少經典名言，世人奉之爲神聖不可侵犯，其實，並非基於理性，卻只是情感的發洩而已。如「女子無能力接受高深教育」或「婦必從夫姓」等。至於支那史上有女性纏足八百年的歷史，更奠基在「先天觀念」說上。

2. 所有知識領域中，數學及倫理學可依「展現」而得其眞理，因爲此二科之「實質」（substance, real essences）是來之於人的公設；如數學上的點、線、面、角等觀念，或思想三律中的A就是A，A不是A就是非A，A與-A必假，A或-A必眞。倫理上的一些用字造詞，是人人共同認可的，如仁、義、慈、愛、信等德目，都是人人認爲具正面價值。至於十七世紀所言的自然哲學（natural philosophy），即其後之自然科學（natural sciences），因無法知悉其「實質性」，那是不可知的部分，知識在該境止步，那是「物」的第一性（primary qualities）；至於第二性及第三性，卻提供研究者無限的空間，對知識的拓展帶來無窮的期望。

3. 知識對象的三「性質」（qualities）說：

第一性，即「物本身」（primary qualities），人不可知。數學及倫理學的最基本「觀念」，如數字、符號、仁、義等「性質本身」，屬之。

第二性，即由內外感官知覺所形成的知：亞里斯多德推出「四因」說──質料因、形式因、動力因，及目的因，洛克舉的冷、熱、硬、白、黑……等知識或「觀念」，屬於此層（secondary qualities），又稱「樣態」（modes）。自然哲學（科學）屬之。

第三性（tertiary qualities），即因人而生的情緒，如愛、恨、善、悲等，是主觀的，是「關係」（relations）性的。詩、文字、戲劇、歷史、政治、經濟、

社會學屬之。

第二性及第三性都屬複雜的觀念（complex ideas），第一性即簡單觀念（simple ideas）。至於第三屬性的「關係」，如「比較大」、「夫妻」、「父子」、「師生」、「主僕」、「兄弟」、「同學」等，表示孤離的觀念彼此之間的結合。其實，第二性也有「關係」性，是「人」與「物」這兩種第一性之間的「關係」。此種關係，是「偶發的」（occasions），如婚姻、契約，或合同。關係之生滅，時有時無，不是自然的。一「止」（termination），則還原為簡單觀念。父生了子，即有父子關係；其中之一已不在（死亡）時，則父子「關係」之詞即不存。白窗一漆上他色，則白與窗之關係即不續。

四、質料（substance）：「實」與「名」之「基質」（real and nominal Essence）

亞里斯多德把哲學思考的物件或對象，粗分為二：一是質料的本有性（substance），即質料（物）本身；二是質料的偶有性（accidents），共有9類。亞氏哲學的這部分，本書上冊早有評述。經驗主義的洛克，也與亞氏同，照樣舉實例以說明之。二者皆認為偶有性本身不能自存，是依附於本有性的。

(一)洛克以「實」及「名」，來代替本有性及偶有性。

他舉的例，是斯特拉斯堡大主教堂的鐘（Strasbourg Cathedral Clock）。

多年來該鐘有三：洛克知悉的其中之一是第二鐘，建於18世紀，19世紀猶在，現陳列於倫敦大英博物館（British Museum）內，五尺高；他的好友波義耳也提及該名鐘。有些人看到該鐘，現出驚恐及敬畏表情，理由不難想見。該鐘底座是日月運行，天體的週轉，環以日曆，其上有時辰及一周的日子。而在五十呎高的建築物上，有時、分、秒針，神妙莫測的移動。另有星盤（astrolabe）指出各星球的位置，然後是四座雕像，代表人生的四季。銅鈸每一刻敲響一聲，一小時的鐘響，代表死（Death）神之降臨；該死神之移動，是啞然不作聲的，代表

著基督（Christ）；另一角樓上，裝了一具機器雞，天天張嘴展翅於晚間啼叫。洛克8歲時，該設計因雷擊而損，經整修後只在周日及節日，才出現原有的設計景觀。

　　該鐘較特別，與其他鐘大為不同，是獨一無二的。但與其他的鐘並非百分百不同。鐘是共名，該鐘是殊名；猶如人是共名，蘇格拉底是別名一般。該鐘之特別引發注意，即每轉一小時，即代表離死更近；其他的鐘或許無此意。但作為「鐘」內部的機器構造，此鐘與別鐘皆同，只是代表的外在意義卻迴然殊異。就內在機器而言，洛克名之為「實的本質」（real essence）。

　　該鐘若特別「名」之為「斯特拉斯堡牌」（Strasbourg-type），則每個人的解釋就不同了。誠如洛克所言，過路人尤其是「淩視注目的鄉下人」（a gazing country-man），因一看該鐘的外表以及該鐘之響聲是如此的奇異，倒有可能想到死亡影像代表著鐘的時刻呈現；但另一過路人如在鐘聲之前已抵達，且未停留多久即離去，則內心所想的可能就與死亡無關；或許注意到了星盤即表示星球的位置。不管如何，這些人因之所形成的觀念，必與鐘錶製作者（horologist）大異其趣。看過此鐘的人，很有可能不是只依該鐘之外表特色來回答，卻與自己有了某種關聯性了；若另外有所「名狀」，其中，就帶有「名的本質」（nominal essence）。

　　1.「實的本質」，答案是一；名的本質，答案是多；但多必本於一。一是地基，多是其上的建物。在殊相中，實的本質是無置喙餘地的。但千言萬語，總結一句話，二者皆本諸於「經驗」。

　　2. 引伸上例，鉛、金、馬等，也可分為「名及實」二層。外表行為多，如金是黃的、可鍛的（malleable）、易鎔的（fusible），在某些酸中可化。馬的形體異，吃綠草或乾草，有時馬鳴（whinny）、馬嘶（neigh）。但作為馬或金，就有作為馬或金的「實的本質」。實的本質中，有可能是由極小的原子，或「感覺不出的微粒」（insensible corpuscles）所組成，形狀異，速度也不同。因此才產生諸金之現出各色等「特質」。斯特拉斯堡的鐘不管多奇特，但總有輪及齒

（wheel and cog）。輪或齒又是什麼呢？除非是上帝，否則人即令是大哲，也在這方面如同一位「淩視注目的鄉下人」而已。

3. 在「實的本質」上，知是無能爲力的，但不必因此失望、消極、灰心、悲觀。因爲在「名的本質」也就是亞氏所言之「偶有性」上，就可大展鴻圖，且成績可觀，足夠供有心人忙碌終生。至於探討追根究柢「實的本質」是否爲原子等，早有希臘先人提及。皇家學會及當時名流，也重振此說。伽利略、霍布斯、波義耳、伽桑狄（Gassendi）等人都熱中於此。

(二) 微粒分子說（corpuscularianism）

1. 宇宙的一切萬有，皆是物，且也萬物。依上述，物有「實的本質」（real essence），也有「名的本質」（nominal essence）。物充斥於時空中。但物有同有異，同者屬共相，指涉的是「實的本質」；異則殊相，指涉的是「名的本質」。殊相從共相出。共相是本源，殊相是支流。

物當中有鴉片，鴉片與其他物之別，在於鴉片是有令人昏睡的「本質」。該種本質，不是如同寓言中「蓋吉斯指環」（Gyges ring, Gyges, ？-648D.C.，殺死國王後與王后結婚者。）一戴上去，即隱形了；好比鴉片「致人以昏睡」之本質，是人看不出來的。洛克的一群朋友，尤其是波義耳不信邪，認爲此論等於是繞圓圈，好比下述問答一般地在耍文字遊戲：

問：鴉片爲何易令人皆睡？
答：因它本身就是令人昏睡的（opium is soporific）。

至於金可鎔於王水（*aqua regia*），但卻不鎔於蝕水（*aqua fortis*）；依科學家之實驗，發現組成王水的液體是硝酸一份，加上鹽酸三份而成；蝕水則只是硝酸而已。若再進一步了解二者組成分子之結構，即可知彼此功能有別之原因。二者都是水，也都是酸水。「質料」（mater, *hyle*）同，但因另滲入「偶有性」，

因之形成的「形態」（form, *morphe*）或「形式」，即「名」，各異，遂有「質料變形論」（hylemorphism）之說。「偶因」（occasion）是「分子」（numerator），卻有共同分母（common Denominator），共同分母即「物」。

2. 微粒分子說，形同微積分：數學上的微積分，是「同質性的」（homogeneous）。許多「物」，卻是「異質性的」（heterogeneous）。前者可藉「機械原則」（mechanical princples），後者則否。但卻也可因此較能看清底細，而不落入「循環論證」（circulatory argument）或「丐詞」（begging the question）之弊。試看下例：

雪爲何使目眩？

因爲「白」，致使任何白物，都生相同的效果。

何謂「白」？

使物變白，即叫「白」。

雪白令人目眩，但白紙則不一定有此「後效」。雪的「白」，一定異於白紙的「白」，組成分子可以微分又微分。如：

大圖書館由書所組成，書則由字所組成，字由字母所組成……

但光是字母的組成，並不一定就是字、句子、文章、論著，書若不按類或性質等分類，也不是「圖書館」的恰當定義。

洛克提的上例極爲明確：「動」（motion）的「樣態」（modes）很多，有「滑、滾、翻、走、爬、跪、舞、跳、溜……」（slide, roll, tumble, walk, creep, run, dance, leap, skip...）；臺語在這方面的用辭，也極爲豐富，如「開，開開，開開開」，悉臺語者都悉其意之區別。彼此之間的「樣態」，是有分辨的。

五、知識的擴張與止步（The Extent and Limits of knowelge）

路上行人（外行人）與鐘錶製造工人，二者對斯特拉斯堡主教堂鐘之反應，一是驚異的注視，一是視之如平常。由此種對比，就可知知識之擴張及止步了。

(一) 在「自然哲學」上，知識有其限度

1. 人對金之了解，要透過實驗與觀察；但金的各種樣態（modes）之眞實本質（real essences），人是無所知的；任何實驗及觀察的學門，都是如此。至於幾何學及倫理學，則靠推理及抽象思考；觀念與觀念之間的「相關性」（相連性，connection）是「必然的」；故知識之準確性是百分百。但自然學門（自然哲學）則無此種性質。

「物」或「料」（substance）之「眞實本質」（real essence），吾人所知，比不上吾人對「樣態」（modes）之所知。自然科學（自然哲學）的物件是後者，只及於「物或料」的樣態，未及於「眞實本質」；故該知是有限的、部分的、偶有的。至於「物或料本身」（Things themselves），人是不知的。人只能由內外感官來知悉物或料之「黃、重、鎔化性」等，而知那是「金」，或非「金」。

2. 倫理學形同數學及幾何學，是「最高的存有」（a supreme Being）；在力、善、智上，是無邊者（infinite in Power, Goodness, and Wisdom）。「人經由打拼，可以擁有倫理上無限的力、善、智」，（whose Workmanship we are）且也是人之所依；人之有此觀念及悟力，是理性的存有，這是一清二楚的。人將視之爲人之「義務」（Duty）及「行動準則」（Rules of Action），也置道德於可以展現的科學行列中（place Morality amongst the Sciences capable of Demonstration）。此種自明的命題，必然在後效性及無可挑戰性上，如同數學一般，作爲「衡量對錯」（the measure of right and wrong）之用。

(二) 道德的奠基，就是上帝之意志，道德法也是神聖法。

1. 上帝的眞實存在，及人需遵守上帝的意志，這兩觀念，洛克是堅信不疑的，如同相信三角形之內角和是兩直角一般。「人遵上帝，怕上帝，禮贊上帝等，好比3，4，及7是少於15一般的正確無誤」。上帝的存在，哲學史上不少哲學家及神學家，都有許多如同數學家的演算證明。若有什麼觀念是天生的，則人有上帝的觀念，必屬此類。但洛克反對先天觀念論。他仍認爲人有上帝的觀念，也依後天經驗而來。畢氏定理是「演算」（demonstration）來的，同理，人之有上帝的觀念，也如此。笛卡兒以「本體論證」（ontological proof）來證上帝之存在，其意即：凡存在，則存在本身早涵有上帝存在意。洛克反對此說，難道有一個「點」（a point），即部分，就足以證明「全」（the whole）必存嗎？該證「無法接受」（unaceptability）。本體論證是「內證」，也是「自證」；洛克認爲該「外證」才宜。

> 若完全無知，運作盲目，一點皆無感受性，可以產生一種知者，這是不可能的。其不可能性，如同一個三角形三個內角和大過兩直角一般。

三角形，三角形三內角，三角形三內角的和與兩個直角，這三種觀念之存在，都是孤立的，也都是單獨有其「物」的；但把前兩種觀念聯合成一種「必然的關聯」（necessary connection），這是「理性」功能，第三種觀念的「知」，因之而生。同理，感受也是對物的，但把感受與知相連，更是理性的運作。此項運作，由上帝賜予。內感官及外感官都是物質的，但人之理性，使之成爲心靈的或精神的。

2. 洛克友人愛爾蘭天文學及光學家莫林烏克斯（William Molyneux, 1656-1698），不只一次地逼他仿數學演算方式，向世人寫出一本《論道德》（*a Treatise of Morals*）的著作。洛克答以只要時間許可，他一定照辦。

> 不過我能否寫成……是另一問題，無一人能像牛頓先生的書那麼的是演算式
> 的。

牛頓出了《數理大全》（*Principia*），洛克卻未能有倫理大全。在《悟性論》及《基督教的合理性》（*Reasonableness of Christianity*）一書中，他信心滿滿的認定，理性之運作，可以使人擁有道德上的某些真理，只是得來不易。

> 經驗顯示，有關道德上的知識，只賴自然靈光（natural light）……進步相當
> 緩慢。

原因是許多人在這方面無天分、無暇、也無能力在道德上動用理性。

「漫長加上有時理性演繹上的錯綜複雜」，在找道德原則之際，「人類大部分時光無暇又缺少教育，且不用技巧來下判斷。」

其實，道德原則是近在眼前。洛克向好友提及的「福音書（the Gospel），就包含了最完美的倫理學。」但

> 啓示性的真理，不如理性上的真理；前者是「信仰」，後者才是「知
> 識」。

3. 只依「啓示」而無知於「理性」者，變成宗教上的狂熱，這是洛克大力反對的，因那是「無釐頭的幻想」（ungrounded Fancies）。「過分自信的腦袋，溫熱的自負」（the Conceits of a warmed or over-weening Brain），把理性擱一邊，結果，激情熱力抬頭；失去理智的不妥協行為，推之極端，產生無情的殘暴行徑，是新成立的皇家學會會員們奮力研究的問題，該部分的研究答案或許無解，如身心如何互動等。此方面的知識準確度，比不上數學、幾何，及道德。

(三) 身心二元

笛卡兒提出身心二元論（dualism），結果惹來許多麻煩。他的門生伊莉莎白公主（Princess Elizabeth, 1618-1680）是英王詹姆斯一世（James Ⅰ, 1566-1625）的孫女，一再地追問身心如何互動。其後笛卡兒派遂提出「機緣說」（Occasionalism）予以闡釋。大意是說，身與心這兩種絕對不同的「物」，爲何能交會，原因是「緣分」。類似「姻緣天註定」一般的，是上帝在媒合；也如同上帝之創造人一般的，湊巧有緣分使然。洛克對此有他的己見。

1. 身之屬性是「延」（extension），延在三方面（即長、高、闊）也是三度空間中「延」；並且延，不是身之唯一屬性，另一屬性是「固定性」（solid）。延是動，體（身）是固體性。固體性之延，涉及到空間之實或虛。洛克對此也困擾不已。

2. 心之屬性是「思」（thought），洛克頗爲支持，是「一項主要資產」（one principal property）。但「思」必含有領悟、意願、想像，及情緒（understanding, willing, imaging, feeling）。在「冥想」（in a Brown Study）時，也是有意識（conscious）狀態的；但人之心並非經常處於此種狀況下，如作夢，或不思不想。人之思不思，可作爲人是人或不是人的分界嗎？

3. 身屬物，心也是，都由「物質」（matter, material）所組成；「機緣」促使心會「思」，身在即心在；身不在，心即不存。因之靈魂不朽，是不可能的。「不信天使及復活說」的現代「撒都該教」（Sadducee），也是「物論者」，遂被天主教正統派追擊。洛克是個虔誠的教徒，信心滿滿地說，上帝提供給人「於處在另一教世界時的感知狀態」（state of Sensibility in another World）。一項明顯的事實，即上帝既使人這種「物」在此一世界會思，則在另一世界也必然如此。「不朽」之說隱然若現。洛克不像無神論的霍布斯，皇家學會也極力爲其辯護。

洛克的影響力，幾乎可以說在哲學史上，是亞里斯多德以來最大的哲學巨人。羅素若非他的孩子，也該是他的孫子。法國的伏爾泰爲了研究洛克，才下決心學英文。

六、波義耳及牛頓

皇家學會除了洛克之外，有兩位在哲學史上也名垂千古。一是比洛克年長五歲的波義耳，一是晚他十歲的牛頓。二者是科學史上的巨人，對洛克哲學勢力之引發大風浪，都有加分作用。

(一)波義耳（Robert Boyle, 1627-1691）

1. 實驗及觀察法，是知識進步的主要原因。波義耳特別重視的是，理論及假設，一定得經得起實驗及觀察的印證，且是要持之以恆的；若發現與實驗或觀察不符，則假設就非「必然性的」，頂多是「概率性」（probability）的而已。因之，與其提出通天包海式的大道理（大假設），不如小事著手才最為具體，也最是實在。即令過去及現在的觀察及假設，都可以與假設吻合，但並不保證其後也必然如此。「乙太說」（ether）或「磁力說」（magnetism），到底何種才「真」，是無定論的，也非終結性的理論。人知是有涯的。

2. 其次，數學對物理學的重要性，他特別強調。數學原則是超越性的真（transcendental truths），是一切知識的必要工具。自然的一切，皆可作機械式的闡釋；但神奇意外總不能免。了解上帝的運作，正是科學界（人）最可以作為服務上帝的工作。

(二)牛頓（Sir Isaac Newton, 1642-1727）

宇宙的天文觀，從哥白尼、伽利略、開普勒始，而牛頓總其成。1661年7月，入學於劍橋大學的三一學寮（Trinity College），1665年一月畢業，1687年出版了名著《原理》（*Principia, Philosophiae naturalis principia mathematica*），在學界甚享盛名，聲譽之高，使他有資格埋於西敏寺大教堂（Westminster Abbey），包括臺灣旅客在內的全球觀光客，到倫敦國會附近觀賞歷史名勝景點時，幾乎都會入內低頭向這位學界偉人致敬。他兩度代表大學出席國會（1689-1690, 1701-1705）。1672年是皇家學會會員的他，於1703年被推為會長（President），1705年還被安妮女王（Queen Anne，1665-1714年在位）冊封爲「爵士」（Sir）。微積分及地心引力，是最爲人知的學理；星球具吸引力，星球與星球之間的距離，因彼此之吸引，乃運轉不息；且皆依相同的運行法則繞行，無分天上（celestial）及地上（terrestrial）。此說法，徹底地毀了亞里斯多德的信念，後者認爲天上的星體運行，與地球運行，依不同的法則。

側重數學，視演繹法爲唯一解題法；但牛頓更提醒學者，具體事實的印證，尤其重要。因之，歸納法更不可或缺。「現象」（phenomena）乃是「本體」（noumenon）的訊息（information）及資料（material）。前者形上，後者形下。在「實驗的求證」（experimental verification）上，任何自然哲學的原則，最後都得有經驗科學的佐證。

1. 物的「本有性」（essence），「觀察」或「實驗」不出；但「現象性」（phenomena）則可。因之如「引力」的本有性，只能是「假設」；但「引力」的現象，則正常的外五官及內官，皆可視之、聽之……，由此所獲的訊息或資料，多得不可勝數。

> 凡無法從現象推演出的，叫做「假設」（hypothesis）；假設，不管是形上或形下，玄祕或機械，在實驗哲學上是沒地位的。實驗哲學中的特殊性命題，皆涉及到現象，依歸納而成通則。物之內在衝動力（the impulsive force of bodies）、不可穿透性（impenetrality）、動態性（mobility）、動的法則（laws of motion），及引動力法則（laws of gravitation），可以被發現出來。

在此，牛頓爲洛克的知識之擴充說背書。實驗及觀察方法，可以增加知識；但冥想式或神祕式的形上推理，則否；只能停留在「假設」階段，有可能假，但不儘然如同亞里斯多德所言之成爲絕對「眞理」。不只如此，還需把無用且未經證實的假設，排除淨盡。且警告世人，勿以「假設」之名，行冥思幻想之實。

2. 物之「因」中，最終的動力因（efficient cause），或教父哲學家所稱的「形式因」（formal causes），都不該歸屬於實驗科學的領域。科學研究要理出的「原則或法則」（laws），儘量以數學爲主。而數學法則，該本諸於形下及現象界，正誤皆可用感官經驗予以檢證。不過，牛頓並不完全棄假設於不顧，他提出經驗無法印證的「乙太」（ether）理論，以解釋光之擴散。但該假設也只不過是暫時性的而已，俟有更可觀察及實驗的假設來代替時，則可把先前的假設（較形上的）予以放棄。

時空之絕對性假設，就是一顯例。「時」（time）與「期間」（duration）有主觀及客觀之別。空亦然。絕對或相對的空與時，客觀或主觀的空與時，意義大爲不同。如「一日如三秋」，「日」與「秋」都表「時」，但二者之「時」，對某些人而言，長短是差異極大的。

3. 此一觀念，就與上帝觀念相合了。「絕對」屬於上帝，「相對」屬於人。天體之運行，是否「天行健」？各星球保持距離，以免相撞；但又常見彗星之殞落這些「經驗事實」，皆可以作證來說明上帝之存在，是不可爭議的。

第五節　宗教及倫理問題

　　洛克有個預期，希望倫理學也能如同數學一般可以「展現或演算」（demonstration）。經過這道手續，可以把最為棘手的倫理問題，也能如同數學問題一般的予以解決。笛卡兒的解析幾何，來布尼茲及牛頓的微積分，數學進步之一日千里，精確度無人能質疑。支那大宋帝國的呂伯恭曾說：「理未易明，善未易察」，難度頗高。但學者該攻堅，不許軟土才深掘。洛克貢獻給世人的兩道攻堅武器，一是外感官的經驗知識，一是內感官的推理運思；雙管齊下，可以釋疑解惑。在這過程中，若出現異見他論，且能「言之成理，持之有故」，則對之該展現「寬容」的優雅人文精神。「眞理」之荊棘多，危境夥；學界人士秉持洛克所力唱的爲學之道，總有一天，「知識之增長」會成果豐碩，且造福人群。數學及邏輯這兩種「形式學門」（formal science），以數字或符號表之，即「名」，幾乎定論已成；至於「內容學門」（content science），即「實」，如自然科學、社會科學，及人文科學，若也能本諸數學般的分析、實驗、觀察等，將論述一一展現，供大眾檢視及評論，難道不也能如同數學及邏輯一般的達到「共識」地步嗎？文學、美術、音樂等，涉及的主觀判斷之「美學」領域，亦然。「眞、善、美」三種境界之紛爭，從此止息。不過，這都是極其艱鉅的大工程。學界人士在這方面待開墾的處女地仍多，英雄還有用武之地。

　　宗教及倫理道德議題，甚至由此引伸的政治理論，都與人性之「善惡」有關。霍布斯之政治理論，源於他的心理學說。他認爲人性本質是自私又爲我；牛頓、洛克，及他們的後繼者，則極力反對此說，卻認爲凡是理性的人，除非「心智極端的愚蠢，心靈遭扭曲，心態敗壞」（the extremest stupidity of mind, corruption of manners or perverseness of spirit），都能一清二楚地分別對錯，且擁有道德原則，及義務感。當然，白癡是例外。這是「一條自然道德法則」（a natural moral law），與霍布斯所言之「自然狀態」（the state of nature），簡直相反。

　　這種「對立」，其實都是一偏之論。人性皆有善性或惡性，這是用語不

當。而用語不當的評介標準，即經驗事實。人性本善或本惡，如以「皆」言之，都屬兩極論調。但二者也有個同點，即都強調「善」為最後指標，那也是宗教的旨趣。

一、宗教信仰問題

(一)理神論（deism）

十六世紀以來盛行的理神論，也是自然神論，即以「理性」來了解上帝，消除一切的「神祕」（mystery）性。理神論的派別多，大概有下述四種：

1. 上帝創造萬有，但在治理萬有上，上帝並不扮演任何角色。

2. 任何自然事件皆本於神之舉動。但上帝並不理人的道德行為，人的道德高下，純依人類自訂的法則而判定。

3. 人是理性動物，這是上帝賜予人的禮物。但人之靈魂並非不朽。

4. 相信有個來生，上帝在那時給予獎懲。但這種人只相信基於理性才能找到真理，只有此種理神論者，才算是「正字標記」的理神論。宗教及道德皆本諸自然，這才是人該信守的義務；把一切「超自然啟示」（supernatural revelation）及「神祕」（mysteries）悉盡掃除。

洛克並非不信啟示，但他更堅持，理性位居啟示之上；二者若有不合，只好擇理性而去啟示。1695年出版的《基督教的合理性》（*Reasonableness of Christianity*），對宗教的合理化，是一道勢力雄渾的著作。理神論者迎此風而高舉「神」之「理」化，一來與歷史上的各宗教派別劃清界限，二來也與正統的基督徒分出彼此。理神論發展到十八世紀，大大地降低了宗教的超越性及權威性。既標榜理性，理神論者也成為「自由思想家」（free-thinkers）；理性若有限制，也不該來之於傳統及權威；聖經教義（Scriptures）及「教會」（Church）是無插手資格的。「自由思考」（free-thinking）當然誕生了「自由思想家」（free-thinkers），他們甚至公開質疑耶穌是否真有其人，「復活」（Resurrection）更

是不可思議。心之功能，形同大腦神經活動的附屬現象（epiphenomeon of the brain）；以物釋心之聲，呼之欲出。且進一步提出「命定論」（deterministic theory）說法。對聖經的了解該只是喻意或寓言化（allegorising），而不該以「字面」（literally）來解。

英國的理神論者，哲學造詣並不高，但影響力卻波及歐陸，甚至遠飄美洲。法國的伏爾泰（Voltaire）及笛德羅（Diderot），美政治思想家富蘭克林（Benjamin Franklin）都自稱是理神論者。法國的理神論者，對正統的基督教幾乎無一好話；美國的理神論者則較溫和。

(二) 反理神論

英國的「自由思想」學風，有一正，必有一反；如此的激盪，必生澎湃浪潮。擔任主教（bishop）職的教會人士，對於時人不認眞也不嚴肅研究基督教，卻相信那多半是胡謅虛構，還取之作爲嘲諷取笑的對象；又揚言那是一種報復，以作爲今生今世的人民享樂受阻多時的一種彌補。

1. 在自然知識上，人之所知有限，頂多是知多知少的程度問題，概率是有高有低的；人類經由經驗所獲得的知，即令知很多，但仍是未能知悉一切，或知到百分百。理神論者以爲運用「理」，就可把自然的一切底蘊，完全掀開於世人面前。同時，既然人對自然的知是不全的，則人對超自然界的知，也不窮盡；因之，怎可以此來捨棄後者呢？除非連前者也一併拋去。此外，由確信的某些自然事實作基點，就可「推」到「可能」的自然界，那也好比由確實已知的超自然事實，就可更進一步「推」到「可能」的超自然界。如此，二者之概率，就可一致，也可平衡。「不朽」（immortality）在自然界是眞有其事的，由此可類比式的得知，既有今生，則有來世。憑經驗，人人皆知小毛蟲轉成蝴蝶，小鳥破殼而出且其後羽毛也豐；人也相似的從母胎而「轉大人」。同「理」，人的現在活動，會遭遇到未來的獎懲。

2. 此外，基督教義與自然宗教（即理神論），二者並非完全一致；前者

不是後者的「翻版」（republication），前者告知給信徒的，必多於信徒從其他方式而得知者。自然性的知，所知有缺也有限；並不能由此就「先驗」的（*a priori*，即必然的）推論，以爲吾人不能由啓示而獲得更明亮的知識光芒。此外，基督教的眞理，有歷史事件（historical events）作爲佐證；其一是「神跡」（miracles），其二是「預言」（prophecies）。這是啓示宗教異於自然宗教之最大關鍵所在。

用「類比」（analogy）來反擊理神論，說服力不大，系統性也不足；或許以「概率」的平衡來作武器，比較尖銳有效。今生的獎懲既以今生的行爲來評定，那麼來生的獎懲，也可「仿如」（analogy）可以以今生的行爲爲準嗎？這就比喻得不倫不類了。比較致命的反擊或許可以說，自然宗教的理神論，與啓示宗教的正統論，二者都遭遇闡釋上的困難，以及辭句用字上的不清不楚。二者都需先釐清，以子之矛攻子之盾（*argumentum ad hominem*），才算是攻其要害（*argumentum ad rem*）。

(三)洛克堅持宗教信仰上的寬容，似乎走中道，但偏向理神論

在政治上，洛克很明顯地支持國會派，即輝格黨（Whig），厭惡保皇黨（Tory）。他的「恩主」也是保護者，即沙夫茨伯裡伯爵（Shaftesbury, 1621-1683），是輝格黨領導人。

1. 洛克家族屬於國會派（Parliamentary），但他於1647年上的西敏寺（Westminster，在倫敦）學校，且在1652年上的牛津C.C.C.，卻屬於保皇黨的（royalists）。還好基督教堂學寮（C.C.C.）的寮長（Dean）兼牛津大學副校長（Vice Chancellor of the Univerisity）（名爲John Owen），大力鼓吹宗教寬容。6年後洛克獲MA學位（文科碩士，Master of Arts）。

按當時兩古老大學（牛津及劍橋）的規定，作爲學寮寮友（Fellow），可以享受學術上的聲望，使用大學設備，管教學生當導師（Don），但卻不許結婚，得保留單身漢（bachelor）身分。兩大學無女生，更無女教師。寮友與學生

共住、共宿、共學。因無異性，故無師生戀之事發生。洛克卻喜談情說愛並過浪漫生活，以筆名Scribelia與一年輕小姐通信。一生熱愛啤酒，之所以逃亡荷蘭，表明並非因荷蘭是密謀反叛英王的據地，而是因荷蘭盛產杯中物。但英政府把他列名於密謀者名單中，也是引渡回英接受審判的要犯。他擔心被綁架或被英王派來的特務暗殺。1682年，年已半百的洛克，還與Damaris Cudworth陷入愛情漩渦中，被洛克敵人批為「後宮之妾」（Seraglio at Oates）。Oates是Essex（英東南）一鄉村之名。Seraglio是回教國家的皇宮。與洛克相戀的這位女生，可能與劍橋柏拉圖派學者Ralph Cudworth（1617-1688）有關。

2. 《教育論叢》（*Some Thoughts Concerning Education*）是寫給一密友克拉克（Edward Clarke）的信，被教育學術界公認具有教育哲學深度的著作。在政局多變詭譎上，洛克還算幸運得以「安然」度過政爭，死後獲有哲學界哀榮。《悟性論》被小米爾（John Stuart Mill, 1806-1873）譽為「在心靈分析上無疑的是個哲學的建構師」（unquestioned founder of the analytic philosophy of mind）。世人如到他的母校牛津，不妨作深度的心靈之旅；有機會（但不容易）入英國最古老大學（牛津）的最古老圖書館（Bodleian Library，建於1327年），在「韓福瑞閱覽室」（Duke Humphrey Reading Room）裡找到洛克曾在那研究學問的位子上，坐擁書城的模樣。「牛津國會」（國會在牛津召開，Oxford Parliament）於1681年三月舉行，保皇派及國會派作最後決戰。幾步之遙處，「司蒂芬學寮」（Stephen College）於該年8月，禁止洛克之著作，不許洛克之言論發表；數步之遠處，牛津大學當局於1683年還下令焚燒他的一些「危險書」。還好，他密藏文稿，且逃亡於荷蘭；1689年返英，從此不再回母校，因牛津仍為洛克的反對者所把持。

3. 寬容是針對有權者說的，也是對治者說的；在野或無權者主張寬容，對牛彈琴而已；如果手握大權者嗤之以鼻，更以「力」而非以「理」來行罰於「異端」者，就違反了霍布斯及洛克等人的政治社會理論了，更無法在宗教信仰上能心平氣和的安全相處。洛克的神學理念，傾向於「單一神教派」（Unitarianism,

Socinianism），反對「三聖合一」（Trinity）說；一即可，何必三？但「三聖合
一」是羅馬天主教會最正統的聖經教義。兩所老大學之學寮中，皆各有三一學寮
或三聖一體學寮（Trinity College），校園秀麗，景緻宜人，如入仙境，出的名
師及名徒不知其數。

4. 牛津出身的洛克，及劍橋修業的牛頓，約好學界友好五六位，共同每月
一次夜晚的促膝長談，在進德修業上盼有進境。洛克卻最先驚覺到，「知識」的
基本問題若不先解決，則其他領域都難望有成。《悟性論》遂在腦海裡醞釀。他
的至交，如牛頓及波義耳，都是科學界巨人；洛克也因修習醫學，1666年顯赫
一時的貴族（Lord Ashley，即其後的Earl of Shaftesbury）[1]向他請教醫療問題，
洛克還於1668年替貴族作肝臟手術，也成爲貴族在倫敦住家中一成員。洛克遂
在政壇上活躍，閒缺但可以領乾薪，還親自充當該貴族之子的家教，更被封以貴
族爵位；洛克的好友牛頓也如此。自然科學領域學者如有重大發現，不只比較不
會惹生命上的威脅，且名聲遠播；但政治上享爵位者如介入政爭，則就有風雨飄
搖的厄運，即令逃亡荷蘭期間讓他能品嘗一生的至愛啤酒，但英王的逮捕令，密
探爪牙的四佈周邊，令他比驚弓之鳥更緊張萬分。

二、爲「功利效益論」鋪路

十七世紀的霍布斯把人闡釋爲天性「爲我」（egoistic），因之有必要共組
社會來約束人之「自私」（selfish）。此種道德倫理觀，來之於上帝的指令或主
政者之要求，涉及「權威性的概念」（authoritarian conception）甚濃。洛克在這
方面別開管道，且樂觀前瞻，而非霍布斯之悲觀返顧。人性是善良的，平等的，

---

[1] Shaftesbury位於英格蘭南部，享有該領地的貴族Anthony Ashley Cooper, 1621-
1683，爲「第一位伯爵」（Ist Earl），其子孫也是洛克教導的是第三任伯爵
（1671-1713）。

博愛的，慈祥的：「義務」（obligatory）觀念，出之於心甘情願，而非被動消極。不過，由於洛克有一顆對上帝愛敬無比的心，上帝之「意」不可違，人意不該拂逆天意；道德的善惡與立法者心意之善惡，二者若合符節。最高的立法者，非上帝莫屬。

就人性而言，人有喜歡獨居的一面，但也有群居的內在傾向；其次，人守法遵規中的「法」或「規」，並非皆屬被動性。相反的，人的天性也具有一種「道德感」（moral sense），憑此來規定價值之高下。「令」不必盡由上帝出，也不完全皆由政府（治者）下。相反的，人自己也可自行立法、司法、行法，把上帝及治者擱一邊。相反的，人之比重加大。英國此種類型的道德學家，勢力越來越大，集結洛克與下述諸人成群，遂為十八及十九世紀的功利效益哲學（utilitarianism）奠基。

(一)阿希禮（Anthony Ashley, 1671-1713）

阿希禮是洛克的及門弟子（三年，1686-1689），是前已言及的洛克恩主公之孫，雖不似顏回的「不違如愚」，且對希臘的諧和及均衡（harmony and balance）理念，大感舉趣；亞里斯多德的倫理觀，尤其亞氏把人定義為「社會動物」（social being），他情有獨鍾。社會情之生，乃是人性之必然！非屬「先天」，但「必然」在人一生中會「自然」的出現。道德觀念是「與生俱來」（connatural）。

1. 人生初期的行為，以「生物我」（biological self）為主，與動物無差，但「社會我」（social self）緊接而來；有己也有人，人己共處而形成社會。「個人」或「私下」的行為，難免與他人的行為抵觸，此刻所滋生的問題，必得勞動倫理道德學家去操煩。利己式的「自愛」（self-love），與「利他」（altruism），在無法得兼而生互斥（mutually exclusive）時，如何自處，這是阿希禮最關心之處。當然，只顧己而害於人，這是典型的「自私自利」（selfishness）；但利己時非且不必然害群，且有助於群體生活上的共同努力，則又怎能

被譴責爲「害群之馬」呢？保身，使個人「留得青山在」，必要時可爲「群」獻身，不是善事一椿嗎？霍布斯未能「細查」，一律怪罪「爲我」（egoism）者。「拔一毛而利天下，不爲」，與「拔一毛不損天下」，二者是有別的。「純」利己者，連一毛都不拔；但也有「利己」者在滿足己利時，並不殃及他人，甚至也福澤及於之他人，此種「利己」非但不該懲，反而該獎才屬正確。

2. 簡言之，利己該有下述三種變元，皆本諸於「理」的說明，加上有事實爲證，理上也說得通。

(1) 利己而害人。

(2) 利己但對人無害也無利。

(3) 利己同時利人。

結論：該罰的是(1)，(2)及(3)就另當別論了。因之，一個人的道德行爲不該孤立來看，倫範不能與社會（他人）絕緣，卻與他人息息相關，彼此之協調諧和至關重要。

人人皆有某種程度的「良心」（conscience）或「道德感」（moral sense），憑此作出上述的釐清與辨別。不良的習俗、傳統，或教育，才會使人誤入歧途。

其次，他強調，德本身即德。換句話說，德行本身就是目的，而非工具或手段。只因獎或懲而改變行爲，這是不該封爲「德」的，頂多只作教育用途。但要謹記的是，「工具」或「方法」，不可忘了「目的」。「德」本身即德，不考慮到上帝的意志、要求，或來世的功過行賞。當然，對上帝之虔敬，此概念有助於德本身的建立。

(二) 曼德威（Bernard de Mandeville, 1670-1733）

出生於荷蘭的英國散文家及哲學家曼德威，對上述論點提出質疑問難。在公益、公利、公義，或共樂、共欲、共福（Public-Benefits）等，與私惡、私心、私利（Private Vices），二者是否相合的問題上，認爲私己的惡越多，公利反而

更擴大。霍布斯認為人性本惡，組成社會之後，法、規，及令，就限定了惡的人性。曼德威卻持反調。個人單獨存在時，人的奢侈欲，不大也不多；但社會一組成之後，該欲明顯的強烈，更甚於自然之狀態，卻也因「人欲」之橫流，造成「物質文明」（material civilizations）的高度發展。「私底下的惡行」（private vice）反而可能變成「公共福祉」（public benefit），眾人蒙受其利。當然，素行中規中矩的清教主義（puritanical rigorism），比道德上的犬儒主義（moral cynicism），對此說更提出撻伐，但卻對其後的「自由貿易」（*laissez-faire*）之政治及經濟政策，給予一股助力。傳統上以儉為美德，浪費為惡；但以大量消費來帶動生產，乃是經濟起飛的一著活棋。1714年出版且於1723年再版之《蜜蜂寓言》（*The Fable of the Bees or Private Vices Public Benefits*）一書，乃是續1705年《怨聲哄哄的蜂房或惡漢轉為貞潔誠實》（*The grumbling Hive or Knaves turned Honest*），也是這位荷籍英人對罪過的俏皮辯護。

(三) 赫欽森（Francis Hutcheson, 1694-1746）

曾擔任格拉斯哥（Glasgow）大學的道德學教授，延續且發揮阿希禮的見解。

1. 仁（benevolence）的舉動，才是真正具有道德上的善。發揮「仁愛」之情（benevolent effections），才算是道德感（moral sense）的具體表現，以此來追求普世性的幸福（universal happiness），才是道德的主要原則。

2. 德中有美，惡中有醜：將道德賦加上美的因素，是赫欽森的特創品牌，但也由阿希禮先起了頭。道德感（moral sense）及美感（aesthetic sense），本是兩種不同的「感」（sense），卻也有交集處。含有「美」的德，並非私德而已，已擴大及於公德的光榮感。行動令他人感恩言謝，此種精神樂趣，是最上乘的享受。以「美感」來完成其道德，這句蔡元培（1867-1940）的話，也自然地蘊含有優雅感或禮儀感（the sense of decency or decorum）。

3. 在考量或計算各種道德行為中，以「最大多數人」的「最大幸福」（the

greatest happiness for the greatest numbers）爲指標，這是其後功利效益主義的標準口號。一心一意帶有「仁」的舉動，也必以最大多數的人享受最大的幸福，爲最絕對的德。以仁爲動機，也以仁爲行爲後果的考量，則「理性」的成分必然占相當大的比重。道德感加上美感，感不只一，且也更觸及形上和神學成分。

　　人性自私自利，這是霍布斯觀點；阿希禮及赫欽森雙雙反擊此說，反而認爲人有利他及社會性的天性。即令自愛而無害人時，自愛也是一種美德。赫欽森又將德環以「仁」。與道德無涉的「恬靜自愛」（calm self love），是不該予以譴責的；自己私底下不影響他人式的自愛，不該非難之。

(四) 巴特勒主教（Bishop Butler, 1692-1752）

　　不滿赫欽森之全然以「仁」作爲德的全部，他擔心不謹愼的讀者以爲只需仁，即可促進最大多數人的最大幸福。這位英格蘭北部達拉謨（Durhum）郡之主教，「觀察」（依洛克學說）史上一些例證，顯示出不公不義或迫害殘殺，卻對日後人類的幸福有增無減。道德層面有二，一是行爲的動機（intention，意向），一是行動的後果（consequence）；二者缺一不可，不許以一含二。有仁心，卻無仁果；無仁心但竟生仁果；此種「經驗事實」，多得不勝枚舉。不嘗受苦果，哪能得悉美味之可貴？多難興邦，疾風生勁草，板蕩識忠臣。「天將降大任於斯人也」，得經歷過「苦其心志，勞其筋骨，餓其體膚，空乏其身」的考驗。好心有好報，但有好心得惡報，卻也多得是。臺語言，好心乎（給）雷親（擊）。

　　1. 若單以「仁」爲德的全部，則猶如孟子之言，人「皆」有惻隱之心一般，是天性使然。但自愛不也是人性嗎？仁及自愛，這兩辭，都應進一步澄清，二者可合可分。致富是人自愛的成果，守財奴就與仁背道而馳了；但腰纏萬貫（自愛）之後卻能佈施濟眾（仁），則二者不又殊途同歸嗎？眞能自愛者也最能珍惜羽毛。

　　2. 「自愛」的種類多，有「合理的自愛」（reasonabe self-love）或「冷冷

的自愛」（cool self-love），這是與「不適度的自愛」（immoderate self-love）
有別的；後者也形同是「自以爲是的自愛或利益」（supposed self-love, or sup-
posed interest）。差別在於前者是在「後果」上眞能帶來幸福，後者則誤以爲由
財富、榮譽，及官感口欲之滿足，才是致「福」之道，那就大錯特錯了。

3. 幸福是主觀的，因人而異嗎？主教認爲幸福有其客觀意，具客觀內容。
個人不是評定幸福與否的最後裁判官，「良心」才該居最高位，而非憑情或欲來
左右行爲。

人性有許多官能（faculties），有欲、情（意），及理；由此而生植物性、
動物性，及理性。理才是使人異於萬物的最主要官能。在道德層次裡，理的功能
就是「良心」，良心掌管道德官能（moral faculty）。良心也是理心，以「理」
爲斷的行爲最「良」。

以理爲斷，絕非只思及眼前、少數人，或部分的興趣、利益、好處：卻該
有「遠慮」。則「義務」（duty, obligation）就與「興趣或利益」（interest）合
一：私福也與眾福相聚。眼前的福，不是眞正的福：利、益、趣等，亦然。理失
去功能，而爲情欲所困，這種人失智、失聰、失明、失覺、瘋了，「理該得病」
（ill desert）。品格或操守（character）之個別差異，由其中彰顯出來。

良心之注重，既不偏於功利效益主義，也不單單源於權威主義的上帝或政
府，來作爲行爲準則；「良心有了力，就是正；有了權，就有感；（如此）則
絕對的治理了世界」〔Had it (conscience) strength, as it has right, had it power, as it
manifest authority, it would absolutely govern the world〕。良心說，帶給歐陸的康
德莫大的啓示及鼓舞，且彌補了主教在這方面學說的不足。

持平而論，道德的動機說及後果說，各有所偏；評量一種行爲的善惡，行爲
當事人（agents）最能掌控的，也是人性所賦予的，就是「良心」。但良心是內
藏的，非外顯的，且容易僞裝作假。至於行爲後果，則客觀又具體，且甚至可以
數來「量」之。前者的哲學性多，後者則科學性強。但後果的變數太多，且經常
超出行爲當事人的掌控之外；若單以此來斷定行爲的獎懲，對行爲者不太公平。

不過，人既是理性的動物，由理而展現的心又是良的，但理的另一功能，即是認知、推理、分析、批判等，充分發揮此種「理」力，至少也不會使後果「完全」出乎行為者的預料之外。當然，人算不如天算時有；但人類文明的進步，人算與天算吻合之時愈來愈多，道德之進步也就可期。

(五)哈特雷（David Hartley, 1705-1757）

因不同意英國國教的39條教義，遂未被授以神職，改行行醫。1749年出版《人的觀察》（*Observations on Man*）一書，討論身心之聯結。利用洛克學說的觀念聯合論（association of ideas），進而探討《罪惡之源》（*Origin of Evil*, 1731）。觀念聯合是一種持續性且也是聯結性的，有前有後；前者較粗糙、較原始、較低賤、較不完美，後者反是。道德感及利他情，都非人性最原始狀態的產物，卻在眾多感官知覺的相互聯結中，滋生而出；由低階往高階，如同進化論一般的不只改變，且改「善」；由利己而生利他，由自利而生同情心及仁愛感，最後抵於對上帝的至愛，甚至是最完美的自我奉獻犧牲而出現動人的道德情操。批評者因他的觀念聯想說，或許止於命定論或物質論（determinism or materialistic sensationalism），其實他沒有放棄初衷，雖名為醫生，但教士的身分，使他心中仍有上帝的存在。

三、功利效益主義的前導師

赫欽森的倫理論，功利效益說法昭然若揭；塔克、巴利，及休姆三人，又加入行列，功利效益主義之奠定成立，已水到渠成。

(一)塔克（Abraham Tucker, 1705-1774）

1. 步哈特雷後塵，且本於洛克的排斥先天觀念說，而採用觀念聯合論。尋求自我滿足，是人人的基本人性要求。一生中出版三冊的《自然光之追尋》（*The Light of Nature Pursued*），即尋求普遍的施捨或仁慈原則（the rule of

universal charity or benevolence），指導人人無例外的為共善共福（the common good or happiness）而打拼，則滿足的存貨（common stock）必充盈無虛。他信心十足地認為，人人各尋自我滿足，此目的就可達成。他把人人此種觀念的聯結，改為「轉換」（translation），把方法當目的看。「利及他人之樂」（pleasure of benefiting），可以帶動人人為他人服務；「服務為快樂之本」，服務他人非苦差事，反而因他人之言謝而使己內心欣悅，繼而持之以恆。本來把服務當工具的，現也改為目的了。此種境界之達成，甚至連自己都心滿意足。依此類推，德行本身，已把工具與目的二合一了。

2. 但一個人為國犧牲，也甚覺滿足嗎？難道此種方式（採用此種方法），不會與自己的滿足相抵觸嗎？因為捐軀了，不復有更多享受滿足的機會了。換句話說，一個人行善，使眾人之善增，卻減少或消失了己善；眾人之「滿意」多，而己之「滿意」不只減，且等於無，則這又怎麼解釋呢？

把上帝搬出來，就可以解套了。此生之「滿足」沒了，來生之「滿足」即臨。上帝掌管的「宇宙銀行」（bank of the universe），內有共同的幸福存貨。上帝的福樂盤算，極為公允，人在此生少了半斤，在來生則多了八兩；滿足感在此生消失，在來生則會補給。

把寄託放在來生，此種解釋並非新鮮。他較獨創的是對快樂也以量計，以量來說明樂在程度上的差別。數學在倫理學上的重要性大增。

這不是洛克的期望嗎？洛克但願把倫理學置基於數學之上，則爭論就可平息。此論題，俟功利效益主義學說暢行於世時再談。

(二)培利（William Paley, 1743-1805）

求學於劍橋的基督學寮（Christ College, Cambridge），其後也是該學寮寮友（fellow）及導師（tutor）。由於他唱「平等主義」（latitudinarianism），不為任何教義所囿，此種自由精神，使他無法被任命以充任教會高階職務。

1. 以「自然現象」（natural phenomena）來釋神學及宗教，是最能獲取眾

人深信的知識基礎。「自然呈現」（Appearances of Nature）就足以證明上帝的存在，且以此為書名，發表於1802年。不必「巨觀」地談天，僅「微觀」地看人，就一清二楚地知悉，小之於人體的器官，大之於天體星球之運行，莫不都有個「設計師」（designer）在安排，使之一切就序，有法有則，有規有秩；不必仰仗望遠鏡及顯微鏡的透析及解剖（anatomy）。動物包括人體器官（organism）之功能及運作，使生命之存在條件，分毫不差，不多也不少，恰到好處。這不是創造主（Creator）精明睿智（intelligent）的展現嗎？他舉眼及錶為例，說明宇宙是「創造」（creation）而非「演化」（evolution）。有機的眼及無機的錶，背後都有個匠師在運作。取錶為證，先人早已提及；不過，他的論證，在資料的安排及說服力上，更見他的功力。這是他對宗教的主張。

　　其次，1785年他把在劍橋上課的講述輯成書，《道德及政治哲學原則》（*The Principles of Moral and Political Philosophy*），不諱言也不竊美地把功績歸之於塔克（Tucker）。

　　2. 把道德哲學定義為人們盡義務及其理由安在之學。只是基於本能的道德感，不足以建立一套道德論；本能不能形成道德感，本能與偏見及習慣糾纏不清；道德推理不能植基於偏見及習慣。道德感是「始」，但德行要依「終」來判斷。光有始而無終，與道德無涉；始該有個「傾向」（tendency），因此目的或終點（end），至關重要。「目的論」（teleological argument）與他的神學觀點一致。人生目的以「幸福」為依歸，幸福是分母，快樂是分子；樂多於苦，即是福。最大量的樂，即是最大量的福。

　　道德學說的量化論出現了。他認同塔克，以為樂的持續性及濃度性（continuance and intensity），是可以用量來計的。長樂之福，大於短樂；大樂之福，也大於小樂。將抽象的「福」，落實於「具體」的樂上，雖不儘然人人的感受皆同，但「歡快」（cheerful）及「滿足」（contented），該無例外的含在福之中。發揮社會情愛（social affections），習慣於謹言慎行（prudent habits），身心健康（good health）。身心功能的鍛練，以尋求某些「足以持之以恆的興趣及

希望」，來追求「正在從事的目的」（engaging end）。

3. 「義務」（obligation）帶有強迫性，是外加的，「來之於他人之下令」（the command of another）；但「得失」（gain or lose），會影響行使義務的動機，其強度與義務動機之強度成正比。義務也是一種「引誘」（inducement）；他人之下令中，最高位階的即上帝。上帝要求人人都能享福，義務變成「天職」，重要獎懲是在來生。人對上帝履行的德，就是「義務」。人對自己的行事要求，是「謹言慎行」（prudence），後者的獎懲則在今世。他的道德觀與神學密不可分，休姆（David Hume）則不如此。培利認爲若有「永恆制裁」（eternal sanction），則基督教成爲道德。基督徒的道德較爲特殊的是，另加一種「誘因」，即在知悉「永恆制裁」時，多了「義務」觀念！

4. 就以今生此世而言的德行，必須仔細思量，「功」「利」（utility）成爲德行準則，後果效應必列入其中；近思兼遠慮，二者得兼；周邊的及遙遠的，直接的及間接的，立即的及非馬上性的，要面面俱到。比如說，某一僞鈔之使用，使某人喪失了某筆金錢（誤以僞鈔爲眞鈔），也使特定人（使用僞幣者）取得不當的利。但僞鈔如普遍存在，則貨幣價值的穩定性必被摧毀。道德行爲之考量，全面性重於局部性。

在功利或效益立場上，到底是「私福」（private happiness）或「公益」（public benefit）才是德行判斷的準則？在後果效應的考慮上如何算計，正是一門大學問。他倒是大而化之的，只說，爲何X要爲Y盡義務，或Y的話給予X一股「強烈動機」，指令X非行不可，乃因爲該義務若履行了，則會給X及Y都帶來幸福。

5. 政治論上也以功利或效益爲準則：歷史事實呈現的最早政府，不是族長式的（patriarchal）就是「軍隊式的」（military）；前者如國家中的父子關係，後者則似將帥對卒兵。至於臣民爲何有義務要聽令於王君，他的答案只有一：那是因爲「上帝之意」（the will of God）。而上帝之意，正是「總策略」（collected from expediency）。上帝之意要求，人的幸福必予增進，民事社會（civil

society）之建立，以此爲目標；把整個社會成員的利益，都集結在一起；策略不成功，人人不方便（inconveniency）。因之，依上帝此意而建造的民事政府，臣民有守法之「義務」。「公共方便」（public expediency）說，取代契約論（contract theory）。就這方面而言，休姆是支持的。

英國的政治理論，霍布斯及曼德威是一陣線，阿希禮及赫欽森是另一陣線。前者認爲人性自私，形成社會之後，來抑此自私心；擔心政府之制裁，使人性此種「惡」的面消失或隱藏，造成利他行爲出現，有助於社會公善的成長。這是霍布斯的立場；曼德威雖大體上支持霍布斯，卻提出「私惡」有助於「公利」：如抽取大量的賭博稅，可以增加財政收入，以造福大眾。奢是敗德，儉是美德；這種「德觀」過時了，以「奢」促激生產，才是善德。

道德感的強調者，比較偏於心理上的「直覺主義」（intuitionalism），比較不訴諸於理性的運作，卻強調道德良心上的感性及純美意境；注重於一刹那間，良心所生的良知良能這種直覺「意識」（consciousness）。但意識一經分析，卻也發現「感」（sense）生出的「情」（feeling, affections），也該表達在「行」（actions）上。如此一來，外表的行動，背地裡藏有「美的鑑賞」（aesthetic appreciation）及道德（眞）的善惡區分（moral discriminaton）。從此，道德哲學獨立成爲一支，且是哲學大樹中的重要一支幹，與神學分道揚鑣。

第六章

柏克萊（Gerorge Berkeley, 1685-1753）

第一節　生平與著作

一、生平

　　1685年3月12日，柏克萊生於愛爾蘭（Ireland）；但家世來之於英格蘭。1700年入學於都柏林（Dublin）的三一學寮（Trinity College）。15歲的這位青少年，研究數學、語文、邏輯及哲學。四年後獲文學士學位（B.A.Bachelor of Arts）。三年之後發表《算術：數學雜論》（*Arithmetica, Miscellanea mathematica*），同年獲該學寮的寮友（Fellow）身分。其後到倫敦，拜訪當時名人，還兩度渡海峽到歐陸。寮友的地位很特別，享有腳踏綠草如茵的草地特權，管教學生，利用大學設備，獨身，住在學寮內與生共食等。

　　自少就有遠見。英國屬地偏佈全求，他希望英王及皇朝在百慕達（Bermnda）設學府來教導英國殖民者的子弟及印度當地年輕人，還啓程赴美洲新大陸的羅德島（Rhode Island），也設想在該島上創辦學校。1734年任命為主教（Bishop of Cloyne，愛爾蘭）；此時廣為宣傳焦水（tar-water）是解病的萬應靈丹；為百姓去苦解憂，的確用心良苦。1752年與家人定居牛津，1753年去世，葬於牛津教區大主教堂內。

二、哲學論點要旨

(一) 論點異於常人

　　柏克萊的哲學論點，常一鳴驚人，因為他的說法，出乎眾人之外。每有作品問世，立即引來學界及常人的注意，紛紛集中注意聆聽他令人駭異的「怪譚」，常被評為荒唐可笑，且成為眾矢之的。他的看法與一般人不同，眾以為是的他以為非；相反的，眾以為非的他倒以為是，被認為精神失常，標新立異，語不驚人死不休，是個來自於愛爾蘭卻被調侃為詭異言談或詼諧成趣的笑料對象。

1. 唯上帝、唯心、唯靈是存在的：出版《人類知識原則》（*Principles of Human Knowledge*, 1710）時，即被時人冷嘲熱諷，被目為來自愛爾蘭的瘋子，一心只在標新立異，卻是詭論連篇。但他卻自信滿滿地認為，他的哲學也只不過是常識之論；常人若要反駁他的說法，就好比踢一塊大石頭一般，自討苦吃。

自謙的說他的書，卑之無甚高論，與「販夫走卒」（the vulgar）之觀點一般水準而已，並無哲學家的深論。他一向討厭形上學家，因為他們常出言怪異，使用離奇字眼。他的筆記本有下述的話：「備忘：永遠遠離形上學等，呼喚人們回到常識界」。其中一例，即他排斥洛克對物質第一屬性的說法，因為說得那麼「玄」。不如一言以蔽之，第一性，依「心」即可解，依「靈」就能認識。

> 比如說，屋內桌椅，若無人看了（感覺），則又那能說屋內有桌椅呢？心不發生作用，則視而不覺，聽而不聞，看而不見。屋內有桌椅，不只要憑有人入內才決定，且入屋內的人真的對桌椅有「覺」，才能確定桌椅是否在。一位眼瞎的人入內，不「知」屋內有桌椅；但桌椅真的在屋內。原因乃由於不只視覺正常的人「看」了桌椅，且也看後又有「覺」。難道這不也是常識之論嗎？

人「眼」之有視覺功能，乃因人有「心」。肉眼之外，還得加心眼。並且除了人之外，另有上帝在。而上帝之心是無所不在的。屋內明明有桌椅，但無人用肉眼及心眼「看」到時，桌椅照樣「存在」。原因乃是上帝的「靈眼」，俯視萬有的一切。

2. 「to be is to be perceived, (*Esse est percipi*)」，這是他最具代表性的哲學名言。證明「存在」（existence），即to be，就得先「覺」（perceived）。麻木的人，一切無覺；因之沒有苦、痛、樂等感覺。因無覺，故萬物不存在。把抽象化為具體，把具體化為用，無用則無體在。車是體，乘是車之用。車不能乘，則乘形同不存在。

To be是靜的，to be perceived是動的，也是操作的，且是偶有性的展現。科學不能光談理論。牛頓以來，科學理論已改爲一種科學「假設」（scientific hypothesis）。「地心引力」（gravity）或「吸力」（attraction）等科學用詞，要訴諸於「用」（uses），才見眞章。用與體，二者不見得完全等同。但體一，用多；好比仁心一，仁術多一般。由仁術之「具體行爲」，雖未能完全知悉「仁」之本身（substance），但也幾乎二者「逼近」（approximation）了。

同理，to be perceived，不必然就是to be本身，但捨此已無別法可用。to be屬形上層（metaphysics），to be perceived則屬形下層，即物理層（physics）。

萬有的一切（to be），若是「存在」（existence），則必先經過一道手續，即有靈、魂、心者（指人及上帝）的「感覺」及「知覺」。感覺是外感官的功能，知覺是內感官即「心」的運作。這無疑的，是步洛克經驗主義的路線。其中，內感官（即心）之因素是主軸，最不可或缺。但與洛克相異之處，是洛克認爲萬有的一切，皆是「物」；物的本質（substance）不可知；即物的第一性，是人類知識無法抵達之處。巴克萊卻認爲，與其說「物」，不如說「心」。物依心而知，無心則無物。物一定有物的屬性（attributes），那不是外感官（sensation）及內心之「思」（reflection），二者相合的嗎？物也必把「象」表出來，稱之爲「表象」（presentation）；象也「現」出來，叫做「現象」（phenomena）。把形上化爲形下，後物理學（metaphysic）在物理學（physic）中。感官之覺（sensation）是第一步，心加上又作用其間，就是知覺（perception）、概念（conception），或觀念（idea）等，也就出現。具體到抽象的過程，由此顯現。眾人以爲「奇」的，其實一點奇也無，反而只是一種「常識」（common-sense）。

3. 把「形上」（to be）當「形下」（to be perceived）看，二者雖不完全等同，但已夠人「心」去操勞了。在這方面，「知」之增長甚多。探討「眞理」（truth），得依「假設」（hypothesis），科學之突飛猛進，就是如此。牛頓提出「乙太」（ether）及「地心引力」（gravitation），解了萬有之謎。但是否

爲最後或永恆的眞理（eternal truth or final truth），則有待日後是否有反證以駁之。假設是心的一種「想像」（imagination），美人魚（mermaid）或獨角獸（unicorn），是否眞有其「物」，猶如人也可想像有個「上帝」存在一般。作白日夢（day-dream）是人人常有的「經驗」及「現象」，「出神」（ecstasy）更頻頻出現。因之，「神」在，也只不過是經驗說而已。「現象學」（phenomenalism）將導致有神論（theism），更屬常識範圍。而「物論」（materialism）與無神論（atheism），二者之間也一線之隔而已。「心」學認定上帝之存在，不是一清二楚嗎？洛克因信教虔誠，不致於有無神論之說，巴克萊在這方面也與無神論絕緣。爲了百慕達以及美洲新大陸的福音傳播，寧可犧牲教會給予的較優厚官職，無視於家有妻小嗷嗷待哺；帶有理想主義的他，不是個追逐地位與職等者。理想與現實，形上與形下，二者之衝突如何解決，不也是芸芸衆生的棘手難題嗎？

4. 最現實的問題呈現在他眼前的，是老家愛爾蘭路上，流浪街頭的窮人絡繹不絕。爲減少受苦挨難者肌膚之痛，他狂熱地宣揚焦水的疏痛功能，甘願在愛爾蘭接受一份「新教」的教會（Protestant Church）職務。原因無地，研究哲學，探討知識，實用第一；高談闊論，如不能使讀者擁抱福音，向聖經行最敬禮，則哲學是無用也無效力之學。知識探討，旨在去除錯誤，找出問題之困難所在，力抗懷疑論（scepticism）、無神論（atheism），及「無宗教論」（Irreligion）。

(二) to be就需to be perceived，可見perceived極爲重要

存在（be），必經過人心之「知覺」（perception），比「感覺」（sensation）更進一步。柏克萊遂下了不少心血，探究光學儀器之構造，刺激了光學理論的發展。眼睛憑視力來斷物之遠近（distance）、大小（magnitude），及「情境（situation）；其次，視覺與觸覺之關係，又如何呢？

1. 遠近觀念：柏克萊不贊同當時時人以線條及角度等幾何觀念來斷遠近，

遠近之覺，源於目視。兩眼視一近物，瞳孔之擴大與縮小，與物之遠近成正比。瞳孔擴大以視遠物，縮小以觀近物；遠近靠目視，大小也如此。經驗告訴我們，地平線（horizon）上的月較大，子午線（meridian）上的月較小；太陽也如此。剛升上地面或即將入海的夕陽，卻比午時的太陽爲大。

至於「情境」（situation）之羞愧（shame）或愉悅（gladness），二者都生赧顏臉紅（blashing）。一個人表情上的怒（anger）及慚（shame），是相同的；單由視覺分不出其中的差異。可見大小、遠近，及處境，也都需經過感官知覺。山高月遠「覺」月小，便「道」此山大如月；若人有眼大如天，即可「判」山高月更大。同大小的物，遠物小，近物大；遠物不清，近物明。至於表情，則可由臉色看出。數學（幾何）上的大小，遠近是客觀的；但視覺上的遠近及大小，則是主觀的。前者同，後者殊。

2. 視覺非光或色不可。無光或色，則視覺不生。觸覺則不必光或色。一物「看」起來爲綠色，而非「聽、觸、嗅、味」覺爲綠色；聲音是耳朵聽到的，皮膚、眼睛、舌頭、鼻子等四種外感官對聲音就不能生「感官知覺」（perceived）。這些，都是常識之論，也是「自明」（truism）之眞理。

俗云：百聞不如一見。由「聞」所生的知，價值不及由「見」所生者。其他的「觸」、「聽」等四覺亦然。由視覺而起的觀念，由於視覺對象（the objects of sight）的異質性（heterogeneity）甚爲明顯；且「視覺觀念」近似「觸覺觀念」（tangible ideas）——眼睛與外物之接觸，使人「一入此一世界」，即開始依此而學習一切。嬰孩哇哇墜地之後，雙眼一張，光及色隨之而來；語言及記號（language and signs）之「學習」，也與生以俱來。

to be is to be perceived，是他在哲學界留下的不朽名句，下節有必要傾全力試評述之。

第二節　to be is to be perceived之解析

　　人一出生，就開始學語言文字。哲學大師表達其觀念，也不得不口說筆耕，在文字語言上下功夫。但不少文字語言，看似莫測高深，語意豐富，惜一經解剖分析，卻空洞無一物。在這方面，數學比形上學及倫理學較占優勢。因為數學上的定義，是學習者未學習過的；相反的，形上學及倫理學上的用字或詞，都是大家習以為常的。且數學所用的數目字或符號，不似其他學科的文字，不易染上情緒上的含混性、爭議性，及先入為主性。奧古斯丁早已言之，不問我「時間」是什麼時，時間的觀念，存於心中，是一清二楚的；但一經追問「時間是什麼？」時，卻無法明確的給時間下一定義了。人們使用「時間」一辭，非常頻繁且平常。但「時間」的定義是什麼，倒很難釐清，有時導致「思想錯亂」（confusion of thought），歸其因，是由於「語言缺陷及貧瘠」（the fault and scantiness of language）所致。柏克萊在這方面特下功夫。

一、語文之解析

(一)「material substance」

　　這個洛克的用語，是既不清楚，也毫無意義的語辭（nonsignificant terms）：

> 我們從洛克先生處，學到了各種伶牙俐齒（glib）、有條理（coherent）、有方法的論述（methodical discourses），卻總是不知所云。其中之一就是「material substance」一詞。
>
> 告訴你，心不是作為感官知覺用的，卻是用在感官知覺所及之「那」（that）「物」（thing）上。我回答，你濫用了「那」（that）及「物」（thing）這兩字。這兩字是字義不明的，是毫無意義的空字（empty words）。

1. 上舉的「那」、「白日夢」、「美人魚」、「獨角獸」等，如以爲必有「物」與「那」對應，皆歸此類。英文的that，毫無指涉的具體實「物」；只依聽到或看到that，就以「that」爲主題，大作文章；確實是虛擬時光。該捨棄「that」，若仍把重點放在「that」所引發的感官知覺，以爲該that有什麼深藏在奧底下爲人所未知的「基座」（substrate）；心思注意力實不該置於that。感官可知覺之物（sensible things），可分析而以現象的語辭表之，或轉譯爲該物的表像。簡言之，物之「本有性」，人不可知；但物之「偶有性」，卻異常明顯也殊多。坦言知識只及後者，才是正本清源之道。

以玫瑰花爲例，洛克以爲該花稟有一種看不到的本有性，即本質（invisible substance），可供「支撐」（support）該花之偶有性（accidentals）；即可見的花朵，香的花粉，一觸會痛的玫瑰刺等。柏克萊認爲，「支撐」這種字眼，一是用辭不當；玫瑰花是否有其作爲玫瑰花的本有性，他也不便反駁，但卻無哲學意（philosophic sense）。他建議，哲學界不應介入該地盤。

「存在」一辭亦然！感官知覺之「物」是存在的，夠了。認識此層，就不必再進一步探究該物是什麼的問題。這就是他所謂的「知識的第一原則」（the first principle of knowledge）。

語言的功能有多種，一般人都以爲只是利用文字以傳遞或溝通觀念之用，但事實不然，卻另有他用，如激勵燃情、延遲或阻止行動，或把心安頓在某一特殊處境中等；作爲傳遞訊息此種工具性的語文用途，反而不顯著且屈居次位，甚至被刪除。若純作文字或口辯上的爭論，這是不智的。此種建議，極佳。

2. 抽象又共通性的觀念（abstract, general ideas），只是個「名」，未見其「實」。「抽象」（abstract）尤然。柏克萊反駁洛克的「抽象觀念論」（theory of abstract ideas）。中世紀的教父（schoolmen），更是他批判的對象。不過，他卻舉洛克爲例來非難之。

人的觀念，依我自個兒所形構的，必然是白皮膚的，或黑色的，或黃褐色的

（tawny）；腰直的，或駝背的；高個子或矮身材，或一位體型適中者。上述的描述形容，我再如何奮力，也不必用到抽象性的字或詞。

把個別人的全部特性，悉數供出，或一切去除，來描述人；這是辦不到的。

三角形的共通性，既非斜線型（oblique）、長方形（rectangle）、正四角形（equilateral）、等邊三角形（scalemon）；這些形，可以同時全有全無嗎？

又有誰有能耐地把三角形的不同形狀，盡數舉出；同時又能舉出其中之一，不屬於三角形的嗎？

上述的例，是洛克提的，洛克多了equilateral（等腰三角形）。三角形的共通觀念，上述的形都不屬之。

「三角形」這三個字（words），是所有三角形的「共名」（general words）。此一共名「本身」，未有「內容」（content）。內容「表像」在個別的三角形上。共名是「抽象」的，但抽象如不能以「具體」來表之，則該抽象等於贅詞、空詞、了無用義，也無功能。To be這種抽象界，要能to be perceived，可落實於感官經驗裡，才有意義。洛克的material substance，形同柏克萊的to be，都屬形上界（抽象界）。經驗主義大師的洛克，未能百尺竿頭更進一步的完全捨棄形上界，柏克萊為他推了一把助力，使經驗主義的知識論，更如虎添翼，威勢不可擋。

名有共名，如「人」；有殊名（因時空異）如「臺灣人」或「古人」；也有獨名，如「傑克」（Jack）。這些名，都有所「指」（denote），即涉感官經驗界上的具體「物」，這才該是洛克所論的material substance了，怎「不可知」呢？不是具體存在的嗎？當然使用共名時，殊名或獨名所擁有的特別性（characteristics）就得捨棄，雖與感官經驗界距離稍遠，但仍能還原於具體的感官經驗中，二者之間絕無斷線。「動」（motion）的觀念，必涉及動的「體」（a moving body）；速度（velocity）及動向（direction），這不都是極為具體的嗎？不經感官經驗，又怎能了解其「觀念」？柏克萊哲學貨船裡是要清艙的；「存有」這種本質性（essence），猶如把桅桿拋在船外（go by the board），可棄而不顧。共相無殊相為內容，此種共相，了無意義。

(二) to be perceived是to be的要件

無to be perceived，則不可能有to be。無覺即無知，無覺則更無在也無存，也無有。他舉兩例以說明之：一是桌子，一是馬：

> 我說，我寫字用的桌子，存在於書房裡，那是說我看到了桌子，也對它有感。若我走出書房，我也要說，該桌子存在。其意是說我在書房裡時，我會看到它；或其他有靈者（other spirit），也真實的看到它。

1. 光說「桌子存在」（the table exists），而不言及我看到了桌子，或我可感受它的存在（the table is perceived or perceivable），是不妥的。

一般人會說：無人入內時，桌子也存在著。桌子之存與不存，與書房內有人在或無人在，無涉。但柏克萊堅持，有人無人在書房內，不是桌子存或不存的要件。要件卻是入屋者是否「覺察」到書桌的存在，這才是關鍵。換句話說，桌子之存在與否，不是絕對或客觀的，卻是主觀或個別的；「心」（minds）或「思」（thinking）發揮功能，才可斷定或「覺知」（to be peceived）桌子之存在。「內省」（introspection）是斷定存在與否的標準。「心」是「可感知的主體」（a percipient subject）。笛卡兒的「我思故我在」，柏克萊是心領神會的。若「我」未「思」，怎能證明我「在」呢？

馬房裡的馬，存在與否，類此。

2. 心的省思或查覺，才是斷定外物存在不存在的定奪標準。書房內的桌子，馬廄裡的馬，我不入內或雖我入內但不生「省察」功能，則客觀上，雖外物存在，但在我心中等於不存在。他人入內，情況相同。實證論（positivism）者印證事實敘述之眞假，正是採取此道手續；如屢試不爽，未有反例（counter-example），則概率（probability）已臻百分百的逼近（approximate）爲眞。

3. to be is to be perceived，是被動式的，但是否有主動式的，即to be is to perceive？再度入書房或馬廄，以便去「查覺」是否有桌子或馬存在，這種第二次的「檢驗」（verification），不只帶有被動性，更是主動性了。主動性最明確的莫如上帝，其次是人；動物、植物、石頭等又等而下之。由perceive而成perception（感官知覺），其中含有辨明、分析、比較、綜合、批判等功能。桌子是物質界，馬是動物界，至於人，則是「理性的動物」。把傑克「查覺」出是「人」還是「動物」，就得算計傑克屬於動物或人的比例之多寡及性質之高下。主動的查覺是「思」（thoughts），是內在的；被動的查覺是「感覺」（sensations），是外在的。外在的都有惰性（inert, passive）；內在的則具主動性（active）。但二者是程度問題，而非有無問題。外物即令如何屬被動性，但也會「現」出「色彩、大小、重量、形狀」等「象」；若這些完全皆無，則是一種「無感之物」（senseless thing）；由無感之物生不出「感覺」（sensation）。至少，顏色是依附於「物之本質」（material substance）中，洛克何必拋出「物之本質」說法呢？至少，由「物之本質」上的色彩可以使人之感官與之生出感覺經驗，不是由此也可知「物之本質」上的稍許嗎？「不可知」，是柏克萊無法接受的。

二、物的三性，既主觀又相對

(一)物的三性彼此不可分

1. 物的初性（primary qualities）是延（extension）、形（figure）、動

（motion）等，次性（secondary qualities）是色（colour）、音（sound）、味（taste）等，二者的關聯性很緊密，不可分。因為初性若純只是抽象觀念，完全與次性分隔，「是不可思議的」（inconceivable）。洛克認為次性之相對性（relativity），以證明初性之主觀性（subjectivity）。柏克萊則認為初性亦具主觀性！常人都知，形狀之大小，動之快慢，都是相對的；依覺查者（perceiver）所占的位子之不同而有差別。次性因人而異，初性也是如此。至於第三性之喜怒哀樂等，更因人而異了。總之，物之三性，都是相對的，也都是主觀的。可見「覺查者」（perceiver）居多麼重要的地位。「心」之用，大矣哉！

2. 雖然洛克也說，次性是由物而生的某種力道，使人生出某些觀念，該力道是客觀的。但就「色」而言，人眼所視之色，卻是主觀的存之於心。柏克萊既全把觀念寄於「心」上，則主觀性及相對性就無置疑了。三性都無「通性」，皆屬「殊性」。草時綠時黃，甚至有時是黃金色，這都是人人有的經驗，又那有客觀、一致、普遍、永恆、無時空之「性」呢？三性皆是主觀性。不然為何人生有彩色與黑白之分呢？色有物理面也有心理面，前者是客觀的，後者則主觀面宰制全域。

3. 主觀及相對，皆本於「心」而非「物」：物是客觀又絕對的，心也有絕對及永恆的面，即上帝之心。人無心，則無物；上帝若也無心，則宇宙無萬物，連一物皆無。洛克把「物」（things）看成是一種感覺經驗而形成的「理念」（觀念，ideas），看重的是後者，而非前者；這也是他視數學高於物理學或自然科學的原因；柏克萊則直接把「物」當「觀念」看。觀念是心的產物，若無觀念，則那又有物在？洛克將物及物的本質（material substance）當成不可知，深邃莫測；柏克萊利用奧坎剃刀，斬亂蔴，統統歸於由「心」而起的「觀念」。

(二)就「經驗」的層次而言

1. 正常的人有五外感官及一內感官（即心），一受物之「刺激」（stimulus），就會有反應（response）；加上「心」之作用，則反應層次在「知」上

有別，由此而得的最原始觀念，即「感覺」（sensatien）；如聽到聲音，看到顏色，聞到滋味等；次高層次的「知」，就是加上心的辨別、回憶、分析等，即成爲「知覺」（perception）；如看到紅綠燈，就知該走還是要停；遠處有人打旗語，是求救還是另有一番用意；聞到炮聲，聽到雷擊，就知要立即臥倒或快速躲入屋內；聽到車聲，可辨明是機車、汽車、戰車或飛機驚臨。柏克萊說的to be若到此一地步，即也能to be perceived，即到了「知覺」，而非只停止於「感覺」。這一層次，才能與洛克同樣的稱爲「觀念」。兩大哲學家的「觀念」，在此若合符節。

2. 其次在《哲學評論》（*Philosophical Commentaries*）一書中，他不客氣地說，若不把「物」變成「觀念」，而卻認爲二者有別，則就遠離一切的知識眞理，導致於普遍的懷疑論（universal scepticism）之出現。「物」是to be，是萬有、「存有」（最上的抽象，essence），更是「存在」（次級的抽象，existence）；但若不能化爲「知覺」的觀念，則只是一堆贅語。此種重話，似乎是在指洛克「提及物之觀念」（ideas）時，說物不是觀念（things are not ideas），而用了「觀念之物」（idea of things），才是洛克學說「造成錯誤的大因」。把「物」與「觀念」分開，柏克萊認爲這是他不滿洛克哲學的地方。二者該合一。不能形成觀念的「物」，是垃圾。其實那也正是洛克要清除的對象；甚至進一步的說，觀念即物，物即觀念；二者無「代表」（representative）意。物的三性說，似乎表示物有三種「代言人」。其實，物只有一性，即物就是觀念，觀念就是物（ideas are things）。把ideas說成ideas of things，這是贅辭：

　　ideas are things (Berkeley)

　　ideas are ideas of things (Locke).

3. 柏克萊對語文用字之講究，爲語言哲學開了先河：英文的are與of，是有區別的。「柏克萊是我」與「柏克萊是我的名」（觀念是名的一種），二者之不同，是天差地別的。

舉一例說明之，我張開眼，看到一張白紙，這不是我選擇不選擇的事。因

爲一張白紙，具體的展現在我眼前。我能選擇的，是我可以就此一角度或別一角度去看這一張白紙。當我從任一角度看此白紙時，總不會看出那不是一張白紙，卻是一堆綠色起司（cheese）。一張白紙所具有的「質」（qualities），印在我的眼球上，該質就是「觀念」（idea）。一般人不會把桌上一張或所看到的白紙當成是一種「觀念」（idea），但卻常會把心中以爲存有的「獨角獸」（unicorn），當成是一種「觀念」。一張白紙，在經驗世界中有，獨角獸則無。經驗世界中確實存有的，人不能否認其存在；在這方面，人是作不了主的。但感官世界中無的，如幻想（images），人「心」的運作卻揮灑自如，任由翱翔，無邊無際；其實，二者都是「觀念」，而觀念就是「物」，而非「物的」代表，前段已言之。只是經驗界中的觀念，非人可定其眞假；非經驗中的觀念，則由另一心來定奪。此另一心，即上帝。這是下節要討論的。

4. 「心」有大心小心：唯我論者（solipsist）以己心論私我界（private worlds），而私我界之多，等同於人類數量之多，二者都是「知覺界的主人」（percipient subjects）。我愛怎麼想就怎麼想，悉由我便；但不少的「想」，是「幻想」，或不切「實際」的想，天花亂墜；就「常」人而言，看到一條繩子，反應是用來包東西；將「繩子」與「包東西」這兩種「物」相聯，即「聯想」（association），既具體又實在。但對某些人來說，一「睹」繩子，即馬上想到自殺上吊，二者也很具體又實在，一點都不是「妄想」（chimera）或「幽靈」（phantasm）。可見「常」人的常，有「正常」及「反常」兩種；二者依各自的「私我界」，都是不可否認的「客觀事實」（objective facts）。

最後，仿柏拉圖之「對話」，柏克萊也有《第一對話》（First Dialogue），要旨如本節之所述。筆者在文景書局的《西洋哲學史》（2014）有清楚明白的評述（pp.736-746）。讀者不妨參看。簡言之，「那」、「那人」、「那一個蘇格拉底」、「那一個雅典的蘇格拉底」……這些「字」或「辭句」，是to be 成爲to be perceived的不同結果。

第三節　宗教及道德論

　　To be is to be perceived此句柏克萊哲學名言，就文字語言解析來看，欠缺主詞。主詞可以吾、我、你、妳、他、古人、今人……，不過不妨事。因爲For me, him, her等，都是to be is to be perceived。更進一步來說，For God，亦然。這就涉及到宗教及倫理道德論了。

一、唯心、唯靈，而非唯物的宗教論

　　「物」或「有」（thing or being），是所有一切用語中最共用之字；在這兩字之下，分屬兩種各異也各別的辭，一是靈（spirits），另一是觀念（ideas）；前者主動（active），是「不能再細分的本質」（indivisible substance）；後者被動（inert），飛逝般的（fleeting），是依靠性的（dependent）「物」（being），本身不存，卻賴「心」（minds）或精靈的本質（spiritual substances）來「支撐」（supported）。

　　注重語言文字解析的柏克萊，此處用「支撐」實在不妥。洛克用上此辭，他是有微言的，他竟渾然不知地也落入陷阱中。本質屬本有性，靠「靈」及「觀念」予以領會（comprehend），而非「支撐」。領會是「心」之功能，心是無形的，怎能「支撐」由本有性而分出的偶有性呢？

(一)「物」由於有「心」，才在心靈中生出觀念

　　「心」與「物」二分，也等於是說「心」與「觀念」也二分一般。由「心」（mind）生「靈」（spirit），心及靈作用於「萬有之物」（being）而生「觀念」（idea）。因之，心或靈，與物或觀念，二者縱然有別，就柏克萊的哲學專技性用語來說，觀念乃是心發揮了「意願」（willing）、「喜愛」（loving）、「恨」（hating）等，於「物」（being）上時所生的「念頭」（notion）。至於他所言之「觀念」（idea），是指有形物及可感覺之物的；既有形

又可感覺；感覺又分主動及被動，二者都由「心」生。主動感覺即領會了「我」之存在，被動感覺即了解「他」之存在，「他」包括了「上帝」。人之所以知上帝，中間必有媒介。知的媒介，就是「觀念」。知古人或悉異地異時之事或物，也是如此。

可見「知」有親自經驗之知，即俗稱的「見聞之知」，是直接的知；另有間接的知，如推論的知，如數學；有經由他知而成己知之知，如讀書等。

1. 藉「對話」作爲溝通媒介，一來領會自己的存在，以及他人之存在；二來也理解上帝的存在。把常識層的「意見」（opinion），提升爲「知識」（knowledge）層。這是哲學家的本務。理論上來說，此舉若有所成，則今之常識，必比古正確。培根期望「學問之增近」（Advancement of Learning）必然指日在望。

2. 己在，他也在：笛卡兒的「我思故我在」，已證明「我在」。試看柏克萊的下述一段話：

> 當我們看到一個人的膚色、體形、身材，及動作，這只不過是在我們心中激起了某些部分的感覺或觀念而已，把這些各色各樣的觀念或感覺予以組合，就可展現出一種視野（view），突顯出與我們相類似的其他被創生且明確的精靈，也是存在的。

依人的生活起居、動作、知覺等所形成的「觀念」，得出我在，他人也在的「知」。

3. 神在：證明神在，比證明己在或人也在，更簡易不難。因爲「上帝存在」的此一事實，是可被人知覺者，必多於「己在且人也在」的事實。「試問站在你面前爲你親眼看到且也與你問長道短的次數，是上帝多還是你的朋友多」？他曾引紀元前二世紀的傳記作家（名爲Alciphron）與友人（名爲Euphranor）的對話，若對方答以「幾乎相同，但沒有更多」；則對方再進一步地質問，大自然

（Nature，即上帝，God），發威而呈現在人眼前的存在事實，必遠多於人之使力。依to be is to be perceived這條哲學法則，則人的「知覺感受」（perceived）到天然威力，必認定上帝是to be（存在）。

4. 靈魂不朽：有些人認為人的靈或魂，只不過是一絲絲的星星火焰而已，如同身體一般的可以毀也可以滅。靈魂藏於肉體的帳蓬（tabernacle）內，在無巢之下，又哪能有完卵？但：

> 靈魂是不可分的（indivisible），非物非質的（incorporeal），不延的（unextended），因之是不毀的（incorruptible）。

當然，上帝使出無盡無止的力（infinite power）時，人魂也將難免被殲滅（annihilation）。但這是特殊例外的狀況。一般又平常的「天道」（Laws of Nature），是不致於使人魂破滅的。自然落體，隨時可見其支離破碎的殘骸；毀德壞行以及不信神者，最甲意於靈魂與肉體一般的死亡消失。這些人盡在追求人間的醜惡事，對他們來說，靈魂不朽易使他們心生不安；若靈魂同肉體一般的不存，則是罪惡的最大解毒劑。連神都不信也不怕者，則天大地大的惡行，都會層出不窮。洛克也這麼認為。

5. 神跡異於人跡：人法依附於天法，人則也本諸於天則。天則偶有例外，天行雖「健」，軌道非完全與人則之軌道相合。天行有常，但常有大常與小常；日晝夜寢似是永恆，但聖經中的無孕受胎（immaculate conception），超乎生理學「理」；「新奇的自然」（*rerum natura*），使得真實性（realities）與異想天開性（chimeras）之別，縫隙增大。依經驗觀察所得，宇宙至大無邊，亮麗宏偉，遠超乎想像及語文表達之外。自然的一切，似乎天衣無縫，首尾相連，左右互衡；但規則的必然性或許不如或然性。在宇宙史上，天體的奇行異狀也不勝枚舉：X循Y，是依上帝的指令嗎？如同射弓一般，上帝下令就位，誰信每擊必中嗎？

物理學或當時稱之為自然哲學，柏克萊並不反對予以研究；物物相吸互引，這是物理「定則」，但這純是事實上的描述。「自然」形同「必然」嗎？即令是依上帝之旨而形成的大自然法則，但保證其後也絕對如此嗎？X常循Y，突然變卦了，吾人乃答以那是神跡（miracle），超乎人預料之外。但過去X都步Y的後塵，那是依觀察（經驗）的結果，如今或許別出心裁吧！上帝定下的秩序可能變卦，因之神奇是可能的，這叫做「新奇的自然」（*rerum natura*）。物理學家只好在新自然中再理出新的自然秩序，但新秩序或舊秩序，到底何者才是「必然的秩序」（necessary order）？

(二)靈、心、魂

人有靈、有心、有魂，但該靈、心、魂，是局部性的、有限性的（finite），也是不完美的。上帝更有心、有靈、有魂，該心、魂，或靈，是無止境的（infinite），充塞於宇宙中，且完美得無以復加。

1. 上帝的perceived與人之perceived不同：前者所「感知」（perceived）的，是永恆的、絕對的、客觀的，是「原型的」（archetypal）；後者則是相對的、主觀的、暫時的，是「複製型的」（ectypal）。此種說法，十足的具有柏拉圖學說色彩。

> 馬廐裡的馬，由人所感受而知與由上帝所感受而知，二者大為不同。人不在，即對馬之是否在馬廐，此事存疑。但A入馬廐內看到了馬，A不在時，如B入內，在相同處境下，B也會「覺知」馬在馬廐內；上帝是無所不在的，因之，如真的有馬在馬廐裡，則即令A，B或他人不入馬廐內，馬照樣存在於馬廐內。

2. 由感官而生的「感」（sense），人、動物，甚至植物皆有之（即令礦物也有彼此之碰撞或吸引……等「感」）。由「感」而生「知覺」（percep-

tion），這是經驗主義（empiricism）的一貫說法；如更進一步地到抽象、推理，或形式演繹階段的形成「概念」（conception），則形成「理性主義」（rationalism）的論調了。to be is to be perceived (*esse est percipi*)夠了，不必再到to be conceived (*esse est concipi*)。

3. 知覺（perception）介於「感覺」（sensation）及「概念」（conception）之間。人與動植物的感覺無別，但概念就不同了；概念是無感覺爲基料的，因此是空的，「現」不出「象」來。「現象」（phenomena）不出，則只是一堆虛無的辭、文、字、符號等的「名」而已，而無「實」。

4. 各種感覺之間的連結，形成「關係」（relation），其中的「因果關係」（causal relation），最堪玩味。「因（cause）與「果」（effect）之間的「必然性」，乃因「知覺」時留下可「感」的記號或殘餘跡象（sign），那是可觀察到的。我看到火，並不是因火而使我近火時才生痛感，而是我以前曾有過經驗，甚至留下的疤痕而使我產生火燙的警告。初生之犢不怕虎，就是這原因。未經世面的年輕小夥子，橫衝直撞，未被「磨練過」，說話不會委婉；「經歷」之多少，而生出老少不同的人生反應模式。未受過火傷者，又哪知火（因）會傷人（果）？

5. 因果有兩層次，一是經驗界的，記號（sign）是形下的，是器物性的；一是形上的、神性的、預言性的（prophetic sign）。人憑感官經驗所查覺出來的記號，彼此之間的關係，及所生的因果，人是可「知」的；至於上帝顯現於宇宙中的各種神跡，人要完全領會而得出此種「知」，總不如前者之可靠及穩定。就感官世界而言，因果關係有經驗界的，也有形上界的；前者狀似機械，後者來之於上帝。上帝不是只個不管事的「造物主」（Creator）而已，卻是「神機妙算的治理者」（a provident Governor）。「神跡」（divine sign）都含有深刻寓意，提供給帶有「精靈」（spirits）的人發揮睿智的無比空間。

6. 「過與惡」（crime）或「罪」（sin），純就外表行爲（行動）而言，差異是了無意義的；卻與行爲當事者內「心」的意或願，關係密切。把人「殺了」

（murder），劊子手與謀殺犯，二者的肌體行為同。但：

因：殺人者處死刑

　　劊子手是殺人者

故：劊子手處死刑。

若此一三段論式成立，則處死劊子手者也該處死刑，那不是人人皆要處死刑嗎？「劊子手」是「奉令」殺人者，並非與一般的殺人犯處於同一等級。「奉令」者心不由己，與道德邪惡（moral turpitude）之徒，天差地別。奉令殺人的劊子手「必然」無罪。主動立意殺人者應得的懲罰，怎可與被動的劊子手「一視同仁」呢？

只有心（mind）與「靈」（spirits）者，才該負道德責任。提琴拉不好，就把琴摔壞；球打歪了，向球拍大發脾氣。這種人不怪自己，「怨天尤人」更尤物，「修養」真差。在狂風驟雨時，駕小孤舟於茫茫大海即將被「波臣」吞噬時，還敢大唱「海浪濤濤我不怕」嗎？至於身處於美術館內，心情悠哉地賞該幅畫，二者在內心的感受上，是涇渭分明的。

6. 十八世紀早期的歐陸哲學家，最為柏克萊賞識者，首位是天主教神學家也是追隨笛卡兒主義的馬萊布郎（Nicolas Malebranche, 1638-1715），但二者在神學上的觀點，區別仍大。馬氏主張以因緣際會來解因果關係，藉緣分論（occasionalism）以解奇妙的結合。俗云：有緣千里來相會，無緣情海不生波；一切都是緣定三生（生前、今生，及死後）。但柏克萊的許多見解，幾乎都與其相左：「我們移動我們的左腿，那是我們甘願如此的」；難道移動左身體，也是上帝的意旨，且是我們與上帝有該「緣分」嗎？果真如此，哲學家就可解一切之疑了，但那純是無知的藉口，也是蔑視了人的自我決定力。客觀界的宇宙及主觀界的人，奧祕不可解者甚夥，「悉數」歸之於上帝的安排嗎？上帝用「心」安排，人無以理解，只好當作是機緣吧！機緣論頗易動情煽意，熱心十足（enthu-

siasm）。但「緣」也要相遇才能有火花，這都需to be perceived；如欠缺，則無緣也等於即令「對面」，只仰天長嘆「不相逢」了！

　　既以「感覺」及「知覺」起家，此種經驗談，也是常識之論，就要徹底。他最尊敬的哲學家是洛克，但他也非「回也」之輩的唯唯諾諾；雖對洛克讚美有加，卻對洛克提出的「物質本質」（material substance）之說頗有微詞，這也是二者之論不十分吻合之處。

二、道德學說

　　洛克希望道德學能如同數學一般的成為一門可以「演算」（demonstrative）的學門。一來當時數學之新發現，使該學之精確性日新月異；二來數學應用於物理學等自然科學上，使自然「哲學」之地位提高；三來傳統倫理道德規範皆仰仗權威而非理性。因之，洛克期待倫範該建立在經驗科學上，將觀察的事實作理性的解釋。但柏克萊認為，倫理學「必」不能成為一門「純數學」，卻可作為「應用數學」的一門，他稱之為「混合式數學」（mixt Mathematics）。倫理的數學化，柏克萊所要求的，不是如同代數或幾何般的純以抽象的符號或數目字，卻仍以語言及文字為工具。首先的重要工作，是要編一本語辭文字字典；字或辭必先定義清楚。這部分的工程艱難度之大，非數目字或符號之定義可比。倫理道德語彙字典之編撰，迄今仍未成。

　　1.「感官之樂，乃是最樂」。（sensual pleasure is the summum bonum），這是「道德學的大原則」（this is the Great Principle of Morality）。他的筆記本（notebooks）有這麼一條。乍看之下，那是一種粗俗的快樂學說（hedonism）。但該項目之下，又有如下數語：「一旦精確地了解了一切的德目，則即令最嚴的福音（the severest doctrines of the Gospels），也可以當如此解」。至樂，就是至善（supreme good），不可當字面看；樂之「最」，絕非通俗所言之肉欲色情，或暫時之己樂而已。

2. 幸福是人生之旨趣，但不是那種抽象式的福。此部分的闡釋，由其他的功利效益主義者所接棒。他在這方面並未有系統性的論述。不過：

> 在道德學（morality）上，行為的永恆規劃，其永世性的不變真理，與幾何上的命題，並無兩樣。二者皆不倚例外或殊況（accidents or circumstances），卻是恆時且永世皆不受限，也無例外的真。

此際的倫理學或道德學，不是與數學合一嗎？

此外，該加上柏克萊所獨樹一枝的語言文字的解析，這才是構成為其後英國哲學的主流。尤其在當今。

第七章

休姆（David Hume, 1711-1776）

　　具正常眼睛的人都有機會看到虎，但小孩不會因而引發「怕」、「躲」、「走開」的「知覺」。至於把虎歸類爲生物中的哪一類，這是抽象思考的運作；先是「感覺」（sensation），其次是「知覺」（perception），又進一步到「概念」（conception）。三者都根源於「感官」（sense organs）的功能。其中，「心」的功能大矣哉！從洛克以來，倡導的經驗主義哲學，經過柏克萊的補充，加上本節出場亮相的休姆，英國的經驗主義，從此奠定爲哲學史上的一大潮流。1776年在歷史上是頗值注意的，政治上美國發生民主大革命，休姆死在該年；經濟學大師斯密（Adam Smith, 1723-1790），名震經濟學林的《國富論》（*The Wealth of Nations*）巨著，也在該年問世。

第一節　生平與著作要旨

經驗主義的三大師，先是洛克，其次是柏克萊，後是休姆。三者皆訴諸經驗為知識之源，排除形上論。但洛克及柏克萊排除得不乾淨，洛克甚至還舉出「物的本質」（material substance）這種「形上」名詞。柏克萊重心、靈、魂，以作為感受上乘知覺之基礎，對歐陸之理性主義（rationalism）或「心學」（idealism），還保有一點藕斷絲連關係。休姆則用奧坎剃刀一揮，徹底地與理性主義或心學劃清界線，不再與之糾纏。

一、生平

1711年於蘇格蘭的愛丁堡（Edinburgh）這個古城出世，家人希望他日後執律師業，但他卻認為上天賜予他與文學有緣；且感受到一股衝動，「無可抗拒的厭惡一切，但哲學及通識科目除外」。家境不富有，不能讓他任其所欲；有段時間在英格蘭西南部的布里斯托（Bristol）經商，卻無法發跡，志趣性向不合，可能是主因。他毅然決然地赴法鑽研文學，勤儉度日。留法三年（1734-1737），將學思所得輯成書，《論人性》（*A Treatise of Humam Nature*, 1738-1740）陸續出版，共三冊。但自言：「出版界反應是死氣沉沉，即令是熱迷者，也連潺潺聲不發」。

1737年回老家與母親及弟弟同住。1741-1742年又有新書問世，即《道德及政治論》（*Essays, Moral and Political*）。此時，幸運之神造臨，乃決定重寫先前之著作。1745年向愛丁堡大學（University of Edinburgh）申請為倫理學及「精氣力哲學」（pneumatic philosophy）教學職務。由於他鼓吹懷疑論及無神論，遂遭拒。「精氣力哲學」或「精氣論」（pneumatism），是一種醫學學說，認為生命與精氣有關。精氣有二，一是「生命之精」（vital spirit），一是「勁力之精」（animal spirit）。精力不順或血液巡環不暢，才是致病之因。1752年擔任愛丁堡大學於1689年所設法學院（Faculty of Advocates）之圖書館館員，藉圖書

館藏書之利，他開始專攻英格蘭史。大英（Great Britain）歷史悠久，夠他費神下功夫，也出版數本大英史。

1763年，他隨英駐法大使赴法，還充任大使祕書，也因此趁機請教法國「百科全書」（Encyclopedia）的哲學家。1766年返英時，還把驚弓之鳥的盧梭帶在身邊。當時盧梭處境堪虞，幻想症及憂鬱症纏身，還疑神疑鬼，甚至認為休姆可能是對方派來的間諜，隨時要綁他回法究法論刑，讓休姆內心頗為掙扎、痛苦，與不諒解，因為盧梭最後竟然不告而別。由於兩人處境相異，休姆也該同情盧梭之遭知交也難免令他心疑。此種「疑」，不也正是休姆對哲學研究所下的斷語嗎？

友人經濟學大師斯密（Adam Smith）為其作傳，於休姆去世後一年問世（1777）。傳記內常引自休姆本人對自己性格的描述：「一位性情溫和適中，控制脾氣，心胸開闊，具有合群及愉快的幽默感，易與人相處。對他人少存敵意。在用情上我極力持穩保泰。即令我熱愛文學名聲，但指揮我心的，仍不會使我乖戾使性，縱使我常有不如意時亦然。」但據另一位王公貴族的回憶，認為休姆的長相，似乎使讀者易生一印象，以為從他的著作之字裡行間中，體認不出他就是那種人。二者之間差距甚大。該伯爵（the earl of Charlemont）評論，與其說休姆是個「有教養的哲人」（a refined philosopher），不如說他是吃烏龜的士紳（a turtle-eating Alderman）。休姆說的英語常有濃濃的蘇格蘭腔，法文則不敢恭維。儘管如此，人不能貌相，更不該依口音以斷成就。休姆在哲學思想史上，的確占有重要的一席地位。

二、學說要點

(一)《人性論》（*Treatise of Human Nature*, 1734-1737）三冊

本著作先是不由讀者識貨的。休姆指出，任何如下述學科探討，多多少少都與人性有關。

1. 邏輯（logic）：涉及人的推理功能，以及探討人的理念（觀念）之性質，二者之原則及運作。

2. 道德（morals）及美的鑑賞（criticism, aesthetic），必與「品味」（taste）及「心情」（sentiments）有關。

3. 政治學（politics），處理人整合於社會時的問題。

4. 數學（mathematics）、自然哲學（natural philosophy），及自然宗教（natural religion），雖討論人之外的「學門」（subjects），但這些層面的「知」，來之於人，也由人來評斷知之眞或假。此外，自然宗教不只追尋神與人之關係，也涉及上帝與人之間的義務性。

可見「人性」是一切學門的「自我中心」（capital or centre），地位何其重要。因之有必要發展出一門「人學」（a science of man）出來。利用實驗方法，乃是必然途徑。因爲「人學才是其他各學的唯一穩固基礎，而僅有的此一穩固之學，必建基於經驗及觀察。」

雄心萬丈的他，「擬以人性原則之解釋，來建立一套完整的科學，方法是全新的。只有如此，才能安全的矗立在穩固的基礎上」。此處指的新方法，也就是培根的新工具，即實驗法。既然實驗法在自然科學上大展鴻圖，則也該應用在人之研究上。換句話說，探討客觀的自然界及主觀的人之世界，實驗法是普遍有效。

(二) 人學

人的研究，心理過程（psychological processes）及道德行爲（moral behaviour）都需經仔細觀察，從中理出原則，並了解因果關係。此種實驗法，當然並不完全同於化學。「人學」及「化學」最大的不同，是在觀察或實驗法時，多了「內省」（introspetion）資料，這也是經驗素材，而非靈感或直覺（intuition），更不涉及人心之「本質」（essence），那是困惑世人，也是人無法掌握把抓的。歸納法而非演繹法，眞憑實據第一。人的領會，也以此最爲崇高。

　　物理學上，牛頓有了大建樹；人性論上，洛克等人之成就非凡。後者異於前者的，就是要加上前已提及的「內省工夫」。他改寫《人性論》三冊，而成爲《悟性論》（*Philosophical Essays concerning Human Understanding*）、《道德原則論》（*An Enquiry concerning the Principles of Morals*），及《政治論》（*Politial Discourses*）。

　　1. 把人視爲行動者，以德行爲美。這屬於「常」人的願望。

　　2. 把人視爲悟力高於萬物者：人是會「思」、會「想」、會推理者；這屬於「人上人」的企圖，因較抽象，且以上述的邏輯作爲基石；行及德，要有知作根據；選擇與判斷，都要憑知。知識論（epistemology）先，道德論其次。此種觀念，早由洛克示範在先，把「知」作一文字意義上的解析。休姆認爲，「知有兩要素，一是感官印象」（impression），也就是「感覺」（sensation）；人一出生，感官即開始運作，是「天生的」（innate）。感官「印」上了外物之「象」，故叫作「印象」。當眼睛閉上了，或眼睛已不再視該「物」時，該「印象」卻留存，該物原先之印象若很鮮明（vividness）或「力道大」（force）──如巨雷之聲大於蚊鳴，則印象留存之時間較久；存留下的印象，就是「觀念」（ideas）了。觀念不是一生下來即有，那是後天經驗的產物；故無「先天觀念」（innate ideas）。

　　感覺一定要身歷其境，此種經驗才是「知」的基本元素；無具體實物的感覺，形同幻覺（image）。視臺北城市街道上車水馬龍，高樓大廈，這是正常人的正常視覺必有的「印象」，也是「感覺」；但若以爲有一城市之路都鋪上黃金，牆壁嵌的都是鑽石，則該「覺」必屬「幻覺」。幻覺與感覺，二者雖皆有「覺」，但二覺之虛實，卻大爲不同。

　　人一出生，最先入眼簾的必是「物」；因物而起的名、字、語、言辭等，都一一與以搭配。初聽「摩天大樓」四字或skyscraper一字時的兒童，必不知其意。析之而爲「樓房」（house）、「高」（tall）、「層」（storey，story的古英文字）等，再加親自一睹時，該知才能落「實」。若只停留在定義、描述、說

明，卻未能帶孩童到臺北101或其他「豪宅」，則徒勞無功。可靠的知識，只止於「經驗界」；一味的樂於「拆字」，如把「羅」析爲「四維」，以「風月無邊」來說「虫二」，醉心於舞文弄墨（jargon），空而無實（vacuous），則對知非但無用，反而虛度時光。

3. 「回憶」（memory）及「想像」（imagination）：休姆把感覺一分爲二，先是「印象」（impressions），後是「觀念」（ideas）；前者鮮活（vividness），後者暗淡不明（faintness）。

(1)「回憶」指「印象」的再生，「想像」則指「觀念」的重起：前者比較如「實」，後者就超「實」，天馬行空，想入非非。因「記憶」而生歷史，因「想像」而有詩詞美藝之創作。黃金城、鑽石牆、有翅翼的飛馬（winged horse）、渾身是火的龍（fiery dragons），或奇形怪狀的巨人（monstrous giants）等，都屬「想像」。

(2)想像雖天花亂墜，卻也有跡可尋。記憶與原先觀念之結合較緊，想像則如脫韁野馬，不爲原先觀念所困；想像中有一股無法言宣的「軟力」（gentle force）在運作，使新舊觀念之聯合（association）成爲可能。

(三) 觀念聯合的三律

三律即彼此的相似性（resemblance），時空的持續性（contiguity in time or place），及前後的因果性（cause and effect）。

1. 由（感覺）印象這種「天生」的官能，產生了後天習得的「觀念」，人的「知」就比動植物之知更進一步了。此外，觀念與觀念之間的「聯合」，更是後天習得的。休姆認爲觀念聯合的第三律，即「因果律」，最足以影響哲學界。因之有必要專節討論。

2. 相似性與持續性：觀念之所以產生「聯結」，必由於觀念與觀念之間有「關係」（relation）。俗話說，光陰似箭，日月如梭；之所以如此說，乃是光陰與箭，都因「快」而使二者聯結。此種例子甚多。把一寸光陰與一寸金，二

辭相「聯」，正足以表示二者之間的「珍貴」關係。相似性或近似性（resemblance）是觀念聯合的第一原則。

其次，人類的傳統習慣，也促使觀念聯合變成自然。臺灣生意人初二及十六都會拜拜，端午節就「聯想」到划龍舟及吃粽子或猜燈謎，因為二者之關係是頗為「親近又連續的」（contiguous）；一前一後，直接間接，都在時及空發生關係。

(四) 複雜的觀念

與觀念聯合原則息息相關的是「關係」（relations）、「模式」（modes），及「本質」（substances），這些都是「複雜的觀念」（complex ideas）。

1. 「本質的觀念」（the idea of substance）：眼睛有了知覺（即視覺），必因知覺的對象有「色」；耳朵有了知覺（即聽覺），則必有聲；舌頭有了知覺（即味覺，the palate），必試吃過（a taste）。色、聲、味，絕非「本質」。而色、聲、味等的觀念，都染有人的主觀情及愛惡意在內，已與「本質」有別。本質是什麼，休姆說那只不過是一種文字用語或說話溝通方便上的用辭而已。其實，也只不過是簡單觀念（simple ideas）的集結。本質是什麼，不可知，卻都是觀念聯合的結果。以「火」的「本質」（substance）為例，人之知「火」，只能寄予由火而生的「觀念聯合」，這就與觀念聯合原則有關了。如由火而生熱，由火而燒等。火是什麼，感官對此是無能為力的，但卻可由眼看到了火燒，由耳聽到了火燒的聲音，由皮膚而觸到了火熱……。音、熱，等都是簡單的觀念，聯合簡單的觀念而生複雜的觀念，雖與「本質」之意不盡然完全等同，但已十分逼近了。名之為「火」，是為了「方便」，以一字代複雜觀念的聯合。

本質有「物」的，也有「靈」的。洛克提了「物的本質」（material substance），柏克萊斥之為多餘，得到了休姆的支持。但主教身分的柏克萊，卻又提出「靈的本質」（spiritual substance），休姆就認為多此一舉了。對心（靈）

或物（質）之知，皆本諸於心或物而生的「現象」來解，完全依「現象學闡釋」（phenomenalistic interpretation），一切的複雜觀念（本質觀念屬之，包括物及心），都可簡化、分析、落實於簡單觀念上，即「印象」。「印象」是「現象」，內外感官皆能涉及。唯一缺點，是「印象」不足以完全等同於本質；前者多，後者一。

2. 關係（relations），休姆所說的「關係」有二，一是「自然關係」（natural relations），一是「哲學關係」（philosophical relations）；前者是觀念與觀念之間，在「質」（qualities）上出現了「相似性」、「連續性」，及「因果性」；後者則是觀念之間的「比較」（comparison）。此種哲學關係有7種，除了三種與自然關係重疊之外，另有「同一性」（identity），「量或數的比例性」（proposition in quantity or number），「質的程度」（degrees in any quality），及相反性（contrariety）。哲學關係既是「比較」性的，因此不是自然產生的，更帶有一種強迫性。

自然關係是天生的、本能的、「先天的」，哲學關係則是習得的、人為的、後天的。前者是盡人皆同。當陳列物都是綠色時，則「自然」看出「綠」乃是陳列物中之所「同」。看到101大樓，聯想到臺北；目睹聖彼得大教堂（St. Peter's），「馬上」知悉它在梵蒂岡聖宮（Vatican Palace）。這種「聯想度」，總比一出現紐約、倫敦或澳洲，就「聯想」其距離之遙，來得自然些。

至於「因果」（causation）關係，因與果並非必然的，只不過是時空上的一種事實而已，都可依觀察所得而形成觀念，更是哲學關係的一種，絕不超出經驗範之外。「先驗」或「超驗」，都屬無稽之談。

3. 休姆也把一般抽象觀念（general abstract ideas），植基於他的「觀念」及「印象」之分析。在這方面，他尊稱柏克萊是「大哲」（a great philosopher），與托瑪斯禮敬亞里斯多德一般。他理解的柏克萊，認為所謂的一般抽象觀念，既是「一般」的，即通用的，又是抽象的，則此種觀念只不過是一種特殊詞彙；雖具有廣泛性，卻都與個別觀念或印象形影不離。休姆認為，此說是哲學上的一種

重大發現。

　　言及「線」（line），也必言及其線的長度。前者「通用」於所有有長度的線。有長度的線是感官可及的，而任何感官可及的，其量都是有限的（definite），人眼不可能看盡全部有長度的線，對線長度的印象也因之「受限」（determinate）。看到一根或數根（但不能無窮）線的長度，印象極爲深刻，由此「印象」（impression）而形成的「觀念」（idea），則較爲暗淡不明。此外，若無長度的線存在，則吾人絕無法生出「線」的觀念。「三角形」（triangle）的觀念，是抽象的，適用於一切的三角形。一提「三角形」，就以爲可以把所有三角形都包括在內，且同時不指涉任何形狀及種類的三角形，此種說法是荒謬可笑的。事實上因無法呈現全部的三角形，所以三角形此種抽象「觀念」，也是不可能存在的。

　　此種說法，簡直就是對柏拉圖舉「床」爲例而形成的「觀念」說或「理念說」（theory of idea），直接的反擊。「床」的「觀念」，不只不是共相，且也只不過是殊相；是個別的，單獨的。「三角形」之觀念，必來之於某一形狀而視覺可看到的三角形，如直角、等腰、等邊等三角形。人以「樹」（tree）此「字」（word）來知「橡樹」（oaks）、榆木（elms）、落葉松（larches）、高樹（tall trees）、矮樹（short trees）、每年落葉的樹（deciduous trees）、長青樹（evergreens）等。樹的「觀念」一起，必連帶的與單一具體又實在的樹之「印象」相連；同時也查覺得出，木麻黃的樹必與芒果的樹，二者有別。硬要把「樹」的觀念，擴及到一切的樹，在領會樹的觀念上，是沒必要的。兒童到動物園看到大象，也形成了大象的觀念，但該「大象」的觀念，絕非等於把「全部」的大象都包括在內。把一種動物「名」之爲「象」，是約定俗成（custom）的。支那的造字專家倉頡，段玉裁之「說文解字」，似乎對字也有一些「理」可循；但絕大多數的「名」、「字」，甚至「語」及「言」，都是任性的、武斷的、人爲的、非先天的；名起俗即定。追究名之最終因（ultimate causes）是不可能的，也祕不可宣。習於「政府」或「教會」等抽象之名者，也都需合乎很久以來

人們使用該名詞的共同意義，才不致於在溝通時發生困難。

(五) 知有兩類

一切的「知」，分成兩類，一是「觀念間的關係」（relations of ideas），一是「事實，就事論事」（matters of facts）。前者指的知識學門即幾何、代數，及算術，答案的準確性都可由演算得知，或憑直覺（intuitive）而來；後者如明日太陽東升，這純是一種經驗事實。

1. 數學中的各學門，都在探討「觀念間的關係」。上已提及的七種「哲學關係」，只有四種屬於「觀念之間的關係」，即相似性、相反性、質的程度差異，及量或數的比例。前三種，憑直覺一眼即可看出而不必靠演算，只有最後一種（量或數的比例），才需依演算而來。數學命題都是符號、量、數目字，這些都屬觀念界，而非具體經驗界，是「形式的」（formal）而非「內容的」（content）。數學命題雖可應用於具體經驗，但數學命題本身，不是事實經驗界的。休姆此種說法，是理性主義的論調而非經驗主義者的口吻了。數學命題是「先驗」（a priori）的，雖然休姆並未使用該辭。十九世紀時小米爾（J. S. Mill，1806-1873）置數學命題（mathematical proposition）爲經驗上的假設（empirical hypotheses），但二十世紀的解析哲學家（analytical philosophers）、新實證論者（neo-positivists），闡釋數學命題爲「先驗」，是分析性的，不需經驗事實爲佐料。4 + 3 = 7，此一命題本身，都純是符號或數目字的演算，已把4椅加上3椅等於7椅，提升到將事實上的椅全部移走的學門了。

此外，數學中的三學門，算術（arithmetic）及代數（algebra）之「精確性」（precision and certainty），勝過幾何（geometry）；但在正確的判斷上，幾何則比感官及想像完美得多。休姆認爲幾何的第一原則（first principles of geometry），來之於「形」或「圖」，不如符號或數目字之抽象。最圓的圓形，及最三角的三角形，或眞正的直線，都不存於感官經驗中；幾何卻賴圖、形、線、角等爲其「內容」，不如代數或算術之「形式」。兩直線不可能有共同的弓形

（common segment，即lune），但由於經驗事實上，無完美的兩直線；兩直線不會百分百的「直」，必有彎曲；因之由兩「直線」而成的弓形，必存在，雖其角度極小。故嚴格言之，幾何在既精又準之確度上，不如代數及算術。不過休姆也把幾何作爲數學之一。不可小視歐幾里得在幾何上的成就。

其實如再深層追究，純只「觀念」的運思或操作，是不訴諸於形體的；數目字及符號也是形體的「表像」（appearances），表像就有眞或假的可能，是會失「眞」的。代數及算術之符號或數字，也是有「形」的。當然，抽象「程度」更高而已。

2. 休姆將「哲學關係」分爲可變的及不可變的（variable and invariable）兩種。

不可變的關係：如數學。5 + 2 = 2 + 5，此程式中，各出現兩次的2和5，意義完全等同，前後不變；可變的關係即文字及語言：己所「欲」之「欲」，與人所「欲」之「欲」，是可變的，不必然相同的。數學上的知，與人文社會學門上的知，是兩種不同的世界；前者純「理」（推理）即可，後者則憑經驗及觀察。即令後者也可有推理成分，但卻得以經驗及觀察爲最後的判官。眞理有兩大效標，在純符號或數學上，「推理」是唯一的效標；但就事實界而言，則只有經驗及觀察才能止爭。

不信2 + 3 = 5者，必生矛盾（contradiction）；2 + 3 = 5此一命題，必與2 + 3 ≠ 5之命題，二者矛盾。至於「明日太陽不東升」，此一命題，與「明日太陽東升」，此一命題，在「邏輯」上並不生矛盾。明日太陽東升，此一命題，屬於「可能性」而非「必然性」，只有數學才是必然性的。

換句話說，屬「觀念關係」的命題，現代的人稱爲「分析性命題」（analytic propositions）；屬「事實關係」的命題，現代的人稱爲「綜命性命題」（synthetic propositions）。前者是必然性的眞，後者則是可能性的眞。分析性命題又稱爲「先驗命題」（a priori propositions），綜合性命題又稱爲「經驗命題」（empirical propositions）。

(六)因果關係

因與果之間，是可變的（variable），不一致的（inconsistent），都是事實與事實之間的關係，而非觀念與觀念之間的關係。既是事實與事實之間的關係，因之有「時」及「空」兩要素，且都是感官印象的一種，都是經驗界的。

「驗」有數種。「驗」是「印證」（驗證）。檢驗或查驗，都屬感官印象或感官知覺的領域；驗有先驗（*a priori*），即數學上的推理或邏輯上的論證；驗有後驗（*a posteriori*），即事實經驗。驗之先後，是水平的（horizontal）；驗也有超驗（transcendental），那是垂直的（vertical），即知得較深、較廣、較高。

休姆認爲由事實經驗界得出的結論，都可依因果關係解釋。數學的符號推論，靠「演算」（demonstration）；事實關係因屬經驗科學，則以因與果表示。驗的「先」及「後」，「水平的」及「垂直的」，二者之間產生的「關係」，名之爲「因」及「果」。休姆首先問，「因」與「果」之「觀念」，何自起？究其實，只不過是兩種事實經驗界中的「關係」而已。什麼關係呢？

1. 近鄰性（contiguity）關係：近鄰性是含有程度性的，是立即的；如字母中的A與B緊鄰，但也有其中牽連一串的，如A與Z。事實上，並不如此乾淨俐落，有時是可以分別出現的「並置」（juxtaposition），如A之後緊接著是B「或」Y，有時是「兼及」（conjunction）即B「和」Y。一因生一果者有，一因生兩果或數果者更多；一「果」由不同「因」所造成，或由單一「因」所生。此「事實」之例不少。近鄰性除了有時間上的（temporal），如上述之外，也有空間上的（spatial），但那是次要的，且也不曉寄居於「何處」？感情（passion）及品味（smell or sound），是圓是扁，或是方，甚至「道德反思一興起，置於左手或右手來發洩該情」，是無關大局的。

2. 因與果之間的關係，時間上的先後，得優先予以考慮（temporal priority）：「因」必先於「果」。若「因」幾乎與「果」同時存在，這才是真正的因果，也最能服人；但多半並不如此。因經常存在一段時間，發作有時還得靠另一因才能生出果。此時，因與果之關係就極爲複雜了。但若因立即生果，那不

也是因與果二者是「共存」（co-existent）嗎？又哪需「持續性」（succession）呢？因果關係，並不單純！

生與死兩事件（events），生在先，死在後，且無一例外，是「必然的」（necessary）。但可以因此就說，生是死之「因」，死是生之「果」嗎？這是指時間上的先後。左手與右手同時兼在（併置）；擺動雙手，「習慣上」少有人「同時」雙手共前共後的，卻是一前一後；如先是左手向前擺，後才是右手；腳也如此；但可以因此說，出右手乃是出左手之果，出左手乃是出右手之因嗎？

因果關係，空間性的既少，時間性的也非核心因素。只是時間上的先後，緊鄰（contiguous）不足以說明因果關係。

3. 「因」與「果」既屬時間上的先後，「始」與「終」也皆是不可否認的存在事實，但始「必」是終之「因」，終也「必」是始之「果」嗎？實質的知，有三方法，一是靠直覺或靈感的（intuitively），一是依數學演算（demonstrable），一是靠觀察（observation），也是憑經驗（experience）。因果之必然性關係，前二者是使不上力的。古時或一段時間並不存在的東西，其後存在了；把二者之間的關係稱為因果，休姆認為是荒謬可笑的。

萬物存在，是眼睜睜的事實，不容否認。但萬物之中，早先不存在的，其後卻出現了，這也是盡人皆知的「事實」，依觀察及經驗即知。宗教家或神學家，莫不把上帝作為創造萬物之「因」。牛頓的好友，也是英國諾力曲（Norwich）教區牧師的克拉克（Samuel Clarke, 1675-1729）等人認為，萬物存在之「始」若無因，則為自因（cause itself）。休姆不以為然，除了上帝的存在是自因之外，其餘的都是他因而存在。洛克也說，一物之存在若無因，則是無中生有。但無卻不能作為有之因。休姆認為克拉克及洛克的辯辭，皆屬「丐詞」（begging the question），如同向丐行乞。都犯了同一毛病，即認為萬物之「始」，必有因。

4. 休姆擬回答兩問：一是「始」必是「因」，終必是「果」嗎？一是為何一特殊因會生一特殊果？回答後者，也連帶地解答了前者。但不是依靈感或直覺，也不靠推理演算，而是憑經驗與觀察。他舉實例說明之。

知火焰（flame）的本質（essence），是靠本能或直覺的嗎？難道不是由於觸及火焰時的感受，而使前後的感覺印象或觀念，二者產生邏輯上的必然關聯嗎？「經驗」才是因果關係的不可或缺因素。二者之「鄰近性」（contiguity）及「持續性」（succession）是屢試不爽的。「不必另勞神操心（without any further ceremony）的說成其中之一是因，另一是果，從而推論出其一之所以存在，乃從另其一而來。」

三歲兒童也知A與B若一而再再而三的「恆常相連」（constant conjunction），即A與B二者連續，且A在B之先，則易把A說成因，B說成果，而「不需什麼顧忌或遲疑」（make no longer any scruple）。預示有其一則必有其二，而無其一也就無其二。這正是常人所言的因與果。

既以經驗及觀察的事實為「師」，此種因果說，人人習以為常。思考跳不出舊有經驗事實之外，指導人生的，不是「理性」（reason），而是「習俗」（custom）或「習慣」（habit）。

往常的經驗即令是真，可以真正的「屢試不爽」嗎？若重覆千萬次都不變，則形同「重覆一次」啊！因無例外，二者之間的「必要關聯」（necessary connection），依「觀念聯合」（association of ideas）而言，「必要」就大有問題了。誰敢保證半路不會殺出程咬金？只要一反例（counterexample）出現，則「因果」之必然性就塌了。

5. 因果關係問題，形上學的解答異於形下學：形上學涉及意志（will）及信仰（belief），是主觀性的（subjective）。形下學則屬經驗事實，是客觀性的（objective）。

人由情或欲，所形成的「因」，依習慣或性向，常要求有一種與「果」之間產生的必然關聯，這或許是惰性使然吧！人人之心（常人之心），每將只試數次應驗之因果關係，自動升級為必然關係；其實還只停留在或然性或可能性關係而已。「重複舊有」（repetition），只是溫「故」，但卻不必然知「新」。只是心理上不願在此止步。把只是可能性的升格為必然性，這是心理上的情意作用使

然，是「心理上的內在印象」（internal impression of the mind）。觀念聯想或習性（propensity），使因果的「必然性觀念」之「意識」（consciousness）出現。因果關係的必然性，不只適用於一切事件，且連特殊案例也如此。

觸及火，感到熱，看到煙，雖未見其中有火，但「必」也推論出一定有熱感。經驗主義的休姆，認為二者的關聯性屬必然。不信，則「經驗印證」（empirical verification）就可了然。此外，形上學家果斷的認為，一切事件皆有因，休姆倒深信，人的「習慣」就這麼認為了。有「意外的或無因的」（fortuitous or uncaused）「機會」（chance）嗎？出乎意料之外的偶發事件，不是也常有嗎？「哲學家」包括科學家若細查究竟，也會發現，事出有因，只是有些因還未為人知，如此而已。「相反的因（不如預期的因）之中，有神祕性的作對」（the secret opposition of contrary causes）；哲學家形成的此種「格言」（maxim），一般人則以慣常心迎之。

亞里斯多德所謂的四因說，休姆簡化為一因，即「動力因」（efficient cause）。動力因操之在「人」。教父哲學把四因說作一區隔，形式因、質料因、動力因，及目的因，休姆認為沒必要；也無物理上的必然及道德上的必然，這兩種區別。他同柏克萊一般，化繁為簡的都以為是「心的決定」（the determination of the mind）。「機運」（chance）包括在內。

6. 因果的客觀條件及主觀要素：休姆花太多心血致力於探索因果問題，原因在於因果問題大大的支配了科學研究，且也影響人生。他的說法是否為哲學界所接受是一回事，但他言之成理，且持之有故。基於經驗主義立場，把世人一向認為的因果關係，作一意義上的解剖與分析。若X是因，Y是果，則表示X不但在Y之前（時間），且二者也有持續性（空間）。這是常人通有的想法。休姆更進一步地以經驗主義的論調斷定，除了時空此種客觀因素之外，另有人的意志力及情感力等主觀因素作用其間。他在哲學史上的角色，遂因之特別顯明。

這算是「創見」嗎？言前人之所未言乎？不儘然！「太陽底下沒新東西」。十四世紀的尼古拉（Nicholas of Autrecourt）早就指出，不能因為X若存

在，就邏輯上的推論出Y必也存在。X存Y不存，此論並不犯矛盾律，頂多只能論二者之並存，是「或然的」而非「必然的」，概率多或少而已。除非命題屬分析性的，才可保證X存則Y必存。尼古拉也說過，若X存而Y存的「事實」，出現了一次，則在「內在因」（internal cause），即主觀因、心理因、情感因上，就「期待」（expectation）X存時Y也能再度存。過去已經如此了，未來也「但願」如此。休姆似乎未曾聽過尼古拉或十四世紀時其他哲人的類似說法。他的論點，甚至時人也常提及，不過主觀因素在因果上的特別強調，佐以經驗主義的光環，才使十四世紀的星星之火，燎原於當代經驗主義的大地上。十八世紀之後的現代經驗主義在因果問題上，用字與休姆稍為有別，但盼望避免把邏輯與心理學混為一體。當然！十八世紀之後的經驗主義學者，拱拜休姆為大師，這是不容置疑的。

休姆承認因果關係是存在的，但提出一問：因果關係代表什麼「意義」？火生熱、火是因，熱是果，他對此並不懷疑。但希望別人回答，火生熱，此種「敘述」（statement），代表什麼意義？火「必」生熱，「必」又代表了什麼？把命題（proposition）陳述清楚講明白，在會「意」上，不只是不無小補而已。

回歸到休姆的論點，「印象」是客觀的、外在的、科學的、邏輯的，「觀念」則是主觀的、心理的、情感的、哲學的、內在的，也是形上的。因有外因，也有內因；純粹物理學家是不理會內因的，但哲學家尤其是形上學者，則要過問內因（interior cause）。因果二者，大部分都存在於不同的時間與地點。「知」因與果，屬客觀的，但「知」之後，到底持何種手段，利用什麼工具，或選擇什麼步驟，則主觀的成分多。「行」的變數太多，「機緣論者」（occasionalists）之說遂起——視情況而定，或許無可捉摸：理性的分析是冷冷的，固定的，也是一成不變的。但意願則撲逆迷離，頗難掌握。有「意」栽花花不開，無心插柳柳成蔭。主觀意願未必能與客觀事實，二者同步。有時是萬事皆備，只欠東風，就是差那麼臨門一腳。

occasionalism（機緣論）解決了笛卡兒的身與心二者如何交會問題。身與

心，屬性既異，何能「互動」？二者是否由「緣」定？「緣」源於上帝，「意」（will）介於其中，作爲身心二者的媒體，因之二者互動了。因緣而可訂（定）三生，無緣則即令對面也不相逢。緣是可遇而不可求的。男人身邊即令裙釵一堆，但緣未到仍無法成家。此種「事實」，俯拾即是。落花有意，但若流水無情呢？

柏克萊注重用字的妥當性，極爲謹愼；休姆繼之，尤其是「必」字。「必」是一定，百分百，絕無例外。火生熱，這在物理上是必然現象，但對已失去觸覺感者（麻木或癱瘓者），則無熱及痛感。另一極端現象，是心理的意志力，可以入鼎鑊沸騰也甘如飴，安之若素。《三國演義》描述關雲長被割股以挖出體內之箭，當時又無麻醉藥，他處之泰然，面不改色的與友人下棋。笛卡兒的身心二元論，身（肉體）具延性（extension），如身子長高、體重添加、塊頭增粗。其實延性也有負面的，即縮減；年老身矮不如壯年時等。心的屬性即「思」（thought），是「理」充分運作時的現象。但心除了心思之外，另有心「意」或心「情」，有時更具主宰人類的行爲性。

因果關係的「必然性」有，但「或然性」更夥，不能簡化。俗語常言的「必」，是有語病的，且也不合乎經驗事實。如「言多必失」，「話說天下大事，分久必合，合之必分」；「大難不死，必有後福」；「有其父，必有其子」等，不勝枚舉。這種敘述或希望，頂多只能充作心情上的滿足而已。至於「有因必有果」中的「必」，把前項（antecedent）（因）與後項（consequent），以「必」作「聯言」（connective），也得特別小心。因果的必然性及或然性，充斥於宇宙及人生。物理學家只注重觀測的經驗事實，但本體論者（ontologists）及形上學者（metaphysicists），必深究最初因，最後因或終久因（eternal cause）。各有任務，該彼此相互尊重。邏輯分析是數目字的、符號的、形式的、先驗的；經驗事實的分析是有其內容的、綜合性的，也是後驗的。有「綜合又先驗命題」（synthetic *a priori* propositions）嗎？在休姆的體系中，是無此可能的。康德在此有了大發現，也修正了休姆的看法。

7.「信」（望）與「理」：知，包括了對過去與現在的知，是對已發生之事的認知。知的對象，一定須在親自的經驗範圍內，則此種知不只狹小，且準確度不高。因為人生不滿白。許多知則是間接的、二手的，即由習俗及傳統保留下來者。過去的歷史事件，今人絕對無法親歷其境。經由教育提供的知識，占了人類知識的大部分。教育是人為的措施，他教而非自學。把知識當果，教育當因；教育因顯然是人為因（artificial cause），而非自然因（natural cause）。

教育提供的知識，是間接經驗的知識，屬綜合性的命題（synthetic propo-sitions）。源於感覺印象（impressions），是針對過去的認知；分析性的命題（analytic proposition）乃是觀念與觀念之間的關係（relations between ideas），則可知悉未來，對未來產生出願望（expectations）或信念（beliefs）。休姆提出的信念或說法，似乎未曾作心理上及邏輯上的區分。不過，信念既然是寄望於未來者，而未來的事，心理因素雖染上邏輯因素，二者相較，心理因素淩駕在邏輯因素之上。過去的事，用「理」予以認知時，一是分析性的，即觀念之間的聯合；一是綜合性的，即感覺印象的經驗。至於未來的知，與其用「理」，不如寄望於「信」。「信」屬心理，推理使不上力，邏輯對「信」是乏力的。

經驗有直接經驗及間接經驗。對於過去的史實，現代的人之所以「信」，乃取決於間接經驗，因之教育或習俗這種間接經驗力之大，不可小視。但檢驗標準仍落在直接經驗上。

信基本的習俗，是生活上所必須的。休姆認為，物體之續存且獨存，以及凡物之存在，必有原因，這些信，都是人類生活上非信不可的。該種信，主宰人生，也該主宰人生。那是「共信」。由此共信，也生出殊信（specific beliefs）。共信非有不可，殊信則可有可無，人可檢測之且改變之，經驗就是檢驗的標準。這種口吻，不失經驗主義者語氣。試比較下述數種「信」。

大文豪小說家托爾斯泰（Leo Tolstoy, 1828-1910）曾說過，有些地方的農夫，「信」橡樹的苗於春天來時，由於吹了某種風而萌芽，該風如續向橡樹吹，且在未長芽之前吹，則該種信就說明一切了。大家信以為真。不過，若經驗顯

示，該種風並未吹向橡樹，而橡樹也長芽了，則上述農夫之「信」，就必受質疑。其次，橡樹萌出新芽，只在特定的風吹向橡樹時，則橡樹長芽是果，特定的風是因。此種事件之「信」，不見得可以與憑吾人之經驗及觀察其他長芽的橡樹事件之「信」，兩相吻合。

此刻，吾人就不該把上述農夫之信，形成爲習慣或傳統，認爲兩種事件之結合是「必然」的，也不該「輕易的相信」（incredulity）上述農夫之「信」了。

可見不少習俗、傳統、教育，是非理性的（irrational），也是局部性及偏（片）面性，或具時空性的，而非恆久的、絕對的。經過一再的檢驗，眞金不怕火煉似的「驗」，才使「信」成爲「眞」。

其次，自哥白尼以後的天文學教學，幾乎都告訴學童，地不是平或方的，且月球是地球的衛星。

休姆認爲，同意一種命題，即相信該命題的敘述是有條件的，而排除其他的可能性（the exclusion of alternatives），即無變數之存在。就分析性命題而言，與其相左的命題一定被排除在外，因爲否認分析性命題，「必」犯了矛盾律。分析性命題，指的是述詞（predicate），「必」含於主詞（subject）中。如「白馬是白的」。白馬是主詞。把「白馬」作一分析，「必」早已含了「白」及「馬」，所以述詞中的「白」，已包括在主詞中了。故「白馬是白的」，必眞必信；不如此，就矛盾了，可以說「白馬不是白的」嗎？其次，在綜合性命題中，他種選項（alternatives）被排除的「比例」（proportion），就得視過去已被觀察出來的事實，是否重覆出現於傳統習俗及觀念聯合原則上的狀況而定。老師及教科書都說，月亮是地球的衛星等，依觀察所知，都與該陳述未有不合。古代支那人依「俗」斷言：「月暈則風，楚潤則雨」，也屬此類。

不過，此種天文學上的「知」，人們「信」以爲「眞」時，在感情或心意上，不會蕩漾或胸中起波濤。但當一位密友知己，竟然被他人惡意詰難時，自己不生憤憤不平之「氣」嗎？

第三，史書上記載，「凱撒死在他床上」（Julius Caesar died in his bed）。

若此種敘述為「真」，並且把「真」變「信」，則一定要在「真」上添加一股活生生又鮮明的力道（vivacity）。換句話說，將一種「真」的「印象」，轉化為另外一種「栩栩如生」（lively）的觀念了。「真」成為「信」時，不是基於「理性」（reason），而是靠傳統或一種觀念聯合原則。臺灣處於戒嚴時代（1949-1987），負笈海外的留學生聚會時，一聆《黃昏的故鄉》曲調，無不淚流滿襟，情不自禁的號嚎痛哭。但臺灣學生唸到「凱撒死在他床上」，則似乎比較無動於「衷」或無「感」。衷是一種心中的感受，感受是「信」的一大要件。感受而生的「力道」（force），有「心如鐵石」（solidity），「鮮活」（vivacity），「堅定」（firmnees），「準備就緒」（steadiness）等。

　　經驗主義者所認為的「真」、「知」，或「信」，都以經驗作為效標。當無一反例（反事實，反經驗）出現時，該真、知，及信，就成為傳統及習俗；相反的，可能的例外無法排除時，就形同比例上的真、知、信了，如比較真、比較可作為知，也比較可信，這就是「概率」（probability），可以量化或數字化。其實，休姆該加上一種信，即虛構或幻覺的（fancies）信。該信即令也建立在「經驗」上，但只是個人性的經驗而已。臺灣民俗之牽亡魂，或某些基督教徒之作為上帝的「見證人」（witness）等，皆屬之。該種「信」，變成一種口頭禪，信者恆信，不信者恆不信。深信者絕不以為自己「執迷不悟」或「旁門左道」！

第二節　懷疑論（scepticism）

懷疑論自古有之，到了休姆，儼然已成一股龐大的思「潮」。懷疑論者並非認爲「一切」「皆」疑，他們對「絕對」、「必」，或「一定」，這些字眼較爲敏感。知、眞，或信，「都」是相對的、暫時的、隨時準備修改；只要有反例出現，就得把結論放棄。「可能性」（possibility）、開放（open）而非閉鎖（close），並且進一步的把質的可能性轉化爲量的可能性（probability），則更具「科學性」（scientific）了。

一、「物存」且「物獨存」──心不存時，物也獨存，且恆存──柏克萊觀點

物體（bodies）持續存在，且物體獨立存在，無「心」時亦然。柏克萊認爲物的存不存，要由感官的覺來決定（to be is to be perceived）。人如不在時，物也存；此時之物雖未曾有人予以感官知覺，但上帝之「心」恆存。上帝對物必有感官知覺。休姆則認爲物之存不存，感官知覺不是決定因素。兩大哲的論點有其相合處。柏克萊是教會神職人員，搬出上帝就可解一切疑惑。休姆倒沒勞上帝現身，他自有一番說詞。

(一)「想像」（imagination）

人受感官知覺所限，因之感官知覺之外的世界，人就無能爲力。但想像力可以飛翔於上窮碧落下黃泉境界，難道不能越感官知覺的雷池一步嗎？感官知覺所生的印象，範圍太過狹窄，且具主觀性及個人性。

休姆肯定的相信，感官知覺之外的「物界」一定存在，只是人無法予以證明，卻不得不接受該說法，且視之爲理所當然！不問自明的眞理，「上天並不留給人」。（懷疑論者）有其他選擇餘地，只能照單全收，不必費神徒勞於追問「物存或不存」，頂多只能探討什麼緣由致使吾人相信物存，如此而已。「物

存」此一事實或命題，懷疑者及不懷疑者都不得不接受，但採取不同的行動來尋覓到底是何「因」，才造成人人不信「物存」此種「果」。

1. 感覺（sense）不足以作爲物存之證明：因感覺之有無，左右不了物之存或不存；感覺只能提供物之外表印象，而非本質。前者是抄本（copy），後者是原本（original）。當吾人憑感官而覺出有我這個身時，確切地說，那只不過是我「看到」了我有手有足，而手足給我以某些印象（impressions）置入於我的感官，如此而已。俗人常以物的第二性，如色、香、味等來說明物之性，哲學家則又加上形狀、體積、動靜等性，這些性之差別，不是單憑感官就能作區分的。

2. 理性也在此使不上力：一流哲學家之雄辯，幻想可以證明物存且物獨存於心之外，但深悉其奧旨者少之又少。眾所週知，小孩、農夫，及大部分民眾，都不會依哲學家之論證，把「物」歸爲此一印象而非彼一印象上。此外，「哲學家告訴我們，呈現於心的只不過是一種感官知覺（perception）而已」，但心可以左右之，也可以干擾之。從對物的感官知覺，找不出物之存在。A若是指「物的感官知覺」，B若是指物的存在，則B該作爲「前項」（antecedent），A該作爲「後項」（consequent）；前項是「因」（cause），後項是「果」（effect）。前項可以「必然」的推及後項，B→A，但後項則推不出前項，A→B。換句話說，若B→A是有效論證（valid argument）時，A→B就是無效論證（invalid argument）了。稍懂邏輯者或從「眞值表」（truth table）上也可看出B→A不等於A→B。「休姆是英人」爲眞時，「英人是休姆」則假。因果推論（causal inference）可由因找到果，卻不能由果「必」能找到因。因果是不能倒置的，猶如馬在車前可，車在馬前則謬。

3. 想像：某些感覺印象的特殊性，乃是想像之因。試看下例：

火的熱，如置於稍遠處，則熱在火之中，但若太靠近火，則由火熱必生出痛感。痛感在人，而不在火。火生出的熱，人覺不舒服。

休姆指出，印象中有兩特色會影響想像：

其一：持續不變性（constancy）：「那些山、屋、林，每次呈現在我眼前所展現的次序都不變。當我不看，閉眼，或轉頭時，其次序也依舊沒更改」。這是指印象的不變。

其二：一致連貫性（coherence）：山、屋、林，是不動其位置的；其他可動的物體，不只換了地點，且性質也不同。「當一小時之後我回到臥室，發現火爐放在不同的地方，但不久我就習慣了。我在或不在房間，房間擺設前後不同，擺近或擺遠，但我都能認得該擺設物之存在。只是我在上午9點時火爐熱，與上午10點半回房時所得到熱的印象，二者是有別的。後者的火已熄了。今夜之印象如此，明晚之印象仍不變。若我持續的觀看火爐兩三次，則會產生一系列不同但也一致連貫性的印象。」這是指印象的持續變化，感覺同，印象不一定同。但印象皆源於感覺。

熱的「覺」，除了感覺之外，另一是想像。後者之「力」大於前者。因之，由洛克所提的物之三性，皆屬主觀。第三性之主觀意最濃，而第二性甚至第一性也具主觀意。「若色、音、味、嗅、觸覺」等第二性，都只是一種「感官知覺」（perceptions），則第一性的動、延，及固（motion, extension, solidity），也是主觀的。本身並無實質的存在。

二、若心不在（存），則一切皆不存──休姆的主張也是他對因果論的懷疑。

柏克萊反對懷疑論、無神論，及物質主義者（sceptics, atheists, materialists）。休姆則支持懷疑論，但要適可而止。

(一)絕對的懷疑或相對的懷疑

1. 理論上，絕對的懷疑是站得住腳的；時與空，都是一系列的變動。什麼是時，什麼是空，絕對沒有定論。時及空的屬性，就是「延」（extension）。一

切的延，皆可「分」，且無止境的分（infinitely divisible）。懷疑論的始祖皮羅（Pyrrho，360-270B.C.）早已言及，天底下並無一絕對的真理存在，異例（antinomies）層出不窮，難有「定論」。

2. 「懷疑論」（scepticism）是與「獨斷論」（dogmatism）及「盲信論」（fanaticism）打對臺，且是後二者的解毒劑，也是清醒人們腦袋的最佳療藥。

真正的懷疑論者甚至對他自己的哲學懷疑，他們的哲學信念都是謙卑的（diffident）。

> 絕不妄自尊大，目中無人。

3. 只是持絕對的懷疑者，一分一秒都不能過活；疑生則懼存，不安全感遍在。因之，「徹徹底底的懷疑論」（a thorough-going scepticism）在實際人生中，是少有人苟同的。人性不全由「理」性所包辦，理之外，另有情及意在。為了生活且繼續活，理性功能無法悉數包辦人的一生。不能搖撼或不受質疑的理，在人生中所占的比例，微乎其微。一個人「除了作個哲學家之外，他還是一個人」。

> 當我們讀遍了整個圖書館的藏書，也被書中所提原則所說服，試問會有何種災難發生？若吾人有一書在手，是關於神學的或形上學門的，請問：它裡頭含有任何有關抽象推理涉及的量或數目字嗎？不。在事實及存在界中含有任何實驗的推理嗎？不。那麼就送到火堆裡吧！因為只不過是硬拗（sophistry）及幻影（illusion），之外，別無所有。

休姆此說，猶如回教大將奧馬（Omar, 581-644），要盡燒圖書館藏書一般，只保留回教聖典可蘭經（Koran）。他還提出「理由」（理性的運作），有因也有果。果是盡燒書，因是書只有兩種，一種與可蘭經同。既然與可蘭經同，

則存可蘭經即夠。一是與可蘭經異，異書必是邪書，非燒不可。

懷疑論在休姆時代是「顯學」，法國更甚於英國。懷疑論可使哲人「勿必」，即勿使用全稱性語句，如「一切」、「都」、「全部」、「絕對」、「凡」，或「所有」等經不起經驗檢證的語文。傳統或正統人士當然排斥懷疑論者，還以為他們在扮鬼臉，把舌頭置於頰上，只具諷刺、負面意，及破壞意。同時，懷疑論者也該堅守自己的原則，即勿把懷疑推到極點，以為「一切皆可懷疑」，這不就已犯了「丐詞」（begging the question）的自相矛盾陷阱裡嗎？

(二)疑的「實際應用」面

為了生活，為了實際行為，為了盡德行義務，同時也為了宗教信仰，持一「極」之懷疑論是使不上力的。作為一個人，要「圓」而非「方」，又那有人走路皆走直角，絕不拐彎或曲線？實際上要百分百的「正正當當做人」，這種人，一生「一定」活得很不愉快。人除了理性之外，情、意、心的地位，不可小視。由因與果，證明不出信仰上的啟示真理，及道德上的（morals）善與美（休姆稱為「批判」（aesthetics即criticism）。那不是「知」的範疇，卻是「感受」。知可教（taught），情則需「感動」（caught），且可意會，不能言傳。

> 我用了餐，玩了一下雙陸棋（backgammon，西洋最古老的遊戲之一，有如東方人之象棋），與友人交談愉快。三四小時歡樂後，返思一番，他們所呈現的是冷酷、僵硬～又可笑，找不到有什麼足以在我心中多停留片刻者。此時我發現自己絕對且有必要在生活的共同事務上，與其他人一般的生活，去說說，去行動。

一個正經八百的人，「絕對」堅持「非禮勿視、勿聽、勿言、勿行」者，一定難有友人，且無生活旨越。支那宋朝文人蘇東坡（1036-1111）說過，原諒別人尤其友人的過錯，也等於在寬恕自己的缺失。言行「一定」要中規中矩者，極

有可能短命如孔丘的愛徒顏回（521-490B.C.）。

1. 「顛覆皮羅主義（Phyrronism）的最佳利器，也是反懷疑論的過激原則」，休姆認爲有三：一是從事實際的行爲（action），二是就業（employment），三是時間爲共同生活所占滿（the occupation of common life）。在課堂內討論懷疑可，但一般性的生活中，懷疑論就「煙消雲散，即令最鐵齒的懷疑論者也得同其他常人一般地過活」。基於對因果論的懷疑與分析，A與B在既往雖都緊臨在一起，但並不保證未來也必如此。過激的懷疑論者，只能勝人之口，但不能服人之心。吾人倒該提出下述兩問：

其一：他（懷疑論者）的意思是什麼。

其二：所有他的奇異研究，倒底他擬提出什麼答案？

2. 就科學（天文學）的天動說（托勒密天文觀，Ptolematic）及地動說（哥白尼天文觀，Copernican）而言，各有一段時間分別得到不同的人所支持；而就道德學上的苦行論（即斯多噶派學說，Stoic）及快樂說（即伊比鳩魯之主張，Epicurean），也都陣營分明的影響了行爲。至於皮羅主義者（Pyrrhonian），要撼動人心，則極爲不易。此說若得勢，則一切行爲馬上停止，因爲疑未除。只好靜候「明顯」且「正確」的「標準」答案出現，才待擒、待縛、束手待宰、待斃。

總而言之，「凡存在的，有可能不存在；一件事實有其反面，此種敘述並不矛盾……因之證明什麼存在，只能由因或果來證明。此種論證，完全建立在經驗上。」

三、不朽（immortality）

對自我持「現象分析」（phenomenalistic analysis）的休姆，不費時討論他是否相信不朽論。以忠實聞名的傳記作家包斯威爾（James Boswell, 1740-1795），於1776年7月7日，與哲學家休姆作了最後訪問（休姆死於該年8月25

日），請教是否有可能有一種「未來狀況」（future state）的存在。

以經驗起家的休姆，「可能」是可能的。包括一木炭置於火中，「可能」不一定會燃燒一般。若把他的話當眞，「不朽」在邏輯上是可能的。不過，認爲他會永生不死，這是不合理的幻想。其實，他早也清楚地表明，不朽是無法證明的。形上學及道德學立場，都證明不出不朽，且他也不信不朽這回事。本諸經驗主義原則，靈魂之「現象」不存，則靈魂就消失。主張靈魂不朽者，只是心理上的一種「寄望」（expectation）而已。

(一) 不朽，就語意解析，有有形的及無形的之分

身是有形的，心是無形的。以休姆本人爲例，肉體上的休姆今日已不在，但休姆之精神、哲學理念、著作想法等，於今猶存。不朽的靈魂，屬非物質的，那是作爲人的「本質」（substance）。本質必有屬性（attributes），那是偶有性（accidents），也是表像或現象（phenomena），是可以由感官得到印象的。

1. 不朽之因果與懷疑論：本質可以說是「因」，現象、印象、表像，可以說是「果」。這又涉及休姆哲學主題了。因果關係頗爲複雜。休姆認爲一切的存在，若不藉由感官（senses）而形成爲感官知覺（perception），則一切都是空無。因果關係也限定在感官知覺上，感官知覺之外的世界，他是懷疑的；即令感官世界內的因與果，也不是那麼簡單。

當然，他對懷疑論，誠如上述，是有保留的。一來，語辭的定義要明晰清楚。舉「非禮勿視」爲例，何謂「禮」？「禮」從「理」生，是自明的嗎？是人人皆無疑義的嗎？即令是，「勿視」到何種程度？定義「大丈夫要威武不能屈，貧賤不能移」，那麼小丈夫、中丈夫、中上或中下丈夫呢？屈以何爲指標，屈到何種程度才算符合「不能屈」的尺度？其次，把「己所不欲」當因，「勿施於人」爲果，難道中間不需有「條件」嗎？試問「己所不欲」時，「人若頗欲」，也「一定」「勿施於人」嗎？

因果關係，只限定在感官知覺上，就已大費周章了，何愁再去操心感官知覺

之外的世界呢？先天觀念（innate ideas）或「自有」（inhesion），若不顯現在感官知覺上，則哲學界又何必撈過界呢？若不朽涉及到該界，哲人也無能爲力。

2. 感官知覺之外的「知」，人之知是不及的。舉桌子爲例：

> 那桌子，現在正呈現在我之前，但那也只不過是一種感官知覺。至於桌子的質，也都由感官知覺所知。

桌子有形、色、料等「質」，經人的感官觸之而成印象，由印象而成觀念。人對桌子之知，只「止」於此。逾此一步，人是不知的。

靈魂是屬於人之知所不及的領域。本質如洛克所說，是物質性的（material substance），則感官一觸即生感官知覺；但本質如是非物質性的（immaterial substance），如靈魂（soul），則感官對它，絕無法產生感官知覺。前者有因果關係，後者則無。即令有，也難以解釋（inexplicable）。硬要說感官知覺（perception）一定「內含」（inhere）有某物，這又是丐辭了；一無所有，窮如乞丐，還要向乞丐求乞嗎？休姆承認，除了感官知覺之外的境界，也是存在的，且其境界遼闊無比。可見他的「知」是開放而非閉塞的。只是人要謙虛，得承認那疆域，人之知還未能開拓，或「無法、無力」去墾荒。

3. 除感官知覺之外，人無其他知覺；靈魂就在那領域裡。桌子帶給人感官知覺，靈魂則不會。斯賓諾沙提出單子論（theory of monad），以單一性的單子來包括物質性的桌子及非物質性的靈魂；休姆批評且戲謔地說，那是「邪惡的假設」（hideous hypothesis），把非物質的靈魂等同於物質的桌子。換句話說，斯賓諾沙把「桌子」與「桌子的印象」二者混同了。此種「假設」，不是「邪惡」嗎？一元說（monism）的斯賓諾沙，當然不同於二元說的休姆。前者的神學色彩濃，後者則頗淡。靈魂的問題討論，他有點「意氣用事」（*argumentum ad hominem*）的建議放棄，因爲了無意義，「絕對無啓思性」（absolutely unintelligible）。

4. 靈魂的同一性（identity）或類似性（similarity），休姆稱爲純一性（simplicity）：人的靈魂在於使一個人從年幼至年老，從此地到他地，都保有自己的同一性。其實人的各種展現，都由靈魂呈現出「現象」作爲感官知覺的物件。幼年的A及年老的A，在臺北的A及在倫敦的A，雖面貌變了，性格也不一，但他人都在「印象」中認得出，A就是A。印象絕非只一，且印象都帶有指涉（reference）性，印象絕不可能前後相同，變化多，但可以分辨。

對我而言，當我一踏入一個最與我相關密切的主題，即「我叫我自己」（I call *myself*）的問題時，我常有某些感官知覺上的遲疑又結巴，如冷或熱，光或暗影，愛或恨，痛或樂。除了感官知覺外，我無時無刻都抓不到什麼，也觀察不出什麼……若有人對「他自己」這議題上有不同的念頭，乃是經過嚴肅又不偏見的反思過，則我一定要坦承的說，我將不再與之議論什麼了，我能說的只有：他有權如此。就如同我也有權如此，在此一特殊議題上，我倆基本上是分道揚鑣的。他有可能感受到的知覺是單純又持續的，他稱之爲「他自己」（himself），在我，倒要準確的說，我無此原則。

休姆作了結論：

心如同一種劇場，數種感官知覺陸續上演，一幕又一幕的展開，夾雜數不清的姿態及情境。正確的說，一時一刻也無純一性（simplicity），不同時刻也無同一性（identity），倒是我們的天然癖好或性情（natural propension），總把純一性與同一性混在一起，比之爲劇場，但千萬別受此誤導。持續不斷的感官知覺，只當作是構成爲心的內容。至於內容上的質料是什麼，以及發生的地點離此多遠，倒與此無涉。

5. 同一性及相似性，不宜相混，這是常識之論。動物的身體是一種集合物

所形成，組成分子常變，嚴格來說，絕不會「同一」。但由於變是緩慢的、漸進的，不注意時不易查覺；其次，各部分之間，關係有密有疏，相依相存，相連相結。因之，中間的變革或阻礙，常被忽略，由此而產生的感官知覺，遂有「同一性」的感覺。記憶（memory）把過去的感官知覺與現在的相連，想像（imagination）更使成串的結，聯得更為複雜，因果觀念遂生。「印象生出相應的觀念，由此相應的觀念（correspondent idea）又滋出新的印象。一思接一思，一想逐一想」。

同一觀念乃受記憶的影響，使得感官知覺在想像中又與其他感官知覺起觀念聯合作用，把事實上是中間有切斷的感官知覺相連起來，而以為前後如一。同一性因之而生。哲學家則稱之為「虛幌」（feign）。其實，這是語言上的問題（linguistic problem）。同一及類似，是程度性的，而非有無的。

任何一種感官知覺都是彼此有別的，不能完全「等同」（identity）。等同觀念又從何而起呢？

> 對我而言，我必須坦率的說，懷疑論在這方面占有優勢。我承認此一困難，非我悟力能解。

自我（self）始終如一（personal identity），此種說法，他是存疑的。「同一」（identity）一辭，本就不明。記憶使人知悉X就是X，注意力在同一性上扮演重要功能。但他未詳說其功能之細節。觀念聯想或許是誘發記憶的主要因素，但感官知覺既然彼此不同，怎能有「同一」呢？

(二)宗教信仰

1. 中立態度對待宗教派別：休姆早年屬喀爾文教派（Calvinist），童年時雖放棄該派教義，但對一般性的神學或宗教教條並無敵意；倒是對宗教、信仰、神學採取一種旁觀者的立場，冷然對之。他不反宗教（anti-religion），卻是「非宗

教」（irreligion），即不屬任何宗教教派。他了解到宗教與人生有關。有人研究宗教的性質及其力道，他倒要作個局外人來進行「觀察」，貫徹經驗主義者的原則。發現宗教對道德不利，因為宗教制裁是外在的（external sanction），宗教傷及道德。行為動機不是導源於對德性之愛本身，卻因為怕最後審判。在《宗教的自然史》（*The Natural History of Religion*）一書中，他追本探源，從多神教（polytheism）到一神教（monotheism）；認定許多偉人為神，取悅之、奉承之、巴結之，而終於形成的一神教，雖迷信成分少了，但伴隨而至的是宗教狂熱（fanaticism）、執拗（bigotry）、盲信（intemperate zeal）；部分回教徒及基督徒的行徑足以證明。此外，無邊無際、無所不在、至尊最大、莊嚴肅穆的上帝觀念一興，信徒須謙卑、悔過、若行、絕欲，但這對異教人士而言，是十足陌生的。古希臘無獨斷教條，哲學也不受宗教所限；但到了基督教世界時，哲學反而變成宗教的奴僕。休姆本身不對宗教持敵意，但希望排除迷信及狂熱。可惜什麼才是真正宗教，在他的著作中卻絕少提及。

2. 在《悟性論》（*Enquiry Concerning Human Understanding*）一書中的第十一單元，涉及宗教問題。藉一位伊比鳩魯派朋友之口中，替休姆為雅典人發表一篇想像性的演說。宗教哲學家不能滿足於傳統習俗，卻得「大大地在好奇心的縱情下，放肆一番（indulge a rash curiosity）。在理性的原則上，看看能建立多大的宗教，然後從一種勤勉又詳查的探尋中，自自然然地激起一番質疑而非滿足。」

> 從自然秩序裡證明出神的存在，這就是從果探因；匠人（workman）必早有先見（forethought）及計畫（project）。若未能看出此點，則你的結論必失敗無疑。不能伴以為能夠在比自然現象所能證實的較大幅度上，建立出結論來。這些是你們要讓步的，我要為後果打下標記（mark the consequences）。

什麼標記或後果呢？

其一：由果推到因：因與果都有許多屬性，詳細充分地把屬性一一予以展現，就可以發現二者之間的關係。

其二：展現因與果的屬性時，不許從未推測而知的屬性開始；只能就已知來推未知，不許就未知來推已知。

其三：宗教理論（神學）若由因果推不出來，依休姆之說法，也不打緊。宗教源於人有懼怕災難之情，又有取利之欲，更有日善日日善之望。這些動力，在人依理無能為力時，就想像的以為有種不可見的命運掌控者存在。休姆言及他的一生，自從讀過洛克及克拉克（Samuel Clarke, 1675-1729）的書之後，就不信宗教中的任一教派信仰，倒用理性的立場來探討自然神學，發現洛克及克拉克的論辯力薄弱，因之棄他倆的結論而去。宗教或神學上任何理性的論證，都經不起批判性的解析。因為宗教信仰或神學這個地盤，著實屬於不可超域的神祕。確定的因，最終的因，必然的因，此種知，人智是不及的。

第三節　偏情意面的道德哲學

　　休姆在哲學史上的重要地位，是他在知識論上的分析，因果論上的懷疑，以及在自我與個人同一性的觀念上，有與眾不同的見解。他在道德學（moral science）層次上，也用功甚勤，期望用實驗法予以解構。學有四，即邏輯（logic）、道德（morals）、美學（criticism），及政治（politics）；涵蓋全部知識領域，充分了解之，不只可以改善（improvement）人心，且對人心有「裝扮」（ornament）氣質之功。道德學領域深，卻是「吾人最該感興趣的學問」。人分成兩種，一是理性的人，一是行動的人。在道德學及政治學上，還擬藉自然科學上的名人如伽利略及牛頓的成就，視道德學及政治學猶如天文學的演進一般。在哥白尼之前，古代天文學家提出頗為繁複的系統，不如「單純又自然」（simple and natural）視之。道德生活及政治生活也該如此。以太陽中心說來敘述大自然及地球之運行，比地球中心說來得一清二楚；道德學及政治學也該找出既自然又單純的原則。

一、行為依情據意，而非全靠理性

　　用情（feeling）而非推理（reasoning），才生道德感（moral sentiment）。單言理性，不足以說明採取立即行動之因。「理是且也該是情之奴，除了供情指揮，為情服務之外，別無其他作用。」

(一)情

　　休姆以「情」（passions）來說明行動的源頭，但不是飛蛾撲火似的激情（flying into a passion），也非意亂情迷似的感情用事（inordinate passions）。

　　就生理學及心理學層面言之，經驗主義的學者都以感官的刺激及反應來說明人類的行為，包括道德行為。由感官而生的「印象」（impressions of sensation），及由反思而生的印象（impressions of reflection），二者有別。前者先，

是原始的（original）；後者後，是第二次的（secondary）。

原始印象（original impressions），由身、肉體（即五官）而生；由此又生立即或稍候的第二印象。原始印象會有苦痛等肉體感，第二印象則有心理感，即愁、憂、望、懼，而影響心「情」。可知第一印象是肉體的，第二印象是心靈的。痛風（gout）的痛是生理上的，但由此痛而導致悲觀，多愁善感，心情沮喪，愁眉苦臉，甚至易攻擊人，友交不睦，疑神疑鬼，更心生險詐的不「道德」行為，不只包括脾氣暴躁者，也包括一時性起就暴跳如雷者。

情分兩種，一是冷靜的（calm），一是衝動的（violent）。

1. 冷情：如行動中引發的美感或畸型感（sense of beauty and deformity in actions）。人為的藝術作品及自然物等屬之。

2. 暴情：如愛與恨，悅與愁等。

休姆認為上述二分，並不一定精確。詩詞或樂曲之引人遐思、迷戀、奪魂，全神貫注（rapture），力道頗強；而其他之情，則有可能是淡淡的，幾乎無感。儘管如此，休姆所言之情，是屬於衝動之情。而衝動之情不一定是失序的（disordered），視用情力道之強弱而定，與德行好壞的批判不相干。

情又有直接情及間接情（direct and indirect passious）之分。

3. 直接情：立即由苦樂所生者，如欲（desire）、厭（aversion）、愁（grief）、悅（joy）、望（hope）、懼（fear）、失望（despair），及安全（security）等，痛風屬此類。其中，若由本能（instinct）或「自然趨策」（natural impulse）所生者，是祕不可解也不必說明的，如但願敵人受懲而友人享福；此「欲」是天生的；餓、淫欲（lust），及其他飲食之欲也屬之。此情易生善及惡，樂及苦。

4. 間接情：休姆稱為「印象與觀念重疊關係」（a double relation of impressions and ideas），如傲（pride）、謙（humility）、愛（love）、恨（hatred）。

首先，該分清傲及謙的客體（the object）及情生之因；傲及謙皆由人的自我（self）所生；無「我」，則又那會有傲或謙之「感覺」或「情緒」？但我自

己並非產生傲或謙的「充足因」（sufficient cause），即「有之必然，無之不必然」；而只是「必要因」（necessary cause）而已，即「有之不必然，但無之必不然」。換句話說，有了我，「不一定生傲或謙感」；但無我，則必不會有傲或謙之「情」。傲與謙是相對的，某種程度的傲必伴隨某種程度的謙，反之亦然。

其次，愛與恨的對象，不是我本身，而是我之外的他人或他物。因之休姆小心的說，「自愛（self-love）一辭，是有語病的，不妥。並且由友人或女士所引發的愛或恨，人人都有個別差異性，難見一致」。雖然愛恨的對象不是己而是人或物，但人也非產生愛恨情的充足因。許多人是無愛又無恨的。

第三，以休姆舉的例來說，一個人自負於他的美屋時，美及屋二者，應予分辨。二者雖都是形成此人自負之因，但二者宜分別言之。因人不一定由於擁有美「兼」屋，而自豪自負。

第四，傲與謙，由「己」生，但傲及謙的對像是他人；至於愛與恨，對象非己而是人（他人）。「情」的對象有別，但造成情的因（cause），則同。物質上的享有（material possessions）以及物理上的素質（physical qualities），都會影響自傲及自負「情」，任何時代的人皆如此。傲與謙之情，「及於己」（self-regarding），愛與恨之情則「及於他」（other-regardig）。穿戴名牌衣、錶、手飾、皮包，開快速又價錢不貲的車，住帝寶又裝飾富麗堂皇等，都在炫耀自己。此種心情，不因時空而有變化。金榜題名時，洞房花燭夜，他鄉遇故知，久旱逢甘雨；此時的「心」境，是人生不亦快哉！夫復何求！

(二) 聯合論（associationalism）

討論印象及觀念的聯合原則有二：一是相似性（resemblance），一是持續性（contiguity）或因果性（causality）。若二者合一，則在行動的驅策力上，有雙重的力道。一個人得意時，快樂像神仙，且以得意來傲人；失意時則覺丟臉，無顏見江東父老，自歎自艾（self-depreciation），內心受煎熬，若楚無人知。此時此刻，印象的聯合及觀念的聯合，第一級及第二級，立即的及稍後的，聯合並

起。道德上的觀念論原則，如同自然科學的天文學或物理學等原則之被發現一般。前者說明人類的行為，後者則敘述自然現象，簡單又清楚。

1. 同情（sympathy）：同情的對象是他人而非自己，「及於人」（other-regardig）。由觀察可知，同情的效果使「人己」二者聯合。

> 當同情注入時，效果的外顯徵象，可從表情（countenance）及交談（conversation）中看出。

大自然賜予一切萬有，尤其人類，許許多多類似性。在某種程度上，人與己是平行的。除此之外，另有比較具體又特別的相似性，可以使人己之觀念或印象，相結合；如血親、同胞、使用共同語文等。使人與己之聯合，在力道（force）及鮮明度（vivacity）上，彼此聲氣相投，同仇敵愾，你我不分。由於「情同」而生的同情心，將心比心，心心相印。

休姆舉一例證明之：目睹準備「可怕的」外科手術情景，在無使用麻醉藥的狀況下，此時即令是旁觀者而非躺在床上的病人，也易生一股毛骨悚然的情緒。「單只是覺查到此種狀況下的因或果，就可以推及一種情，這就是同情。」

純依現象學的立場，是否可以把休姆的同情論說得通，倒是一大問題。因為他對於人心的現象分析，已溢出範圍了。不過他的此一說法，一清二楚地表明，人人之間都有一種極為親密的情感在。連對動物之遭受傷害都於心不忍了，更不用說是同類。可見情及緒，都具傳染性。休姆的世界不是個個單獨存在的原子論世界，而是人人關係皆親密不可分。這是他一切學說立論的根據。心理上的同情機械論（psychological mechanism of sympathy），乃是情能互通有無的主因。

2. 意志（will）及意志自由（freedom）：休姆所提的「意志」，乃是由苦樂所立即產生的效應。嚴格說來，意志不屬於情，是「吾人覺得有一種內在的印象，也意識到此印象，知悉身體有新的動作，或心理有新的感官知覺」。意志一辭，難以下定義；不如討論意志自由吧！

　　道德行爲的動機及行爲的後效，只不過是自然界或物理界因果關係的一種。既擬從因知果，也可從後效推到動機，二者之關聯，都依觀念聯合論原則。若因與果，或動機及後效，二者持續穩定的相聯，則知彼即知此，知此也可知彼。必然性或或然性，也依此決定。當然，人的行爲常不確定，但對人的行爲之知識知得越多，則更能清楚了解人的個性、品格、操守、動機，及選擇。如此一來，當二者關聯性是必然時，就缺了揮灑的特權了。在只能如此，不能如彼之下，又那有自由可言？

　　若無必然性，則把機會（chance）留下來了；不置可否（indifferanace）時，才能言自由；「因」不確定，或因不爲人知，或無把握時，「自由」就有用武之地了。

　　休姆認爲自由一辭，屬於語言學問題。視自由與自發自動（spontaneity），二者等同，即表示作爲理性動物的人，行爲不受外在逼迫的影響。但若自由乃是一種當事人隨便性的反應，無「因」（動機）可言，則「果」（行爲後效）誰要負責啊！若行爲當事者（agents）的行爲之因，非由行爲當事者所決定，則何能課行爲當事者的後果責任呢？道德責難可以全怪行爲當事者嗎？惡、罪、壞，皆由他負，這是公平又正義的嗎？

　　休姆對因果原則的「必然性」是質疑的，自由就留有空間了。

　　3. 情與理（passion and reason）：休姆首先確信下述兩命題爲眞：

　　其一：由意志而生的行動，理性不是唯一的動機。

　　其二：意志下決定時，理性從未與情性作對。

　　第一：理的運作，是抽象的領悟觀念與觀念之間的關係，或演算或展示（demonstration）。

　　因之，理從來就不是任何行動之因。

　　數學是有用的，算術對任何技藝及職業也都是價值。但數字或算術本身，是未能在具體行爲中產任何影響力的。數學或算術無法指揮或下達行動的命令。

　　第二，悟力的運作，涉及到概率（probability）；概率不是抽象的觀念，而

是具體的因果性，那是事實經驗界的。顯然的例子是，當一物是使吾人生樂或苦之「因」時，吾人就覺得在後續上導出引力或斥力，而有驅近擁抱之，或避之唯恐不及的行為或情緒。此刻，理是無能使力的；即令也動用到了「理」，理也只能接受情的指揮；情是主，理是僕；理聽令於情了。由苦樂之「情」決定一切，理只能當兵卒，而非將帥。在概率上，情多理少。

　　情（passion）有溫、涼、冷靜（calm），也有熱、火、烈（violent）。休姆說，某些本能的情，如仁愛（benevolence）及憤慨（resentment），求生之愛（love of life），對兒童慈悲（kindness to children），都是天然即如此。另有一種欲望之情，是揚善去惡。這些情或欲，若是冷靜的，則理的成分高；決定是與非時，理的著力占大部分。但大多數的人之「情」或「欲」，不是冷淡的。一個人之情冷或情烈，依人之個性及當時處境而定。不過烈情不能持續長久，冷情才顯「心的力道」（strength of mind），冷情壓過烈情。

　　休姆一再地強調在實際行為中，情勝於理；立場是「反理」（anti-rationalist position）的。苦樂所生之「情」，是驅力（propensity）及避力（aversion，嫌惡之力），二者決定行為的一切。理雖也插得上手，但只作為情的工具，不是主因。在「說之以理，動之以情」上，後者之威力非前者可比。如止於前者，則事倍功不及半。此種說法，與蘇格拉底的知識掛帥論（intellectualism）大相逕庭。倒是休姆的說法比較合乎「經驗事實」。人若缺乏情欲，形同槁木死灰，了無生氣；難道只是冷靜又理性的如同一部機器，鉅細靡遺的算計得失、優缺、功過、良窳嗎？理性有純粹理性（pure reason）及實踐理性（practical reason）之分；前者理多，後者則佐以情，且以情為主調，心理因素決定一切，休姆也因之成為「心理決定論」（psychological determinism）的代言人。同時，他反對人有不置可否的自由（liberty of indifference）。「不置可否本身，也是一種選擇，也是一種決定」——即決定「不置可否」。這都成為哲學上爭議的話題。

二、道德感（moral sense）

道德感都由苦樂感而生。人類行為的最終目的，就是趨樂避苦。這不必靠理性的解說或闡述，也不必分遠程或近程目標，或定出目標的高低。

(一)「利或實用（utility）」是主要考慮，雖然不是唯一考慮

1. 驅樂與去痛，是行為的最終目的：一個人以健康來回答為何運動，若續追問，則答以防病之痛；若問者不死心，則只能答以「這是最終目的，除此之外無別的了。」「不可能一再地如此追問，永不休止（*in infinitum*）」。理由之上又有理由，但理由總有停止之時。苦為人之所避，樂為人之所喜，這是天經地義，也是自明真理。人之「情及愛」（sentiment and affection）到此止走。德也如此。德本身即是德，如同樂本身即是樂一般。德不求回報或獎賞，純只是給人帶來立即的滿足。因德而連帶生出的情，就是「道德感」。「對及錯」（Right and Wrong），必定是人人都常觸及的話題，二者是有「分辨」的（distinctions）。此種分辨之明晰，都與苦樂之差別一樣，人人能懂。

2. 事實上，善惡、對錯、該不該、當不當之區別，卻爭議不斷。依理性來決斷嗎？人是理性的動物啊！還是依情感來取捨？或「視人種的特殊組織或結構（particular fabric and constitution of the human species）」？人言言殊，莫衷一是。善惡及正誤之爭，屢見不鮮，各有各的「理由」，相持不下。把善惡各訂下愛惡標籤或綽號（epithet），使一般人一看就覺可親、可近、可愛，或如聞惡臭一般地掩鼻，這都是情的產物。不管如何，道德不只是理論，更是一種行為，也是義務的履行；理性只能使人坐而言，無法使人起而行。只有情及愛，才能使行上路。雖然休姆並不否認在道德上，理性也具有分量。

> 「理」（reason）與「情」（sentiment），在幾乎所有的道德決定及結論上，二者相合的最後一句，可能就是宣稱品格及行動之可愛（amiable）或可厭（odious）、可贊（praiseworth）或可譴（blameable）；在名譽（hon-

our）或丟臉（infamy），可功（approbation）或可罰（censure）上，刻下標記，使德行成爲一種行動準則。德（virtue）變成爲幸福，罪惡（vice）形同爲不幸。這是可能的。我説的這最後一句，要依某些內感或內情（internal sense or feeling），那是大自然普遍的且早已給全部人種的。除此之外，還有別的嗎？不過，爲了要爲此情鋪路，也爲此一目的立下正確的分辨，吾人發現，運用更多的理性，是先前必要的工作；使分辨一清二楚，恰恰當當的結論可以獲得，遠近的比較可以形成。繁複的關係檢驗了，一般性的事實附著上去，也確定下來。

比如説：一種行動的各種層面，以及各種狀況下的關係，乍看之下（*prima facie*）的相似性，一一比較。但到頭來，影響吾人行爲的，仍是情而非理。理只能就事論事，或探討事與事之間的關係。

一種行動吾人稱之爲邪惡的（vicious），如任意殺人；經過各層面予以檢驗後，各種事實都在光照之下視查一番，能看出邪惡（vice）在何處嗎？你之會有此感，只是因爲來之於「情」（passions）；「動機」（motives）、「意願力」（volitions），及「想法」（thoughts），這些都不存在於「事實」（matter of fact）中……你永找不到。除非在你的心胸中反思，找到了一種對該行爲的「非難」（disapprobation），這是事實，但那只作爲情而非理的客體。躺在你體內的是情，而非該客體。

以「殺」爲例，物理上殺的行動，與謀殺案件中的殺，有可能同，也如同合法的殺（justifiable homicide）或經過判刑而執行槍斃之殺一般。把「事實」命題（是）與價值命題（該）混雜，犯了「範疇謬誤」（fallacy of category）。

3. 就「關係」（relations）而言，道德感的區分，也非依理性。「某些哲學家用心良苦的宣揚（very industriously propagated），將道德可包容的（susceptible）與展示或演算（demonstration）合在一起」。此意諒必指洛克等人。而這種相互「關係」，也存在於物質界。惡（vice）及德（virtue）必含有某些

「關係」，如相似性、相反性、量或數目上的程度等級；果真如此，則人的行動、情感，及意願，也如同物質界嗎？試問「亂倫」（incest）在人類中被視為犯罪之行，而動物亂倫則不當一回事。在「關係」上，父女同居且發生性行為，人類認為不可。若答以因人具理性而動物無理性，因此無法分辨當與不當，該與不該、宜與不宜；休姆認為，此種作答，顯然是不管用的。把一種行為置於道德框架裡，道德是人為的產物，「心理上的感受（felt），大於理性的判斷（judged）」；舒服或不舒服的印象（agreeable or uneasy impression），是主觀的而非客觀的。亂倫與否，與知「情」與否，關係甚大。而非知「理」！

到妓女戶尋歡作樂的嫖客，在不知「情」之下，竟然與親生母相姦，也樂在其中。古希臘神話中也有類似血親性交之事，支那古史卻有「同姓相婚，其族不繁」的記載，但那可能是歷經數十年或數百年之後而形成為「因果」相連的「事實」。現代的醫學常識，三等親之內勿作為婚嫁的對象，否則極有可能生出畸形、變態、智慧不足之後代。血親相親，不是親上加親嗎？但臺灣客家祖先卻斷定，此行「會被雷公打死」。有些部落流行一種風俗，酋長享有新娘的初夜權，族人也視之為「理所當然」，無人有異議。

4. 行為之善惡，必牽連到義務（duty, obligation）及責任（responsibility）。善惡的判斷，或許本諸理性，但行善去惡之具體行動，則依情依意而來。出人意表之外的道德（moral distinction），皆由情意所生，理在此是欠缺的，力道也不足。德生樂情，為人所讚美；惡則相反。即令樂及苦有其相對性，但共同性卻是存在的。休姆舉例說，反暴政反獨裁，這種「合法性」（legitimacy），是人人的共識，也是常識（common sense）。違反此常識，是背離作為人基本條件的。因此，凡是人，都不會譴責抗暴之士，反而給予高度的道德評價。暴政及暴君的舉止，必引發人民普遍的噁心、反感、不舒適；而反暴的義舉之士，舉止也必因聯想作用的寄予同情與支持。

只有人的社會才有倫範及道德準則。這些倫範及準則，除了共同性之外，個別性也不少。所以風俗習慣，各地及各時皆異。但亦有移風易俗的現象。以亂

倫爲例，或許積數十代之後，「因」與「果」才出。但因果是否有此「必然」相連，休姆是存疑的。因與果「立即」發現的事件有，那是顯因素作祟；但也有數十代才爲人所查覺。此種因果解釋，當然不如現代醫學之基因（genes）說，才合乎科學。古人或許看到數個人「同姓相婚」，就明白發現有令人不如意或心生惡感的下一代；爲了免於「其族不繁」的「惡」果，乃成「不許」慣例，由習慣而成法規，就也如同月暈則風，礎潤則雨的說法了。二者有必然性因果關聯嗎？或許只知其然，而不知其所以然吧！

美及善的評價，都是「心」的作用。偷竊本身是一種「事實」，評之爲「惡」，乃「因」偷竊者雖本身有所「得」（利）而「喜」而「樂」，但被偷者卻因損失而悲苦。此種苦樂的相較，正是功利效益主義者的拿手絕活。「偷情」雖使主客皆歡，但第三者卻遭殃。別以爲一個慣竊，一生中都無被偷的厄運。將心比心，評價的主觀性強，且複雜。一首悅耳的歌曲，與一瓶芳芬撲鼻的美酒，二者皆「美」，但性質各異。猶如看到一間漂亮屋子，與目睹一絕色佳人的胴體，感受自然有別。但如對二者之「印象」，能如同實驗法（the experimental method）或從「殊例的相互比較而演算出通則」（deducing general maxims from a comparison of particular instances），以表達「肯定或否定之情」（the feeling of approval or disapproval），這才是「道德判斷」（moral judgment）。

5. 美德如仁慈（benevolence）、慷慨（generosity）、「好鬥陣，好相處」（sociable）、「好性情」（good-natured）、有人味（humane）、寬以待人（merciful）、持感恩心（grateful）、友善（friendly）等等，都是人性表達美德的形容詞，休姆這麼說。並且以爲如此的人群社會，「好處」（usefull）多多。利（utility）而無弊，因之眾人稱讚。反之，則大家群起攻之。

不過，如「彬彬有禮」（courtesy），也是人見人愛的，卻與「利」無牽連。其實「利」雖是德之「因」，但不是唯一的因。仁慈之中雖也帶有「利」，但也有與利無涉的仁慈（disinterested benevolence）。仁愛者不只自愛，且兼及愛他人；並非只是自愛（self-love）的僞裝，或把愛他人的「仁愛」，解爲自我

之愛的一種變體。此種說詞，是廉價的犬儒作風（cheap cynicism）。以為天底下沒有人會不先自愛就愛及他人。其實哲人企圖把自愛及他愛，愛己及愛人，兼而為一。即令是低等動物，也會毫不假仙或虛偽的顯示出，不計較一切的愛及其他動物。難道作為高級動物的人，比禽獸還不如嗎？母愛的慈祥（maternal tenderness）是其中之一。因之以利、興趣、功用、好處等，作為道德情的「唯一」原因，休姆是不接受的。

愛他人，是否因該人給己許多利或好處，這是不必然的。相反的，愛他人所指的他人，多半與己利毫無瓜隔。歷史上有不少人物到他鄉奉獻付出，如加拿大籍的長老教會牧師馬偕（George Leslie Mackay, 1844-1901），在臺灣創辦學堂、設醫院、建教會、造福「異鄉人」，這些「喜舉」與加拿大人又有何利害關係？當然，加拿大人或許會以為臺灣人將對加拿大人有好感，如有天災地變，錢淹腳目的臺灣人會慷慨解囊。

> 有用（usefulness）是「心適」的（agreeable），博得吾人的讚揚（approba-tion），這是事實，日常觀察即可知。至於「用」（useful），有何目的？確實的，為了某些人的利益。但誰的利益，然後呢？不只對吾人有利，但吾人的讚美常常不只如此而已。因之，指的是被稱讚的行動者之個性，或行動所帶來的服務對象。這些這些，都不會與我們絲毫無關，雖然二者相距頗為遙遠。
>
> 用，當然是道德情之源。若用不常指涉自我，卻對社會幸福有用，則必在吾人歌頌及稱讚之列。因之，吾人該想的是，道德的源頭是什麼？

人之有人味（humanity）又兼友伴之情（fellow-feeling with others），這是不必追問為什麼的！「夠了，依經驗即知。人性是有原則的，追其因時，該止於此」。

人心或人情，原本是不計及他人苦樂的。孩童一出生時即如此，此刻只有

「本我」（id）。咬手時覺痛，才有「自我」（ego）感；當發現另有孩童及父母親人在，則會對他人給自己帶來的舒服，如吃奶、穿衣、抱抱而生「愛」意。「己」已擴及到「人」了。人之福或悲，會影響於己，尤其是周遭者；活生生又「顏色鮮明」（in lively colours）。觀念的聯結開始運作了，同情心萌芽，仁慈等正面的德，遂「自然」生。「心」的此種自然現象，極為「廉價」，憤世嫉俗或我行我素，如犬儒，就是如此！

(二) 利有公私之分

1. 「義」（justice）之唯一來源，乃是「公利」（public ulitity）。基於「公利」的義舉之結局，有利於社會（公），才是「功績」（merit）的唯一（sole）基礎。

社群人之活，比獨居，「好處」多多。「自我興趣及利益」，迫使人人要營社會生活，棄離群索居而謀共同居住。不過，社群生活中若無規無律，形同無政府狀態，則個人的安全感、幸福感，及快樂感，不減反增。習俗、慣例、傳統（convention），遂應需而存在。人人依令而行，才能安穩不愁，身外物也得以保存。彼此相安無事，和平共存。「機運（fortune）」及打拼（industry）之所得，才可保住。與其說是協定、契約，或諾言（promises），不如說是基於「共（公）利」（common interest）。可不可剝奪他人的外在財務（external goods），就涉及到義與不義之事了。休姆並不是說，財產權的觀念先於「義」的觀念。卻力唱「正義」（justice）及「公正」（equity），都植基於「公利」（common interest）。公利才是建立公義的基礎。

「義」就「利」而言，是出之於「自利」（self interest），但不止於自利。自利也是義的「自然義務」（natural obligation）。由自然義務形變為道德義務（moral obligation），就生「對」或「錯」（right or wrong）之情；或把「德的觀念與義相連，取惡與不義掛勾」，理由安在？休姆又以「同情心」來解套。不義即令不會波及吾身，或不會因人之不義而使我平白蒙冤；但不義仍然使我心裡

不舒服，又對社會的衆人「不利」（prejudicial to society）。基於人的同情心，故把他人視同於己。造成他人不舒服之行，我必出面斥之，且稱該行爲惡；使他人舒服之行，我稱爲德。可見：「自利乃是建立義的底座及原始動機。不過，同情加上公利，才是評斷道德足以稱讚的源泉」。

　　教育及政治人物之言詞，必影響此種道德行爲之褒貶，但同情心是基本。至於義的定義爲何，休姆未有個一清二楚的交代；稍談及的是，「守義，和平及秩序才有所得，不許劫奪他人財務」。如此而已。「自然法」（laws of nature）有三，即「財產穩定持有，依同意才可交換，依契約諾言才可把財產易手。」

　　2. 可見義是「人爲」的德（artificial virtue），是約定俗成的。但都本之於「自利」。人類爲了方便、必要，或各種狀況，乃有此種人爲的設計。解決「不方便」（inconveniences）所引發的不舒服，「義」之觀念遂起；方便了，舒服了，心適了，樂了，就是「義」。「義」是「人爲」的，排除了不方便的麻煩與困擾，也算是一種痛苦的「解藥」（remedy）。打開「感受上的困局及無序（irreguler and incommodious in the affections）」，一開始，義只不過是一種武斷、任性的選擇，或純是一種品味（taste）而已，是不涉及義是否爲一種德的；純是「教育及民俗」（from education and human conventions）而來。「義」是人發明出來的，純由於自然界匱乏到不足以提供人人之所需，且把住人的自私及強取豪奪而來。

　　　若以爲義全然是無何用處的，那你就等於「完全毀了義的本質，而人種也把義務束之高閣了。」（suspend its obligation upon mankind）。

　　上述條件若不存，就不必別出心裁地搞出什麼義不義或德不德的字眼或法規了。人的此種「發明」，必是爲人好。此項發明一旦非有不可，就等於說是自然的，且也立即的有其源，不必什麼反思或哲理的介入。不過，把「人爲」卻非武斷或任性的，稱之爲「自然法」（Laws of Nature），也未嘗不可。各物種都與

自然無法分離。

3. 正義及公平（justice and equity）在「殊法」（the partciular laws）上，可能傷及公益。比如說，一個執袴子弟在獲得其父一筆龐大的遺產，卻揮霍殆盡；就「公」言之，父死子繼，是人爲的遺產法所認可的。此處該注意的是：「仁」（benevolence）德與「義」（justice）德，二者有殊。

先言仁德：仁德來之於本能，對象單純。基於情愛與個案之不同，而有不同的後效，特殊性明顯，仁德可以說是私德。

至於義德，則是公有的德，共通的，不因殊例而受影響。義德可以說是公德。但義德無最高、最終，或永恆性，是相對的，也如同私德般的要取決於社會條件，及公眾的利益性。

總而言之，義是人設的、人定的、人設計出來的。由義而生合同、契約、守承諾，這都因來之於利益上的需要。利益最切實。人爲了己利及公益而定出法，不是憑空依「理」而出。「義」源於印象（impression），而非「觀念」；前者是心理上的感受，後者則是理性上的推斷。

4. 人類的道德生活，憑經驗資料之研究即可知悉。人作出道德判斷，這是不容否認的，也是事實，不需證明，也不需理性上的推論。有些哲學家認爲，道德判斷是一種價值判斷，而價值判斷來之於推論，屬於邏輯程式，如同數學演算或物理科學的實驗展現（demonstration）一般。休姆頗不以爲然，卻認爲道德近於美學（aesthetics），而非數學。價值是「感受」（feel），而不是從抽象原則推出來的。

道德感的本源，來之於利益考慮。功利效益學說，其後由邊沁及米爾父子接替。道德之注重「感」（feeling），現代的經驗主義者尤在倫理的情緒理論（emotive theories of ethics）上，踵事增華。

休姆特別在德中強調自由的重要價值，尤重人品的格調（character）。自由也是自主，即自發自動性（spontaneity）。這種個人素質（personal qualities）的有無，就不必再言及對錯了。行動是自己作主，或行動來諸於利害考慮，極爲具

體實在；比行動是正當的、抽象，又形上的，來得較具道德意。

　　自發自動此種人格特質，與美學的判斷有關。這種人，最「美」。至於行動上計量利益，則是其後功利效益說的主要內容。就道德的實際面來說，人的道德判斷受教育及其他外因的影響。其實，具體的道德經驗告訴我們，當一個人作道德判斷時，一種刻不容緩性（immediacy），由不得當事人作為冷靜又理性的思考對策，非馬上決斷不可，又那有餘暇搬出邏輯或數學的推論程式？兵已臨城了，不火速下決策，則早已城破人亡。吊詭的是休姆的道德感之起源說，流入利益論，似乎不是一種內情引發的感，卻淪為一種「理性」的算計了。

第四節　政治學

在社會上，如只有一個人存在，則這個人不必講求道德。一個人出生時的本我，是本能的我；爲了生存，就產生生理上的我（biological self），吃喝等行爲發生。其次，有他人存在，「社會我」（social self）出現，這都屬他律（external sanction）。如能發展出道德我（moral self）這種自律（internal sanction），那才是完全或完美的我。休姆看出，人爲了求方便，取利益，因此習俗傳統把「自然法」（natural law）改爲人爲法（artificial law）。他的此種觀察，不十分與經驗事實吻合。試問支那各朝盛行的太監（斷種）、留長辮、纏足、貞節牌坊等，不是慘無仁道的設計嗎？道德學牽連到政治學。上一節敘述的休姆道德論，早已稍旁及他的政治學了。

一、政治學是一門科學

科學有四門，邏輯、道德、美學（休姆稱爲批判，criticism，即評價），及政治。休姆還寫一書，標題正是《政治可歸爲一門科學》（*That Politics may be reduced to a science*）。政治學與數學相仿。數學演算，決不會依演算者的脾氣或性情（tempers and humours）來決定；「法律以及各種類型的政府組織，發揮的力道大，也如同數學一般的不許因人而異；後果幾乎都是一般性的、共同的、確定的。」

(一)政治學向數學看齊

政治學該有一般性的公理、定則（maxims），以及可以「闡釋的假設」（explanatory hypotheses）；且在限定範圍內，可以預測（predict）；雖有可能發生不可逆料之事，但在發生之後，吾人也可依早已知的原則予以說明。因此，「建立政治學上的一般公設時，必須特別小心。」「不尋常又不按規的事件，頻頻在道德及物理世界中呈現。」以「事實」探討爲主的政治學及道德學，不如數

學一般的可以把答案一清二楚且準確無誤的表達出來。道德學及政治學，「頂多只能」（almost）向數學看齊。

1. 「義」是政治學的主題：為了在共同社會中人我生活上的「方便」，「義德」（the virtue of justice）非要不可。「義德」可以補救三種單個人獨處時的「不便」。

其一：眾志可成城，群力大過於己力──力道（force）驚人。

其二：相互救援（mutual succour），使人人較少暴露於機運或意外之中──安全性（security）增加。

其三：職業分工（the partition of employment），能力（ability）範圍拓廣。

這是社會群居比個人獨居的優勢。換句話說，團體生活之「利」多，非離群索居者可比。後者在生活上極其「不便」。

2. 社會生活與獨居，是相對性的：土著的初民生活，也是一種社會群居生活，但比較單純，比較無組織，分工較粗。休姆不認為合同或契約是組成社會的因素，以及講信修義的法則；倒堅持一項事實，社會群居之「利」或「好處」，是人人都有「感」（felt）的，不必經過理性的反思判斷。就事實層面而言，人人都有一種直覺，即把「利益或興趣的共同感」（common sense of interest），訴諸於實際行動中，而不必簽字核可於契約書上。「兩人同意共同划獨木舟，默契存在心中」。人類語言溝通之所以能成立，也是彼此心領神會的，又那有什麼語文上的「諾言」（promise）出現其間？卻是你心知我心，也按此來履行義務。這叫做「義」德。

3. 社會群居，不只利多，且人人對該利有「感」，而非無動於衷，情盛於理。休姆觀察出，社會生活先由家庭開始；土著也會兩性相吸，共營婚姻生活。彼此照應且兼及年幼的下一代；自然情立即產生需要感，養兒育女於群居的社會，也較利多。因為由形成多年的社會習俗及傳統，容易使孱弱任性的孩童，「磨去粗糙的稜角及乖僻之情」（rubbing off those rough corners and untoward affectons）。組成小家庭的兩性相悅，在大社會中，就由一種需要感取代。因

之，人人若皆止於「自然狀態」，則一來社會決不能成立，一來該種狀態也不能維持多久。「自然狀態」（state of nature），只不過是哲學人物的臆測或虛構（philosophical fiction），虛而無實。在此，休姆直接反對盧梭的「回復自然」（back to nature）學說。「人至少也必得在家庭社會中」，才能生存下去。

(二) 政府之始源

政府之始源也是如此。義是人為的產物，無「自然義」（natural justice）這種字眼。人人在自然狀態下的行為，若皆不失序也不會為惡作亂，則不需設立政府來限制個人自由。政府的成立，使人人為政府而奉獻心力。這才叫做「義」行。

1. 政府之成立，必有其「用」途

> 若政府完全沒有用途，則必不會有政府的存在。對政府忠誠的此種義務，唯一的基礎，就是政府之成立有其優勢，使得人人在社會生活永保和平，且遵守秩序。

簡言之，政府成立的最大好處，就是義的建立及維持，這都是絕對必需的。否則，和平、安全、相互溝通交流，就根本不可能。政府一旦成立，主要的「用」途，就是使人人「方便」。

> 橋樑搭建了，港口開放了，碉堡蓋了，運河通了，戰艦裝備齊全了，軍人受嚴格訓練了。到處都是政府在照顧。

「政府」之成立，是人的偉大「發明」（invention）。社會生活必有政府存在，二者合一，缺一不可。因利而集合，私利又擴大為公利、恆久之利、眾人之利，此時，「利」與「義」二者不分了。

2. 政府成立之先，絕非基於人人之同意，而是「力」使然：史前時代的部落，政府之出現或許經過人民之同意，取美洲的土著社會爲例，似乎也提供一些經驗上的紀實，使得該假設得以成立。但哲學界對此卻也議論紛紛，有人支持有人反對。

> 因爲幾乎目前還存在的政府，或在史上久有記錄的政府，在成立政府之先，無不靠爭奪或征服或二者兼用才建立。又那有一政府揚言是建立在人民坦承自願（voluntary subjection）或公正的同意（a fair consent）之下……。地球表面常常易動，小王國增大疆域爲大帝國，大帝國瓦解而成小王國。殖民計畫，加上種族遷移，能從中發現出這些事件難道不是經由武力及暴力的嗎？那有大談特談相互同意或甘願聯合的？
>
> 即令選舉代替了武力，那又能算什麼呢？可能只是少數有力之士及有影響力者在選吧！或藉煽動公眾方式而來。群眾跟隨搖鈴（ringleader，主謀者）者走，主謀者也只顧自己的升遷，厚顏無恥；而烏合之眾一時輕舉妄動，又怎知主謀者是誰，能力如何呢？此刻，人民已失去理性的判斷力了。

原始部落的酋長及領導者，有權宣戰，而人人也甘願聽其指揮嗎？政府成立之基於契約說，很少可以得到史實的印證；該說法，都無證據。到底政治上的忠誠義務（the duty of political allegiance），即歡喜甘願的就範，基礎在哪呢？

3. 口角或爭吵（quarrels），必在群眾社會中產生。即令個人之唇舌都有不合時，更不用說多人集合的社群了；「爭」「亂」必興。休姆認爲政府之成立，如同支那之荀子說法，是要解決「分」不平時的「爭」。此種「爭」，是一社群對另一社群之「分」，有所不平所引起。

(三) 人民有對政府效忠之「義」務嗎？

出生於政府已立的社會裡，就有義務對政府忠誠嗎？洛克曾言，人人有自由

權，可以移居他地。但：

> 一位窮農或貧苦技工，不懂外語或在他地的生活方式，僅能天天以微薄收入
> 過活者，也有此種選擇權嗎？

即令契約說成立，同意簽契約的人民，必生於政府成立之時，那是指古代或
離今甚爲遙遠的時代。祖先同意簽訂，後代子孫也必須父死子繼嗎？並且，當時
簽的條件，必也與現代同嗎？現代的政府保證，一切規約都與原先的雷同嗎？

1. 惡政府勝於無政府：群居的社會必然要有政府存在，人人也有「義」務
要維持政府存在。因「無政府就等於無社會（Because society could not otherwise
subsist）。有政府的社會，「利」太多，好處指不勝數；此種政府，人人都有義
務爲它效勞。如無該好處，則效勞也中止。政府之存在，與利之存在，二者合
一；無其一則無其二，有其一則必有其二。但若官員強暴人民到無法忍受的地
步，則人民就不必服從官員；「因」無了，「果」也就不在。利害相衡，乃是訴
諸抗暴或服從的最基本要件。

2. 政府之存在，依休姆之見解，其「義務」是解人民於倒懸之苦，爲許多
「不方便」尋求疏困；人民也感受到，個人的「力道」、「才華」，及「安全」
（force, ability, security）有增無減。隻身在森林遇老虎，危險性比在鬧市見到獅
子更不安心。人民既體認政府存在之必要性，就有對政府忠誠之「義務」。

3. 政府存在之「始」，即令有如上所述者，是基於人民之同意，但難保
「後繼者」不違反初衷，而形同虐政，暴君一出，休姆也支持抗暴之「合法」
性。

政府之後繼者，雖堅稱是「萬世一系」，如同日本天皇或英國皇室，甚至支
那人也要求奉正朔，守正統，他人不得「篡」位，如王莽，因不是劉姓，故姓王
者反而不能號令天下。三國時，「魏」可以「挾天子以令諸侯」，蜀及吳卻擬弔
民伐罪。「勝者爲王，敗者爲寇」的歷史「定律」，是否合乎「義」？即以英史

而言，十七世紀的英國「臣民」（subjects），又有誰夠資格來斷定是詹姆斯二世（James Ⅱ, 1633-1701）或威廉（William of Orange, 1650-1702）才是「合法的皇上」（legitimate monarch）呢？前者信天主教（舊教），後者信新教。支那人不只爭取「系出名門」，且皇太子也得「驗明正身」，因為「狸貓換太子」之謠傳，是連臺灣百姓也耳熟能詳的宮廷爭寵醜劇。改朝換代時，一些「蠢忠」的遺臣，為昏庸的故君捐軀，慷慨就「義」；而飽浸儒家學說的王陽明，竟然把「非我族類」的貴州苗人四萬，悉數殺光。「非我族類」有如豬狗，殺之何妨？如同21世紀之初（2015），臺北市竟然也有駭人聽聞的事件，把幼小的女學童割喉，認為形同殺雞。若又擴大到一種觀念，以為「中華民族」包括「漢滿蒙回藏苗」，故不宜稱清及元為異族；則是否也可把日本的大和、歐洲的白種人，甚至非洲的黑人都算是「中華民族」呢？

政府是人類的一種「偉大發明」嗎？休姆就這麼認為；還是一種「必要的惡」（a necessary evil）？休姆與洛克是反對無政府主義的。高喊寬容的洛克，認為無政府等於「無法無天」，奸犯科者都可逍遙「法」外；惡法雖惡，但比不上無法之「無法容忍」。就「黑道」而言，「良法」是「惡法」；就億萬富翁來說，政府徵收高額遺產稅，他們必群起反對。無法論者（無政府主義者）視一切法皆惡，但需知惡法有可能是良法，這又是「定義」問題了，有勞語意解析。其後的小彌爾有專書發表。日人治臺之初，下令斷髮及放足，大清遺老聞之卻痛不欲生；要求臺民包括女生需入校求學，此種「法」，也遭受不少「腐儒」的抵制。

二、「合法威權」（legitimate authority）的理由或基礎

(一)長期執政（long possession of the sovereign power）

「長年在位」（long possession），就是「合法威權」的理由及基礎。

我的意思是任何形式的政府，或王位的繼承，都永續存在；也就是說，王
位的取得，一般說來，即令是靠「篡奪」（usurpation），或依叛變（rebel-
lion），總比取得王權的合法性遭質疑，或搖晃不定為佳。時間證明一切，
日子久了，百姓內心裡就同意獲得王位頭銜者，享有正當合理的王威。

即令王權取得，「在合法性上暫時受疑，但只要他的繼承者都繼續接其
位，則疑意就漸淡。」

1. 目前的王權運作狀況若正常，則管他當年取得政權時是否名正言順？
「權力恆存於手中，靠社會法規以及考慮人民利益來行使，這就是威權的正當
性」（right to authority）。

2. 享有征戰權（the right of conquest）及享有繼承權（the right of succes-
sion）者，也是「合法威權」的擁有者。如同臺灣諺語「戲棚站久了」，就占有
戲臺一般。「現實」考慮第一，也是經驗主義的引伸！

(二)政權運作的實際面

史實上顯示，政權的運作並無定則及成規可循。所有爭議，皆欠缺一種固定
的通則。就「道德或美學」（morals, criticism）來說，真的找不到可以擺平任何
爭論的標準。「雖然訴諸於公評（an appeal to general opinion），是該有的，但
在形上學、自然哲學，或天文學上，則是不公正（unfair）也不無所不包（incon-
clusive）」的。

1. 政府權力分兩類，一是民事政府（civil government），是相對的（rela-
tive government）；另一是宗教政府（religious government），是絕對的（abso-
lute government）。洛克在此曾作明確的二分，政治史上卻常二者相混。依上帝
給的啟示真理而訂下的宗教法，是絕對要遵守的；但民事政府之法規，伸縮性、
彈性，或變異性極大。即令如此，不少民事政府也都「約定俗成」，仿絕對政府
之措施行事。當前的王權，縱使合法性上受疑，但只要繼承者穩定的上位，合法

性就較屹立不搖了。洛克心中頗願爲1688年的光榮革命予以正當化，但由於並未建立在全民同意上，因之與他的理論不合。當時的英人並無公民投票（plebiscite）之舉。上臺的威廉被接受了，繼承他王位者，也一樣被接受，則此舉雖遭質疑其合法性，但該疑也就變成不疑。不按「理」出的牌，也成貨眞價實的牌。似臺灣的違章建築一般，拖久了就「就地合法」了！「今王所獲的政治合法權，來之於先王，也傳之於後王。」

生米已煮成飯了，只好承認那是「事實」吧！政權之取得，多半靠武力；各方都揚言是「正義之師」，替天行道，弔民伐罪。但只要成爲「既有事實」，人民只好認帳。to be（事實）也就形變爲「價值」（to be right）了！1949年中華人民共和國立國時，全球承認該國的數量有限，但當今卻是環球尤其被聯合國承認的「唯一代表支那的合法政權。」

2. 國際關係：各不同的政治社會或政體，彼此之間交換貿易利益，國與國之關係遂生。由此而立的法，休姆稱爲「國際法」（the laws of nations）。因之一些如「大使人物的神聖性」（the sacredness of the person of ambassadors），「宣戰」（the declaration of war），擄獲戰俘武器（the obtaining from prisoned arms）等事項，都是國際法所該討論的事項。

與自然法同，國際法也本諸於利益或方便，更由此而建立「自然義務」（natural obligation）。

第一，國際交涉，與人際商談同，皆源於彼此之利害關係。故「即令心地最惡者，也不會贊成國君自動自發或純依己意來自食諾言或毀約」。此種道德遵守，是一致的。

第二，國際交涉時，交涉者係在辦「公事」，與處理「私事」相比，「力道」（force）上有差別。一來就必要性或利益性來說，公私顯然有別。個人或私下的事，若與他人有關而進行交涉時，在必要性上，非迫切解決不可，否則造成個人的不便，利益損失馬上呈現。國與國，甚至是組織與組織，黨派與黨派，本省與他省，本縣及鄰縣等之利害關係，確實與個人私底下的人際關係之利害糾

隔，力道上輕重有別，必要性也強弱分明。因此：

> 我們有必要給君主或部長較大的縱容來欺騙他國，不像私底下作爲彬彬君子
> 般的不許破壞名譽或不守諾言。
>
> 至於到底此種「道德」上守約或毀約的比例可以有多少的尺寸，則不可能有
> 精準的答案。

這麼說，休姆似乎對馬基維里的《君王論》情有獨鍾。但他並未準備就二
者之道德性作進一步的評述。他的政治論，本諸於經驗事實，不擬接受不合乎已
知事實的任何哲學假設；契約論就是其中一例，他是不表認同的。政府成立的
始源，容或有契約說的雛型，但那是就部落內部的紛爭而言的，又哪有形式上
（正式上）的口頭或文字合同，彼此都簽字或公佈的呢？還是取心理上「感受」
（felt）到利害關係來解釋，才較行得通吧！

總之，休姆的政治論，實證（positivism）味較濃；事實第一，與「先驗」
性推理（*a priori* reasoning）不生關係。人類有文字記載的政治史二千多年了，
又有哪一政體之出現，是「禪讓」如堯舜的，那只是騙人的神話而已。政權取
得，不是叛變、篡奪，就是征服，即令施政上未採虐暴或壓抑，但實際上梟雄
一旦在位，其合法性及合理性，自有一批史官刻意塑造之並神化之，大多數的
臣民不接受也得接受。此一事實，夠了，休姆覺得又何必另提其他政治論呢？
處心積慮爲政權之合法（理）性找說辭，更以「哲學上的虛構」（philosophical
fiction）來硬塞，這是徒費口舌，空耗光陰。他只就事論事，不尚高談闊論，更
不屑於提出「完美國邦」的設計，不走希臘柏拉圖（Plato）之「理想國」（Re-
public）及同國人默爾（St. Thomas More）之《烏托邦》（*Utopia*）。雖然心中
有一幅「完美福利國的觀念」（Idea of a Perfect Commonwealth），且也非一無
是處，但他走亞里斯多德（Aristotle）路線，擬步漸近式（evolutionary）的改

良，而非革進式（revolutionary）的大變，以免使社會動盪不安。與其「顯然是想像的」（plainly imaginary），不如究實務為要。探討過去（has been）與現在（is）事實，總比為未來「該如何」（ought to be），較具實質用途。一心本諸於現實利益，而非著想於永恆、絕對、抽象的原則。

其次，有人認為權力的本源是上帝，因此權力是神聖的、不可侵犯的，且無例外的要必然遵守。此說他也有意見。若說政府的最高及最終指揮者來之於「神意」（Deity），則必承認宇宙中任一事件也皆依之而行，且通往一條明確的目的邁進。不過，上帝作此交代或指令，往往是隱而不顯，且神力無邊，則任何君王都不可說是上帝的「代理人」（vicegerent），頂多只可說是上帝交代君王執行任務。這又涉及到因果關係了。即令前提（因）真，結論（果）卻未必真；可以因此得到「君權神授」（divine right of kings）的推論嗎？君權（王權）與神權（上帝權），二者無邏輯上的必然關聯；把「君權」與「神權」作此聯想，又那符合觀念聯合的律則呢？只是君權擁有者的「一廂情願」而已，自我作夢。上帝曾有過「授權」的記錄或啟示嗎？二者相連，這是十分武斷又任意的，形上思考也找不到此種推論法則。聽令於上帝，信上帝之虔誠，此「義」絕不疑，但怎能依此得出對君王也有「絕對」忠誠的「義務」與「責任」呢？其次，上帝萬能，君王又那堪能與之相比？且就政治史實而論，史上的「明君」幾乎絕無僅有，倒是昏君如過江之鯽。把君比為上帝，只沉醉於權力無邊；在「賢」與「能」上，君又那能比得上「神」？

休姆的政治論及道德論，皆以冷冷的經驗事實為依。具體來說，以利益或好處，作為政治論及道德論的最後依據；如進一步解析，哲學人類學（philosophical anthropology）或形上學，或許可以使「利益」（utility）或「好處」（advantage）等字眼，較能獲得「自明性」（self-evident）。

只要造成既定事實，且事實存在又久，就變成價值。此種論述，確實說明了政治史上的真情。「凡存在的就是價值」（whatever is ,is right，或to be is to be right），但這不犯「範疇錯誤」嗎？依此推演，存在的事實越久，價值就越高；

試問此種人類史，怎算是「進步」呢？支那的女人從小即纏足，長達八百多年；科舉制度存在一千三百年（606-1905），此種「文化」，是「文明」嗎？更不用說太監制度了。休姆的理論如成立，逼婚或強姦，先使之就範是首務；確實也道破了「古今中外」許多男女婚嫁之底細；不少愛情悲劇之上演，反而導致自由戀愛之成爲時尚；正與政治之由極權而滋生民主的歷程，兩相輝映。靠篡奪、叛變、革命起家的有，但公民普選的民主政治，已是當前政治理論的主流了。經驗主義的哲人，不該只悉過去的既成經驗以及眼前的眞正事實，更該爲未來著想，使過去及眼前的不良事實減少或絕跡，這才是一流哲學思想家責無旁貸的「義務」。

第五節　常識哲學

英國的經驗主義，從洛克開始，柏克萊接棒，到了休姆，三者一再堅持人的悟性或領會力，以及知識的本源及限度，都與「經驗」有關。人人皆有經驗，包括外感官及內感官，以及記憶、想像、推理、分析、批判甚至意識等。且前者的感官印象（impression）及內心的反思（reflection）先，後者的「觀念」（idea）遂生。可知「觀念」是果而非因，是附隨的、連帶的、相關的、依著的，而非獨立自存。這與柏拉圖所言的「觀念」（idea），恰好相反。柏拉圖的idea，抽象度最高，且它的真實性也最足，是本質的（essential, noumena），而非偶有的（accidental），更非「現象」（phenomena）。

知識，尤其嚴謹的知識，來之於「常識」（common sense）。常識人人皆有，且是自明的「公設」（self-evident axioms）。即令道德理論及政治學說，也如此。就政治學說而言，個人之「甘願」拋棄獨居，再簡單不過的「理由」，就是安全，且生活所需也較不匱乏，分工之利更人人都一清二楚地明白，不必藉玄之又玄的高論；獨居若永世不危險，相信少有人要組成社會或國家。依常識「推想」，塊頭粗，體力強，拳術精，武功一流之輩，必被眾人推為首領，人人俯首聽命。其後，勇又能謀者，必在「優勢」上非他人可望其項背，這是極其自然的抉擇。常識也是自然知識。治人者與治於人者，雙方有無簽契約，訂合同，史料無可稽查。但又何必這麼麻煩呢？臺灣人說，依「腳頭烏」（腳裸）就人人明白了，焉用腦袋？此外，就經濟生活來說，人欲不可擋，這不也是「常識」嗎？但別擔心人欲會橫流。由「道德良知」發揮出來的濟人救世，扶弱助孱，這是有「一隻看得見的手」，從中指揮駕馭；該手不是黑手，卻是如同展現人性光輝的光明燈，以示人類文明及「知識的增進」，這不正是洛克之前的培根之大作書名嗎？現代的經濟學學門，都與政治相連，正式的學術語是「政治經濟學」（political economics）。政治之「手」伸入經濟，尤其政黨操縱經濟，才真的使那隻看得見或看不見的手（visible or invisible hand）變成黑手。相傳支那黃帝的史官

倉頡造了字，頗爲傳神且也以帶有衆多經驗事實爲本的把「尙黑」合成「黨」一字，或許倉頡使用的語言是臺語吧！「尙」是「最」或「很」的意思。孔子前後的支那社會，至少在經濟活動上，都是爭錢奪利，陰毒的「黑」手段橫行，才令孔子一生倡仁說義。

訴諸經驗，也就是以常識爲師。連販夫走卒（vulgars）都懂，不必勞動哲學家（philosopher）絞盡腦汁。不過也諷刺的是，大唱常識的學者，也不得不對常識予以哲學化，說出一大堆道理出來；「常識哲學」（philosophy of common sense）之名因之而起，在十八世紀的英國，極爲流行。而新出生的美國學者，更以常識來論政治。英美學風，遂以「常識」作標籤。

休姆去世於1776年，該年也是美國獨立建國之年，且該年也恰是一本轟動環球學界的一本巨著付梓之年，著名經濟學家斯密（Adam Smith, 1727-1790）著的《國富論》問世；該書全名是《國富之因及性質之探究》（*An Inquiry into the Nature and Causes of the Wealth of Nations*）。休姆說，政府是人類的大發明，善事一椿；斯密直接反嗆，認爲政府是一種「必要的惡」（a necessary evil）。而大聲疾呼「自由貿易」（*laissez faire*）的斯密，呼籲不管事的政府，就謝天謝地了。放手讓百姓去竭盡所能，國家財富增加，才是最大之「因」。

在英國國內，休姆的學說並不吃香，但卻揚名於法國。法國人宣稱他是英國名人。在他旅法期間，還被法國的休姆迷在巴黎的「沙龍」（salons，文人聚會處）拱爲龍頭，有如萬獸之獅。英人雖稱頌他的史學著作及小品散文，卻對他的哲學論點冷淡待之；尤其在神學見解上，駁斥爲異端，聲名狼籍。休姆名氣之建立，是由其後作爲英國思想主流的現代經驗主義學者，發揚光大他的哲學理論所致。休姆死後，除了立即影響於康德之外，沉寂了一陣子。他的思想之再現，時日是延後的。

斯密是休姆的至交密友，雖對政府之功能，在見解上兩人相左，但斯密對休姆卻推崇備至。對休姆的看法持有異議的其他名人，多多少少都保持君子風範，不出惡言。除了道德哲學家普萊士（Richard Price, 1723-1791），及建立蘇

格蘭「常識哲學」（philosophy of common sense）的雷德（Thomas Reid, 1710-1796），有不少論點回覆休姆的見解是例外。常識哲學「群」，聲勢浩大。

一、斯密（Adam Smith, 1723-1790）

(一)生平及著作

1. 年僅14歲（1737）即入學於蘇格蘭格拉斯哥大學（University of Glasgow），三年後負笈牛津的古老學寮波里爾（Balliol College, Oxford）。1749年於愛丁堡（Edinburgh）與休姆相識，不多久兩人即成莫逆之交。1751年在格拉斯哥大學教授邏輯，但隔年改上道德哲學，接其業師赫欽森（Francis Hutcheson, 1694-1746）去世後，未曾填補所留下來的講座缺，時間長達12年（1752-1764）。1759年出版《道德情操理論》（*Theory of Moral Sentiment*）。1764年赴法，在巴黎與貴族交換意見，「重農主義者」（physiocrats）哲人達郎拜（d'Alembert）及愛爾維修（Helvetius）也是他請教的對象。以揆芮（François Quesnay, 1694-1774）為首而提倡並注重農地生產；「有土斯有財」，政府該保障土地擁有者的安全。在工業及貿易上，力主自由放任。這群十八世紀的法國顯學學者，堅持政府對個人自由的干擾，應減少到最低；除非必要，否則個人的行動，政府不該介入。他們相信，這是經濟的自然法，可以使經濟繁榮，財富可以自由支配不受管束。斯密當然受此種說法所影響，但他並不照單全收，事實上他是有主見的。

《國富論》出版時，休姆寫一封語帶溫心的信向他致意恭賀。工人或農民之勞動生產，可以供給百姓過基本生活而不虞匱乏。首章談勞動生產技術的改良及分配之平均，次章論及股票（stock）的性質、囤積，及運用，第三章詳述不同國家各有特殊的財富增加，第四章提到政治經濟制度，最後則以歲收（revenue）作總結。1778年擔任蘇格蘭海關專員，也與洛克及牛頓同被選為倫敦皇家學會會員，還當過格拉斯哥大學校長（Lord Rector）。與洛克及康德同，一生未婚。

2.「一隻看不見的手」（an invisible hand）在操縱人類的經濟活動，該手即道德情操；表現出克制、仁慈、慷慨、施恩的行爲。道德「情」一生，就有「道德熱」。「道德熱情」（moral passion）使人人有「感」，道德行爲即相伴而至。這種樂觀的經濟學說，「一隻看不見的手」，從此也成爲許多人引用的名詞。經濟學也就與道德哲學及宗教論息息相關了。

(二) 道德哲學（moral philosophy）

斯密認爲一切的知識有兩大成分，一是經濟學，一是倫理學。他在大學授課的道德哲學分成四部分，即自然神學（natural theology）、倫理學（ethics）、與義有關的道德學（morality），及政治體制（political institutions）。至於財政及商務（finance and commerce），都不是基於「義」（justice），而是爲了增強國力及財力所作的「權宜之計」（expediency）。

1. 一隻看不見的手，也可說是將人的同情心（sympathy）當成道德情的主幹。他的老師赫欽森及至友休姆，早他道出同情心在倫理道德的重要性。不過斯密是一清二楚地予以表達，以同情心來當作社會性品格（social character）。「人饑己饑，人溺己溺」；感受到他人悲，則自己也心情不舒暢。此種例子，舉世盡然；不是只有有德者及有人性者才有同情心，同情心是人人都有的，只是程度不同而已。

2. 同情心來之於想像（imagination）：將心比心，將情比情；自己或許無他人那種切膚之痛，或刻骨銘心的哀，但人人也多半會設身處地替他人著想，這是一種「同僚情」（our fellow-feeling）。目睹瘋子，就覺可憐或憫惜；爲發瘋者失去正常理性而想，即令瘋子本人笑嘻嘻或歌唱哼曲，根本不知他自己的苦境。此外，「吾人甚至也對死者表示哀痛。」

3. 同情心之所由生，是人的天性使然，不是出於自愛或自我爲中心的情。道德感也是天生，本身之有無，也等於贊同之有無。同情即贊同，不同情即不贊同。道德的有無，純依同情心是否與之相伴而定。「己」心若生出同情，則支持

他「人」之舉動，反之亦然。同情心不是或有或無，而是多多少少。朋友見面，說些無關緊要的玩笑，該玩笑性質無傷大雅（frivolous nature），他人不必太在意，或許引不起斯密本人開懷大笑，但他仍然認爲該種性質的玩笑，可以作爲大家的開心果。相聚在一起，無此玩笑則若有所失。他也同情地認爲，該玩笑未曾不是一種「條件式的同情」（conditional sympathy），除非有人當時心情不佳或可能生病，否則必也陪大家現莞爾笑容。此外，若偶遇路人現出憂鬱寡歡或愁容滿面之情，一打聽，原來這位過路陌生人剛剛家逢不幸，死了父親，或失去母親，甚至喪了配偶，則必同情他的傷感，雖然我實際上並未分攤而減少他的悲哀。人的天性一清二楚地表示，奪走這些親人，必激起不樂之情。

4. 道德判斷的基本要件，是情之發洩，要本諸於「當」（propriety），即「適合」（suitableness）或未「不適合」（unsuitableness）；「當或不當」（propriety or impropriety），涉及適度（proportion or disproportion）問題。「恰到好處」（exactly），最屬不易；克制有節，優雅有度（decency）或粗魯無禮（ungracefuluess），這都會影響到行爲後果之受褒或被貶，也涉及到利或害之結局。通常一個人對他人行動之月旦（褒貶），總是根據自己在相似或雷同狀況下的反應來作標準。合則同意之，不合則反擊之；過分（excessive）與不足（insufficient），都會影響道德判斷。

可見道德判斷之所依，有二：一是旁觀者給予行爲當事人的同情心有多少，二是受益或受害者所產生的反應，即感恩之情（gratitude）或懷恨之意（resentfulness）有多少。至於「利害」（utility）之考慮，那是其後的事，而非最先進入心思的。同情心之有無或多少，才是第一考慮要項。他雖不反對功利效益主義學說，但不列爲道德判斷的首要要件。道德判斷所依的同情心，是主觀的，對人而非對物。斯密說得一清二楚：

> 正面肯定的德，與稱頌一個建物之設計太佳，因而使用起來方便，二者之情相同。但吾人要求一個人該有美德之理由，也完全如同我們要求有個五斗櫃

一般，這是不可能的。

斯密顯然認為，「利」是次要的考慮；同情心之有無，才最為優先。

5. 因之評價道德行為上的正誤，首先必得設身處地，置入其中，不作壁上觀或局外人。反而該認為若己是當事人，則該當有何種反應。若一個人在荒島中長大，從未在人群中過活，則他的首要考慮，是「己」而非「人」，因無「他人」存在。一旦過群居生活，則顧及他人之感受，乃是道德判斷的最重要元素。人評己，己也評人；大家互評，也把「自己」當成「觀眾」，反之亦然。因之：

> 我把我自己一分為二，……其中之一是作為「觀眾的我」（spectator）……其二是作為「當事者的我」（agent）。

我在內心裡自我評估，以「觀眾的我」來視察「當事者的我」；同情（sympathy）呢，或是不同情（antipathy）？這就形成道德判斷了。

「中立的觀眾」（impartial spectator），有必要出現在此種局面之下了。在中立觀察的雙眼中，「自愛的先天性錯誤呈現（the natural misrepresentation of self-love），就可以更正過來。」顧影可自憐，但也可「看」出原來的真正面貌。鏡子的我，是我的旁觀者；不識廬山真面目，只緣身在此山中；當局者迷，旁觀者清。

自然本身，不會被自愛所蒙。人漸漸的，不知不覺地在心中形成一般性通則來斷正誤；經驗是唯一的憑依，一旦法則固定下來，就可以處置行為的當與不當。這是人的「良心」（conscience）。心是良的，也是善的，即「神心」（Deity）。「經驗佐以理性及哲學」，就是最高的道德準則。良心變成上帝的代理人（vicegerent）。道德判斷並非萬無一誤，「有時在許多層面上是鬆散的（loose），也不確（inaccurate），且有許多意外，也必要作更多的修正」。因之不是最後最高的判準。只有「義的準則，在最高的程級（in the highest degree）上是準確的」。

斯密可以說是人性善的樂觀主義者。誰能保證，「中立的旁觀者」本身，不會有蔽呢？此刻，行為當事者（己）即令傾聽之，敬之愛之，也就偏聽、偏愛、偏敬了。此外，道德上的褒貶，時、空、人皆異；惡習扭曲，也使判斷不清不明。斯密把道德論作了心理上的分析，這是他的貢獻。至於在哲學上，他的道德論可供深入探討之處甚多，留給其後哲學家更多的鑽研空間。

道德哲學，該分兩種層面，一是行為之先，一是行為之後。前者是「動機」、「意志」、「性向」，後者則是行為後果或績效。依邏輯字眼而言，前者是「前項」（antecedent），後者則是「後項」（consequent）。從宗教或道德規範的因果律（causality）來說，前者是「因」，後者是「果」；「因」比較主觀，「果」則較為客觀。就功利效益主義立場來談道德，是強調行為之後效。至於行為之動機呢？斯密說出同情心，使倫理學（ethics）與美學（aesthetics）二者密不可分。繼續往此方面作進一步解析者，則是普萊士。

二、普萊士（**Richard Price, 1723-1791**）

普萊士之父是牧師（minister），屬不遵國教（Nonconformist）派。美國及法國革命，他鼎力支持。1765年被選為倫敦皇家學會會員，1781年與華盛頓（George Washington, 1732-1799）同被耶魯學院（Yele College）授予法學博士學位。1757年發表《道德主要問題回顧》（*Review of the Principal Questions in Morals*）一書。要點有二：首先，道德上的正誤「認知」是「本能」；其次，道德行為要依理性，而不依本能。

(一)道德上的正誤

認知道德上的正誤，是天生的「本能」（instinct），不是後天的感官經驗；直覺（intuition）即得，不必尋求什麼理性的解釋。要是以「理」解之，則理上有理，此過程「永無止境」（infinite regress）。

1. 洛克的悟性論，認爲一切的簡單觀念，都從外在的感官知覺（sensation）及內在的反思（reflection）得之。普萊士依此斷定，「正誤的觀念」（the ideas of right and wrong），形同洛克所言的簡單觀念，這是「悟性」（understanding），人皆有之。有些行爲之「對」（rights）或「錯」（wrong），都是內在的（intrinsically），一看即知，用不著想像、推理、思考，或運算。

2. 道德行爲若全部要予以探究，當然可以粗分爲二：一是行爲之先，一是行爲之後；二者可以截然一分爲二，互不牽連。動機之良否與獎懲，不必然是相連的。有其一不必然有其二；一爲明，另一不一定就明，或許也說不定明；反之亦然。

這都是「常識」（common sense）。連常識也無者，根本不夠格與人辯駁。常識也是自明的，人人皆懂、皆知、皆悉、毫無異議。道德上的正誤觀念，屬於此。

(二)「當」及「義」

「正當」（right）的及「義務」（obligatory）的，二辭名異實同。義行就是當行，不計量獎懲。仁（benevolence）確實是一種善行（雖非唯一），且也是一種自愛（self-love）之行，是理性的。

1. 作爲一個人，一種理性的動物，至少在原則上，行動是純依理性之指令，而非另有途徑（如聽從本能、情感，或愛惡）。

純依理性以作爲行動之源泉及指導，是永不能被壓抑遭拒的。正直（rectitude）本身就是目的，是最終的目的，也是超越一切之上的目的，更作爲其後所有目的的指揮、管治，及限制。其存在及影響，絕非靠任性武斷……行動抱有熱情，是行動中帶著光、信心，及知識；若依本能來走，那就等於在黑暗中步行，且跟著一位目盲者作引導人。本能「催之」（drives），有落入懸崖（precipitates）之虞，只能聽從理性的指令（commands）。

真正可以稱爲有德者，「除非本諸於正當的意識」（except a consciousness of rectitude），且視之爲一種行爲的規則（rule）及目的（end）。

若一個人的行爲來之於自然的天性及傾向，或由本能而起，而非純依理性原則，則前者之「德」性遠低於後者。

2. 考慮德行之獎懲時，但願忘了德受賞，惡受罰；而只思及爲德而德。他堅持的說：

德本身，是任何有德者最感稱心愉快的對象；由此而激起的行爲，乃是人一生中最主要的樂趣。意識及此，才是人最高的享受。

此種說法，其後康德秉此再進一步詳加發揮。康德本人並不悉數刪除德行所該得的德之樂。幸福一定會降臨給德行者，也一定有獎償。當而行當，不用擔心，當者「最終」總也有樂有福，不會白費。

動機良善（good intention），是「形式上的當」（formal rightness），有「功」（merit）可記，「無過」（demerit）可罰。至於實質上的行爲後效，非當事者所能掌控。由行爲上的後效來作爲功或過的依據，此種道德見識，已矮了一大截。

三、雷德（Thomas Reid, 1710-1796）

就讀於1494年立校的亞伯丁大學（Aberdeen University），年過半百時（1764）發表一書，《依常識原則探討的人性論》（*An Inquiry into the Human Mind on the Principles of Common Sense*），使他被膺選爲格拉斯哥大學的道德哲學教授，接替亞當‧斯密所留下的遺缺。

(一)以常識來解休姆之懷疑論

1. 休姆讀了部分的雷德手稿，致信中寫些無傷大雅的評論；雷德回信時，稱讚休姆之學說，體系一貫，部分與整體呵成一氣；但所依之原則，雖是哲學家都有共識者，「引出之結論，（卻）令我質疑」。依雷德的看法，休姆哲學是「一套懷疑系統」（a system of scepticism），導致於「信無基（所以信不可信），不信才可信」，成為「懷疑論的歸謬法」（reductio ad absurdnm of scepticism）。疑才能不疑，只信疑的存在，信反而生謬（absurd）。因此，只能疑而不能信，否則必生矛盾。否定疑，但疑是鐵定的事實。因此否定疑，必與事實衝突。

從疑起家的第一位現代化哲學家笛卡兒，早就堅信疑的存在。疑與信，二者相衝，不能並存；二者同時存在，是「矛盾」的，「謬」（absurd）的。推出「信」或「疑」此種「結論」，必有「前提」；若前提必信，則由必信的前提反而推成必疑的後果（結論），雷德認為這就是休姆哲學。而休姆哲學比之於笛卡兒、洛克及柏克萊，更持之有故，且一致性（consistent）及「嚴謹性」（rigorous）有過之而無不及。

困擾之處，雷德探本溯源，歸之於「觀念理論」（the theory of ideas）。他先追究idea（觀念）這個字的語意。通常使用idea一字時，即表示「概念」或「領會」（conception or apprehension），不是靜態的，而是動態的。英語說：I have no idea，即表示我對之無所知、無所覺、無所感。但idea一字，常人解與哲人解，不盡然同。

2. 洛克所言的idea，指的是心中立即所想及的客體，即客體的三性（初，次，及三性）。

柏克萊所言之idea，主教（Bishop）身分的他，「循著（洛克）的基礎，非常簡易的展現出無物質世界的存在……這位主教，依其教規，不情願放棄靈的世界……」。無心則無物。

休姆呢？「對靈的世界無偏也無倚」，認爲宇宙中無心無物，只不過是「印象」（impressions）及「觀念」（ideas），如此而已。其中，觀念又淩駕在印象之上。

3. 雷德採常識論來取代觀念論。

首先是訴諸常識（appeal to common sense）。常識是衆人之見，也是衆人最受用者，更是普世性的信仰（universal belief），人人都只說看到太陽本身，而非看到太陽的「觀念或印象」。這是「粗俗」的信仰（the beliefs of 'the vulgar'）。

其次，就哲學立場言之，「觀念」也只不過是一種「哲學家的虛構」（fictions of the philosophers），沒有必要予以理會。何故哲學家要提出這些「虛構」呢？洛克犯了根本錯誤，以爲「單純觀念」（simple ideas）是構成知識的基本素材。其實，觀念沒有單純不單純之分。「當我看到眼前一棵樹，我的視覺官能傳給我的，不只是看到了一棵樹這種單純觀念而已，卻有一種『信仰』，包括相信樹的存在，樹形與我的距離，樹的大小。此種判斷或信，不是由觀念的比較而來，卻都存在於感官知覺概念（the perception）這種性質中。」

這些「原先也自然的判斷，構成爲人的悟性所需的裝備或家俱的一部分」，「這是全知全能（Almighty）者」所賜予的；其後的推理運思，也都本乎此。這就是「人的常識」（the common sense of mankind），也就是「第一原則」（first principles）。凡與此作對的，都歸之於「謬」。「觀念的理論」（theory of ideas），是一種既有害也無用的虛構。觀念是多餘的，樹、樹形、樹的大小等，夠了，不必「徒」增樹的「觀念」等。只有哲學家才大談特談「觀念」，一般人認爲那只是空談。「樹」本身最實，又何必畫蛇添足地弄出「觀念」出來呢？

(二)常識原則即自明原則：

理性有兩種任務，程度不同：

1. 作出自明的判斷，這是最具常識意義的地盤。人群中最大部分的人，皆以常識的自明判斷爲依歸。

2. 從自明原則推及非自明結論，並非人人都能系統地一步又一步地作推論，但卻可以學習。只要是理性的人，都有能力看出萬物之中的自明眞理，這「純是上天之賜」（purely the gift of Heaven）。無此天分者，即令學了，也無所得。

> 所有推理的一切學門，都以共同原則（common principles）爲基礎。此種共同原則絕少需要直接證明，也不需直接證明，更不需教。因爲凡具有共同悟力（領會力，common understanding）者皆懂；也可以這麼說，至少在他們聽到他人「提出陳述」（proposed）且也「了解」（understand）之時，就準備就緒了。

(三) 眞理有二

1. 必然的眞理（necessary truths），與之作對者，必是不可能的；必眞，不假；如邏輯及數學的公理，以及形上學及道德學上的第一原則。他舉的道德第一原則是：「一個人在無力阻止一種行爲時，是不該被責怪的」。（no man ought to be blamed for what it was not in his power to hinder）.

他說，此種道德原則之「必然爲眞」，不下於數學上的2 + 3 = 5。至於形上學的第一原則，他提出下述三項，可惜，「休姆卻對此質疑」。

(1)「凡吾人的感官可感知的必有主體（subject），該主體稱爲身（body）；凡吾人的意識所想的，也必有主體，該主體吾人稱爲心（mind）。」

一般人對此皆一清二楚的認爲「必眞」，也在日常用語上使用之。

(2)「凡開始存在的，必有使之存在的因」（whatever begins to exist must

have a cause which produced it.）

(3) 「被認為因者當中，凡有規劃及睿智表現者，都可在果上看出標記或標籤。」（design and intelligence in the cause may be inferred from works or signs of it in the effect）。凡走過的，必留下痕跡；船過，水一定有痕，如波或浪。所以，果中現出因跡，此種因果，是「必然的」。

「屬」（genus）為真者，「種」（species）必真。這是「分析性命題」（analytic proposition），因「屬」已包括了「種」。

2. 或然的真理（contingent truths），或真或假不定；如有其他立論者與之相反，是可能的。

(1) 或然的真理也有不少第一原則：「凡真正發生過的事，我一清二楚地記得」（that those things did really happen which I distinctly remember）。常識告訴我們，真正發生過的事，在我記憶中，時有時無，是不一定記住的。記住的才真，反之即假。

(2) 「凡真正存在的事，也被吾人的感官一清二楚地予以知覺了，則那些事就與感官知覺的事相同。」（that those things do really exist which we distinctly perceive by our senses, and are what we perceive them to be）。把客體存在的物或事，與吾人憑感官知覺所知的物或事，二者畫上等號，這是時真時假的。連正常的人都會生幻覺或錯覺。to be是一回事，to be perceived「或許」是另一回事，這是屬於或然性的真，怎把它當必然性的真呢？因之，to be is to be perceived，此種「哲學」說法，不合乎常識。

(3) 「依天然的官能來分辨真假，是不會有誤的」（that the natural faculties by which we distinguish truth from error are not fallacious）。眼、耳、舌、鼻等是人的「天然官能」，稱為感官，憑之作為是非、真假、對錯，時可時不可，不是「必」然的，而是「或」然的。「眼見為憑」，有時可靠，有時偏差。

(4)「以自然的現象表自然之實情，在相似狀況之下，大概都是今昔相似
　　的」（that in the phenomena of nature what is to be will probably be like to
　　what has been in similar circumstances）。這是不保證「必眞」的。「相
　　似狀況」，此種用語，頗多曖昧。

「或然」的眞，第一原則舉不勝屈。邏輯或數學上的眞，是必然的；但經驗
或事實上的眞，則是或然的。試看下例：

「今天是星期一或今天不是星期一」，此句話「必」眞。

「今天是星期一」，此句話有可能眞，但也有可能假。

眼見可憑，這是或然的；猶如記憶一定正確，這也是不必然的。通常的人
都有一種「隱然的信」（implicit faith），只據所見所聞爲眞。「在不受哲學或
教育之偏（bias）或斜（prejudice）所誤導之前，大都以感官爲論斷的標準」；
「這是太清楚不需證明的」（It is too evident to need proof），包括宇宙是有秩有
序有則的「一致」（uniform）性在內。

(四)「同語反覆」

「同語反覆」式的命題（tautological proposition），屬於語言文字本身的意
義問題，如A即A，A是A。支那古文之「君君、臣臣、父父、子子」，都屬此
類。常人所說的話，就是君就是君，臣就是臣等；即同一字、詞，或辭句的反
覆。臺大殷海光教授譯爲「套套言」，是「必」眞的；不同意者必本身爲「謬」
（absurdity）。除此之外的「言」，都有必要提供訊息，但一提，則爭議（con-
troversy）必多，也變成實際生活中的「基礎建構」（framework），甚至是偏見
（bias）。若屬或然性的眞，但卻堅信以爲「必眞」，那不是偏見又是什麼呢？
以偏概全，以局部代表全部，以己見爲眞見。該悉這都是「可能性」的問題。即
可能爲眞，也更有可能爲假。檢驗此種命題，正是學界人士的任務。

休姆並不否認宇宙秩序上的一致性，也不認爲明天或未來之事，絕對不可逆
料或超乎預期；他倒是認眞地要爲人們這種通有的信念，提出合理的解釋。在常

人都有一種「天然的信」（natural belief）上，雷德與休姆，二者意見相同。

　　1. 就記憶（memory）一事而言，記憶是指已過去的事。如今回想起來，是否今昔之所述，屬於同語反覆。如是，則記憶的「效度」（validity）必百分百必眞。同語反覆是自明的，不必證明。休姆很清楚地知悉，人們在原則上都習於把記憶所得當眞，相信所說的是事實眞相，即把記憶當「套套言」。但「套套言」純屬一種文字、語言、符號，或形式，不涉及內容；而記憶卻是經驗世界的領域，是有內容的。法庭該接受證人的證詞，「不需聆聽證人之言，此種法庭上的謬，竟然現在出現在哲學家的座椅上」（what is absurd at the bar that no heed at all should be paid to testimony is so in the philosopher's chair）。

　　在這點上，雷德誤會休姆之意了。休姆從不認爲記憶的事都不可靠，但他卻不接受甚至不能「全」信任記憶之事。雷德也承認：

　　就我記憶所及，休姆先生並不直接對記憶的證言提出質疑。

　　雖然他立即又說，休姆立下的前提是，記憶的權威力（authority of memory）已被推翻，留給讀者自己去尋找邏輯上的結論吧！

　　休姆認爲，凡是謹言愼行的常識論者所提供的證言，不能毀掉其所說的記憶之可信度。休姆不承認因果的必然關聯，在實際生活中，也不該信賴因果律或因果法則。但在記憶的可信度上，他的持疑，並無如同他對因果律的問號一般大。

　　2. 第一原則之稱爲第一，是不必證明的，否則沒資格享「第一」這個頭銜。

　　首先，他要尋求的常識，是一種「共識」（universal consent）。意見一致，無例外。除了哲學家在授課講座上發出質疑問難之外，無他人不接受，則命題就變成第一原則，也是第一因。凡因必另有因，但止於第一因；第一因之上，無因。第一因或第一原則，是不需、不用，也不能證明的，是「本能」或天性上的知（They are known intuitively）。不過，也得俟成年時，該本能才充分運作。

　　數學上的公設之所以是自明或一清二楚，也得要等到一個人已到了領會力（悟力）成熟度到某種階段時。小孩對「量」（quantity）、較多（more）、較少（less）、相等（equal）、總和（sum）、分別（difference）等，一定需費時來形成一般性的觀念，且習慣於在一般的生活事項上能判斷這些觀念彼此之間的關係。如：同量加上同量，也等於同量。同理，吾人的道德判斷或良心，也如同一粒看不到的種子，由創造主下播一般的，成熟了。

　　3. 本諸經驗，從小到老，獲得了某些觀念，學習到某些用詞的語意，就可了解某些命題，早已是自明眞理。第一原則若內存於人的天性，則人就有自然力來分辨這些原則成爲眞理的充分證據。但這些原則並不出現在「經驗」之先（a priori），卻都發生在經驗之後（a posteriori）。此種「經驗」，不是人人各殊的經驗，卻是人人皆共具的經驗。這也才是「常識」，識成爲恆常，也不變。

　　　　自明眞理，不管是「必然性」的或「或然性」的，皆來自於經驗。

　　若一切的經驗完全都建基於一種基礎上，則未來將同於過去。

　　人的天性，期待未來與過去沒有不同。雷德認爲這是「自然的一致性」（the uniformity of nature）。如過去多少數不清的歲月，都是清晨太陽東升。因此，明日、後日，或其後數不清的未來日子，清晨時仍然太陽東升。這也就形成人性中一種「無法抗拒的天然期待」（irresistible natural expectation）。

(五) 視「哲學」即「常識」

　　自認是「粗俗」（the vulgar）的常識論陣營裡，雷德有時爲了迎合衆人口味，也玩弄某些哲學家於股掌之間。柏克萊倒楣，常被他取笑。但他的常識論，不是譁衆取寵，以多取勝；也不只單挑學院派哲學家。他堅信哲學要取資於共同經驗，若未如此，必得出詭論。若與共同經驗背道而馳，且與每個人在實際生活中的必然想法相左，甚至也與懷疑論的哲學家意見水火不容，則其中必有鬼。此

種說法，實在頗值稱述。即令他的學說不精準且也誤會他人觀點，但卻是瑕多於疵的。

常識若指街上行人未經大腦作深入思考所生的立即反應，則「常識」之見是「哲學」之見嗎？舉顏色為例：

> 人人未受現代哲學之啟迪前，皆以為，色不是由心所生的感官知覺。但心對色若無感，則不覺色之存在，難道物體的一種性質或變形，是恆常如一的，看到或不看到，皆沒關係嗎？

接著，他把「色的呈現」（the appearance of colour）與「色的本身」（colour itself）二者作了分辨。「色本身」是色的呈現之因。色本身，人不可知。若由於想像而呈現出「緋紅」（scarlet），則誤以「紅」為「緋紅」。其實，緋紅只呈現於看到色者的心中，另一紅則存在於色的物體。那麼

> 我的結論是，色具有某種物體的力道（force）或品質（virtue），在充分陽光之下呈現在眼球之前。

接著又毫不猶豫地說：

> 吾人的感官知覺，無一與任何物體的質相同或相似（none of our sensations are resemblance of any of the qualities of bodies）。

為「粗俗」群眾揚聲的雷德，卻嘴巴中說出上述一段頗具哲學深思的話，的確令人一新耳目。不過，下述一段語，也是他曾說過的：

> 常識與哲學雙方的不平等論爭，後者常受不名譽且有所損譽而出局。

終其一生，他爲衆人喉舌。常識論者對哲學及科學是相當程度的陌生又無知。友人坎貝爾（George Campbell, 1719-1796），也是亞伯丁大學的神學教授，比他對「常識」一辭，作出更具限定性的意義，較不鬆散也較嚴謹。他的眞理觀，分類如下：

1. 本能性的數學公設（intuitively mathematical axioms）。只具符號、數字，或辭類上的意義而已。

2. 意識的眞理（truths of consciousnees），包括自我意識的存在確認。

3. 常識的第一原則（First principles of common senses）：包括因果律、自然的一致統合性、物體的存在，以及記憶「清楚」（clear）時，才具效力等。

四、貝蒂（James Beattie, 1735-1803）

蘇格蘭亞伯丁大學形成一股常識哲學，向休姆宣戰。1770年，亞柏丁大學邏輯及道德哲學教授的貝蒂，出版《論眞理》（*Essay on Truth*），不只批判休姆，還以浪漫文學的情緒語調，坦率純眞地發洩怒氣，已超乎純正的哲學論辯了。言詞犀利又苛薄，引來彬彬君子的休姆也忍受不住予以反擊。針對《論眞理》一書，他不客氣地簡言之：「眞理！根本無眞理在裡頭，只不過是八開開本中出現一個令人驚異的大騙子！」（Truth! There is no truth in it, it is a horrible large lie in octavo）；且把話鋒直指作者本人：「那位愚蠢又固執的傢伙，貝蒂（that silly bigoted fellow, Beattie）。」不過，該書卻賣座奇佳，還引來任職最長的國王喬治三世（King George III, 1738-1820，1760-1820年在位，長達60年）之龍心大悅，決定以支付作者年金作爲獎賞；牛津大學還授予民法學博士學位（the doctorate of civil law）。

(一)眞理來源有二

一是常識（common sense），屬自明的眞理；一是理性（reason），即推理（reasoning）。

1. 常識眞理：依本能，憑天性，本身自證，也是內證，而不必他證或外證（intrinsic evidence）。數學眞理即本源於此。

2. 自然哲學眞理：「資料訊息足夠」（well-informed sense）是要件。

(二)眞理獲得的心理因素

1. 「我必須甘願且毫無遲疑地充滿自信」（I must be disposed, of my own accord, to confide in it without hesitation）。心誠、意正、志堅。

2. 內心感受到的感官知覺，「相同處境下一致相同」（uniformly similar in similar circumstances）。同一處境，悲就是悲，喜就是喜；無一走樣。

3. 自問：「某一官能已提供完備的訊息，但我是否因造成不方便或有傷，因而被誤導。」（whether, in acting upon the supposition that the faculty in question is well-informed, I have ever been misled to my hurt or inconvenience.）如目擊一件對己不利的事實，要不要誠實面對？

4. 傳來的感官知覺要彼此相吻合，也與其他官能所傳遞過來的感官知覺相一致。

5. 與他人的感官知覺不生衝突。目擊與耳聞，或手觸與鼻嗅等「覺」，都「相合」。

《論眞理》一書也評史上的哲學家，卻只佩服亞里斯多德；雷德不是他發矢的目標。中世紀的教父們（schoolmen）則被描爲咬文嚼字者。至於當代哲學各派，都被歸爲懷疑體系中的一群夥計，經營「那些不自然的產品，也硬心腸的播散出毒害之氣」（those unnatural productions, the vile effusions of a hard heart）。哲學，只不過是他藉題發揮，作爲攻擊哲學及哲學家之用而已。

五、斯圖爾特（Dugald Stewart, 1753-1828）

蘇格蘭除了亞伯丁大學（1860）之外，另所名大學是1583年立校的愛丁堡（Edinburgh University），斯圖爾特是該校畢業生，也在該大學任教數學及道德

哲學，接了一教職缺，是休姆對之頗有好評且在遺囑中留下一筆遺產致贈的弗格松（Adam Ferguson, 1723-1816）於1785年離職所留下的講座席位。著作繁多，集中於人性哲學（the philosophy of Human Mind）、道德哲學（moral philosophy），及文藝復興之後的哲學史等。口才流暢，聽課者眾多，包括外國人。去世後，一尊他的紀念物矗立在愛丁堡大學校園裡。獨創性雖不高，但博學多聞，且擅長於授課講學。

(一) 發揚經驗主義

「自然法則，此種知識完全是觀察與實驗的結果」。此種說法，不出經驗主義的範圍。

> 兩項連續而來的事件，從中我們覺查不出有必要性的關聯可以經先驗式的推理，就深信從其一推出其二。倒是要從經驗裡，才能找到某些事件都會相合在一塊，從不改變；因之我們看到其一，就預期會有其二。我們的知識在這裡，是不超出事實這個範圍的。

觀察及實驗，可以得到一種歸納性的結論而形成通則。把通則當因，又從通則中演繹（也是綜合的）（deductively, synthetically）出果。

此種說法，與雷德之主張稍微有別。雷德認為命題之成為真理（如凡物有始，必有其因），了解這些，是來之於本能；把經驗排除，經驗是後天的；本能則是先天。由本能而生的真理，是絕對的、必然的、無時空的、永恆的，但由經驗事實形成的真理，如兩事件之連續相聯，只是可能性多寡而已，是或然的。經驗事實出現的次數多，概率（可能性）就高；反之則低，但不保證達100%，難保在自然界中有意外存在，而意外也是一種事實。雷德表示，上帝之存在，是一種絕對真理。人憑自明的本能得知此真理，上帝也就成為或然物或變動物之因，且是第一因，這是第一原理原則。除此之外，就留給經驗界及可能界吧！他還舉

地心引力法則來說明，牛頓的地心引力說，只不過是一種或然法則而已，例外是有可能發生的；若還未發生，但誰能保證未來皆不會發生？雷德除經驗之外，另提出第一原理原則；斯圖爾特卻完全以經驗作起點。這是二者之說，唯一的差別。

1. 物理學上的「革新」（reformation），在過去兩世紀以來日新月異，為其他部門的知識所望塵莫及。其中，有關心靈的知識（the knowledge of the mind）敬陪末座。研究心，應以「意識」（consciousness）為主題，如此才能得出人體結構的通則。斯圖爾特既把自然知識歸結為經驗及觀察（實驗）的結果，則「心的意識」之研究，也該仿此。且由此建立的學門，真理之準確度絕不下於「身」。心理學就可以成為一門如同物理學一般的進步神速之科學了。

2. 研究方法最關緊要：物理學比之於心理學，研究對象（資料）當然不同。「物」與「心」的性質，本來就是截然有別的，但方法卻相仿。第一，心理學不該與形上學混在一起。物理學（physics）與形上學（metaphysics），原先也糾纏不清；「形上學」一辭之本意，是「後」物理學（meta有after之意）。但物理學已向形上學道聲再見，完全以可見的「物」為對象，不再停留於不可見或無形體的世界裡。「心」是無形體的，過去屬形上學的地盤；如今，心的學或研究心的學理，把心當成一門可以以「理」來說清楚的學，也要有樣學樣。

物理學把「物」的本質性，「很聰慧的拋還給形上學家去動腦筋」。形上學家靠「冥想、沉思」（speculations），在本質界（substance）的性質上費神，專注於存在實體性的本質等。但現代的物理學家（當時稱為自然哲學家），不敢冒口如此的大，只謙卑的限定在由物所展現出來的「現象」（phenomena），予以觀察之、實驗之，由此也能得出通則及通律。前後的研究對象已截然二分，未有混淆之危。

既有物理學的先例，則心理學也該步此途徑。先賢早已提過，心思運作的觀念聯合說，雖無法與地心引力相比，但已在心理學成為科學的處女地上，成為破冰之旅。

若依吾人之意識所得的證據，不遠離事實，則吾人之結論，就不會比物理學的準確性低。

3. 步歸納路徑（inductive approach）是物理學成為科學的唯一方法，心理學也該如此；但「建設性的假說」（constructive hypotheses），悠關重要。對此他並不目盲，不只駁「培根們」（Baconians）的反對假設，反而訴之於牛頓的一句名言：*hypotheses non fingo*—未先有假設，則此路不通。

假設分兩種，一是「無需酬謝，人人皆可得的」（gratuitous），一是由類比（analogy）所引發且有某些事實為憑的「事先設定」（presumptions）。假設遂有「斷言式的」（imperative），及「假言式的」（hypothetical）之分。前者屬第一原理原則，如數學上的公設（即定理）；不少道德學家也提出，把道德上的「公共道德」，比喻為數學之公設；好比3 + 5 = 8，則3 + 5 + 2 = 8 + 2；那是必真無假的。後者（假言式的）則真假不一，但仍以「若」及「則」成句，如「若你得到樂透一億，則償我一千」。

不管如何，假設一提，則假設成為邏輯推論的前項（因），後項則是果。以上述所舉的例來說，「你得到樂透一億」，這是前提；「償我一千」是後果。如此就可用「事實」予以檢驗或證實因及果；當「償我一千」為真時，可上推「你得樂透一億」有「可能」為真。（注意，有「可能」而已，是或然的，而非必然的。）

其次，即令由後果驗證為假（非事實），則用處也多多。其後的發明大王愛迪生（Thomas Alva Edison, 1847-1931）試驗了五千種燈絲，結果皆不管用，是「徒勞」無用處嗎？不，他說，至少可以提醒同好，試別種吧！胡適作的《嘗試歌》中有一句：「又如名醫試丹藥，何妨六百零六次」。治療性病的藥名為606，原來如此！百驗失敗，或許從中靈感之光迸現。新的假設一旦引入，則「實驗困境」（*experimentae crucis*）遂解。踏破鐵鞋無覓處時，柳暗花明又一村，昂然呈現眼前。

(二) 眞理有三

1. 數學及物理上的公設定理（axioms）：如物質世界之存在，及宇宙之有序有則。這是「理所當然」的眞，否則人與萬物皆不存。

2. 意識、感官知覺，及記憶上的第一原理原則。

3. 人在信仰上的基本律則，包括思及行在內。

他引用了法國舊教哲學家但被啓蒙大師伏爾泰稱爲提出合理學說的唯一耶穌會會員、里昂（Leon）大學教授、並堅信不同的人只要依「常識」，就可以得到相同或相似結論的比菲埃（Clude Buffier, 1661-1737）的一段話：

> 眞理所產生的實際影響力，必大過於理論性的爭論，且前者也擴及於後者（the practical influence of the truths must extend even to those who theoretically dispute their authority）

若非所持的是眞正的眞理，則一定在眞正的行爲中露出破綻：言行不一，是假理或歪理的「後效」。可知眞理的「實際」影響，必擴及於理論。簡言之，行以證知。「實際」也是拉倒「理論」權威性的武器。

(三) 道德官能（moral faculty）

由道德官能所形成的原則原理，是不能轉移爲其他原理原則的。但人之能生存，非有此官能不可。人有感覺官能，反思官能，也有道德官能，三者不能互混或轉移。由道德官能生出「義務」（duty）及「利益」（interest），由此來判正誤、對錯、良惡等行爲，無此，人不能生存。

1. 道德官能滋生道德感受性或敏感性（moral sensibility），及苦樂之情（emotion of pleasure and pain）；當事者的優點（merit）及缺點（demerit），也從而展現。

2. 事實判斷與價值判斷常常相合：一個人肯定一種行動是「對」（正確，

right）時，他也是說那才是「眞」（true）的行動。道德「分辨」是理性的事，如同釐清一種「事實」——三角形三內角的和等於兩個直角（180°）一般。這種「眞」，不能藉情或意來左右。此時的「眞」（事實）已與「對」（價值），二者同了。

3. 對錯感，因人因地因時而異嗎？他是力主道德客觀性的。物理條件變了，道德判斷也跟著變：當一地因天然環境而使產物豐盛時，則人們對財產權的觀念，就比貧瘠地的人民較爲鬆散。不同的思所生的意見，也左右了道德的對錯觀念。「男主外，女主內」的支那社會，或男人至上主義的部落，男人三妻四妾，是「理」所當然。《紅樓夢》常有情節，敘述元配有「義務」爲丈夫找「細姨」；皇帝後宮佳麗三千，女子卻要從一而終，甚至守活寡。

但良心至上，是道德義務的最高無上判官。「當」（right），已含了「義務」（duty）。義務不能帶有獎懲字眼或語意，也不必藉神意或上帝指令來說明，否則就繞了一種「邪惡又錯誤的圓圈」（a vicious circle）。

4. 上帝存在，他的推理論證，源於兩個「前提」（premises）：

萬有的存在，開始時必有一個因。

聯合各種方法來謀求一特定目的，這必隱涵了智慧（intelligence）。

這兩前提是屬於第一原理原則的。由第一原理則形成爲建構人體（human constitution）的基本部位，即「良心」。良心所生的智慧，是人之所以稱爲人，也是建構人體必不可或缺的官能。這種第一因，就是上帝。

5. 休姆堅信，展現第一前提的眞理，是要予以證明的；在自然哲學（即物理學）的因果分析上，乃基於「期待」。由於「兩事件常相連（constantly conjoined），故看到其一就期望其二。此種聯結，吾人只從經驗學來。」這是「物理因」（physical causes）。另外也有「形上或動力因」（metaphysical or efficient causes）。物理因是被動的，動力因則是主動的。斯圖爾特依休姆此說，

乃進一步提出感官知覺的「變動」（the perception of change）。刺激反應，這是
生理的、自然的、本能的，也是物理的；但刺激反應除了有一成不變者之外，
另也有變化多端者；如由「感覺」（sensation）而生有個感受者（a being who
feels），這是外感官的功能；由內感官的「想」（thought），而生「有個思想
者」（a being who thinks）。欠缺那個「者」，即不能有「覺」或「思」。

　　整個宇宙、人生界，及物理界，似乎隱約有一種「智慧」或「設計」（in-
telligence or design）。運轉方法雖不同，但都具「圖謀」（conspiration）意，以
達特定目的。結論是：必有一個「設計師」（designer）或許多「設計師」（de-
signers）。哲學家有這種想法，不是把經驗予以「概括」（generalisation），也
非如同數學一般的「予以演算」（demonstrated）。體會此種「眞理」，純依本
能（天性，intuition）。上天若傷及人體，也必會予以修補。上帝的「整合一體
性」（unicity），遂變成爲建構人的道德良心性之基柱。

　　總而言之，斯圖爾特發展了雷德學說，雖不時也予以批判指正。他的
視野，也擴及到德國學界。他對康德所知不多，卻坦言，康德「瞥見」（a
glimpse）了眞理。但康德寫作的風格或語調，使他迷惘而起反感。本來還對德
國哲學滿懷欣悅之情的，也不得不痛罵康德那種「學究式的蠻荒作風」（scho-
lastic barbarism），背離「常識」太遠，並在「教父哲學般的霧（scholastic fog）
裡，喜歡從中去注意每一物件」。把雷德與康德相比，他覺得後者在此種學風中
更見「出色」。當然，康德對這批蘇格蘭學者，也有一番評論。

六、布朗（Thomas Brown, 1778-1820）

(一)因果律之解釋

　　斯圖爾特之徒且也接其在愛丁堡大學道德哲學講座的布朗，更在經驗主義
哲學上往前推進。他可以說是處於蘇格蘭的的哲學以及十九世紀的小米爾（John
Stuart Mill）及邊恩（Alexander Bain）經驗主義哲學的仲介者。布朗對休姆的因

果律特感興趣。

1. 1804年出版《因果關係論》（*Inquiry into the Relation of Cause and Effect*）一書中明示，當我們說：

A是B之因，吾人之意，只是在說，A出現之後，B在過去及現在隨著出現；且吾人相信，B在未來也必如此。

同理：

當我說，我有心智力以動我的手。這只不過是說，當我的身子在健康的好狀態且無外力作用於我身上時，則我的手將都隨我的意而動。

可知物理現象（physical phenomena）及心理現象（mental phenomena），其因果關係都可用相同方式予以解析。這種說法，十足的是「常識」。

2. 他不認同其師把物理因果（physical causality）看成有別於動力因果（efficient causality）。物理因（the physical cause）使過去、現在，及未來都生相同的果，動力因（efficient cause）也是。由因生果，這就是「動力」。「動力」（efficiency）之定義本就如此，不然，另有什麼定義嗎？「因果」（causation）本身就是一種「動力」（efficiency），若因不生動力，則本身就非因；因之中就有造成果的「動力」。至於說上帝是萬有之因，也是最終、最後，或最初因（ultimate cause），但除了上帝本身是因之外，不也有其他會生動力的因嗎？

3. 上述見解來之於休姆，但哲學史上把布朗歸類為常識哲學家而非休姆的跟班人。休姆認為因果律之建立，是因與果二者之相連性不變（invariable）且一致（uniform sequence）；布朗也這麼認為。但休姆以為因果之關聯，「本源」出在吾人相信有一種必然關聯存在；此種信，來之於習俗、傳統、成規。布朗則以為，因果性存在於習俗、傳統、成規之「前」。這是休姆與布朗在這方面

見解上的重大出入。人一出生，本能上或天性上早存在著因果種子，比日後的經驗（即習俗）等還早。休姆以「習俗」來解釋或分析因果性的必然關聯，布朗則認爲「本能」才是因果存在的最初因。「本能」是「心的最初始原則」（original principle of the mind），也以此原則來觀察經驗事實之變化，不管變化之前或後是什麼，總是以過去的知識來糾正過錯，以免判斷有誤。

其次，天然秩序之有則有規（the uniformity of the cause of Nature），來事與往事相合，「這不是理性所得的結論……只不過是一種本能的判斷」（a single intuitive judgment），由心中出，「不可抗拒，且也是不變的信念」（inevitably and with irresistible conviction），不管眞或假。

第三，由「本能」生的信，也是靈感上的信（intuitive beliefs），正是蘇格蘭常識哲學的一以貫之之道。本能或靈感，只要是人，人人皆同。至於習俗或傳統等，則差異甚大，在前因與後果上，都具特殊差別性。

(二)心理現象與物理現象，二者相合

心理及物理現象都有先有後，有因有果（antecedent and consequent）：二者之研究，皆限定在「現象」上。知識及眞理也以此爲界。他並不質疑心或物的存在，但心或物之存在，吾人之所知，是相對的；吾人只知及心或物對人所生的影響。吾人的意識，只能「知」及心或物所生的「現象」，而不及於「心」或「物」本身。心之學，或心理學，只能研究心的「現象」，而無法及於「心」本身，且也只能就心的「現象」予以解析。把心的「現象」一一予以觀察，發生於前的及連帶產生於後的，作一系統的排列。這些工作，蘇格蘭常識哲學家如雷德博士（Dr. Thomas Reid, 1710-1796）及他的同輩人，花了不少心血於此，從中產生第一原理原則。但若縱情於他們的作品中，就「沒完沒了，文長又誇張」（an extravagant and ridiculous length），無形中鼓勵了「心智上的懶惰」（mental laziness），而不求別途。

物理上有第一原理原則，那是確信不疑的，難道心理上不也有第一原理原則

嗎？且在確定性上，也不下於物理上的第一原理原則。

1. 他並不一一列舉心理上的第一原理原則，但只要舉出「信」（belief）這個心理上的第一原理原則，就足以說明一切；尤其是相信「我就是我」。即我的自我認同感（identity），那是永世不滅的，存於宇宙的，無法抗拒的，且也立即的（universal, irresistible, and mediate），更存在於推理之前。此種信，就是「本能信」（intuitive belief）。此信也顯現在記憶中，是「人體結構」（human constitution）最基本的原理原則，吾人的思維從中繼之而起；感受及情緒等，也連帶而生。這也是「必然的」。

2. 雷德拒絕接受「觀念的理論」（theory of ideas），布朗則強力予以反擊。他認為雷德所犯的錯誤，是誤以為大部分哲學家都有一個觀點，相信觀念具有一種實體性，介於感官知覺（perception）及感覺對象（the things perceived）之中。布朗則以為這些哲學所知的「觀念」，就是「感官知覺」。

其次，布朗同意這些哲學家的一種看法，吾人所立即覺知的，就是感覺（sensation）及知覺（perception），而無所謂獨立自存的物質界。一物或一事，若無法使人「心」生出感覺及知覺，則該物或該事根本不存在。柏克萊的to be is to be perceived就是如此。物或事，人與之「觸」（touch），則基本知識由之而起。更精確的說，就是肌肉上的感覺（muscular sensation），何必再弄個新名詞如「觀念」（idea）呢？小孩一碰外物，覺得該物對他有一種抗力，小孩就立即知悉其中含有物及抗力的因果關係。肌肉上的觸覺並不生出一種「抗拒的感受」（feeling of resistance），而該歸諸於「肌肉的架構」（muscular frame），那是人體結構的一部分。因為碰的外物之硬或軟，則抗拒與否的感受是不同的；但肌肉架構的「真相」，就越發清楚了。因之手摸的東西越多，人對手的結構之知識就越多。「延」（extension），乃因肌肉感覺有時間先後的不同。小孩漸漸伸他的手臂或握緊雙手，先後的感受是不同的。「長」（length）的知識，也由此而生；廣寬及深等知識亦然。至於外物本身是什麼，既獨立於「延」或「抗」的感受之外，則吾人對它一無所知。

(三) 倫理道德論

布朗一方面步經驗主義前賢的路，一方面也給予不少批判。他的此種獨立作風，也表現在倫理道德論上。

1. 倫範領域，不該停留在文字或語辭之爭：有人擬把倫範用辭作精確分析，但最後只是嘴巴說說，紙筆寫寫而已，無補實際。諸如下述問題：

何種行動稱之為德行？

執行何種行為，道德義務的組成要素為何？

什麼成因使義行的執行者，執行義行？

上述三問，各有區別處。但：

說及吾人以為是對或錯的（right or wrong）的任何一種行為，與說及執行該行為者到底具有何種道德規範上的短長優缺（moral merit or demerit），其實是同一回事。

祭起奧坎剃刀，快快地斬亂麻吧！「德」只在「行」中看出真章。

行好事者，道德上有優點的，執行義務者，履行職責者——都指向著一種心上的情或感，即考慮行善的一種「認可」（approbation）情或感。

無此情或感，則一切皆免談。當吾人有此感時，他人會寄予支持或贊同的眼神或表情。反之，則生「厭惡」（abhorrence）；至少也「不認可」（disapprobation）。

2. 就布朗來說，萬問一答即可，包括物理的、心理的，以及倫範的。把感覺（外感官）成為「印象」，把反思（內感官）叫做「觀念」，其實都無必要。

不管是印象或觀念，若無「感」，則一切都是空、無、虛。儘管吾人可以考慮德行本身，而不必究及行爲當事人（agents）；或思及德的本質或性向本身（virtuous qualities or dispositions in themselves）。那都是抽象（abstractions），雖該抽象無疑的也有用處，但仍然還只是抽象而已。

3. 這就進一步涉及到神學領域了。人體結構若不能產生倫範的道德感，且要求有行義的義務，則人根本不可能生存，尤其是繼續生存。愛是一種倫範情操，也是一種德性之「感」；愛人及愛上帝，根源於此。探討「心性」（the nature of the mind）是徒勞的，信自然界的統一一致性，就可以了；若單思及心而已，則又怎能得出，未來事近似於過去事呢？又怎能依過去教訓而防止未來的危險呢？前事不忘，後事之師；「史」（過去）具有警告意。同理，不愛人或不愛上帝，都會使人類陷入絕境之苦，及極爲不幸之境界（wretched in the extreme）。

4. 根據上述，則休姆取功利立場來說明道德，就大錯特錯了；情感上的格調，也太低了。

> 只是利或益，功或用（utility）……並非衡量道德認可或稱讚（moral approboation）的標準。

德行之當事者，是己或人，都不該只計利益或功效。不過，他認爲休姆等人之道德論，易淪爲取功利效益立場來闡明道德，理由是因爲上帝介於「德」（virtue）及「用」（utility）之中。本來二者是不相隸屬的獨立存在，上帝卻站在中間，把雙方聯手，親密關係乃成。

5. 道德感（moral sense）又是怎麼一回事呢？物無他物存在時，能自存；人則不然。有己無人，己根本活不下去；後者屬於道德領域。道德是人際「關係」。感受此種人際關係，道德感就出現了。但「感」（sense）若只指感受性（susceptibility），則毫無疑問，人人皆有道德感，甚至道德情（moral feel-

ings）；且此種情或感，與其他視覺或觸覺等所見的情或感，沒什麼兩樣。但持道德感的哲學家們，認為道德感是特別的，與其他感相似但不雷同，即人際關係之感，異於人與物或物與人之間的關係之感。道德感怎能取色彩、形式、硬度等感與之相比呢？道德涉及對錯，或該不該；物的感，則無這些考慮。道德感屬於洛克指稱三性中的第三性。客體的物不同於主體的人，後者關係，並不存在於前者。

　　當事人是善或惡，與當事人之對錯，有德或無德，可讚美或該呵斥，二者之存在並非不相隸屬，或各自孤立。

　　因之有感就必有行。知與德，若無「感」介入其中，則二者互不相干。仁義道德之言滿天飛，背地裡卻男盜女娼，又怎能使人生出道德感呢？道德感一生，就與道德行兩相契合，同時存在。

　　6. 道德情與道德行，形同卜師與卜杯，缺一不可。但情的面，有道德的也有美學的。涉及美情（aesthetic emotions）時，不少哲學家易犯一個錯誤，以為有一種「普世性的美」（a universal beauty），遍布於一切的美物上；也有一種普世性的德（a universal virtue），也全播於所有的德行中。因之，有哲人以為「仁」是一種普世性的德，如支那的孔子。布朗說：

　　沒有德（本身）……只有德行（virtuous actions）；或說得更正確些，只有德的當事人（only virtuous agents）。並且當事者不是只一個，數量多少不一，且他們的善行激起吾人的道德情，方式一致；但當事人用不同方式去作道德行。

　　當然！道德行可以分類也可歸類；分其異，歸其似或同。視德行只有一類，布朗是反對的。

7. 經驗主義立場的布朗，又如何道及上帝的存在呢？在此一議題上，他不滿「先驗」（*a priori*）式的推理，也反擊形上論證；除非化形上爲形下。形下論證即物理上的論證（physical argument）。

一般稱之爲形上的論證，我常視之爲完全失去力道的論證，除非該論證隱約的默含有物理上的論證。

「設計」（design）說，就是他所言的物理論證。

宇宙展現出無可爭議的設計記號。它不是自存的（self-existing），卻來之於設計者之心。因之，一個巨大的設計心（a great desiginig mind）是存在的。宇宙萬事萬物，彼此之間關係極爲和諧（a harmony of relations）。感受到此種和諧，等於感受到了設計本身，即上帝。因之，上帝是宇宙的主宰者（author）或設計者（designer）。是否有一「創造者」（a creator），他未提及。

至於「三聖合一」說（trinity，或divine unity），他同樣對此種形上論證有微言。「徒勞於文字，卻說不出什麼，也證明不出什麼」（a laborious trifling with words, which either signify nothing or prove nothing.）

「設計」說法，即一切了然，從中顯示出「仁慈意向的標記」（the works of benevolent intention），就足以說明一切，無一絲惡之毒（malevolent）的成分在內。秤一下善與惡，一定是惡輕善重。人人都有道德情，即令惡貫滿盈的匪類，「人之將死，其言也善」。上帝賜給人的恩物，就是道德情，且取之作爲道德上的「首肯」或「不首肯」（moral approbation or disapprobation）的衡量尺度。

他堅決反對形上論證，或許這是他的哲學之致命缺失。上帝的論證，若未取形上論證法，則論證之火力，可能是最爲微弱的。有關上帝的命題，他持「經驗上的假設」（empirical hypotheses），只是此種論證，是形下的論證；前提及結論的「扣緊」（cogent）度，有鬆隙可乘。

康德對蘇格蘭的常識哲學，評價不高。在《任何未來形上學序言》（*Prole-gomena to any Future Metaphysics*）一書中，坦言道出他的評論。休姆的反對者，包括雷德等人，論點也失焦。因爲休姆從不想到可作爲爭論的，他們卻爭論了老半天；而休姆認爲可疑的，他們也認爲可疑。其次，視常識爲萬應靈丹，如同神論聖旨（an oracle），取之作爲查清眞假的判官，卻未能爲此，提出一套合理的說法。康德倒認爲休姆本人的見解，較休姆的反對者之意見，健全多多。不過，常識哲學倒爲康德之批判哲學之健全性，提供了經驗上的證據。其次，本來一開始時常識哲學是反休姆的，但其後反而二者之見解拉近了。

誠如布朗所說，物世界本身，人的知是不及該領域的。其次，常識哲學家認爲，任何理論若與常識水火不容，或與生活所需的一些信念或前提有異，則有必要心存戒心，且對之提出質疑。此種立場頗該嘉許。其實，休姆本人並不拒絕接受常識論，他只擬把理論上的論證一一予以檢驗；若檢驗不出，也不可一下子就棄各種信念於不顧，包括「自然性的信」（natural beliefs）及常識（common sense）。因爲就「實際」面來說，生活或生命的保存，是要優先考慮的。純粹理性的功效解體時，實實在在的實際生活，更是一項不可忽視的事實。當上帝的存在，用理性推論不出時，千萬別一腳就把對上帝的信拋開。「理」得不到的，「情」或「意」卻緊緊地抱住不放。

蘇格蘭的常識哲學一到十九世紀，光環已失色，而由經驗主義及「心學」（idealism）所接替。英國的學風中，接替常識哲學的是語言分析（linguistic analysis）哲學。歐陸上，代表法國官方哲學（official philosophy）的代表人物庫仁（Victor Cousin, 1792-1867）對常識哲學情有獨鍾，與德國的康德強調理論解析不同。法國學界對實際問題，尤其倫理問題，特別下功夫；採用實驗法，集中心力作資料的搜集而非勞神於抽象的思辯。

休姆並不認爲，搞哲學是一種餘興節目，卻是一種道德性的愛國行徑。對此一論點，他人實在不該誤解他。就他的立場而言，分析性及批判性哲學，是一部力道無比的武器，可以消除虛幻的空想（fanaticism），去除不容忍（intolerance）性情。就正面來說，他看出一種人的科學正在興起，可以比為伽利略及牛頓的物理科學。他的哲學尤其呈現在雷德等人面前者，破壞面大，只供純研究用，對實際生活無補。不過，休姆的學敵如雷德等人，卻認為哲學有助於倫理及政治生活品質之提升，不只研究人為什麼是這麼想的，為何那麼說，且特別凸顯出價值問題。法國的粉絲習於把哲學當成類似生活領航員的角色，啟蒙運動於焉形成。哲學從天上掉入人間，落在菜市場裡，平常人之所以接受，是本諸「常識」，也是「恆常的識」，即「共識」，平白語文即可了解。可惜！也有不少常識哲學家在潛意識裡表了此初衷，卻仍然在著作上出現常人難解的玄妙文字，似乎又把「哲學」返升到天上了！

參│啓蒙運動

第八章

啓蒙時代的哲學家(一)

「啓蒙運動」（the Enlightenment）之名，正式源於法國。學界普遍認爲，中世紀是「黑暗時代」；神學、天國、來世等，是主調；「人」的地位渺小，信高過於理。評價此種時代爲「黑暗」，正表示評價者無視於上帝投射的火炬，萬丈光芒於人間。但法國學人對基督教尤其是天主教（舊教），幾乎無好感。十八世紀的法國出了兩大名人，在全球思想界或哲學界揚名立萬，一是盧梭（Rousseau），一是伏爾泰（Voltaire）。一提這兩位大人物也是大文豪之名，尤其是後者，立即連帶地憶起他們恨之入骨的拒斥羅馬教會之情，溢於言表；咸認天主教是理性的敵人，不容忍作風特熾。既排宗教，則物質的地位大增。大唱物論（materialism）的作者輩出，有拉馬特利（Julien Offray de La Mettrie, 1709-1751）及霍爾巴哈（Paul Heinrich d'Holbach, 1723-1789）等。另有些人提出「有神論」（deism），如伏爾泰及笛德羅（Denis Diderot, 1713-1784）；無神論（atheism）如霍爾巴哈；而卡巴尼（Pierre-Jean-Georges Cabanis, 1757-1808）更不客氣地把物論輪廓粗略地描繪出來，對神不屑一顧。宗教信念聊勝於無，缺之也無妨，導致於法國大革命初期（1789），代表天主教會的巴黎聖母院（Notre Dame），也是巴黎大學的前身，遭受褻瀆。這是啓蒙運動的破壞面。就正面也是積極面來說，啓蒙（enlighten）之意，是帶給時人照明一切的一道光，在心靈上免於宗教迷信，更擺脫了天主教會的獨斷專制之軛。

其次，啓蒙運動的帶頭者，對既存政治體制極爲反感，先有美國的獨立運動（1776），後有法國的政治大革命（1789）。這方面的評價，也有正反兩面，尤其在法國。法國的大革命，演變成賈克賓恐怖（Jacobin terror）暴動，但也爲其後的社會政治改革鋪了路；先是形成了資產主義社會的民主（bourgeois democracy），後是無產階級的體制（the proletariat）；「普勞」（Proletariat）──普遍的勞動大眾翻身，下階層階級掌了政權。

第一節　法國啓蒙運動的兩大層面

　　啓蒙運動，係針對羅馬天主教會及政治極權專制，作不容情的反擊。這兩大層面根深柢固，勢力龐大，歷史悠久，且兩者聲氣相投。啓蒙運動的代表人物，對兩大層面的指謫，態度並不十分一致。

一、政治及教會的破壞面及建設面

(一) 破壞面

　　1. 政治「革命」的煽動，熱情不一：即令他們都非難「舊政權」（*ancien régime*），但把貴族政治徹底地改頭換面爲全新的興革，如採全民政治，伏爾泰就不屑爲之，他寧願有個施行仁政的獨裁者（Benevolent despot）。若這種當朝者對「哲學人士」（*les philosophes*）能禮賢愛護，他將大喜過望。「精英」（elite）及睿智（intelligent）者在位，這才是最佳的政治設計，明顯地含有柏拉圖的影像。眾民是「烏合之眾」（the rabble），哪有何德何能可以操政治大權？

　　2. 羅馬天主教會素來不爲法國啓蒙運動家所喜，後者之反對強度也有個別差異。最極端之一，就是有哲人成爲獨斷的無神論者（dogmatic atheists），將一切的宗教派別，悉數廢除；否則，由此形塑出人們的無知及恐懼，妨礙知識上的進步，更有害於道德。

　　政壇及聖壇（throne and altar），都是他們要消除的對象。不先破壞，哪有建設？

(二) 建設面

　　1. 宗教信仰上，啓蒙學者並不小看宗教對人類生存的重要價值，他們對宗教活動是頗爲關注的。在文化進展上，展現出與中世紀文化別開生面的風貌，即以科學角度來作爲宗教信仰及活動的準繩。既然物理科學之進步神速，則不妨取物理學爲榜樣，作用於心理學、道德論，及人類社會生活中。但傳統宗教不管是

啓示性的或一般性的，對人類知識智慧之長進卻造成逆流，與理性運作無法相容。

其實，宗教本有積極改善人類道德生活的正面價值。法國的「哲人」（les philosophes）比較遠離同胞笛卡兒的先天理性說，反而十分歡迎來自海峽對岸的經驗主義論調，尤其洛克及牛頓學說，他們趨之若鶩。建立系統的哲學體系，不能光憑自明之理，更不可由自明之理推演出一套大道理；沉思冥想式的形上論辨，他們是以背相對的，擬改採相反方向。他們希望注重個別物、特殊物、獨特物，取之作爲觀察、省視、探究、分類之用；至於綜合出結論，那是其次的。現象（phenomena）先於本質（noumena）；由本質衍生的現象，就已夠學人忙碌一生了，從中現出因果律，這才是正確、眞實，且具體感的結論，而非空泛或虛幻的形上第一原理原則。中世紀太狂戀於數學的演譯法（deductive method of mathematics）了，不知該法有其致命之弊端；他法的價值，絕不下於演繹法。

「超現象的實體性」（trans-phenomenal reality），是人智不可能抵達的領域。人的知，是有涯的，止於「現象界」；超現象的地盤，縱使有人狂妄的以爲對之有知，其知也不可能十分把握，即令自信滿滿，但他人絕不盡然照單全收。因之，不要虛擲時光與精力於此。最佳的管道，不如把經驗科學的結果，作一綜合，那才是合理的形上學（rational metaphysics）。經驗科學是不涉及「本質」（essences）的，只究「現象」（phenomena）而已。儘管有人也會對「本質」稱三道四，但那也只不過是洛克所稱的「名上」的本質（nominal essences），即只文字語言本身的意義，如此而已，好比紙上談兵；猶如支那名家的舉例，如「火不熱」一般。「火」這「字本身」是一種「名」，怎會「熱」呢？要是火「字」能熱，則哪有能源危機啊？飯鍋下寫數個「火」字，試問生米能煮成飯嗎？「名」是形上的，經驗事實才「實」。

2. 走「實證」（positivistic）路線，告別形上學，形成十九世紀的顯學。「物論」（materialism）因之而起。物泛指宇宙的一切。物有人物、動物、植物、礦物、有生物及無生物。支那形上意頗重的道家雖言「道」，道卻是一種

「物」；「有物混成，先天地生……吾不知其名，字之曰道」。法國哲人中，孔狄亞（Etienne Bonnot de Condillac, 1715-1780）最心儀洛克，藉洛克的經驗論應用於「心智官能及其運作」（psychical faculties and operations），認爲那都只不過是一種「感官知覺的變形」（transformed sensations）。即以感官知覺爲基底，來敘述被歷來哲學家歸之爲最奧祕的人類睿智層。即令孔氏不該屬於實證論者，卻也在不知不覺中步上此方向。心學以物學爲基礎，以物證心。心再如何抽象深邃，但在「登高必自卑」的原則下，也該以物之知爲初步。

人的精神性靈生活（psychical life）與生理生活（physiological life），二者息息相關。以物釋心之傾向，更爲明顯。原始性、明顯性，及粗糙的「物論」（materialism），羽翼已豐。但若把「物論」轉爲「唯物論」（dogmatic materialism），則就有點偏差了。「物」與「唯物」，一字之別，不可不慎。經驗事實上，「物」之重要性無人可以置喙，但以物代表一切而變成「唯物」，這就操之太急了。

「物論」到了馬克斯，勢力暴漲。其實，馬克斯本人也只是強調「物」之重要性，民生是基礎。民生之中，有物也有心；日人不察，以materialism譯爲「唯物論」，華人更未有批判力，悉數依日譯。以洛克爲例，他主張知識源於經驗，但也只是「十之八九」而已，可見另有十之一二，不是來自經驗。他不是「唯驗」（dogmatic empiricist）派。

3. 休姆曾企圖探討「人的科學」（the science of man），也就是「人學」。法國啓蒙哲學家步其後塵。牛頓既能在物理世界上有劃時代的大發現，難道不能在人的心靈生活及社會生活中，得出重大的突破難關瓶頸嗎？二者都得本諸於洛克的經驗主義。

把倫理學從形上學及神學中分離出來，勿與之「葛葛纏」，一刀兩斷吧！英國的道德學家在這方面已作了領航工作，法國哲人亦步亦趨。後者的倫理理念，容或與英不盡相同，但也有人十足的取功利效益立場作爲倫範初步，用意一致；即找到了倫理規律的主體性，不依附於形上學及神學上了。甚至如拉馬特利等人

都說，國家人民如都由無神論者所組成，此種事之可能性是存在的，不只可能，且是人人極想的（desirable）。當然，持異論者也多，伏爾泰就是其中之一，他相信有個上帝在，他是「理神論」（deism）的，甚至還揚言若上帝不存在，學者有必要發明或選出一個上帝來，目的純是爲了社會的道德福祉；這方面，他是完全與洛克同口吻的。主張寬容不遺餘力的洛克，卻對寬容的某種層面有所保留，其中之一就是他對不信神的人，是下手絕不留情的，「理由」是若心中無神，或不怕上帝者，則此種人必無惡不作。可見倫理道德若與形上學及神學「完全」切割，有利也有弊。法國哲人之要求倫理學仿心理學一般的獨自出走，乃因形上學及神學從中世紀以來，即扭曲、束縛、囚禁了人的真正幸福及德行。

4. 十八世紀的英法兩國哲學家，泰半不是學院派的，他們多不在大學擔任教職，卻對哲學興趣高昂。休姆是哲學家，同時也是史家。法國的伏爾泰寫了不少戲劇，莫佩爾蒂（Pierre Louis Moreau de Maupertuis, 1698-1759）介紹牛頓的學理，遠征北寒帶（Arctic），目的是要證實牛頓的學說，地心引力使得地球之南北兩極是扁平的，反擊笛卡兒的漩渦論（theory of vortices），因此被英人推爲皇家學會會員；1736年帶隊到比極地（Lapland），應路易十四王之請求來量其緯度（latitude），且觀察地球形狀，可見他不只是個經驗主義者，還是個實證論者（positivist）。1750年普魯士王菲特列大帝邀這位時任普魯士柏林學院（Prussian Academy of Berlin）院長（1741年爲院士，1745-1753年爲院長）出版一書《宇宙論》（*Essay on Cosmololgy*），提出「力」（force）的觀念，認爲「力」，源於抗拒的經驗。觸一物而生受阻感，把靜之物改爲動之物，或把動的物改變其動，或阻止其動；從而產生的動力，使因與果的觀念成立了。這當中毫無深奧或神祕存在其中。力可以由果衡量出來，果就是現象；因與果的必然關聯性，也如同數學之運算或機械操作之前後連貫一般，都可以訴諸於經驗原理原則，即習慣及觀念聯合。

物論（materialism）在他的心目中，等同於物活論（hylozoism）。物有生命、有性靈、有意識，只是量的多寡而已。大自然的法則中，蘊藏著目的論

（teleological）在其中；萬物之存在，皆有其目的。物的機械法則，可以通用於人身上。物本身就有迎拒之力，迎拒力之量，限縮到最小量，這就是他有名的「最少量行動」原則（the principle of the least quantity of action）。當大自然要達成其目的時，所需要力道之量，是最少的；所以大自然界中的一切變化，都是小變、微變、漸變、慢慢緩緩的，而非快速、劇烈、巨大的；前後差別並不明顯。此觀點大爲達爾文的演化說所喜愛！

把心智（intelligence）歸屬於物，笛卡兒又何必主張身心二元呢？身的屬性爲「延」（extension），心之屬性爲「思」（thought），也是多此一舉。智慧多少，是程度上的，數量上的。人之有心智，哲人都承認，難道動植物無心智嗎？花有趨陽性，樹遇阻力則往別方向生長，甚至礦物之互擊，海濱巨浪之下的石頭與靜海或淺水或戲水區的石頭，形狀互有不同。即令最低級的物也有某種程度的生命及感受性。

物論及物活論，是否可引伸而反對上帝的存在，此種爭議，茲事體大。前者自與古代原子論，一脈相承，著重在物理上即形下的點（physical points）；至於來布尼茲的單子論，則以形上的點（metaphysical points）爲基。

拉馬特利是一名醫生，達郎拜（Jean le Rond d'Alembert, 1717-1783）是傑出數學家。十八世紀時，文人必悉哲學，這是一種風氣。哲學思考並不是大學哲學講座的禁臠，他人不能染指。此外，哲學與科學也非涇渭分明。包羅萬象之學，一向爲時人的嗜好。這些都代表了英法兩地的學人在知識思考上，皆有正面積極的貢獻。希臘雅典留下來的博雅教育，也反應在十八世紀的英法兩國哲人身上。

二、培爾、豐特奈、孟德斯鳩

(一) 培爾（Pierre Bayle, 1647-1706）是先人種樹，後人乘涼的典型哲人；編寫《歷史批判辭典》（*Dictionnaire historique et critique*, 1695-1697），法裔荷蘭鹿特丹（Rotterdan）人。徘徊於新教及舊教信仰中，力倡寬容，學洛克榜樣，卻

不為教會當局所喜。

1. 深信哲學的推理易導致懷疑論。但人的本性或情感，卻要求有一種無誤的信仰，此種論調，是十八世紀的流行觀念。「理」與「情」作對，這是經驗，也是常識。

2. 依他之所見，時下神學的爭議，是混淆不清且無關緊要的，也未抓住重點。各教派都堅持己見，以為異見即邪說或異端。其實各家說法，基本上並無甚差別。人性常有一種習慣，樂意於口角者，把無別當成有別；也把密不可分的當成兩截來論斷。追根究柢，都是心盲所致。偏見成風，乃是缺乏清楚判斷的禍瘤。新教與舊教爭，新教派多，不合之事常見；舊教雖言「統」（Catholic有統一意），舊教的「次級團體」也不少，彼此也常攻訐不遺餘力。

3. 形上學與自然神學的爭辯，也不下於宗教教團內的各派紛爭。他發現人性比較適合於導正、撥亂、糾錯，而非真理之發現。此點尤對形上學管用，如證明上帝存在時，形上學家每喜批駁他人的謬誤論點，其實被批駁者也承認，上帝之存在是一種真的命題。只是就事實而言，一切證明上帝存在者，都被形上學家取作為批判的對象，且該批判都只具破壞性而已。其次，「惡」何從來，此問題未解決。這是意料中事，不足大驚小怪；因為既然肯定有個無窮的、萬能的，且無所不在的上帝（an infinite, omniscient, and omnipotent God），則怎會出現惡呢？理性再如何闡釋，二者皆無法相容。正統的羅馬天主教會之說明，比不上被批為異端的二元學說之摩尼教（Manichaeans）──創始人是伊朗的摩尼（Mani, 216-?）；二者都以精神為善，物質為惡：善惡相混而為宇宙，一清二楚；何必玄之又玄？致使眾人之惑不減反增。形上學家卻判摩尼教為妖言惑眾，理論荒謬。至於靈魂不朽，更未見有足以服人的經驗事實，可以杜悠悠之口。

其實，培爾並未說上帝之存在以及不朽論是錯的，倒是他把信仰一事，拋在理性之外。上帝之存在及不朽，都非理性思考的任務，卻純屬啟示的地盤。理性思辨或論證，不必飛象過河，楚漢疆界是各自劃地自據的，侵犯不得；彼此承認、尊重，且容忍，是一大要訣。在陽關道與獨木橋，二者之中，任憑人人擁有

不同的選擇權。換句話說，洛克的寬容論，才是解決爭辯紛爭的不二法門。

4. 所以理性與宗教，以及宗教與道德，都該守本分的自我克制，把糾葛的纏藤斬斷。行德者，不必然是宗教信仰堅決，且對上帝之虔誠忠實不二者；也不必非把「動機」與內心的宗教觀念扯在一起。其實對「不朽」有疑者，或甚至不信上帝者，他們的道德生活之高尚，品格之亮節，也不在信徒之下。在他的《辭典》（*Dictionnaire*）中直言，一位不悉「復活」（resurrection）者，心地之純，高過於天天上教堂禱告之士；內心的信仰與外在的實際行爲，二者未必有必然性的關聯。試問蠻荒地帶的土著，那知有什麼聖經十誡？文明社會中的一流哲學家視初生的嬰兒爲至寶，不也「聖人皆孩之」嗎？

培爾的想法，影響了法國人、英國人，及德國人。英法兩國的時潮一致，不用多說；而「啓蒙」的德國字是*Aufklärung*，還成爲德國人最上選的辭；1767年時任普魯士（Prussia）王的菲特列大帝二世（Frederick Ⅱ, the Great, 1712-1786），致信給時代名人伏爾泰，言及培爾時說，培爾已開戰了，不少英國哲學家甦醒了，伏爾泰註定就是要完成此任務的要角。1682年培爾還匿名發表一文，提及兩年前（1680）出現彗星引起衆人的恐懼，實爲不智。彗星預示災難，顯然是一種迷信。

(二) 豐特奈（Bernard le Bovier de Fontenelle, 1657-1757）

1. 傳播新學—— 物理學：晚培爾十年而生的豐特耐，享一世紀的高壽。對科學新觀念的普及，厥功甚偉。本擬從事文學寫作，但未如所願；還好，他有慧眼，看出時人對新物理學上的重大發現頗爲熱衷，只要能生花妙筆地把新學，說得既清楚又帶啓思性即可；這方面他頗爲拿手。立即使他成爲法國「科學院」（*Académie des Sciences*）的祕書。基本上，他走笛卡兒式的物理，宣揚笛卡兒式的天文理論。當然，海峽對岸的牛頓，是物理學界的一顆新又大的星星。1727年他寫了一書，即以《禮贊牛頓》（*Eulogy of Newton*）爲書名。不過，內心裡還是以笛卡兒的學說勝過牛頓的萬有引力論。只是死後遺稿證明，他到了晚

年，對經驗主義頗爲垂青；追隨洛克的說法，吾人一切觀念，基本上都取自於感官經驗所提供的資料或訊息。

2. 對宗教上的眞理持懷疑論立場：他寫了兩本頁數不多的書，一是《寓言始源》（*The Origin of Fables*, 1724），一是《神諭史》（*The History of Oracles*, 1687）。

一般人認爲寓言起於想像而非智慧，其實不然。希臘的神話或寓言，都在描述或解釋「現象」，那是智力的展現，即令其中含有想像成分。人的智能，古今未有差別；原始部落的居民，與現代文明人同，都以腦筋來說明「現象」，把未知的縮減，而擴大了知。只是遠古時代的人，正面的知識不多，只好訴諸於神迷。現代人不同了，科學提供了很多正面的知識。

至於神諭，沒有事實證明，異教的神諭來自於惡鬼（demons）；俟基督一到，異教的神諭立即沉寂或消聲匿跡。這都是非理性的說法，史實也未提供這些說法。爲基督教辯解者，不該在這方面多費唇舌，那是不值得的。上帝操控著天然界或物理界，是有序有則的。人的歷史，充斥著情緒及任性。在無神論者（atheists）陣營裡，十八世紀的法國哲學家，人數多於英國哲學家。不過「自然神論」或「理神論」（deism），或伏爾泰說的「有神論」（theism），卻爲更多數人所接受。十七世紀上半導源於英的自然神論，羅馬天主教斥之爲非正統。因爲自然神論者主張，人依理性而不必靠啓示，就可以證明上帝的存在；尤其牛頓之物理學，更給自然神論以說服力，如虎添翼。上帝一創世界之後，就罷手悠閒了，尤其不干預人類行爲。人的理性可以使人人相信，有罪有過有錯，必須悔改，賞罰報應是必然的。

他被伏爾泰恭稱爲路易十四（Louis XIV, 1638-1715）在位期間（1643-1715）長達72年之間最多才多藝的學者，1691年，還入選爲法蘭西學院（Academy of French）院士，是孟德斯鳩及伏爾泰密友。

(三) 孟德斯鳩（Charles de Sécondat de Montesquieu, 1689-1755）

權能區分且三權分立，是連臺灣的學生，及注意公共事務（public affairs）的普通人，都耳熟能詳的政治論。創始人孟德斯鳩之名，也普遍爲世人所熟識。支那的孫逸仙（1866-1925）是革命「行動家」，卻非政治理論學者，推動「五權」，除行政、立法、司法之外，另多了考試及監察。五權「憲法」，幾乎不被採用，那是畫蛇添足的多此一舉；多出的兩權，形同行政權的附屬而已。

1. 本名爲Sécondat，後領有孟德斯鳩男爵（Baron）身分，乃以孟德斯鳩之名與世人謀面。激情於自由，痛恨專政獨裁。對路易十四之統治，極端表示不滿。1721年（32歲）出版《波斯人信劄》（*Lettres persanes*），辛辣地諷刺時政及社會亂象。1728赴英兩年，目睹他心目中理想的政治體制在異地萌現；1734年寫成《羅馬盛衰原因論》（*Considérations sur les causes de la grandeur et de la décadence des Romains*），但引不起史學界重視，卻爲其後英國史家吉朋（Edward Gibbon, 1737-1794）大作《羅馬帝國衰亡史》（*The Decline and Fall of the Roman Empire*, 1776-1787）埋下伏筆。好酒沉甕底，1748年（59歲）時*De l'esprit des lois*一書即揚名立萬，收了17年辛勤耕耘的豐碩成果。曾任北京大學校長的嚴復（1853-1921），漢譯爲《法意》，是環球大學法律系師生必讀的法學經典名著。三權分立說，由此顯現。洛克早有權能區分的政治理論，孟德斯鳩二話不說，直截了當的提出三權分立的學理；休姆讚不絕口，法學界公認該書可以與亞里斯多德的《政治學》（*Politics*）媲美。雖在1751年被政府下令爲禁書，但小挫折掩擋不住巨著之廣爲流傳，使他享有世界級的聲譽。

2. 法學的比較研究：走歸納法的途徑，廣收資料。前有亞里斯多德的佳例，輯了超過百計的希臘各城邦憲法。孟德斯鳩把當代的社會、法律，及政治，一一列表予以比較；在嚴謹的準確度及數量的足夠度或代表性上，容有小疵，但不妨其結論之可貴。以「現象」爲基，慧眼即在其中若隱若現的出現。

我首先是把人作一下檢驗，結果相信，開始時覺得法律條文多如牛毛，習俗變化千奇百怪，各地不同；但都非僅依突發的奇想（whims）。我型構出原理原則，也看出合乎原理原則的個案或特例。所有國家的歷史，就是這些原理原則的效應（the consequences）。

上述引言之意，即當前存在著的不同國家或社會形態，都是「後果」（effects）；其「因」，乃「法及俗」（law and custom）所造成。「任一殊法，必與他法相接合；或依另一種更為擴大的一般法而存在。」

可見他以哲學家的觀點看歷史，而非只是從一個實證主義的社會學家來觀察歷史。雖然萬流歸宗，或許有掛一漏萬之虞；他倒注意到下述因素是要項：

首先，法之異，變因多；各地人的品格又有別。政府成立的形式所遵守的原理原則，其性質也異，氣候變化及經濟條件有殊。集合這些，然後才建構成「法律精神」（the spirit of law）；簡言之，即「法意」。檢驗「法意」，他一生盡瘁於斯。

3. 政府形式有三：他排除了傳統上將政府分成君主（一人治），貴族（多人治），及民主（全人治）方式；不以「量」為主要考慮，卻以「質」為主。各政體都以「質」作為政府形式或體制所遵循的第一原理原則。

(1) 共和政體（republican）的「質」，以「道德」（moral, civil virtue）為準則。

(2) 君主政體（monarchical）的「質」，以「榮譽」（honour）為準則。

(3) 專制政體（despotic）的「質」，以「恐懼」（fear）為準則。

因此，有什麼樣的政體，就有什麼樣的法。二者互為依傍，常相左右。道德、榮譽，及恐懼，都是人的一種「情」（human passion）。柏拉圖的「共和國」，是要伸張「正義」。亞里斯多德的政治學，以「中道」為「金科玉律」（Golden Mean）。正義及中道，都是道德。共和政體有二，一是民主政體（democracy），主權在民，民享有最高權；一是貴族政體（aristocracy），只由知

識上的少數人（貴族）（intellectual aristocracy）掌權（最高權）。君主政體中的君主（prince）如以「榮譽」爲原則，則不會獨裁暴虐；「仲介權力」（intermediate powers）是存在的。但若以「恐怖」爲原則，則權全攬，且大權集於一身，無視於法的存在，法無「存放處」（depository of law）。宗教取代了法律，或以習俗頂替法律；君權「神授」說，因之而起；「朕」即國家之觀念，遂之而生。

4. 法依氣候及經濟條件而異；氣候支配人的脾氣、性情，及品格，甚至人體結構。這是「常識」。故不同氣候的地區或國家，法規律令皆不可能全同；但不該作爲制定法律的全部依據。立法者須動用腦筋，不許悉數由此種「外力」所控，如同命中決定一切一般的毫無「人爲」，卻要順勢而爲。經濟因素亦然。人爲的法，該有自主性，不應被氣候或經濟牽著鼻子走。既存的法律即令不完美，在人智的善用下，未來的政治體制該苟日新，日日新；苟日善，日日善；以臻於至善境界。正義及公理之法，已在自然界的天體運行如地心引力一般的由上帝所展現；政治社會的法律，該有樣學樣，不可置若罔聞。

人是一種物理性的東西，如同其他物體一般，受不變法則所管制。但人也是有智慧，更有理性的存在體；雖也受制於法，卻有能力予以超之，越之；人爲法（positive law）之先，是自然法（natural law）。二者相較，自然法也在道德層面上，取得優先權。依經驗史實，客觀資料的歸納，這都是無爭議的。但過去如此，未來或現在，也必如此嗎？啓蒙運動的核心字眼是進步，而非返觀；進步有往前進（forward），更有往上進（upward），而非向下沉論（downward）或往後退（backward）。

5. 心態明顯的傾向於自由的追求，而非冷漠無情的只旁觀似的對待過去的歷史「現象」：《法意》一書的第十一及第十二冊，分析政治自由的條件。由於對「暴政」（despotism）厭惡透頂，以自由及解放爲主的憲政（liberal constitution），乃是他心中的最愛。先將自由（liberty）作字面闡釋，在政治脈絡（political context）裡，提出何種政治條件或環境，可永保自由且維持自由。理論上

來說，此步工作要圓滿達成，分析者必先對此一議題不持偏見。他既對自由特別鍾情，因之難以保持中性──不喜也不厭，或不接受也不排斥。孟德斯鳩在聚精會神於此之際，目光聚焦於英國的憲政體制，那是他稱讚不已的；其次，他也並無視於法國的政治現實，那是他擬極力揚棄的；既有具體實例擺在眼前，可見他的分析不是純抽象的；他朝思夜想的是法該仿英，典型在隔鄰，近水樓臺也該得月。改良現行體制，必須能保住人民之自由權。

政治自由（political liberty）到底是什麼？自由不是絕對又毫無限制的。自由是一種力道，也是一種權。「只有在法律允許的範圍內，才享有自由。」在一個自由社會裡，凡法律許可之事，人人皆可行之，不受其他任何約束；也無一公民被強迫，違反他個人的意向得以特定方式來行使其活動不可；因爲法律並無明文規定他必須採何種行爲方式。比如說，法律如准許人民的穿著悉聽尊便，則慣於穿洋裝的女士，就不許逼她穿旗袍。簡言之，只行法之所可，而勿行法之所不可。至於法無明示可不可者，則隨各人嗜好、習慣，一時之興趣等爲之。以「ought to will」爲准（心意覺得該），而不許強迫作出當「心意覺得不該」（ought not to will）的行爲。只是此翻說明，並未有一新耳目的見解。

6. 三權分立：政治自由中涉及權力區分，這就是他獨到之處了。立法（legislative）、行政（executive）、司法（judicial），三種權力，不該由一人或一群特定的人包辦，卻該三權各自獨立，互不隸屬；彼此制衡，以防獨裁專制之虐政。

他作了歷史研究，看出羅馬帝國的法律，使版圖遼闊無比；猶太國家的法律，以保存並增強宗教信仰爲目的；支那法，則維持了社會的穩定與安寧。只有英國憲法，旨在增進政治自由。其實，英國的權力區分論，理論上雖有洛克等人的學說，實際上卻是各種複雜的因素交錯而成。且1688年的光榮革命（Glogrious revolution）造成國會權獨大的結局；三權之分，勢雖已成，但其型並非等同於等邊三角形。不過，英國既有先例，不流血且享光榮美名，不躁進也無暴力。「趨於極端」，都非常人之所欲；守中道（mean），就能皆大歡喜！

　　權力要相「制」（check），就須以權力相「衡」（balance）爲前提。其意即三權之「力」（power），大小幾乎相同；如此才能產生「制」的功能。此種觀念，影響美國及法國的憲政體制。1791年法國政府發布「人權宣言」（Declaration of the Rights of Man and of Citizens），美國政治家其後爲第三任總統的傑佛遜（Thomas Jefferson, 1743-1826）等人，也起草人權宣言。人民的政治自由權大漲，「制衡」論有了實質的落實。孟德斯鳩的學說，功勞是首屈一指。世人莫不把三權分立說作爲他對人類政治理論上展現出最「進步」的貢獻。政治權力架構上，三權已夠，五權是疊床架屋，頂多是以媒體、文化、輿論力作爲第四權，這就是「人權」的具實表現。

第二節　伏爾泰、沃夫納格侯爵、孔狄亞，及愛爾維修

　　上述的法國啓蒙運動之先驅哲學家，即令是物論或物活論者，也不敢明目張膽的否認上帝之存在。相反的，他們都不是無神論者（atheist）。攻擊舊傳統之習俗以及既成政治體制，最尖酸犀利與嘲諷非難又不假辭色的，莫如伏爾泰，但他指責的是天主教會的缺失，也無情的把炮火射向基督教義本身；但如同洛克一般，伏爾泰終究還是一位教徒。

一、伏爾泰

　　本名爲François Marie Arouet，1694-1778年，後改稱伏爾泰（M. De Voltaire）。先在巴黎的舊教教育團體耶穌社（Jesuit）唸書，兩次「造訪」（被囚）於巴斯蒂（the Bastille）監獄。1726年旅英3年，從此有緣拜讀洛克及牛頓作品；對英國人民之自由生活稱頌不已。雖未曾與休姆相遇，但內心之景仰，已溢於言表。休姆對這位法國哲人態度倒有所保留，但當他旅居巴黎時，魚雁往返，也透露出欣悅之情。這位口無遮攔的法國「文人」，曾經這麼說，牛頓、洛克，及牛頓在劍橋的學生及密友克拉克（Samuel Clarke, 1675-1729），在法國會遭受行刑，在羅馬被囚，在里斯本（Lisbon，葡萄牙首府）被火焚。一生醉心於寬容的他，也同於洛克，相信有孰可忍，斯可忍的「不容忍」表現。1761年耳聞三位天主教祭司（priests）由反教會權的政府（anti-clerical government）下令火焚於里斯本而難抑心中一股活生生的快感。執迷不悟者是要除根且「務盡」的，哪能廉價地賜予寬容！

(一) 行事風格捉摸不定

　　1. 多面向的人生：培根曾說，結過婚的人，不可能作大好事，也不可能作大壞事，因爲有後顧之憂。伏爾泰與洛克同，都是單身漢。身處法國的極權，難免處境如四面楚歌。洛克都難免要逃亡異邦，寫的日記常出現只自己懂的密

語。伏爾泰於1734年寫了一本《論形上學》（*Treatise on Metaphysics*），但有點膽小如鼠的他，只好束諸高閣，明哲保身最爲優先。1738年《牛頓哲學》（*Philosophy of Newton*）一書寫就，他的哲學理念，幾乎悉由英人所授：其中培爾（Bayle）、洛克（Locke）及牛頓（Newton），是他學問上的老師。他的文筆流暢，說明清楚，法國社會人士之了解英人哲學，得到此書的幫助不小。不過他的哲學造詣不高，不能與洛克同排於哲學家之林。雖語多道及牛頓，但就數學及物理學層面而言，他哪堪比得上英國的學界巨人？

2. 1750年受菲特列大帝之邀赴柏林，1752年寫了文章諷刺莫佩爾蒂，由於筆鋒帶劍不留情面，連祖護他的金主及君王，也看不下去了。隔年赴瑞士日內瓦，文思澎湃，陸續有著作問世，內容包括「寬容」、「哲學字典」、「有神論者之信仰」、「無知哲學家」，還在巴黎公演他的戲劇，盛況空前。其後有人輯其書共70冊之多，集哲學家、戲劇家、詩人、史學者，及小說家於一身。閱覽多，知識廣，博學多聞。其中還不時呼籲司法行政的改革，引發大眾的注意。他絕不是個不食人間煙火的隱士。不過，他的人品比不上休姆或斯賓諾沙。吃過牢飯的遭遇，使他有點憤世嫉俗，充滿恨意及報復心，自負心強。評盧梭及莫佩爾蒂時露骨直爽，表現出性格上的絕情。儘管如此，他卻是法國啓蒙運動的靈魂人物，且死後也享哀榮。

(二) 學說要旨

1. 認定上帝之存在：把世界比爲如同一隻錶，錶上有分針、秒針、時針，設計如此精妙準確，看出鐘匠的技巧；同理，宇宙之運作，也形同鐘錶一般，必有個睿智無比的創造主（an intelligent Creator）。牛頓在物理學上的重大發現，使人更了然於上帝存在的事實；連嬰孩都比從前更聰明，宇宙不是一堆雜亂無章的集合物，卻有技藝高超又絕頂的律則安排者，祂就是上帝。

2. 由於惡之存在，致使無神論者振振有辭的反擊上帝存在的事實。伏爾泰認爲，這是中了文字用辭之惑所致。「善」及「福祉」（good and well-be-

ing），這種辭語，是模稜兩可的，更是相對的。對個人而言爲善，對群體則或許正好相反。其次，用「理」的人可能會說，且憑經驗事實也看出狼吞羊，蜘蛛擒捕了蒼蠅，這種大欺小，強凌弱，矯詐欺騙誠實之例，指不勝屈。上帝對此種「惡」事之時時上演，竟無動於衷嗎？但：

相反的，一再地吞食不也繼續地再生嗎？如此就構成爲宇宙的一部計畫。

若認爲吞食爲「惡」，那麼「再生」呢？

1755年，葡萄牙首府里斯本（Lisbon）大地震，他恨然地在詩詞裡有所反應。此種不幸，更證明了神意之自由（divine liberty）。本諸於牛頓的哲學，「至上者」（a supreme Being）造了萬有且也安排了萬有，是「無拘無束的」（freely）。把大地震造成的人類傷害，比之如同狼吞羊，蜘蛛捕蠅一般。把「惡」作此番說明，「惡」存在的「眞諦」，就更有一番異於常人的說法了。上帝愛怎麼造宇宙，非被逼的，卻都是自由自在的；造出來的宇宙所生的「惡」，一來純是以「人」的眼光來說明，這是不妥的；二來該惡是百分百惡嗎？俗云危機不也是契機，更是轉機嗎？上帝恩賜給人機會，還不知感恩圖報？如連機會都不給，怎是上帝之寬宏大量或慈悲爲懷呢？上帝之創造是必然的（necessary），但一造之後，即把或然的（contingent）交給人類了。洛克等人強調的經驗，就是或然的。對某些人來說，經驗之有無，是不窮盡的，是可有可無的，是可能性的，是自由的，而非必然性。也唯有如此，「責任」才具意義及價值。未有「自由」，則就無「責任」可言。

對此一大地震事件，與他基本觀念格格不入的盧梭，卻有異口同聲的評論。重理輕情的伏爾泰，與情凌駕理之上的盧梭，似乎二者都對里斯本大災難，歸咎於上帝的「有意」作爲。返回自然的盧梭，藉此代上帝發聲，警告世人若定居於鄉村草寮茅屋，則死傷必少於大都會高樓大廈的城市人。

3.「自由」當然是針對人而言：無關緊要的瑣事，選東或擇西，向右轉或

向左走，都沒什麼關係時，確實的，人在此時此刻，自由是百分百。我喜歡A，並不因之而造成我厭惡B，則由我的意向決定一切；出於自由意願的去喜歡A，這叫做「無可無不可的自由」（liberty of indifference）。人在此種自由狀態下，所作的決定，都屬「自發自動性」（spontaneity），且歸於本能性的居多。

但上述的自由，機會不多，且那只是「凡夫俗子」的自由，非受過良好教育，及充分運用理性的「哲人」所該有的自由，或是知識充足之士才能運用的自由。伏爾泰把人分成二等，依其能力為判準。大自然或上帝，本來就賜給全民以「不齊、不平，及不等」的能力，能力差者，要服從能力優者；前者因之所擁有的自由及其決定權，當然就「該」少於後者。「自由、平等，及博愛」這三大革命口號，盧梭希望人們皆擁有之，伏爾泰很不以為然。販夫走卒，烏合之眾（rabble），怎能與精英的知識貴族（intellectual aristocracy）共享「平等」？自然本來就不齊，如手指五根，長短不一；人的長相、膚色、語言、習慣等，各地有異一般。

4. 在政治層面上，他的政體設計，不是全民共治的民主式，而是君王式的，哲人式的；但需要心存仁慈，左右環以一堆哲學家佐政。他一方面排斥虐政，一方面也不喜民粹式的百姓當家；對「烏合之眾」無法寄予信心。法國只有在開明的君主在位（French monarchy）時，全民的真正自由、容忍，及較高水準的司法公正，才可望保存及實現。天主教會該立即解體，以哲學啓蒙來代替基督教義的獨斷教條；掃除迷信，萬民救贖之望，不能寄託在百姓身上，也休想採激情式的革命就能成功。雖然他的著作，同於盧梭，對法國大革命有助長火勢功能，但實際上於1789年法國爆發的驚天動地大事，倒非他心底下的願望。他心目中的敵人，不是政體本身，而是掌權者，尤其是教士階級（clergy）

5. 孟德斯鳩的權力三分說，他不甚感興趣。相反的，王權大力擴充，教士階級權大幅萎縮，才更有助於「進步」。進步在他的心目中，是高度含著理性的、科學的、知能的，及經濟上的，而非單指政治一面而已。此種進步，只有在王權（monarchy）之下，進步速度之快及品質之提升，才有指望。文藝復興時

代，貴族富豪及君主，大力獎勵文教、學術、音樂、建築、詩歌、文學、雕刻，不是歷歷如繪嗎？

6. 政治自由中他特別鼓勵容忍，一句常為世人引用的話如下：

I disagree of what you say, but I defend to the death your right to say it.

閣下的話即令我不同意，但閣下卻有把它說出來的權利；如果此刻有人阻擋，則我以「死」來捍衛閣下有把它說出來的自由。

「容忍」，是洛克以還，開明學者一再為文的話題。容忍，當然指的是「有權者」或在位者。權力小者若奢談容忍，猶如與虎謀皮。不過，容忍是有程度性的；最大的不容忍，就是置之於死地，且過程極其殘忍，是凌遲式的虐待，這是暴政者全失人性的展現，連禽獸皆不如。「一種小動物，五呎高」（one little animal five feet tall）而已，但史上暴君之對待異己，凶慘狀況，是其他動物自歎不如的。

「俗人」一聽不合己見的話，如有「權」在手，或塊頭大、拳頭粗、體力壯、更有軍隊武器及罰人工具可資使用，大概都會動怒。只有「聞過則喜」的大肚量之士，不只不耍脾氣，克制以對；甚至於遇當場有人要對發言者不利，他還會挺身而出，以「生命」來保護說話者的自由及權利，這才是超越過自然人的條件。可惜，具備此種資格者，數量是極其罕見。

道德上的罪惡，或許處以監禁或雜役，是情有可原。至於政治信念上把「逆我者」，學理上把異端，宗教信仰上將邪說者處以極刑，都是伏爾泰最為反對的。寬容論導致現代二十一世紀，已有不少國家明示廢除死刑。

伏爾泰是啟蒙運動的歐洲巨星。在法國，他與盧梭地位平分秋色。在德國，康德之強光，也與之相互輝映。康德是十足哲學性的學者，而盧梭在小說的地位上占有優勢。伏爾泰的另一才華，展現在「歷史哲學」裡，此部分俟後再述。

(三) 英法兩國學風之比較

1. 伏爾泰是把英國的科學移植於歐陸的第一人：與羅馬教會相撞，不服正統，當局斥責他爲無神論者（atheist），其實他是「理神論者」（deist）。強力反迷信與教條，欣賞英國貴格教派（Quakers）的單純宗教生活，認爲牛頓的物理學可以證明上帝之存在事實。

1726年抵英，之前是個律師。本與法國上流社會交往甚密，由於爲文批評政府，遭囚；著書立說，尤其寫戲劇出名。爲逃避政治追殺，他一再的四下逃亡。1725年因與貴族起衝突又遭禁，釋放後不准停留於巴黎；按時尙乃往英，住了兩年，詳審英人之思想及文學，羨慕英人之自由，使英國在政治宗教及科學上都欣欣向榮。1730-1733年以英文及法文寫了數封信〈談及英國〉（Letters concerning the English），因指斥法國人之生活，法國當局立即下令禁止刊行，且予以火焚。

2. 深信牛頓及洛克是最偉大的天才。美國教育史家墨利（J. Morley）於1886年出版《伏爾泰》（*Voltaire*）一書，稱他是「舉世最犀利的作家」（the most trenchant writer in the world）。

該書先稱讚牛頓：

> 不久之前，一群名人論及一件陳腐（trite）也瑣碎（frivolous）的問題，即誰才是最重要的人物，凱撒、亞力山大、塔馬南（Tamerlane）[1]或克倫威爾（Cornwell），有人毫無遲疑的答以牛頓，這麼答是對的。牛頓的眞理之力，掌握住吾人之心，而非依賴暴力來奴役他人；他懂得整個宇宙，不像他人把宇宙予以毀容（disfigure）。這也是吾人尊敬他的地方。

---

[1] Tamerlane，1336-1406，蒙古戰士，征伐到黑海及印度的恆河（the Ganges）。

其次提到洛克時，

吾人終究要承認，若任何人讀了洛克的著作，或自己成爲洛克的人，一定會
發現，那批柏拉圖的人只不過是善於說話而已，除此之外，沒別的了。

3. 法國宮廷形式主義風氣影響全歐：連享譽全英的政治外交官切斯特菲爾
德伯爵（Lord Chesterfield, 1694-1773）都讚不絕口。這位出身於劍橋三一學寮
（Cambridge, Trinity College）的名書信家，到巴黎時，爲這個文化城的習俗及
文化所引誘，一再地提出他的孩子要來巴黎，以除去「劍橋銹」（Cambridge
rust）。

巴黎變成全歐的學校，猶如古代雅典變成全希臘學校一般。會客室（draw-
ing rooms）的打扮，連美殖民地人民無例外地也受其感染，媽媽們把女兒化妝
得面容細嫩、膚色白皙；貴婦人戴長手套、呢絨面具，太陽帽置於頭頂。每天早
晨，媽媽爲女兒的打扮就是如此。但腳穿高跟鞋，運動根本不可能。五歲女孩即
束腰，簡直就是折磨——如支那婦女的纏足。男生有假髮，五～七歲即穿戴。女
孩頭髮高束，重又熱；頭既癢又痛又燒，鼻子恰好在髮尖及腳底之中間。

小孩都是大人樣。舉目四望，只見大人，未見眞孩童；女孩像婦人，男孩像
壯年成人。子女只是身高不如父母而已。畫像也如此。

二、沃夫納格侯爵（Luc de Clapiers, Marquis of Vauvenargues, 1715-1747）

理與情之對峙，自柏拉圖以還的哲學學說，即明顯展開。啓蒙運動，史上
大半皆謂是理性時代（Age of Reason）。理性是取其廣義，其實，理性是人性中
的一種。人性三分說中的理、情、欲，理是冷酷的、批判的、抽象的、理論的、
形上的；情及欲則是溫暖的、熱情的、行動的、實際的。英國在啓蒙運動中大師

之一的休姆，曾經說過，理性該成爲情性之奴，接受情性的指揮；且情緒上的感受，才是道德生活的準則。法國的伏爾泰一向被歸類爲理性主義人物，但卻也不時的說，人一旦失去熱情，則進步就要廢功，失去動機力道。法國啓蒙人物中，直截了當地表白以情爲基的學者，就是預示盧梭即將現身，也是伏爾泰噩友的沃夫納格侯爵，可惜只享32歲數而已。18歲從軍作英雄夢。大將軍之美譽，受強烈的情感驅使，雖未因之身先死，卻受傷而轉業他途。死前出版《人心知識導論》（*Introduction to the Knowledge of the Human Mind*），由700條格言式的警句所組成。伏爾泰評爲最純的法文著作之一。

(一) 走洛克途徑

「如洛克先生所說的」（as Mr. Locke says），將人心的組成，以經驗事實予以界定之；尋求人心組成的物理因，及由該因所造成的成果。人心之不同，如其面；天才（genius）如同英雄（hero），都在行動中展現才華與智能；展現時，是以「熱情」（passion）相挺的，其因素頗爲複雜與神妙；故英雄或天才，其量雖可數，但不多。

1. 情源於苦（pain）或樂（pleasure），從而生出善（good）及惡（evil）的概念。人生若無樂及苦的經驗，就無「情」在。苦樂有立即的，也有較遙遠的；樂生愛（love）及完美（perfection），苦則生恨（hate）及缺失（imperfection）；焦慮（anxiety）及憂鬱（melancholy）之情遂之而起。個別差異在此一層面上，也極其明顯。有上述之情者，多半是對不完美的感受性強。這種人，要求的抱負水準較高，理想性較強，恨鐵不成鋼。

其次，由於單個人無法過社會生活，只有人群相處時，道德意義上的善惡才出現。被評爲善者，必是有益於公眾，惡者必是有害於群，甚至社會毀了。私德與公德無法兩全時，必要犧牲私德。由於有些人不擬作犧牲，故法之訂定，就是必然的結局了。

2. 德（virtue）及惡（vice），「在定義上，必把己利及己益置於眾利及眾

益之後」；相反的，「惡的永恆標記，乃是把公共幸福作為己利及己益」。臺民說的「有錢烏龜坐大廳，無錢秀才人人驚」。嗜財如命，有錢就可喊水也結凍，這叫做「傭兵式的犧牲」（mercenary sacrifice）；被雇用的軍人，在重賞之下，也會賣命。以《蜜蜂寓言》而享譽全歐的荷籍英裔哲人曼德威（Bernard de Mandeville, 1670-1733），曾揭櫫「私人的罪過，卻是公眾的利益」（private vices are public benefits）；請客花大錢，奢侈浪費，這是私德不佳，但若不如此，經濟又怎能起飛繁榮呢？以大量消費來刺激大量生產，萬民可因之享福。不過，德中如有惡的成分，則德已不純；甚至喧賓奪主，未能以德來制惡，目的反而成為手段之奴僕。好比說，「奴才」的道德是很不高尚的，但忍胯下之恥，將計就計或許因此而受重用，一旦君臨天下時，就可完遂宿願；君子報仇，三年不遲。只是在此種社會中，彼此不能裸裎相見，無法剖心共事，卻需爾虞我詐，則完美無瑕的人品，又有何處可尋呢？錢雖賤，甚至可以使鬼推磨；但人之欲無止境。腰纏萬貫的億億富翁，才可行善事嗎？德與惡，確實十分複雜。沃夫納格侯爵之道德論，含有濃厚的功利效益意義。

(二) 天才必有「大思之心」（Greatness of the soul）

1. 「大思之心」不涉及道德：天才使壞，也可使惡；有益有利人群，但也肇禍社會。天才可大顯其身手之不凡，智力之超群，「已超出善惡境界之外」（beyond good and evil）。此種說法，與其後的尼采（Nietzsche）同一口吻。「功成」的「一將」，雖造成萬骨枯，但其銅像矗立處，卻頻有鮮花致敬，百姓行注目禮，必恭必敬。勿以道德的良窳，評估天才或英雄之成敗；或許他們視野之遼闊，非凡人可及。人性（human nature）及人品（human character），組成因素中含的善惡，極其複雜。尤其，善惡與社會組成有關。

2. 「大思之心」必有「大思想」（great thoughts）：「大思想」不是來之於理性，而是源於「心」（from the heart）；情與心，二者相連，合一即成「心情」。「理性不悉心之興趣所在」（Reason does not know the interests of the

heart）。情與理之運作，在人的一生中，情先於理。又有哪一嬰孩是說理或依理的？經驗主義所說的感官知覺（perception）有二，一是外感官的印象，馬上使個體有「感」（feeling）；二是內感官的反思（reflection），是其次的。甚至到了童年期，還都屬於理性睡覺期，更不用說什麼分析、批判、推論、邏輯，或形上的理性運作功能了。可見，啓蒙運動時代的哲人，並不貶低情、意、心的重要性。

　　他的代表作，是一堆《格言》（*Maxims*）；警句（aphorisms）特多，卻隱約也含有前後連貫性的體系，非如支那孔子之《論語》一般。天嫉英才，不酬予更多歲數。還好，與他同庚的孔狄亞，持續探討人性的精神現象（psychical phe-nomena）。

三、孔狄亞（Étienne Bonnot de Condillac, 1715-1780）

(一)步洛克後塵

　　1. 本擬從事修道院職務，但後來改習哲學。31歲壯年時即出版《人類知識之起源》（*Essay on the Origin of Human Knowledge, Essai sur L'origine des connais-sances humaines*, 1746），把複雜觀念化爲簡單觀念，簡單觀念都源於經驗界。

　　人之異於其他生命體，在於人會使用語言或各種標記。語言或標記之相互聯結，觀念就固定化了。吾人看到綠草，感官即生綠的感覺，綠的觀念遂生；看到綠草的次數不會只一次，「綠」之語言、文字，或記號，即存在心中；反思的對象即在於此。洛克把觀念分爲二，一是外感官所獲得的「印象」，一是內感官所起的「反思」；孔笛亞認爲可合而爲一。「印象」正是知識的唯一起源。即令數學語言（mathematical language）也可依此予以解釋。至於一般性的語言，容或與數學語言在說明上相比，有其不完美處，如「1」與「一個蘋果」，分屬不同世界；前者屬抽象界（符號世界），後者屬具體界（經驗世界），二者不能相混。但絕大多數的人在不明二者究裡之處時，仍能四下使用語言，暢行無阻。

2. 34歲時又有新著《論系統》（*Treatise on Systems, Traité des Systèmes*, 1749），「系統精神」（spirit of systems）是經驗事實，刀鋒指向抽象思想家如笛卡兒（Descartes）、馬萊布郎（Malebranche）、斯賓諾沙（Spinoza），及來布尼茲（Leibniz），他們都是理性主義的健將。他們的哲學系統，都根源於第一原理原則及定義，尤以幾何系統最為明顯。他們也都是數學界的大師。只是所謂的定義、原理或原則，都是武斷或任性的，根本與事實無涉。換句話說，原理、原則、定義，都只是字面上或字典上的意義而已，若與經驗事實了無關係，則毫無實用可言。

「經驗」是「後驗」（*a posteriori*）而非「先驗」（*a priori*），是建構哲學系統的正途：把客觀又具體的經驗事實作一綜合（synthesis），這是有必要的；綜合出來的第一原理原則或定義，都與經驗事實密不可分。牛頓的地心引力說，源於他觀察到了星球的運動及潮汐的變化等事實，作為地心引力（第一原理原則）的「現象」。如此的綜合，才能真正使抽象與具體，雙雙凝固在一起，牢不可拔。

3. 死後（1780）《邏輯》（*Logic*）一書問世，是十七世紀的形上學巨著。幾何將定義予以演繹，無助於了解自然界的知識；至於分析法，則已把知識限定於主詞中，主詞早含有述詞，全部必含有部分；如「白花必白」或「白花必花」。這種為學方法的邏輯，都是靜態的。其實，為學之方法，不是綜合或分析的「二分」（dichotomy）──「非此即彼，非彼即此」。

舉一例說明之：吾人如何有鄉下田野風光的「知識」，就先需「知」各地各時的鄉下景色，都變化無窮。不可在心中早預設有個「先驗」，倒該置身於實際的地點作親自的觀察，以此作為第一要件；也依「給予的現象」（the given phenomena），作一內心上的反思，則真正的田野風光，必了然於胸，且不會或忘。1754年他出版的《論感覺》（*Treatise on Sensations, Traité des sensations*, 1754），就直接了當地把洛克的觀念二分說，整合在「感覺」（sensation）裡，而不必另又有個「反思」（reflection）或「內省」（introspection）了。反思，

只不過是一種「心靈現象」（psychical phenomena），是心靈力的運作（mental operations）；呈現出「比較、判斷、意願志向等」（comparing, judging, willing）等層面上。雖然這種運作，不可統歸爲「感覺」，但卻是一種「變形的感覺」（transformed sensations），是建構心靈生活大廈的基柱；感覺才是觀念及知識的本因，至於判斷及比較等，都只不過是感覺的變形。這種解釋，比洛克的經驗主義說得更爲露骨，更往前又推了一大步。

(二) 官能

眼不限於「看」，耳不止於「聽」：內感官及單一的外感官之「官能」（faculties），不限於一；反而可以涵蓋全部的官能。

1. 把人喻爲一雕像（statue）：若這個人或雕像，只限於有味覺（the sense of smell）而已，則：

> 給雕像一束玫瑰花讓他聞聞看，我們會說，雕像聞到了玫瑰花的花味。

取走玫瑰花束，該味或該花的印象猶存，強弱度依雕像注意之強弱而定。如此，「記憶」就「破曉」（the dawn of memory）而出了。注意於過去的感覺，這不是記憶嗎？那也是一種「感受模式」（a mode of feeling），因花味之覺而有了「記憶」。

2. 該人（雕像）若一再的聞到玫瑰花味及石竹（pinks）味後，再來聞玫瑰花味，心的注意力就一分爲二了。二種的「比較」（comparison）觀念，同時發生：

> 既有比較，就有判斷……判斷就是把二種觀念之間的關係，作一種「感官知覺」（perception）。

3. 其次，有了不愉快的味覺或嗅覺，就回想起過去愉快之覺。「想像」（imagination）就來了。記憶與想像，性質無別。

4. 此外，特殊觀念與抽象觀念（ideas, particular and abstract），不也由此生了嗎？若不同的感覺連續出現，「數」（number）的觀念即起。

5. 在聞或嗅覺中，有令人愉快的，也有討人嫌的，則一種再次獲得愉快感的「需要」（need）或「欲望」（desire）就來了。當欲望力道強，作爲主位時，則「熱情」（passion）隨之而至；且愛（love）及「恨」（hate）與之相伴。根源都來之於苦及樂。立下志願（will），在人的能力範圍內，達成人之所願。

總而言之，單以嗅或味這種「感覺」，就可知一切的心靈能力，如愛、恨、願、志、記憶、判斷、想像等，就一併而並起了。這些，都是變形的「感覺」；一覺或一官能，可以擴及到他覺或他官能，這就是「悟力」（understanding），也是所有認知官能（cognitive faculties）的總集結。

(三) 觸覺感受（the sene of touch）的重要性

五官知覺中，只有皮膚的觸覺可以「眞實」的知「外」（externality）；即除了己之外，另有他人或他物之存在；其餘四覺，則僅能知「內」，即知己或雕像本身。

1. 孩童的手在自己身上摸來摸去，「自己感受到自己的手是全身的一部分」；但若手觸及他人，則手上的摸「我」，不同於摸他人。

> 摸己身的感覺，與摸他身的感覺，有極大差別；前者不感到除了我之外，另有我之外的「外」在世界。但若既知有「外」，則判斷出，所有的味、聽等覺，都因有個「外」，才是該覺之「因」。比如說，碰觸了玫瑰，它之離臉近或遠，就可由嗅覺或味覺感官判斷得出。

2. 因之，若無觸覺，則感覺知識就欠缺大半。觸覺配合視覺，則知距離之遠近（distance），物之大小（size）及形狀（shape），其動的狀況（situation）。常人以爲單靠眼睛即可判斷大小、形狀、遠近，及各種狀況，事實上是不然的。

3. 智力（intelligence）之多寡，關鍵在於「標記」（sign）或「符號」（symbol），與觀念（idea）之間，是否產生必要性的關聯。只有味覺者，或許有「數」（number）的觀念，但或許只有1.1.1的觀念，而不能有3的觀念；3之外，就是無止境的多數。有些人之記憶力，僅及於3種或3項，超過3項，「頭就大了」。智力（I.Q.）是一項重大因素，決定知識之有無，或多少。

智力是一種先天的稟賦，洛克也承認此種事實。但可以把智力也歸源於感官知覺嗎？

4. 意志（will）：洛克明言，意志之決定，是由於「吾人期望某些善未成，所生的心神不寧」（an uneasiness of the mind for want of some absent good）。意志之所以持續，且一再的產生自發自動的行徑，來之於這股心神上的「不安與不平靜」（uneasiness or disquiet）。人類生活的大部分，就是如此，也採取各種手段來完成各種目的。孔狄亞同意洛克此種說法。

不平靜（uneasiness, *inquiétude*），產生了觸、視、聽、覺、嚐、較，判，反思、欲求、愛、怕、望、期的習慣。自從生下來之後所形成的一切身心習慣，都由於一個字，即uneasiness所造成。

上述的各種「覺」，都是心靈上的現象（psychical phenomena），有意地消除該種心中的不安，成爲道德力的唯一背後靠山。左右智力生活的這股自發自動之意志說（voluntarism），其後在哲學思想界占的分量極重，叔本華（Schopenhauer）是其中之一的代表性人物。

5. 把心靈論或心力運作，都化歸爲「變形的感覺」，似乎有以「物」釋「心」的明顯傾向，「物論」（materialism）極爲明顯[2]。如同支那的老子，也以「物」名之爲「道」；且是「先天地生」。該「物」不是形下的「水、火、土、氣」，而是形上的「道」，有靈，有魂，有心，有情。

總而言之，他修正洛克的觀念二元說（「印象的觀念」由外感官得來，及「反思的觀念」由內感官而生），簡化爲一元，即「感覺」（sensation）。再進一步又把諸多感覺交由「觸覺」當主覺。柏克萊提出to be is to be perceived, perception（感官知覺）比感覺（sensation）更抽象；他不離本題，乾脆就說to be is to be touched.要是無觸覺（touch），則一切知皆虛。

一來觸覺可使其他四覺更具實化。四覺都有距離意，只觸覺無。且由觸覺可以分辨出「自身物」（things of identity）與「身外物」（things of externality）。用力咬自己指頭，「自身」覺不舒服，才知該指頭是「自身物」；咬他人指頭，則無此感，因那是「身外物」；但吮指頭與吸母親乳頭或乳房，卻也生愉快感，至於長大後兩性相悅的親吻，性愛中性器官的觸覺，也大半產生飄飄然的高潮快感。

其次，由觸覺可生抽象的數字觀念。咬了自己的指頭，才知一手有五指，即1＋1＋1＋1＋1，若咬他人之指頭，那是「身外物」，是0。由1與0之符號計算（the art of ciphering），即是數學的基礎。

最後，就宗教信仰而言，洛克是虔誠的基督徒；但由信即知，此句來之於「啓示」的格言，他是不接受的。洛克認爲，只能由經驗產生。由外感官提供知

2　物論與唯物論，一字之差，非同小可。有人（張君勱）認爲，「唯」是「特殊」，而非「唯獨」，這太牽強附會了。見《立國之道》（頁372）。《張君勱先生九秩誕辰紀念冊》，支那民主社會黨中央黨部，民國65年元月25日。

識或觀念的素材，其中之一就是「思」。人有「思」的官能（the faculty of thinking），這也是不可否認的經驗事實。難道上帝不也賜予「物」（matter），且物也是有思的功能嗎？地生「引力」，這是牛頓的重大發現，漢譯爲「地心引力」（gravitation）；地也有「心」，眞是傳神！星球越大，吸力引力越強。月球小於地球，故在海水的潮退及潮漲上，顯示二者吸拒力之差異。自然界中如大樹、巨石、高山、曠野等，都有人朝拜。海岸邊大陸板塊的衝擊，「物」也自有一番調適之道。樹有迎光性，這也是「思」的一種；孔狄亞或許把它名之爲「變形的感覺」（transformed sensations）。洛克對上帝在「知」的這一層面上，舉出類似如此的觀點；在「德」上，宗教信仰更具實用價值。無神論（atheists）者必生膽大包天或無惡不作之徒。至於有神論者（theists）則以「理」釋之，「理神論者」（deists）至少留給「最後審判」的空間，不致於爲非作歹。柏克萊的身分是主教，上帝在他心中自居最高地位。孔狄亞呢？雖有「物論」的明顯傾向，但卻非「唯物論」者；他不只承認上帝之存在，也相信上帝是一切因的最終、最高、最後因，並且也提出「非物質而屬精神的心靈論」（the theory of an immaterial, spiritual soul）。但他把所有心靈現象，最終都源於感覺；此種「假設」，是否可以成立，爭議甚多。最少有一項不可爭的事實，是他並非一位獨斷的「唯物論者」（dogmatic materialist）。

　　最後有必要特別一提的是孔狄亞在《論感覺》一書中，提供了不少討論的資料。他得知倫敦的名外科醫生切斯爾頓（William Cheselden, 1688-1752），於1728年快速又成功的手術切除一位天生盲者的白內障（cataract），也參考過笛德羅（Diderot）對聾者（deaf）及啞巴（dumb）之心理研究報告。健全的知識，首須有健全的感官；若感官有缺，甚至完全無，失去功能了，則這種人，根本難以存活。天生的盲者、聾者、啞者，或無舌頭者，甚至全身皆無皮膚者，則「感覺」等於零，絕不可能有色彩、聲音、味道……等觀念。一旦恢復正常，則其觀念如何產生，這正是人性各種「現象」的展現，也是學者該密切注意的對象。

四、愛爾維修（Claude Adrien Helvétius, 1715-1771）

同屬1715年出生的愛爾維修，於43歲時出版《論心》（*On the Mind, De lésprit*, 1758）一書，卻因該書內容，使他丟了收入不惡之皇家官位（Farmer-General，徵稅承包人）。一生除了旅遊英格蘭及柏林之外，就是隱居於家園。死後一年，《論人》（*De l'homme, de ses facultés et de son éducation*, 1772）問世。

(一)持續孔狄亞的研究

一切「心靈現象」（psychical phenomena），都只是「變形的感覺」（transformed sensations）。人的全部「悟性」，即「領會力」（the powers of all human understanding），都歸結於感覺（sensation）或「感官知覺」（sense-perception）。

1. 領會力之層次，就是感官層次（the level of sense）；並無比感覺更高的「器官」，來負責領會力。以判斷（judgment）爲例，判斷就是把相同與相反的觀念作一評比。若得出紅色異於黃色，其意即所謂的「紅」，對我的眼而言，異於所謂的「黃」之對我的眼，二者是不相同的。「眼」這種「視感官」，就「夠」作判斷了。試問在此種狀況下，除了眼這種感官之外，還欠什麼感官呢？

2. 倫理生活亦然。「自愛」（self-love）是人類行爲之普世根基，不必另提別的動機，自愛就是在求樂。

> 人人自愛，人人擬求幸福。若人人盡足夠的力，就可以得到樂，則必相信幸福之境已達成。權力之愛，源於快樂之愛！

快樂之愛是第一位階，權力之愛是其次。「肉體的感受性（corporeal sensibility），是行爲的唯一推動者（the sole mover of man）。」

一切的「德」或「善」（virtue），包括仁慈（benevolence）及慷慨大方（liberality），都來之於自愛。

什麼叫做仁慈者？目睹他人之不幸，即生痛覺者。

故仁慈者盡力排除他人的不幸及悲慘，出發點仍是「自私」。因為他人的不幸及悲慘，使他自己有痛苦之感覺。

(二)功利效益論（utilitarian theory）

1. 不同的社會，使用不同的語言文字：以善或德（good or virtue）為例，各種倫理規範，由於定義不同，因之即令同字同文，也造成領會力的混淆。開宗明義，甚為重要。但可以任性而為嗎？不。首先必須在自由又開放的社會中，大家沒有恐懼的據「實」以告，坦「誠」以言，則言人人殊的字義將消失不見。「唯一的德或善，就是受用於大眾，且滿足一般性的興趣」。可惜！此種國度，只存在於英國。

2. 「私利」（self-interest）與「公利」（public interest）並不一定相衝。置一幼童於不幸的悲慘世界裡，必使他人產生苦感。基於自愛，就激起一種衝動，要排除幼童的遭遇。「利他」（altruism），在心理上是可能發生的。

3. 教育力道是關鍵：「教育萬能」（education can do all），「教育使人像人」（education makes us what we are）。

良好的教育制度之設立，卻困難重重。主因有二，一是教士階級掌權，一是大部分的政府既不完美，還惡政當道。二者不廢，良好的學校教育，就難上軌道。把「公共的善作為最高法」（the public good is the supreme law），才是道德的唯一也是第一原則。痛心的是，政棍群聚於政府中。

4. 攻擊暴政不遺餘力，火力集中於法國當時的政府：暴政當道，「天才及行德就消失了」（extinguish both genius and virtue）。至於國家財富之分配不勻，休妄想政棍及財棍充斥的政府，會普施甘霖於眾多窮人身上。他對政改之熱

心，強過伏爾泰多多。擊倒現有政體，還財於民，也還政於民，才是要務。其後的左翼（左派）作家（left-wing writers）（以推翻現在政府者），遂尊稱他是先行者。此外，他不只憎恨教士階級，且詆毀天主教以及啓示性或「神祕性」（mysterious）宗教，因爲都是剝削社會公衆利益的元凶。任何不以「理」來拜神的宗教，都在他批駁之列。

　　嚴格說來，愛爾維修並非一位造詣頗高的哲學家。啓蒙時代的哲人，多數的哲學學養並不深沉。但他的看法，另有所見；名列啓蒙運動哲人之林，也實至名歸。

第三節　百科全書編撰者、物論者，及自然史學者

啓蒙運動的一大批學者，「文以載道」；深信「筆之刀鋒，比劍還利」（the pen is mightier than the sword）。他們著書立論，還編「百科全書」或字典，廣爲宣傳。爲法國大革命早已見的星星之火，添上火柴及汽油；燎原之勢，自是十分明顯。

一、百科全書編撰者

不少學者藉輯書洩怒氣，書名爲*Encylopédie, ou Dictionnaire raisonné des arts et des métiers*，1751年出版第一冊，次年出第二冊，政府旋即下令封存。因該書內容危及皇室之存在，也對天主教會不利。不過，1757年時已出7冊。主編有二，隔年一主編達郎拜辭職，只存另一主編笛德羅獨撐大局。雖經政府之騷擾，1765年時，後十冊（8-17冊）也成書。第一版的《百科全書》（*Encyclopaedia*, 1751-1780）共35冊，外國版者不少。

百科之系列衆多，議題由作者各自發揮，主編之審查鬆散。全書之一貫性、簡要性、集中重點性、清楚表白度、事實陳述之可靠性、系統性、首尾連貫性等，皆有所不足，比起現代權威性的百科全書，品質難能恭維。不過，在大時代的氣氛下，該書之應時付梓，重要性不容小覷。就事論事，平鋪直敘，以「文」載「道」，本是編輯者原始初衷，且是該書之主旨。「參考」非爲第一功能，內容卻得善盡指示迷津之功；啓迪民智，喚醒群衆，鑄造輿論，列爲首務。難怪在位掌權者視之如芒在背，如刺在喉。羅馬教會及政治上的權貴，必欲除之而後快。雖然不少撰寫者戒愼恐懼，下筆情留三分，但大體說來，《百科全書》的基本態度昭昭明甚。那是理性主義者及自由思想家的出師宣言。時代任務能夠完成，就心滿意足了；並不寄望該書能留傳千古，遺芳百世。簡言之，該以時代背景來體驗該書的用意。

在擒賊先擒王的大原則之下，兩位主編，對教會及當時政權，絕對不懷好

意。但百科的項目極多，若不涉及宗教及政治的議題者，則兩位主編的見解就殊途了。伏爾泰雖也負責撰寫一些議題，但要求當政者下臺，此種論調不合他的本意；其後即毫不遲疑的明示，他與百科無牽連。先劃清界線，以免遭池魚之殃。持「物論」的霍爾巴哈（d'Holbach）與愛爾維修，雙雙共撰的議題，對天主教會並無負面評價；孟德斯鳩，經濟學家杜哥（Turgot），以及大名鼎鼎的盧梭，都負責撰述百科中的某些議題。

百科全書編撰者有二，笛德羅及達郎拜。

(一) 笛德羅（Denis Diderot, 1713-1784）

同伏爾泰，皆接受天主教最大的教派耶穌會學院（Jesuit College of Louis-le-Grand）之教育；也同伏爾泰，兩人皆大受英國哲學之影響，譯了許多英文著作爲法文。編撰百科全書的主意，原先是受到英人錢伯斯（Ephraim Chambers, 1680-1740）的聳恿。錢伯斯的《百科全書》（*Cyclopaedia*）於1728年問世，頗受歡迎，他還因此被選爲皇家學會會員。笛德羅先將該書譯爲法文，不料在他其後主編的法國百科全書，規模之浩大，是後來居上。

笛德羅在譯書中因加入自己的評注，使他坐了數月的牢獄之災。他的財務本不佳，一段時間還債臺高築。還好俄羅斯女王凱撒琳（Empress Catherine of Russia, 1729-1796），慧眼識泰山，出手相援以度過難關；還邀他於1773年赴聖彼得堡（St. Petersburg）度假數月；兩人促膝長談哲學議題。由於他談興甚旺，博得禮賢下士的女王之歡心。

1. 心無定見，但較相信科學實驗法：宗教上的各種派別，有神、無神、理神等說法，他都一度支持，但不久又轉變心意。或許是處在塵埃未定之際，難免搖擺遲疑。如此倒促使他相中了實驗方法來處理科學及哲學問題，而不必再仰賴笛卡兒及來布尼茲的數學了。在他的《自然之闡釋》（*On the Interpretation of Nature, Pensées sur l'interprétation de la nature*, 1754）一書中宣稱，數學不久將停滯不前。因爲他認爲數學受限於自定的概念，無法與實際的具體界相互接

觸；只有靠實驗法才能達到此目的。此種新的科學方法，不只可以成功的駁倒形上學，且數學也不能與之爲敵，更不是對手。一旦研究自然，就會發現彈性及變化性太大，新鮮的可能性豐富無比，特色是多元及異質（diversity and heterogeneity）。試問又有誰知在人種之前，大自然存在過什麼「種」？同理，在人「種」之後呢？宇宙又會有什麼「種」出現。一切都在變，沒有兩個「原子」（atoms）或「分子」（molecules）是完全相同的；只有無止境的整體，才是永恆。宇宙秩序不是靜態的，卻日新又日日新，日變也日日變。單以固有的分類及概念架構，就要把一切大自然皆納入其中，怎能就妄想可以獲得對大自然的恆久闡釋呢？吾人只有時時心存一種新觀點以及新層面，來研究經驗世界的實體性。當然，以子之矛可攻子之盾。笛德羅預測的數學研究，不只未如止水，反而動力十足。歐洲其後更出現不少天才般的數學家，而非他所說的「不會超過三位幾何學大師（geometers）」。

2. 持「物論」，但在倫理上重「心論」（ethical idealism）：笛德羅的一般性思想，物論（materialism）立場鮮明，故不言「自由」；且也視「後悔」（repentence）及「懊惱」（remorse）是無用且不必要。但他也不時痛責，過去曾寫過帶有色情粉味的浪漫文章。在德行上主張自我犧牲、仁慈，及人道。若物論者淪爲無神論者，因之爲德之「心」不高，仗義之行懦弱，則他是不表同情的。愛爾維修一再表明，若所有的道德衝刺力及美德理想，都披上自利自我中心（egotism）的外衣，他是深不以然的。倒堅持自然道德（natural morality）的存在，才是形成爲永不變易的法則，也歌詠藝術家的自由又帶創意的批判藝術。

哲學上的物論，與倫理上的德行，別人以爲雙方似乎不搭調，他卻強調二者無涉。誰敢說持物論者必是敗類或是人間垃圾呢？而堅信心、精神、聖靈者，也必在倫範行爲上是社會的壞寶呢？他的學說，影響了其後的演化論者。又有誰能懷疑，提出演化假設（the hypothesis of evolution）的拉馬克（Lamarck）及達爾文（Darwin），不正是笛德羅心儀又稱頌的公義行善者？他們心地善良，彬彬風範，待人接物都是純正君子的典型。至於君主政體本是百科全書型學者所擬推

翻的目標，但俄女王的禮遇，使健談的他，就賜給這位當政者飽餐哲學饗宴。難怪伏爾泰要力保「仁慈」的君主政體了。

順乎自然，似乎隱藏有盧梭思想的陰影。因之若行禁慾，他是期期以爲不可的。

(二) 達郎拜（Jean le Rond d'Alembert, 1718-1783）

是庶出之子，而非婚生；雙親竟然棄了骨肉將他丟在巴黎某教堂附近，遂取該教堂之名爲他之名。還好，收養的夫人是玻璃工之婦，且他的親生父親賜下一筆養老金，使他得以上學接受教育。先習法，年屆20得律師（an advocate）之名，倒對醫學有興趣；不久又醉心於數學，曾送論文到法國研究院（Academy of Sciences），1741年竟然成爲會員。加上他對「力學」（dynamics）深有心得，迄今仍有「達朗拜原理」（d'Alembert's principle）。由於在微積分上的特別表現，普魯士學院（Prussian Academy）授予桂冠銜。普法兩國的最高學術機構，皆肯定他的才華。達郎拜原理更清楚地解釋了牛頓的動力學原理（牛頓的第二律），一物體若是5公斤重（m），作用於該物之力的加速度，如爲3（a），則該物所生的力（F），就是15公斤，$F = ma$。達郎拜改爲$F - ma = 0$。

與笛德羅共事出版《百科全書》，他也負責撰述若干項目。1758年他退出，就心於出版後，恐遭不測。對他人之反對極感厭煩，但仍撰述不斷。隔年（1759）造訪柏林，菲特列大帝邀他擔任普魯士學院院長職務。之前，他不接受俄皇凱撒琳請求擔任王子家教，束脩酬勞甚高。倒對英倫的休姆敬佩不置，兩人默契十足；休姆對達郎拜的人品及造詣深表嘉許，還在遺囑中致贈二百英鎊。由於達郎拜身分爲數學及科學家，比較不受敵對者攻擊及懷疑。早在1755年，他也經教皇本篤十四世（Pope Benedict XIV, 1740-1758爲羅馬天主教教皇）之推薦，而成爲義大利波隆尼亞學府（the Institute of Bologna）之會員。

1. 十八世紀的哲學是分門別類的：科學式的哲學由洛克奠基，物理學（自然哲學）則牛頓是創始者；二者都在固有的哲學大本營中，興起革命風浪。分門

別類的學，也依之往前推進，以嶄新面目呈現在世人眼前。

從世俗學門所訂下的法則，至啓示宗教之立基；從形上學到品味之類的學門，從音樂到道德，從王子之法到平民之法，從自然法到國家所定的武斷性的法，無一不被討論，無一不受分析，至少也都約略提及。人心之沸騰，以新的光芒，投注於某些事務上，也使其他事務產生新影像，如此所生的果實或效應，猶如潮汐的漲落；海濱出現了新東西，也刷新而捲走了其他東西一般。

2. 實證的知識統合：此種知能上的進展，不是只就新事實之累積或堆砌而已。他提起先人笛卡兒曾說過，那是人類智慧的「開展」（unfolding）。人的心智在過去都被「捲縮」（folding）。如今，在思想自由的天地裡，原有的潛能不再受壓抑。因之，各學門的愛好者，有了比手劃腳的良辰，各顯神通。但各學門是萬變不離其宗的，都有個樞紐或軸心作統合工作。現象雖異，構成爲系統則趨同。這才算是眞正的科學知識，否則治絲益棼，越理越亂。

知識的統合，是不涉形上層次的。傳統形上學的「至上」原理原則，一遇十八世紀各學門之演進，造成二者之不合與衝突。因爲以「一」的形上，卻發現「一」之下的形下，異例（antinomies）繁多，懷疑論（scepticism）遂起。對知識之資料而言，只造成破壞而無建設。「一」之本質是什麼，在何處，爲何是如此？都令人無法得到一致同意的答案；既無法觀察，也不能訴之實驗，又那能獲科學哲學之名？或許只好依本能或靈感吧！與其先入爲主的依形上原則，來規範各種可觀察也可實驗的現象資料，不如反其道而行；使形上的「虛」，換上由形下的「實」，就可屹立不搖也不疑。實證（positivism），才是唯一的知識管道；不必另提奧祕玄奇或莫測深邃的形上理論。可靠的、確信的、穩固的知識，正是科學知識，而非形上知識。不依形下所成的形上，很有可能淪入虛幻（illusions）。事實第一，現象優先；本質其次，理論殿後。可靠的事實，不擔

心其後一再的檢驗。形上原理則欠缺此手續，因之其「設定」（assumption）可能就是「假」，「假設」（hypothesis）之名，因之而起。但事實且屢驗屢真的事實，最是不假。

3. 倫理學必與神學分家，也與形上學兩不相干，二者「田無溝，水不流」：道德學所探討的，是人在群居的社會中該盡的義務及該承擔的責任，純只涉及人際關係。這是形下層的領域，與神、上帝、天國無涉。共同福祉的追求，才是道德學的要務。目光放在可見的未來，尤其置於當前上，奢談永恆、萬世、千秋。無可置疑的歷史事實，是自然科學的進步，立即對人類帶來不少幸福。倉廩實、衣食足；此種「物」欲之得逞，可以免於「饑寒」起盜心；而飽暖也不致於「思淫欲」，正是道德學要探討的課題。「物」的重要性（物論，material-ism），但非「唯物論」（dogmatic materialism），乃是道德學說之出發點，只是不停止於此。這也是大部分啓蒙運動的思想家一致的見解。明目張膽地提出物論者，還輪不到達郎拜。

二、物論者（materialists）

(一)拉馬特利（Julien Offray de La Mettrie, 1709-1751）

達郎拜堅持在「方法學上注重實證」（positivist methodology），一分證據說一分話，三分證據不可說七分，更不該言十分。本身是醫生的拉馬特利，因曾自身感冒，發高燒，導致心神不靈。此種個己的具體經驗，刺激他擬進一步探討身及心二者之交互關係。1745年（36歲）出版《靈魂的自然史》（*Histoire naturelle de l'âme*），深信生理因素（physiological factors）與精神或心靈運作（psychical operations），關係密切。不意此論竟然引發軒然大波及輿論的強烈抗議，被迫遠離巴黎這個是非地。三年之後在荷蘭的雷登大學（U. of Leyden）發表《機器人》（*L'homme machine*），把人比為機器，更是駭人聽聞。連以寬容且強調學術自由風評最佳的荷蘭這所名大學，荷蘭人也「凍未條」（忍不住）

將他趕出國境。幸虧此處不留人，自有留人處。開明的君主菲特列大帝（Frederick the Great）收留了他（1748），使他得以在柏林安身，還被任命爲宮廷教師，且在科學院任職。他深信無神論才能通向幸福之路，生活的目的就在於滿足感官的享受，是個無憂無慮的享樂主義者。眞是造化弄人，由於食物中毒，42歲即告別人間。《植物人》（*L'homme plante*）一書也在近柏林的波次坦（Potsdam）出版。

1. 《靈魂的自然史》（*Natural History of the Soul*），其後稱爲《論靈魂》（*Treatise on the Soul, Histoire naturelle de l'âme*）一書中強調，人的精神生活如「思」（thought）及「意」（volition），都由「感覺」（sensations）所引起，且受教育之影響。無感官（senses）則無觀念（ideas），感官少、不健全、欠缺，則觀念連帶的與之相對映，教學殆爲不可能；知識貧乏或不足，心受身所支配。他確認，感官才是他心目中的哲學知識來源，何必另提心靈、精神，或魂等概念，那都屬「不必要的假設」（an unnecessary hypothesis）。若認爲心可以離身，心獨存於身之外，或心理程序與生理程序無關，這都是謬論。

2. 《機器人》與《植物人》二書，意旨相同；人、植物、機器，差別是程度上的（量），而非有無（質）。人由「動」而生出感覺及概念，循至於思想、判斷、分析、想像……等；俗人卻以爲是「靈魂」這種玄之又玄的「東西」，運作其間。其實歸本究柢，都是人「體」此種物質上的「動」（motion）使然，也都源於「感覺」。「動」何由生，此種知識，他以爲人不可能有，也無法抵達「物本身」（matter itself）及物「基本性」（basic properties）的知。但唯一確能爲吾人所了解的，就是物在動。觀察物之動，所得來的訊息及資料，就構成爲一切知識最不可少或缺的素材。宇宙如不動，則如死寂一般，物動則星球、天體、礦物、植物、人物都相繼出現，這些都是「物」（matter）。物是東西（things）也是物質（material）。心之功能，由物所引起；心是附屬的，居次的。英文的no matter（無物），即表示「不必介意」，也「不必操心」（it does not matter）。不必牽掛，「無事」（it does not matter）！心由物生，現存的英

語，不都這麼說嗎？

揚「物」之志氣，貶「心」之威風。拉馬特利此番說法，衛道之士必鳴鼓而攻之。

3. 宗教上，他持不可知論（agnosticism）；當然，眾人不認他為「無神論者」（atheist）才怪呢？他不只附合著培爾（Pierre Bayle）的說法：一國之內的人民由不信神的人所組成，是可能的；還加碼地說，此種國更是終生想要的。換句話說，不信神的人不必然品壞行劣。因為宗教與道德至少是平行的，或永不相交。不只此也，宗教信仰極深者，反而有害於德行。試問執迷於某教派者，個性僵硬，不容忍異己之風尤熾；假信仰之名行迫害異教徒之實，史事罄竹難書。因信而迷，由迷而入魔。

4. 人生觀上以享樂為要：1751年出版《享受術或快樂學校》（*Art of Enjoyment or the School of Pleasure, L'art de jouir ou l'école de la volupté*）。他不追求類似笛德羅的高尚人品，倒列名於十八世紀風行一時的「放蕩風」（libertines）中。當然，名士中有風流於感官者，但也有醉心於智能的享受者。沙龍（salon）展現的藝品，供人觀賞把玩；流連於茶室的男女，高歌一曲，吟詩一首；酒樓又有不醉不散者，各展現當時的不同時尚。

(二) 霍爾巴恰（the Baron Paul von Holbach, 1723-1789）

德籍但長居巴黎，住家還是「哲人」（*les philosophes*）聚會處。夫婦好客，但哲學觀點上，兩人不盡然同調。休姆旅法時，曾為座上賓，作為食客之一，對主人的極端無神論（dogmatic atheism）並不在意。由於繼承男爵（Baron）之鉅額財產，好與名人交，頗得休姆好感。不過，休姆仍以達郎拜為心中的最愛。當然，對哲學家的言談不感興趣者，雖赴了宴，但「無味對上無味」（nonsense for nonsense），難免也是常有的氣氛。

1. 物由原子所組成，原子的性質就是動：霍爾巴哈認為笛卡兒說，「物」（matter）本身是沉靜的（inert），動乃因外力所加，此種說法錯了。倒該說，

物的「本質」（essence），就是「動」（motion），動就有引力（attraction）及斥力（repulsion）。在排斥或吸引中，各物都力求自保，以免被引或被斥，而失去了自身。人亦如同物。人之「動」，基於「自愛」（self-love）或「自利」（self-interest）。但人也有社會性，因之除了自愛及自利之動外，仍有利他及愛他之動。他雖堅持物論，但他的自愛不同於自私（selfishness）。他之廣結善緣，且予以豐盛飲食款待，又哪像個守財奴或「拔一毛而利天下不爲」的吝嗇鬼？在倫敦，他於1773年以法文出版依自然原則而建立的社會、政治，及道德制度（*Systéme social ou principes naturels de la morale et de la politique*, 1773），在荷蘭阿姆斯特丹（Amsterdam）也發表《普世道德論》（*La morale universelle*, 1776）。

2. 決定論者（determinist）：他認爲，笛卡兒的另一錯誤論點是物都是同質的（the homogeneity of matter）；來布尼茲的說法稍勝一籌，物由單子組成；物與物之間有很小又幾乎辨別不出的差異存在，各自都有不同的動，每一種動都有動的法則。該法則，每一單子必得遵守。在自然秩序中，動都是由內而生，無外力操控。物的本質就是動，物非動不可。物的動，不必賴上帝；人也不必另提一種超乎人之外（supramundane being）的「什麼」（being or beings），來予以推動。物之動，是源於內的，不是神意的安排（a divine plan）。費爾巴哈更認爲宗教對人的幸福及進步，是一種阻力，是一個必予以去除的敵人。由於人的無知及懼怕，才有神的觀念出現。虛幻（fancy）、欺騙（deceit）、狂熱（enthusiasm）附麗其間。結果，奇形怪狀的神——符現，懦弱者拜之，糊裡糊塗者極力保存之；暴君更是幫手，因二者狼狽爲奸。信上帝，不只不增福，反而帶來焦慮及恐懼。在他心目中，上帝不是不可知的，可知的上帝就是如同上述。此外，休姆以爲宗教上的假設是不必要的，這點他甚有同感。

3. 既然宗教是政治暴虐的幫兇，二者都該掃除淨盡，代之以一種理性的社會制度，專門負責解除人民的痛苦及不幸。因之，他呼籲推翻「舊體制」（*ancien regime*）的音量特高，噪門尤大。不過，他反對採革命手段作爲解決政治問

題的唯一方法。他甚至認為，革命比瘟疫更糟，因為後者還有醫治的可能，前者則一發不可收拾。

4. 在《自然系統》（*System of Nature*）一書中，都取負面看待宗教，且推之極端，導致於食客們不盡然皆苟同他的「偏見」。伏爾泰就反對他的無神論，日爾曼的菲特列大帝也注意到他在該書中鮮明的矛盾處。霍爾巴哈認為，人與物都受決定論所左右。用語激情的反教士僧侶階級及專制暴虐政府，希望社會呈現新秩序。但此願也只有人處在自由又理性的狀態下，對自己的所作所為都能合理的予以褒貶才能辦得到。人若是絕對地受了決定論決定了一切，則舊體制又怎能由新體制來取代呢？

歌德（Goethe）曾說，他在法國北部萊因河（the Rhine）上的斯特拉斯堡（Strasbourg）讀書時，與友人基於好奇而看了《自然系統》一書，評論如下：

> 我們看不出像這一本書到底有什麼危險，我們感受到的是該書太陰沉太灰色（grey, gray），太幽暗（Cimmerian），太像屍體一般的（corpselike）。我們實在無法忍受片刻再讀下去，令人毛骨悚然的鬼火附身……。[3]

(三) 卡巴尼（Pierre Jean Georges Cabanis, 1757-1808）的物論更為露骨

1. 業醫但對生理學及哲學大感興趣：1802年出版《人的肉體與道德之間的交往》（*Rapports du physique et du moral de l'homme*），純以「物」來解心，並及於精神及道德。不只與上述諸哲人過往頻頻，也與美國政治家富蘭克林（Benjamin Franklin, 1706-1790）及傑佛遜（Thomas Jefferson, 1743-1826）旅居巴黎時

---

[3] 希臘神話中居住在世界極地又黑暗地的民族，稱為「西米力的人」（Cimmerian）。就歌德來說，霍爾巴哈的作品，把自然或「天然」（Nature）的宗教信仰當成一無是處，無視於神在人一切的生命中，也有頗資珍惜者。

還有數面之緣。在著作中明言不諱，二話不說，簡明扼要的表明，生命只不過是「物質力量的展現」（*Les nerfs－voilà tout l'homme*）。腦分泌出思想，如同肝分泌膽汁一般。管思想的腦，可以分泌出類似膽汁或胃液；醫生可以發明儀器以測量該分泌「物」的多少，以定智力的優劣高下。此種近乎獨斷的物論，也就形同「唯物論」了。在哲學史上的重要性，是督促學者把研究焦點聚集於身與心的交往關係上，以決定生理現象是否悉數皆能百分百的解釋所有的心理現象。

2. 他不贊成「形上」這種字眼。既以物釋心，形下與形上只不過是等級（程度）問題，不是性質問題。形上學者尤愛「終極因」（ultimate causes），他坦言那是「不可知」的（agnostic）。道德不必寄生在形上及神學的「預先設定」（presuppositions）上，卻要把人作一徹底的科學研究。

(四) 自然史學者

笛德羅認為，研究若先入為主的以為一種方法可以同時適用於全部學門，則虛枆時光莫過於此。史有一般性的，也有特殊性的，自然史亦然。共法也不必然可行於殊法，各學門各具有不同的研究法。若以為數學研究法可以包山包海的適用於植物學，那就難以理出植物學的真相。法國哲學自笛卡兒以還，以數學方法為主，數學方法也是亞里斯多德所言的演繹法（deductive）。但英國的經驗主義，支配了法國學界，認為單一方法並不適用於所有學門，尤其是自然科學領域。以植物學（botany）為例，不靠觀察與實驗，哪能知悉該學門的大要？歸納法（inductive）才是治學方針。像植物學這種自然科學，有其普遍法則，但也有特殊法則。

比笛德羅早生6年的布豐（Georges-Louis Leclerc, Comte de Buffon, 1707-1788），把自然史分為通史及分史，計劃出50卷來探討，全書即以《自然通史及分史》（*Histoire naturelle générale et particuliére*, 1749-1788）為名。生前共出36卷，入選為法蘭西學院及倫敦皇家學會會員；擁有動物園、養鳥場，和實驗室。

1. 一法不足以適用衆學：數學以數目字或符號爲主要工具及內容，依「定義」而得其名，如點、線、面等概念，這都是形上的，抽象的；但自然界存在的「物」、「事」、「東西」，卻是具體的，經驗界的感官可及的。前者以演繹法爲之，可；但後者則該採歸納法了。

2. 其次，有機體（organism）如予以分類，歸之以「種」或「屬」，彼此之間並非截然二分的、一刀兩斷式的、密閉式的，卻是開放的、連續性的。此種概念，即令數學大師微積分的創始者來布尼茲亦有類似說法。1只不過是 $\frac{1}{2}+\frac{1}{4}+\frac{1}{8}+\frac{1}{16}$ ……的無窮累積，最後「逼近」（approximate）1而已；形亦然，三角形、四邊形、圓形等，微之再微，則各「形」幾乎彼此近似，雖彼此也有別；微之又積之，就是數學在「形」的面貌。但自然科學並不如此單純，分類只作參考，即令瑞典國際級博物學大師林奈（Linnaeus, 1707-1778）也難免出錯。若任取一植物特徵如花的構造，作爲分類標準，則無法涵蓋不同花種的歸屬。自然界的一切，彼此都相互隸屬，連續性極爲顯著，變是小變而非大變，漸變而非鉅變；緩慢的，前後相連的。「生長」的面貌正是如此。布豐的分類等級（hierarchy），屬於「系列式」（series），連串式（chain），而非各自分離。分類，就如同洛克所說的，只具有「名義上的本質」（nominal essence）。換句話說，只是爲了方便。彈性大，可以更改或替換，而非如「名」一般的一成不變。切記，因名而不求實，則不少細節上的實，就與名起矛盾；名實不一，互打嘴巴！

「演化論」（theory of evolution）呼之欲出了。不過，種或屬，彼此之間是否「必然的」呈現連串性，他是存疑的。有機體爲了適應生存而生的應變之道，各地各時不一。現存的既有種或屬，雖非必然固定永恆不變，但卻隱然是自然界一種理想的典範架構（a kind of ideal archetype）。就「物」界而論，人屬萬物之靈，位居最高層；在滿足生物求生所必備的營養、生長，及繁殖功能之後，也擬擺脫物質界的限制。以動物爲例，有些動物的智慧極低，有些則略差於人。

人種中亦然，有些人是白癡，有些人則屬天才；天才，也是「物」力的一種神奇表現；純智（pure intelligence）在「潛能性」（potentialities）發展到最高層次的「實現性」（actualization）。單就人種而論，也好比一棵大樹一般，枝葉扶疏，但本根只一；有些枝葉高聳入雲，有些則纏沈於地。

物論看好歸納法，心論則垂青演繹法。平情而論，都不能以一法作爲貫穿所有學科的入門鑰。

物論源於原子論，各原子皆占空間；原子本身是動的，彼此之動產生吸力（attraction）或斥力（repulsion）。牛頓提出地心引力（gravitation）說，究其實，引力中有斥力。兩「物」相離的長短，與兩物相吸或相斥的力道，與距離的平方成反比。相距較遠，則吸力或斥力較小，反之則較大。此種引或斥，在兩原子之間本就存在，不必等到兩原子實際碰在一起時才產生。

(五) 重農主義者（physiocrats）── 以自然爲師

科學尤其是自然科學的演進，使時人產生「進步」的概念。迷信的掃除，是自然科學成效最卓著之處；自然宗教取代了啓示神學，理性升而信仰降。同時，智力上的解放，乃因寬容論者的鼓吹；政治及社會改良，也亦步亦趨地往前邁進。十八世紀的法國哲人，尤其是精於經濟學者，集體注目於經濟的自然性，經濟法取法於自然法。最自然式的經濟活動，就是「有土斯有財」的農耕田作；「重農主義者」（physiocrats）之名遂之而起。該字取源於希臘文之*phusis*，是nature（自然）意，加上*kratein*，則爲「治理」（to rule）。兩字相合，爲杜邦（Dupont de Nemours, 1739-1817）首創。

農作或經濟，一切本諸自然，不該有人爲；政府袖手旁觀即可，不要干預或控制。社會之組成，既來自於個人的自願，甘心放棄或減少自己的自由，以免與他人的權利發生瓜隔。政府的唯一任務，就是保護該契約不致於受損。若在經濟活動領域內，阻止了競爭，維護特權，保障壟斷，則顯然砥觸了「自然律」（natural law）的運作，後果必然堪虞。順其自然，就是天則。

　　且先勿以爲重農主義者偏愛民主，或還權於百姓。相反的，他們依偎在「開明的獨裁」（enlightened autocracy）身邊，相信唯有如此，他們的理想方能實現。當然，強調「不干預」（non-interference）及「放任政策」（laissez-faire），有時難免也使用革命手段來奪取已失的自由，且事實上這批人也身體力行去搞革命。不過，重農主義中的要角，卻冷眼對待革命行動，也對全民政治之取代王權政治，並不熱衷。

　　1. 揆芮（François Quesnay, 1694-1774）：學醫並精於外科手術，曾是法王路易十五（Louis XV, 1710-1774）之宮廷御醫，趁暇時也旁及經濟學等，還爲《百科全書》撰寫經濟議題，另也寫了一些有關經濟方面的著作。

　　「國富」（national wealth）要依農作生產。勞動才眞正具有生產意義，可以增加農作產量。若供過於需，則國家財富就累積下來。如僅僅只是原料加工（manufacture），以及原料買賣（commerce），雖產生新的財富形式，把金礦變成金屬，易粗料（raw materials）爲稀有的寶石（metals），但也是財富轉手而已，是「不孕」（sterile）而非「懷胎」（productive）。當然！有其方便及實用處，但對「增財」一事無補分毫。「產」未「生」，「富」就不「增」！

　　地主的利益與社會整體利益相合一致：農業生產量多，國家財富增；貧農（poor peasants）等於窮國（poor kingdom）；國庫虛，窮王（poor king）之名即至。「淨餘產值」（net product）之增加，乃是經濟學家研究的任務。買賣交易使財富得以進行分配，加工業者及販賣物品的商人，變成促使國家財富的階級。商人的利潤要減少到最低，因爲他們不是第一線的生產人士。只有農業勞動成本扣除下來的生產淨值，才是國庫收入的大水庫。徵收土地稅，可以使淨值增加。

　　重農輕商，也輕工業，變成主流。但有異音，是來自海峽對岸的斯密（Adam Smith）。斯密於1764-66年抵法時與揆芮相識，給予高的評價，也受揆芮的影響，但把工及商擺在「不孕」陣營，斯密是不表支持的。在「商」及「農」之活動上比較接近「自然」的，當然是「農」而非「商」！

2. 杜哥（Anne Robert Jacques Turgot, Baron de Laune, 1727-1781）：先擬從事教會職，但後來從政。是伏爾泰之友，也與一群重農主義者結伴。爲《百科全書》撰述經濟議題，也對財富問題深表興趣。當過海事部部長（Minister of Marine），及海關稽查長（Comptroller-General），形同是財務部長職務。強調經濟力，提升國家信用。先有王爲後座撐腰，但一旦籌劃特權的廢除，全民繳稅，穀物自由貿易等，則引來了一大堆敵人環伺左右。不只如此，他大力主張教育改革及去貧計畫，使法王認爲操之過急，1776年被迫下臺，餘生以研究度日。

「有土斯有財」，以及工商貿易的完全自由，此種看法與揆芮相同。

不僅過問經濟事，還操心哲學問題：在爲《百科全書》撰寫「存在」（existence）議題時，持實證角度予以闡釋。存在有永恆性的，如自我（self或ego），是永不消失的。「存在」一辭，指涉的是與空間及因果關係有關聯。但此一問題，傾吾人之力是無解的，那是形上學的領域。科學才是吾人該關心的。科學只對現象予以描述，不及於「終極性問題」（ultimate questions）。單是有時空性或立即性的「現象」界之存在，就已令人頭大了，哪有餘力去解那永恆的終極「存在」呢？

歷史的解釋也站在實證的立場：就人有別於動物而論，人類史算是進步的。因爲在智力表現上，一代勝過一代。就史而言，人智史有三期，一是宗教的，其次是哲學的或形上的，三是科學的。數學及自然科學，凌駕於冥想式的形上學之上，也爲更多的科學演進鋪下新路。新形式的經濟及社會生活出現了，預示了下一世紀孔德（Auguste Comte）的學說。

法國的啓蒙運動，物論猖獗，反宗教氣焰高漲，有獨立主見，這是可喜現象，但不應極端地成爲獨斷。提倡容忍，寬宏大量，以理走遍天下，且作爲新的政治、社會、經濟，及宗教生活的準繩。無疑的，法國如少了這一票人，法國大革命就不會爆發。但哲人絕不贊同血腥式的革命。以知識作爲社會改革的底盤，這才是要勝。在經驗心理學及生物學上，他們捷足先登，也爲社會學及政治經

濟學之雙雙步上科學路，加裝了大動力引擎。俟十九世紀時，「心學」（ideal-ism）與物論交鋒，駁亂反正，此時哲學更見成熟。

第九章

盧梭——法國啓蒙時代的哲學家(二)

第一節　生平及著作

　　啓蒙運動，潛因肇源於英，波及法德兩地（國）。法蘭西（France）早已成為國，但日爾曼（German）之成為德國，則 到1871年才以普魯士（Prussia）邦為主，聯合各邦而成為德意志「國家」，正式立國比美國晚約一世紀。啓蒙運動既成風潮，啓蒙運動的哲人，為數也甚多。法德兩地（國）皆然。但法國之盧梭（Jean Jacques Rousseau, 1712-1778），猶如日爾曼之康德，都有必要專章予以深究。因為這兩位思想家，在哲學史上的分量特重，非一般學者可以比擬。

一、生平

(一) 遭遇坎坷卻有豔遇，也有貴人相挺

　　祖籍瑞士，但大部分在巴黎過活。瑞士這個風光明媚的美麗小國，史上出現的名人不少。盧梭是其中的首位，生父是錶匠，13歲當學徒，當雕版工五年，不告而別，逃了。家鄉日內瓦一位鄉村祭司，幫這位無家可歸的青少年介紹給華倫男爵夫人（Baronne de Warens, 1700-1762）。這位樂善好施的貴婦，不只以母性的保護人自居，提供盧梭飲食住所及教育，兩人還墜入情網，姊弟戀同居達14年之久（1728-1742）。改信天主教，但受洗（catechumens）及教會進行的教義問答或教育（catechetical），使他深感厭惡。在《懺悔錄》（*Confessions*）中描繪得一文不值。

　　一陣子的流浪且舉目無親之下，又重返男爵夫人的愛窩裡；孤男寡女，再加上乾柴烈火似的男歡女愛，平添了一幕田園般的浪漫插曲。

　　盧梭一生的際遇，極為獨特；如同一心護他的休姆，都不得不說，盧梭是「所有一切人當中最獨一無二者」（the most singular of all human beings）。當然，人人的時空生存背景，即令相似，但也不可能雷同。盧梭的一生，極為離奇，難怪也影響了他的判斷與認知。

1. 出生時母親難產而去世，此「憾」綿綿無絕期。其父每憶起亡妻時，找這位失怙的幼兒說，孩子啊！讓我們來追憶媽媽吧！盧梭痛哭失聲地回以：「好啊！不過爸爸，我們每次都會抱頭痛哭一場」。小生命之無助，在這方面，人類比其他動物更不如。父母俱在，或許可享天倫之樂；失去其一者，則無母比無父更爲不幸。

2. 小時甚愛看普魯塔克（Plutarch）的古代希臘羅馬之《名人傳》（Lives）。英雄事跡，偉人行徑，離奇的人生體驗，充分地展現出「情」的分量；多愁善感的文筆天分，使盧梭爲文，筆鋒常帶情感。教育代表著作《愛彌爾》（Emile），出書後，康德一讀，竟然忘了行之數十年不中輟的午後散步習慣，欲罷不能。雖有誇大又言過其實的指陳人性善的本質，但事實的佐證，卻也歷歷如繪。

3. 痛恨成人以及文明社會的罪惡：想像中的慈母既已訣別，生父也因不務正業而遊手好閒，甚至在牢裡度日，他只好寄居於舅父家；舅母的髮梳斷了，卻怪罪盧梭是惡作劇的主角。舅父不問證據，就立即施罰，使他的心裡烙下了一永不磨滅的印記，即成人沒有一個是好東西！短時間在舊教學府唸書，使他如同聖奧古斯丁的回憶，學校教育也好比支那數千年的傳統，在知識上只是「背書」，品德上就是「懲罰」。打罵、斥責、行刑，就是一天的行事曆。讀物如毒物（textbook is poison），而編寫教科書的，正是「文明」世界的「成人」。

4. 有天漫遊，饑寒交迫，在投宿無門之際，偶見一茅屋，主人一見盧梭的表情及打扮，疑爲上流社會來的稅吏。經兩三句交談後，才開門迎客，也發現盧梭的眞情；乃在地窖中取出陳年老酒，交杯痛飲一番。此番體驗，使盧梭更深感鄉下人的純樸無邪，城市人的矯詐陰毒，成人的撞騙欺壓。「城市的成人」，心地最壞，成爲他的結論。

5. 英小說家狄福（Daniel Defoe, 1660-1731）的《魯賓遜漂流記》（Robinson's Crusoe）所描述的荒野生活，順乎自然的起居，是他最憧憬的仙境。幽靜及平和，比起巴黎之車水馬龍、吵雜、混亂，二者猶如天壤。人性之善惡，更看

出二者之強烈對比。美洲新大陸的發現，「野人」之善良無邪，更增強了他「順乎自然，返回自然」（follow nature, back to nature）之主張。里斯本大地震，不就是大自然給人類的一項明顯警訓？哲學理論怎可目盲於如此沾手即得的實證事實呢？

6. 偶也週旋於權貴及文士之間，曾當過貴族的家教兩年（1738-1740），從而與孔笛亞認識；1742年抵巴黎，但目的地是義大利的威尼斯（Venice），充當法駐義新大使祕書，但兩人不睦，以狂妄傲慢理由被解職。遂又回巴黎，首度遇伏爾泰。笛德羅邀他為《百科全書》撰寫音樂議題；還到霍爾巴哈的學友聚處「沙龍」（saloon），但目睹巴黎的五光十色，燦爛奪目的「文明」生活，貴婦髮髻之高，竟然鼻子是居髮頂及腳底之中。心中嚮往著故居日內瓦。在信仰上，巴黎的哲學朋友動搖不了他對天主教教條的不滿，不如回歸瑞士的新教吧！其實他的主要目的，在於如此可以取得瑞士的公民居留權。只是究竟「真誠性」（authenticity）如何，又有誰知？如同他說舅母髮梳之斷不是他的惡作劇一般。

(二) 著作

盧梭接受正式學校教育的時間頗短。由於他有酷愛的讀物，加上天賦優異，各種特有的遭遇又使他振筆疾書，常與「哲人」相聚，故他的寫作不斷，影響力無比。《愛彌爾》不只讓大哲學家康德不忍擇手，二十世紀教育哲學大師杜威（John Dewey, 1859-1952）都聲稱盧梭在教育改造上的地位，好比是天文學中的哥白尼一般；宇宙中心由地球轉到太陽，教育中心則由成人轉向孩童。

1. 1749年，法國學術聲望居冠的「德容學術院」（Academy of Dijon，位於巴黎東南部）舉辦徵文比賽，題目是科學及技藝的大進步，對道德而言具淨化或汙化作用？盧梭提筆，標題是《論科學及技藝》（*Discourse on the Arts and Sciences*），膺獲首獎；隔年出書，聲名陡升。他以負面看待科學及技藝所帶來的「文明」，此種觀點，難免惹來「哲人們的注目與非議」。文人相輕，彼此攻防，他絕不退縮，「雖千萬人吾往矣」！愈戰愈勇。但從此，沙龍之會把他排斥

在外。

2. 該學院又辦徵文比賽，題目是有關人間不平等之始源，依自然法嗎？他再度參選，標題是《論人間不平等的原始因及其基礎》（*Discourse on the Origin and Foundation of Inequality Among Men*）。自評該文品質更勝上文，卻無上榜，但也在1758年付梓。文中他眞實的描述自然人的狀況，既無文明社會的陷阱，也無技藝上富麗堂皇的附加裝飾，自然人的人性「本」善。此善性被文明人敗壞殆盡。人不會在意於處在自然狀態下的不平，但人爲的不平，才是「惡向膽邊生」的主因。以人手指爲例，五指長短不一，但各有各的功能；姆指也不會「歧視」食指，二者相安無事。

3. 在《百科全書》撰文，除了他拿手的音樂議題之外，興趣也及於政治或經濟，「公意」（general will）之理念萌出，使他在哲學史上占有輝煌地位。

4. 文學創作上，1761年出版了《新海洛伊斯》（*La Nouvelle Héloïse*）。愛情悲劇的主角海洛伊斯（Héloïse, 1101-1164），與巴黎大學靈魂性教授亞培拉（Peter Abelard, 1079-1142）之師生戀哀怨故事，逃不過他的耳目。乃以《新海洛伊斯》爲名，但願有情人終成眷屬。心情可能與胡適（1891-1962）留美時類似，後者也知悉大學史上的這段有血有淚的情史。臺灣大學於二十世紀結束前開的兩性關係課程，更以此爲討論資料之一。

5. 1762年，呈現世人面前的兩書，更名聞遐邇。一是嚴復譯爲漢文的《民約論》（*Social Contract, Du contrat social*），屬於政治類；一是《愛彌爾》（*Emile*），是重要的教育小說。此刻，他與笛德羅之齟齬已生，終於與哲人們斷絕往來。詳情在《道德書簡》（*Lettres morales*）中有所交待。該書遲到1861年才爲世人知悉。

禍從口出，災由筆來，難也由文而生，情勢緊迫。他於1762年避危在瑞士，但日內瓦的氣氛也很不友善，隔年還正式放棄公民權。1765年轉赴柏林，卻決定飄洋過海抵自由樂土的英國，一年後與赴法當外交官而回國的休姆共渡英吉利海峽，休姆答允庇護之。只是盧梭有如驚弓之鳥，歐陸到處要抓捕他入獄，

火焚其著作。本性多疑的心病加鉅，被迫害妄想症（persecution manic）發作，居然疑心大發，以爲休姆這位如聖靈般純淨心的英國友人是奸細，是正在密謀與敵同夥，引蛇出洞，佯裝老實，背地裡圖謀綁架他回歐請賞。休姆不明就裡，不知好友反目變態，因之怒不可竭，當可諒解；尤其是他迭經努力，籲請英皇提供給盧梭皇家年金，以便養老；即令有人持有異議，要他再三思考，他也不爲所動。盧梭在倫敦住不到半年（1766年的一月到五月），即匆促返法。親王（the Prince de Conti, 1717-1776），還以客卿之禮相待。但1770年四處遊蕩之後再返回巴黎時，已是四面楚歌，有可能被抓；只是警方還未侵犯他的行爲，最後終於客死異鄉。巴黎現有一尊他的雕像，供後人憑弔。

6. 研究盧梭傳奇性的一生以及他的性格，是心理學家如獲至寶似的研究題材：盧梭研究他人，他人也要研究他。

盧梭的生理上有病，這是不可否認的事實。多年來的膀胱症（bladder complaint），不得不強忍痛苦；致死原因，可能是尿毒症（uraemia）；當時並無洗腎技術及儀器設備。他一出生，社會調適上就極爲不良；且心性敏感，疑心甚重，只是輕輕的風吹草動，就令他惶惶不可終日。至親好友稍有不愼或無心之言，他就銘記在心，無法忘懷。友誼永固，又哪有可能？常以解剖分析自己的他，對人對己都無法了解；該以理性爲主的哲學家，他卻常把情駕乎其上。自我爲中心的比重尤大，身心無法平衡寧靜，天底下大概找不到一個知音。霍爾巴哈警告過休姆，「好心乎雷親」，千萬勿在心中存有暖心來養一隻鍊蛇（viper，毒性猛強）。休姆也爲盧梭之斷袍而去，深感不解。感性之發作，到了史無前例的興奮地步，暴衝行徑是必然！

以「同情的了解」（sympathetic understanding）立場來闡釋歷史者，盧梭的一生就是佳例。設身處地，將心比心，可能比較「同情」盧梭的獨特際遇。對他負面批評又挑剔者，如不幸也有類似他的遭遇，反應模式或許不如這位「神經質」的他。盧梭一生也與一位女士生了數個小孩，卻無法親自教導。若取《愛彌爾》一書的教育觀點，自己的孩子自己教，來怒斥盧梭言行不一，則是太薄情又

膚淺。盧梭終其一生都處於自身難保的險境，自顧都無暇了，何有餘閒照顧家人或骨肉？

　　盧梭爲文，提到洛克之名時，都要加上「賢慧聰明」於其上（the wise Locke）。其實該形容詞用在他本人身上，尤其在他的重要作品中，該也是「入木三分」吧！

第二節　參選徵文的哲學解析

德容在十八世紀，都市頗爲繁榮，離巴黎約三百多公里。德容學術院的兩次徵文，盧梭皆參加；一次名列前茅，一次卻名落孫山。兩次的題目，都是大哉問！頗具哲學意義。

一、論文明之惡

人是身心二者組合的有機體。身有身力，即體力；心也有心力，即智力；比之於動物，支那的荀子早就說過，人「力不如牛，跑不如馬」；但人的心力，就可以贏過其他動物甚多。當然，有些人的心力（智力）平平，或庸劣，甚至不如靈性動物的猩猩甚至猴子。但高人一等的智力表現，其他動物定自歎不如。

文明（civilization）及文化（culture）兩辭，可以說是只有人種才有的成就。不過，二字的分野，性質上的少，程度上的多。一般說來，文明（civilization），字根是city；文化（culture）的源頭，來之於agriculture。city是眾多人口聚集的「城市」或「大都會」，agriculture是人口稀少的農村或田野；前者費的「智力」多，後者則「體力」占的比例較高。

單個人獨存，這頂多是短暫的、須臾的；爲了生存，且也確保安全平和的生存，又生存時間久些，個人一定得組成社會。單居不如群居。群居人口密度高者，就是城市，低就是鄉村。人的維生，除了漁牧之外，就是農墾。「土」是生活之根。人類歷史或許經過千萬年，大部分靠土地耕種以過基本生活。歐洲到了文藝復興之後，科學昌明，技藝日新月異，人口往都市聚集的現象無法阻止；高樓大廈林立，政府機構及各種社會組織，法令規章，也從無到有。這都是人力「拼」出來的。

人從無而力拼，使之往上升，向上興。此種畫面或景觀，既高貴又漂亮。

這是盧梭得首獎徵文中所寫過的文字。

既然如此，盧梭該給「文明」高度的評價才對，但他的論調恰好與之相反；法國哲人如達郎拜者流，才必然會與之唱合。抨擊文明最屬的莫過於盧梭。

(一)自然是善，文化的反自然度輕，惡小；文明之反自然度重，惡大

「高貴又漂亮的景觀」（noble and beautiful spectacle），都是純站在人的視野上說的；卻都扭曲、破壞，或殘缺了自然。

> 身及心，都有所「需」（needs）。身之需，就是組成社會；心之需，則形成為裝飾打扮（ornaments）。

就「需」而言，身的需是基本的，也是必要的；心的需是次要的，也不必然需要的。無「心」的需，人仍能活；但無身的需，人就不存在了。可見身之需，優先於心之需。「人為」是反自然的，如同荀子說：「人性惡，其善者偽也」。偽是「人為」的合體字；盧梭持反調，反而深信人性善，其惡者偽（虛偽）也。

1. 技藝、科學、文學等，都是一種裝飾，都是人造的。試問鐵之成為鍊（chains），鎖套在人的脖子上；或捧來的一束花，套在使人下沉且也窒息呼吸的該鐵練上，表示人一出生即享有自由感嗎？那些都是身外物，非生來即有。裝飾的喜愛，使人成為裝飾的奴隸。依此需求，「王位就高掛於上，科學及技藝更使王位既強又壯」。

王冠、權杖、教鞭、斷頭臺、枷鎖等，是科學技藝的產物，人的自由不增反減。此種「需」（necessity），與人擬組成社會的原始需求，恰好背道而馳。「需」有必要性的，也有非必要性的。裝飾性的需，屬於非必要性的。試問土著之紋身、穿鼻，支那人之纏足等，不也都屬非必要性的裝飾嗎？哪有人一出生即有紋在身的，足是纏的，鼻孔又以鐵針穿透？這都是反自然的人為行徑。

2. 由於「文化」在裝飾層面上少於「文明」，因此，文化之惡小於文明。

造作與虛假，反自然，都使自然無法施展而受限制。人一出生，本是赤身裸體的，但馬上褒之以布，包之以衣，永生不離身。傳統的習俗規範，又拘束了人的自然行動；繁複的禮儀，掩蓋了真實純正的本性。有些宗教信徒又得受洗，行粗俗或不明真諦的誓約，認定可享上帝之名，卻不去追究實際上的褻瀆或冒犯。只要按時禱告、懺悔、沉思，就以為與上帝同在；巧言令色，反得人愛。中傷或誹謗他人，過分誇大自我或言過其實。只要有一套動人的說詞，就可以包裝，使真貨假貨難辨。「同仇敵愾心減少了，愛國心也就相伴而亡。無知是受人蔑視的，但代之而起的是，常有危險性的疑心疑神論」。在高度文明社會裡，大概也只有「星星」才能「知我心」。純正性及誠真性，越來越暗淡。

3. 文明社會要的是彬彬有禮，行為中規中矩；品評他人要「人情留一線，日後好相看」。因之，不能無保留地全盤托出。盧梭看出注重時尚且一窩風注意流行的巴黎社會，是文明社會中最典型的都市；朋友彼此談話，為了「禮貌」，都得保留，哪可盡情流露？「愛即令在心，口也難開」；有時還得故弄玄虛，甚至機關算盡，令對方不能捉摸，如此的人生才好玩。燈紅酒綠，真愛假情難測；歌舞終日，笑眼迷人，背地裡卻隱藏無底洞的空虛與憂鬱。就保家衛國而言，對敵國之恨，本之於天性；但後天人為的教養，卻企求要和平相處，化戾氣為祥和。如此下來，為國犧牲的抱負也陪葬了。就知而言，既瞧不起無知者，但人之無知，不也是極其自然的現象嗎？因此表面裝知，內心裡存疑，那才是「真情告白」啊！可惜，真情是不可洩漏的。這是文明社會最明顯的跡象。

巴黎確實是文明過了頭，但其他大都市是否也如此，則顯然不能以一概全。他在巴黎的角色，並非社交中的核心人物，卻帶有點寄人籬下的屈辱性。

4. 科學及技藝的進步有目共睹，但卻造成人心的敗壞；進步是表面的，實質上是「徒勞於好奇心」在作祟（vain curiosity）使然。標新立異，推陳出新，以古及舊為醜及惡，以新及今為美及善。平情而論，這都不是必然的。就道德層面來說，笑是人的一種天性本能，也是快樂的展現。小孩的笑、土著之歡顏，即表示接受及親切，他人不必心驚膽戰地提防。但城市裡成人的笑，尤其是達官顯

貴甚至手操生殺大權的暴君的笑，就顯然有「含刀」的作用在其中；冷笑、奸笑、傻笑的笑，就不單純了。文明人都戴著面具，但最美最純的人體，不都是裸體的嗎？肉身之變形，幾乎都歸咎於人爲的反自然所結的惡果。

(二)提出史實爲證

1. 他說，埃及是哲學之母國。他的此種認定，是非常有疑問的；但埃及也是美藝（fine arts）的發源地，此一說法，倒是事實；只是不久就被後來的皇朝及民族推翻。

2. 他又提到希臘，希臘的科學及技藝之進步不可一世，但旋即被迫而受制於馬其頓的軛。馬其頓王菲力浦（Philip）入侵希臘時，雄辯滔滔的雅典政論家迪默西尼（Demosthenes, 384-322B.C.），鼓其如簧之舌，呼籲希臘全民團結共禦外侮。但一旦躭於享樂，浸浴於文藝，體力萎靡頹軟，就呼吸不出生命氣力了。希臘一注重各學門的探討，就舉止散漫放蕩。

3. 試看征服羅馬的日爾曼民族，那種「樸素、無邪、德操」（simplicity, innocence and virtue）；更不可忘了斯巴達，「永遠證明科學之徒勞」（eternal proof of the vanity of science）。或許更可舉支那史爲鑒，宋朝的積弱，不正是「理學」之空談，導致被遊牧的蒙古人所擊敗的嗎？

(三)就學理而立論

1. 各種科學及技藝的出現，背後動機都是惡的，不純潔的。

天文學由迷信而生。口才伶俐，是因爲雄心萬丈，恨意又深，犯錯多卻能阿諛取媚。幾何學源於貪婪；物理學來之於遊手好閒的好奇。即使道德，也因背後有驕傲心態。因之，技藝及科學之降生，都本諸於惡。

有惡因就會有惡果。重奢侈享受，故身衰體弱；羅馬人戰力之頹喪，恰與美藝之注重成比例。

2. 道德至上：科學之培育卻危及作戰品質，更傷及道德素質。

教育上花大筆經費，所教的唯獨不提道德上的正直及忠貞不二（moral probity and integrity）。文學、藝術，及科學上的熟練，受到推崇，享譽好名聲，但道德上的高風亮節，卻有功無賞。此番說詞，德容學術院頒給他的論文榮獲首獎。否則，該學術院正好成爲盧梭射擊的箭靶。

3. 寧願作自然之徒而捨棄學府之門生：在應徵文中認爲培根、笛卡兒，及牛頓，值得一提，因爲他們都是取經於自然，才使這三位學者成爲「人類之師」（those teachers of mankind）。三位天才拜師學自然，但與他們三人相反的是「一群讀物的作者」（the herd of text-book authors），「輕率的擊碎了科學聖堂寶殿之門，迎入的是一群品質不佳的大眾，讓他們也能獲悉資料及觀念。其實他們在這方面的不知，遠比知爲佳。」視讀物如毒物的盧梭，此處指責的是誰，已不言自喻。

4. 巴黎這個歐洲大城，代表歐洲「文明」之最；但看在盧梭眼裡，卻是人間罪惡的最大淵藪，比起他家鄉日內瓦之農村文化，令他詛咒不已。他之在巴黎，也許不似支那小說《紅樓夢》中的劉姥姥入大觀園一般的錯謬，但無法適應，已是鐵定的事實。鄉下人說一就是一，說二就是二，絕不吞吞吐吐，欲語還羞，拐彎抹腳，言不由衷，使聽者摸不清底細；卻流行著一些文明人特有的詭辯，把簡單的語辭變成複雜。在鄉下，人的眞假是非，是一清二楚時，竟然有諸如「眞是假時假亦眞，假是眞時眞亦假」的論調。臺灣小說家張深切（1904-1965）有《邱罔舍》一鬧劇，主角理髮時告訴師傅，鬍子「不剃，留著要享福」一句語帶歧義的「文明」話語。支那文言文本無標點符號的使用，理髮師憨直不敢追究，就以己意作主。不知留鬍子的人之該答語，在留與不留之中模擬兩可。以「蒙」（罔）來遊戲人間的文化「閒人」，就可以藉題捉狹髮匠[1]。鄉下人無辜，雖咬牙切齒，也莫可奈何。這不也是文明人及文明社會所生的罪惡嗎？

---

[1] 張炎憲，黃英哲等主編《張深切全集》，12卷，卷7，臺北文經社，1998。

總而言之，盧梭怪罪的文明城市之醜態，一來他的史證不足，且錯誤不少；二來論證也乏力。科學之昌明，對人類福祉、健康、醫療之助，非蠻荒時代可比。以科技時代來論，核子之研究，雖可產生威力驚人的核子彈，但卻也可正面的用於治療沉疴之惡疾。他所歌頌的戰爭武德，不也因戰爭之需而刺激了許多與之相關的科學研究嗎？奇怪的是他揚斯巴達而抑雅典，且對日爾曼民族讚頌有加，那都只是一廂情願的一面之詞而已。羅馬以武力征服了希臘，但希臘反過來以文化或文明指揮羅馬人。主僕之分，難以算計。支那的梁啓超（1873-1929）於一戰前夕歐遊，返大清時即為文大貶西洋文明將帶來人類災難。他的預言成眞，但難道東方古國的「文明」，不也給全球最多的人口，產生幾乎無止境的「貧弱愚私」惡果嗎？

在幾乎眾口可鑠金的百科全書式哲人一味火熱的強調「科學」及「技藝」帶給歐洲進步之際，盧梭撥了一盆冷水。正好使前者可藉之作「理性的」反思。盧梭自己承認，他情盛理甚拙，邏輯力顯有不足；突發奇想多，系統又連貫的論述少。還好，《民約論》使他也承認，初民社會之鬆散，不足以實踐人的自然善性；反而依民約而成的社會，非但不敗壞人的天然本性（善性），反而更有助於提升人與自然合一的美景境界。文化或文明是否帶來人性的敗壞及品德的低落，這不是全然是或全然非的問題，也非「是或否」（pros and cons）即可解答的。盧梭的視野稍離巴黎一陣子時，也不堅持他原先「固執」的主張，而作了稍許的修正。但「返回自然，順乎自然」的信念，仍是堅守不渝的法則。

二、人類不平等之論

「文明」帶給人類最大的惡，就是滋生且加速人與人之間的「不平」。貴族及平民階級之出現，在「自然狀態」（natural state）下，哪有這些人為造作的「頭銜」？彼此又怎有顯然的差別待遇？盧梭參選的第二文，也與第一文一般的，在邏輯上皆能「持之有故」且「言之成理」。當然，第二文的理也如同第一

文，是偏面的、局部的，而非全部的，或永恆不變的理。

(一)社會之始原，只是一種「假設」

一項無可奈何的經驗事實，即今人只能憶測初民降世時的自然狀態。就科學術語來說，頂多也只是提出「假設之說法」（hypothetical account）而已，即該說法「有可能」爲「假」，也有可能爲「眞」。以假設當「前項」（antecedent），眞假就由「後項」（consequent）來驗證；前者是「因」，後者是「果」。「因」之眞假，就由「果」之眞假來決定。但謹記，此種「論辯」，並不保證必然「有效」（valid），只是有可能「有效」。試看下例：

A→B

「若A則B」，A是前項，B是後項。A的眞假，由B的眞假決定。A眞則B一定眞，A假則B不一定假；B眞時，A也不一定眞；B假時亦然。經驗事實告訴我們，若「天雨」，則「地濕」；但若「地濕」時，則必「天雨」，這是無效的邏輯論證（invalid argument）。對稍稔邏輯初步者，必領會此「理」。誠實坦承拙於邏輯的盧梭，也在第二徵文的前言中提出此說，殊堪嘉許。

> 那麼，讓我們開始把事實擺一邊，因不影響本議題。探究此一議題，不必考慮史實上的眞假，只需提出一種條件式的及假設式的推理（conditional hypothetical reasoning），依此來說明事務之本然，而無法確信其眞正的本源，如同我們的物理學家天天都作宇宙形成的假設一般。

宇宙最初是什麼，或人最初是什麼？此問吾人不可能答，頂多提出「假設」以回之而已。「假設」是一種「抽象」（abstract）的思考。社會的始源，只能依「假設」；至於存在著「人」，這卻是一種事實；由眞有其人，「推測」（假設）出人的社會存在。思想家或哲學家在社會始源這一議題上，頂多只能如此而已。盧梭這麼說，眞是灼見。

大前提既定，則下述「說法」之陳述，要以客觀事實來驗證其眞假。

1. 吾人發現：「人解饑，靠第一次看到了橡樹（oak）；去渴，乃見到了第一條小溪（brook），又在樹根上找到了可以棲息的床。如此，所有人的需求，都能有所提供。」

哈！此時的「人」，必是體力充沛，不愁動物之侵襲。人之技能而非力道強過於野獸；若少生病，則不需醫藥，更不求於醫生。他的首要關切，就是自保。他的五官中，視、聽，及嗅覺必極靈敏，但觸覺及味覺必較不發達，因還少碰到軟柔物，大概接觸的都是硬體物；也少有皮膚感。前三覺因離他有一段距離，後二覺必與己身相貼近才產生。防衛安全，必與他物「保持遠矩」。此種「假設」，頗有道理，也別有先見及智慧之見。可知盧梭思維之入微及細膩。在「我身」安全第一的考量下，口食之滋的味覺及皮膚之觸覺，「必」少於鼻子的嗅覺、眼之視覺，及耳之聽覺。盧梭眞的不是粗線條的哲人。

2. 原人或野人（savage），別於動物者「幾稀」？在這層面上，他不持「物論」或「機械論」立場。物理學可以解釋感官的力學現象，由感覺印象而形成觀念；但人也有意志力、選擇力，或精神力；力學法則難以完全解此密。重情輕理的他，認爲「人」之理可同於「物」之理，但人之「情」、「意」等，則物理學有時對之也難以施展。

3. 人有一種「自我改善的官能」（faculty of self-improvement），以達「完美」（perfectibility）。人首先碰到的是該立即解決的困難，即本能上的需求，以及情感上的欲望；「要不要，欲及避」（To will and not to will, to desire and to fear），都優先要處理。原始人的第一欲，一定是身體上的欲；認知的「第一種宇宙物，就是食物、異性，及睡眠，而第一種惡，是他所怕的，也要避開的，就是痛及饑餓。」此種敘述，又有誰持有異議？

(二) 人性本善

人之初，無善惡及義不義感；但不能由此推出人必爲惡，或行爲屬不義。

（初民）漫遊於森林裡，上上下下，沒什麼勤勉，不使用語言；無家。對戰爭及結盟陌生，不需同伴，也未有傷他人之欲。

1. 道德是群居時的行為：初民先不過社會生活，也未思及群居。此時此刻，現在的今人可以斷定，原始人不擁有道德素質嗎？嚴格來說，他們是無此素質的；但不可依此就推論出，人在自然狀態下，都是邪惡的。初民（人）無「善」的概念，但不可如此就把「壞」蛋加在其身上。熊站在激流的水溪岸，抓飛躍的魚而食，難道可因此給饑熊掛上可惡之名嗎？初民無「我的」（mine）或「你的」（thine）想法時，就無「義」或「不義」（justice or injustice）之名稱。初民無此概念，不必然表示他有虐行或酷行；他的行，都只不過是一種自然行。為生而行，與義不義、好不好、善不善無涉。霍布斯把初民狀況描繪為彼此征戰攻伐的社會，此說法，對初民是不妥也不宜的，更是不對的。至於說，自愛是一種基本的衝動；但自愛是為了自保，而自保本身怎能與惡及暴虐掛勾呢？人長久獨居時，未見及同類；但一看有他人出現，內心裡必也生一股情愛感。其實，即令是野獸，也有時會彼此相伴不相害，勿傷同類。若生來一看有他人在，也立即生出必欲除之而後快的痛快感，則人早就不存在於大自然中了。反而是相扶持之心意早存。由此言之，盧梭果斷地宣稱，人的自然天性是善的。

自然界中「如」（假設）只一個人存在，則赤身裸體又哪有傷「風化」？保身都來不及了，又哪會自殘、自虐，或自殺？

2. 初民只單人存在時，根本不需語言，更奢談文字、符號，或數目字了。他在論不平之起源一論文中，討論到語言之使用及智力的萌芽。人會哀號哭泣，這是天生的本能。其他動物也不例外。有人共居時，語言及記號的使用，就發展出來了；先是身體的動作，如比手劃腳作為溝通的媒介，以笑、哭、發脾氣、怒氣等來宣洩內心的想法與理念。語言一旦使用，又以象形來代表具體實物，許多支那字就是如此。文化或文明中的重要工具，也就初步「發明」出來。對智力的提升，助益無窮。

(三)群居社會係順自然而生

　　自然社會變成人爲社會，也是有組織的社會，連動物如蜂蟻等，也本能地分工及合作，且體認到獨居之利少於群居。在有土斯有生（財）之下，個人財產（private property）之觀念，也是本能的產物。

> 第一個人，既早已劃地據爲私有，就想到，這是我的（This is mine）；也發現，他人必也相信如此。「公民社會」（civil society）之始源，即在於此。

　　1. 惡的元兇，肇源於私有財產的觀念，戰爭社會因之形成。私有財產觀念既升，則不平、不均、不勻、不齊（unequality）之想法，相伴而起。森林變成令人眉開眼笑的田地，加上果物農作之收成，貧富階級遂成。是奴是主，是悲是福，命運由此裁定。

> 冶礦及農作（metallurgy and agriculture），兩技術之使用，產生大革命。道德上的義不義，與之相連。

> 自然狀態及人爲社會狀態相比，後不如前。

> 富者之強取豪奪，貧者之搶扨，二者之行爲不予過阻，或壓制自然性的意愛，則義之呼聲微弱了。人心爲貪婪、野心，及邪心占滿了……新生的社會，遂成爲令人悚怖的戰爭社會。

　　這麼說，盧梭的戰爭社會，就如同霍布斯所描繪的初民社會了。但二者仍有不同處。盧梭的戰爭社會是在私有財產觀念產生之後，霍布斯則認爲不必等到私有財產觀念興時，初民社會就處於你爭我奪的戰時狀態了。

2. 所以，廢除私有財產這種較爲「人爲」的制度，才能消除不平所帶來的戰爭。不公不平之源既斷，則不義之惡行遂絕。私有財產之觀念一生，人即告別自然狀態；也與純樸的原民生活絕緣，與之拖曳而行的，就是數不盡的惡。

從自然狀態到人爲（非自然）社會，歷經兩個階段，依序是民事社會（civil society），然後是政治社會（political society）。道德氣氛越來越淡，利己心越來越強。自愛本諸天性，但也含有利人及愛他情懷。到了政治社會一出現，加上霍布斯的契約說，確保了私有財產制。原以爲政治社會一成立，政府組織出現，法令也頒了，則私有財產所生的社會不安全感及惡，就可消除。

政治社會的主要任務，就是保障私有財產。洛克還認爲，私有財產權觀念，是「不可讓渡的」（inalienable right）天賦人權。但盧梭沒這麼樂觀，反而批評擁護私有財產權者，無智於預見其未來必生的危險。自然狀態與道德，二者風馬牛不相及。民事政府一立，同情及友愛之德性生；但政治社會一來，經濟條件變成主調，拋給貧者環以新的枷鎖，授予富者新的力道，無可免的是，毀了自然法則恩賜給人的自由。讓財產法規及不平法令永世不變動，搖身一變的事實，是使用更精明的篡奪霸占術，乃是永不可更易的權；但利只及少數雄心個人，卻置全民處於萬年萬世不休止的勞苦、奴役，及悲慘狀態中。

大地主以及貴族或僧侶，擁有富可敵國的私有財產，他們願實施共產而棄私產嗎？盧梭同意採用衆議方式，建立一個政治社會，使人民與人民所選出的首長（chiefs），雙方訂下「合同」（contract）。「大家共同遵守合同所訂下的約束。如此，則衆人成爲一體了。」

3. 政治社會有政府也有法律。盧梭明確不含混地說：

> 我明確坦言，政府設立之先，不是來之於擅憑己意任性，使便宜行事的掌權者開始在位（arbitrary power）。不過，之所以會如此，乃是走入極端偏峰了，那是政府的墜落及敗壞（depravation）。到頭來，最後只好轉變爲，最強者所立的法（law of the strongest），才是本來予以補救的最原始設計。

最強者最具體實在的展現，就是體力高人一等，若加上智力的非凡，以及運思的說理力及人格特質的說服力，則在人群的地位上，有如獅子之成爲萬獸之王一般，在排難解紛以及共禦外侮或遇天災地變或人禍上，他說的話算數。比武競技機會，以試力的大小，幾乎時時皆有。若加上神祕的魔力，假藉出身降生時有天神相助，配合武器工具之超群耍技，獲人間之王的封號，必是不二人選；他的話變成法律及命令。但若是任性下達，必激起不滿者之反擊。此時，雙方擁護者隨侍左右，依自己判斷來決定支持及擁護或反對的對象。力漸與理及情相合。

(四) 不平之主因

1. 天然性的不平：生理結構的個別差異，體力的懸殊，稟賦天分上的智愚，這種身及心上的人人不均不平，是極其自然的現象；如同山有高低，河有寬窄，月有盈虧，氣候有冷暖等。此種天然的不平，人人不會恨、忌、妒。

2. 政治或道德上的不平，才是盧梭爲文討論的，皆植因於財產擁有之多寡以及法律制定之良窳而來。他舉例說：

> 享特權的少數人，狼吞虎嚥似的享受多餘的奢侈食物；幾近餓死的大眾，卻苦無基本維生之食物。

朱門可以酒肉臭，卻未見及路有凍屍骨；則必激起人們的強烈反感。這與大力士必吃五碗飯才「飽」，體型瘦小的「細漢仔」，光是一碗就覺超量；二者之不平，性質是不同的。

(五) 不平之種類分爲兩種，一是天生的不平，二是人爲的不平。

1. 天生的不平，問題不嚴重，人人也不會強求使之平等，否則就違反自然。如讓五手指都一樣長，或染髮、易膚色，顯然都沒必要。

2. 敗壞的政治、法律、經濟、宗教等，使不該享有大權的人獨占高位。

「朕即國家」，一人發號施令，他人都是奴僕。聖上都英明，有過犯錯，都由下屬承擔，以誅、以罰或以斬。主僕身分是不公平的，但僕人身分則大家皆同。大清帝國時百官奏摺，口徑一致自稱自己是「奴才」，似乎百官都平等，因為大家都是「奴才」。此種「平等」，與未組成群居之前的初民相同。因為在自然狀態下，初民人人平等，這是無邪、天真、純樸的平等。但在暴政之下的「仕」，因皆屬奴隸，也人人平等，只是此種平等，是政治敗壞的結果。

即令有天生的不平等，但初民未組成社會之前，人人都享自由，無拘無束。人人皆平等；組成社會之後，尤其「文化」及「文明」來臨，科學及技藝又進步之後，加速了品德的敗壞，政治、經濟，及宗教上的不平加深。把此種人為的社會悉數廢除嗎？盧梭認為恢復四隻腳走路，才真正返回自然。伏爾泰評盧梭作品，情不自禁地要步上以手腳爬行的童孩路，但自稱已六十幾年沒此習慣了。盧梭亦然。難道一切的人為安排都無必要存在，乾脆走回森林，與鳥獸同居嗎？盧梭只願社會改造，對文明大廈投以一種健康的蔑視，期望建立一種積極性的政治社會，也為他撰述《民約論》（*Social Contract*）埋下伏筆。

第三節　《民約論》及「衆意」說

盧梭的所謂自然狀態，特別強調那只是一種「假設」。實情如何，他著實也不知。離群索居的個人（初民），組成群居時，是「同意」簽「約」（contract），放棄自己的權利或自由，聽令於最強有力者。這只是理論上的臆測，因爲史上找不到有形式上的「合同」檔案文件。該契約也是一種默契，彼此心知肚明，如此而已。未組成社會尤其是政治社會之前的初民，生活樸實，心地坦誠；但群居之後，尤其是私有財產觀念以及人爲法律之不當，人性就受到了汙染，敗壞了，墮落了，但那是必然無所逃的結局嗎？平情而論，文明並不全惡，大都市生活也非全無可取。由於獨居變成群居，是一種自然現象，但如何在群居之後，仍保存獨居的自由自在以及人人平等的自然狀態，乃是盧梭在《民約論》（*Social Contract*）上的主旨所在。他所指的「民」，必是衆民。「衆意」（the general will），字眼相伴而生。

一、政治經濟學

1758年，盧梭撰述《論政治經濟學》（*Discourse on Political Economy*）一書，特別對「衆意」作一番陳述。

(一)「家」與「國」

過群居生活，此種考慮，最先必是基於生理的；因之有了「家庭」（family），那也是生兒育女兼滿足性欲的所在；其次是經濟的，分工合作，產物分配，更能使物質生活不虞匱乏；最後是政治的，即「國家」（state）。治安好，和平相處，自由度雖受限，但卻有時不減反增。

1. 衆意的展現：家與國的組成分子，在「民」的量上差別懸殊。家先是兩性的集結，後是上一代與下一代的住所。其中除了情意之外，另有道德意。與生以俱來的「同類感」（compassion），乃是組成家的重要氛圍，彼此恩愛、照

顧、體卹。家是「有德者心中有一股意」（a moral being possessed of a will）的具體表現。一般的意，普遍的意，時時存在的意，即「眾意」（general will），是對每一組成家或國的每一分子，保護其福祉；因之有家規及國法，「義不義」（just or unjust）之意，隱然含在其中。

斯巴達的孩童，「偷竊」之行是被讚揚的，因可以更充實「邦」庫；判以罪惡，罰以不德，這種論斷或說法，是胡謅，且張冠李戴。在大自然界中，如人的「數」只一，則一切大自然都是他所擁有的「產」或「財」，可以隨心所欲，不踰矩，因為沒有矩，尤其是他人所設定的矩。但卻有自然矩在。這也就是他在道德哲學上，所說的「自然效應」（natural consequence）的制裁（sanction）說。

2. 人之數量只1時，該人可自行裁決，該裁也算獨裁；但組成家庭後，最少在人的「量」上絕不少於1；因之己意加上他意的「裁」，才是最後的裁。部落、族群，乃至「國」或「邦」形成之後，「邦民」或「國民」的集體意，更趨向「眾意」。斯巴達邦之邦意，代表某些程度的眾意；「取」別邦之財，可飽己邦人之一餐，這是全邦人的「眾意」。此種行徑如受邦人譴責，其因極可能是技巧笨拙，形跡可疑所致；不是善惡問題，而歸屬於智愚領域。或許斯巴達邦民認為他邦之財或物，可以任由且極願由我邦人「占用」，那干義與不義底事？

3. 一生以自然為師的盧梭，發現「家」、「國」，或「邦」之出現，離自然越遠。其實，後者之存在，也是學另一層面的自然。家、國、邦，都是人造物，可是人之造物，也該本諸自然；且人若不人為，則生存尤其續生存，根本不可能。自然與人為二者之間的角力，才是他一生盡瘁於斯的課題。三句不離本行思想的，是家道、國道、自然道，都以自然道為主軸；自然意指揮國意，命令家意，支配邦意。換句話說，眾意即自然意、神意、上帝意、也是「人」意。除非「人」不存在於大自然中。

(二) 眾意之闡釋

1. 眾有大眾小眾之分，也有時間空間之別。因之，眾意之性質頗為複雜。

易言之，團體有大小，政治版圖有大國小邦之別。以地球而言，有各大洲，洲內有數國，國中有數州或邦、省、郡等。依信仰言之，宗教自由的國家，存在各種宗教信仰上的不同教派，各教派的派「意」，又彼此有殊。就「國」來說，全國人民之意，是「衆意」。但各教派的信徒，雖也有各教派個別的「衆意」，但後者之「衆意」相對於前者而言，則是「殊意」。德有公德及私德之分，正也是如此。一個「人」在作爲某一特殊教派信徒時，是符合該教派「衆意」的「好」分子，但有可能頂撞了作爲國家公民的職責。以天主教爲例，全球有天主教信仰的中心，即羅馬的梵蒂岡（Vatican）。但天主教組織散佈於世界各「國」，萬一在某一國內的信徒，依羅馬之衆意而有違該國之衆意，則他要何去何從？棘手的問題出現了。人意與神意之間如何取捨，人意合乎神意有，但不合之事例多得不可勝數。

2. 盧梭信心十足地主張，眞正的人意，必與神意合，二者都是天意，也是自然意。「天聽自我民聽，天視自我民視」，但那是具時間意，也具歷史意。盧梭此種說法，精神上又與啓蒙運動的進步觀，兩相吻合了。假意、私意、個別意、短暫意、局部意，「終」敵不過眞意、公意、通意、永恆意及全面意。積極、正面，又樂觀的說法，躍然紙上；而追本溯源，民意的展現，必能使人持續生活（生存）；「永生」觀念，才是衆意的要求。因此，衆意就是「遠慮」。「人無遠慮」必（極有可能）就是因爲有近樂；但樂的考慮如只顧及個人、眼前、局部，則必（極有可能）會有遠憂。因之「謀」之分量加重，「智」之比例增強。其後功利效益主義（utilitarianism）之「算計」，就非備不可了。

3. 文化或文明越進步，罪惡更多，這是盧梭爲文的要旨。德不增，智卻陡升；道高一尺，魔高一丈；謀中有陰、矯、詐、險，彼此鬥智，以謀取私利、己利、一時利；但上天賜予人的人性，爲了生存，且永續生存，必將淘汰該利所代表的「民意」。大自然有好生之德，人人秉此德之最終及最後意，即是「衆意」；因之小意必服大意，「服」也是一種「限制」、「命令」，或「法律」，政治意特濃。盧梭在此具體的獻策，爲使人人趨向於衆意的公平及正義，稅收是

人人的義務；人口稅（capitation tax），依財產之多寡，按比例徵收；僅可糊口者，可以免稅。基本需求以外的剩餘財富，尤其奢侈消費，要依量成比例的累加稅收。富者之致富，受利於「民約」；社會保障了有錢人的財產，財產稅也等於是財產保護稅。若富人迷於不必要的享受，則眾意理該決定課以重稅。尤其他對溺於「過剩」（superfluities）之厭惡，理由是，那是「反自然」。

4. 分析不平等之現象如下：

(1) 自然的不平等：體力、膚色、種族、語文、性別、智力等，人類對此，坦然面對，並不怨天尤人。

(2) 自然的平等：人人自由，無財產觀念，大地皆屬於公眾，非私。土著或原住民對大片山田森林並不爭「土地財產權」；「文明人」一到，一根火柴，一把槍，就可以交換數頃地。

(3) 人為的不平等：法律、制度、規章、風俗習慣，是造成人為不平等的主因。人之憤憤不平，基於此。「朕」即主，他人都是奴；主奴階級對立，雖然奴與奴之間，也處於「平等」地位，但主奴之間之不平等，極為明確。

(4) 人為之平等：如同盧梭所建議之稅制，已如上述。

二、心理學──行為動機，發之於「自愛」（self-love）

(一) 自愛：（self-love），也是自保（self-preservation）

眾意是眾人之心意，心意一決，就採取行動。最直接也自然的行為模式，就是「自愛」。自愛才能自保，生存才有可能，這是自明之理。教育小說《愛彌兒》說：

> 吾人的首要任務，就是針對自己。我們的第一感覺，集中在自我上。我們的本能，也視自保以及以自我福利為優先。

吾人感情之始源，及其後所長出的根及流出的泉，都是與生以俱來。只要人活著，片刻都離不了的，就是自愛；此情是最初始的，最本能的，居其他一切之前。其後的一切，只不過是自愛的修正而已。

1. 自愛不是利己的「自我」（egoism）：自我觀念只在群居的社會才有，「自我在自然狀態下是不出現的」。獨居時沒有「他者」在，只有「我」，因之沒有比較的對象。自愛是天性、本性、自然性，自我則是人爲性了。自愛只爲自己好，嚴格來說，本身無善惡可言；善惡觀念是有個「他者」在時，才滋生的。自愛也不是自私，因爲既無他者，又那有「私」，自私才惡。

2. 自然情愛中，也有群居生活之後所歌頌及讚美的同情或同類感，即自然的憐憫（natural pity）最純，一點也不含雜質、最淨。與之親近，必會發生友誼，一點都無「邪」念。眾所周知，孩童的情常有傳染性，別的孩子哭了，自己會感受不愉快；看到另一人笑了，自己也跟著呵呵。這種「情愛」（compassion），形同文化或文明社會的法律、品德，及操守。從自愛擴及到他愛，依盧梭的觀察，幼兒之自憐心（self-pity），比自愛更強。見別的幼童哭，則自己也情不禁地掉眼淚；比聽到他孩笑，自己也笑的「本能性」強。此種比較，現代心理學家倒可以實驗予以證明。一般說來，即令現在人也比較無法忍受他人之悲慘，因之悲劇效益，大於喜劇；喜劇一觀，笑笑就過去了。悲劇則感人肺腑，久久不能遺忘。美滿婚姻，人人稱羨；但刺骨錐心的愛情，勢必激起萬丈浪潮。

(二)道德論建立在心理學上——良心（conscience）說

群居之後所生的同情感及同類心，也就是「良心」。心是「良」的，「善」的。

1. 群居必須有則有序，其實那也是本諸大自然：天行有則，人行也須有則；大自然失序，大自然會毀；群居社會亦然！「該」、「當」、「義」（justice）的觀念，也陪伴著自愛情，是主動的、積極的。出手扶助弱小，自己的滿

足感大；對體弱多病（weak）者大方地施捨（generosity），寬心仁慈（clemency）地對待該譴責者（guilty），實施人道（humanity）於大眾（mankind），不也是人情之「常」嗎？

2. 道德教育不該剷除人的自愛之情，反而要順著該情：奢侈於裝飾品，正是把人之本情本性變形了，扭曲了；如上述言及的紋身、穿鼻、纏足等。文化及文明擴增了人不必要的欲望，「自私」（selfishness）及「恨意加怒情」（hateful and angry passions）乃是必然的後果。其實，自然界本就賦予人一種天生的義、德、善、法則，於人的心底深處。盧梭在《愛彌爾》一書中，藉一位南部薩弗以的教士（Savoyard），說出他內心的話；教會當局卻「怒向膽邊生」，乃下令燒書也擬焚人；教會高階僧侶已失了「良心」。盧梭希望他們勿作出違反良心的言行，卻因直指痛處，他的遭遇乃陷入險境。

3. 觀念或知識，不是天生，但「情」、「感」、「意」，才與生以俱來。情比理先。知善不一定行善，但只要有善「感」，又生「德情」，則立即採取行動，不會只止於靜靜的知而已。

> 我覺得錯就是錯，對就是對，……只有情商於良心，才是最精明無比的論辯。

作為盧梭代言人的該教士，發出此口號，火力之猛，勝過權勢當局及神父丐僧們取神學上的難解語文。一清二楚地看出宇宙大自然的壯麗山川，井然有序的天行運作，一目即了解有個上帝的靈智（divive intelligence），運作其間，夠了。

讓我們傾聽內心所感受的內在聲音吧！健全的心，又那能否認它的存在呢？此種「內在聲音」（inner voice），猶如蘇格拉底天天集中注意的聚神聆聽，那也是一種可遇不可求的靈感（inspiration）。盧梭憑此心，就感受到上帝的存在。上帝的運作，以及上帝常在人心中，從而覺得人是自由的。

勿庸與我解釋這一項了。我感受到了。光這種感受，則我說的話，就比理性之辯，威力更強。

4. 道德研究，就是人際關係的探討：人我不分，不可有別。獨居中有群居，群居中也有獨居。道德與政治，分則兩不相識，合則二者之「道」皆可知。放眼自然！大概找不出一個獨居者可以自保。因之，群居必也是自然現象。但群居是由「個人」所組成，故群居中的個人，也是某種程度上的獨居。

盧梭這麼的重情、意、感，及良心，對比於十八世紀下半葉歐洲文化及文明之大唱理性，二者正好可以調配，以免相互過激。只是盧梭挾其動人的文筆之情，在法國大革命如火如荼之際，被激情民衆推爲革命領袖的羅伯斯比（Robespierre, 1728-1794），1792年審訊法王時，要求處以極刑。隔年更因革命人士火熱之情而失去冷靜的腦，局勢混亂不堪。一時情急之下的斷然措施，都易造成日後的懊悔，羅伯斯比正是此種局面之下的陪葬品，也死於斷頭臺上。其次，盧梭倡導的情意理神論（sentimental deism），一開始時脅及羅馬天主教傳統威權之存在；但其後天主教之重振雄威，以情意爲主的教派之奮鬥，功不可沒。神學觀點，盧梭類似中世紀教父時期方濟派的主情說法。

三、民約論

(一) 自由的存在及消失

1. 「人生來即自由，但到處都是鐵練」。這是《民約論》一開始就說出振聾啓瞶的名言警句。緊接著他又說：

人以爲自己是主人，卻還是停留在作爲他人之奴狀態。此種現象是怎麼來的？我不知。但怎麼取得合法化的？此一問題，我想我能解答。

人生自由，但爲何自由被奪？是組成社會過群居生活時，個人自由就喪失了呢？不。盧梭認爲社會秩序（social order），非但未強加給個人一緊箍咒，使個人不能翻身逃脫其限制，反而是賜給個人神聖的權利。以此爲基礎，更可擴大個人的自由幅度。這是《民約論》的重要意旨。

2. 民之「約」非來之於強力（force），而是心甘情願的。獨活變成群居的社會或政府，始源何在，前哲如霍布斯及洛克各有不同見解。盧梭一生以自由「價最高」，因此不同意「約」來之於「力」，而是出之以「願」或「意」。強權出公理（might is right），槍桿子出政權；這種說法，盧梭必使出渾身力戰。

> 力（如）是一種體力，我看不出從中可以培養出道德效應。願意以力來運作，乃因爲有其必要，而非出之於心意（will）。充其量，那也是謹慎思慮再三（prudence）的結果。但在何種狀況下，我們才可以說義務（duty）呢？

人人盡義務及服從，絕對不完全因爲盡義務及服從的對象擁有權力而已。人爲社會及自然狀態，二者是有分野的。人爲社會之所以「該」有秩序，也在法規行使上合法（合理），重要理由之一，就是基於「同意」（agreement），或慣例（convention）。

(二)性善或性惡，都會出現「民約」式的社會

1. 個人獨居，處於自然狀態，「必」定「省悟」到生存的障礙甚難克服。譬如遇到猛虎時，除非人的體力強過武松，否則被吞噬之可能性不可免。此刻如遇有他人在，則迫不及待的期望能彼此相助。

但群居生活一旦出現，你我之「想法」及「行爲」，必不可能一致，尤其不可能長期一致而不生糾紛；此時「權力」的運作就極其複雜了。「社會」是「人爲」的產物，文化及文明的成就，乃是人爲的業績；制度、典章、政府、習

俗、傳統等，都有「約束」、「制裁」，或「獎懲」功能。出生時到底是性善或性惡，都與群居社會生活之存在無涉。但人類史演進的結果，「人爲」社會的負面，也是人性的「惡」面，就是造成人類不平等的肇禍首犯。

2. 霍布斯與盧梭在政治理論上的差異，前者只看到了人與人間的爭吵鬧事，這是人性的惡面或負面；後者則專注目於人與人之間的友愛憐恤，這是人性的善面或正面。霍布斯要求政府權力之運作是止爭，盧梭則特別希望人爲社會裡，人人仍能保有自然狀態時的自由身。放棄自由，是霍布斯對「公民」的義務要求；「保障自由」則是盧梭民約論的目的。

3. 「約」之訂定，在霍布斯的理論中，治人者是置身度外的，是局外人，是受託者。約一簽，「民」即分爲兩類，一是治人者，一是治於人者。治人者享有全權，治人者可能是一個人、一個團體、機構，或組織，與治於人者分離；盧梭則認爲治人者與治於人者不分，共組成一種政體。霍布斯的治人者，既以止爭爲宗旨，則約束「離心力」的行政以免「內戰」（civil war），成爲最重要措施；盧梭則反是，盧梭寄望政府能夠凝聚全民意志，不要分崩離析。文明社會的政府即群居的社會，若能因之提供給人民更多的自由，比獨居時的個人在自然狀態下的自由還多，這才是政府的第一功能。民約論的至上及至善目標在此。

哲學史上把霍布斯的政治理論歸之於人性本惡說：人之初，爭、分、亂，勢所必然，此種觀察與支那的荀子同；盧梭則以爲人處於自然狀態下，一切皆自由，無拘無束，且又基於同類情，故有「愛」。人性即令難以說是本善，但一定「非惡」。

霍布斯心目中的政治團體，與民有約後，治於人者就悉數奉獻，其後作不了主了，只能有求於「治人者」。這就如同幫派一般，一依附之後，就委身於幫主，生殺予奪都由（他）人；也好比古代婚姻，女方嫁後即不許說離婚。盧梭的說法，恰好異於是。自然人享有的自由，在民約的社會裡，此種自由不減反增；不因群居之後，就使本來自由身的轉爲奴隸體。盧梭認爲，簽約的雙方都共同追求一種更高素質的自由生活。取代了「愚笨或不具想像力的動物，而成爲一位有

智力的東西，且是一個人」（instead of a stupid and unimaginative animal an intel-
ligent being and a man）。提升事實界為價值界，「是」升級為「該」；甚至以
義取代本能。群居生活，在發展德及智上，比獨居更為有利。此時的人為比自然
還佳。自然狀態之下獨居者所享的自由，依個己的體力及智力而定其多寡；俟群
居之後，來之於眾意的行為，自由的性質提升，量也增多。「同胞需團結，團結
才有力」。

　　三個臭皮匠，也可能勝過一個諸葛亮；何況臻諸葛亮才華者少之又少。獨居
（自然狀態）只表現出己利、獨利、自利，群居（人為狀態）則另類品德出現，
即公德、公益、公利、他利，這是獨居時無法想像的。

　　人真正的成為主人，而非奴隸，只有在政治社會中才能實現。「只滿足口食
之欲，那是停留在奴隸層次。有義務恪守吾人自訂的法，才算是自由。」沒錯，
在昏君當政時，「暴政猛於虎」；群居的個人，比奴隸還不堪，更下於野人、蠻
人，或荒野土著。但不該只看「尚黑」的一面。文明或文化的社會，提供給人更
多的享受，是獨居者自歎不如的！

　　4. 祖先訂的約，子孫照行不誤嗎？此一問題，洛克也面臨。約一訂，當然
要依約履約，守諾言，重信用，否則約等於廢紙。約約束了原先訂約者，但是
否也對後人有相同的約束力？民依「意」訂了「民約」，但民意如流水，並非
永恆不變。因此，如一時一地的民意有幾乎一致的議決，則可改約或毀約。國
際法權威的荷蘭雷登大學（University of Leyden）教授格勞秀斯（Hugo Grotius,
1583-1645）強調，公民可以放棄國民資格，出國以重新尋覓他在自然狀態時的
自由。盧梭對此說是雙手贊成的。不過，民約一生效，一種新的義務即加在每一
社會成員身上；自然人搖身一變而為社會人，再變為道德人。生老病死是自然人
的新陳代謝，但社會人尤其是道德人，則祖先及子孫一併俱有該身分。他支持格
羅秀斯所舉的自由選擇國籍權的自由，卻有但書，即在國家處於需要時刻，國民
尤其公民若逃避該盡的義務而遠走高飛，投奔他國，這是一種該予懲罰的罪行。
儘管如此，老祖先當年同意立的約，若後代子孫集會時議決解除，則舊約就失去

法定效力。

(三)治人者（the sovereign）之身分，依民約而生

代表「公意」或「眾意」，而行使權力；享有三權，即立法、司法，及行政。治人者可以是單個人，或少數人、一群人、國王、貴族、議會。政治社會中的分子，即「公民」（citizen）具兩種身分；一是作爲治於人者，一是作爲立法者的一分子；後者也就形同列名爲治人者行列了。個人意可能異於眾意或公意，但去己意來遵眾意，這是公民的「義務」。

1. 治權（sovereignty）是不可讓渡的（inalienable），至高無上，無可取代；履行眾意或公意的治權，權力可以更迭，但眾意不能取代。民意是全部民的意，因此「民意代表」（representative）之意，不能等同於「民意」。民意代表是一人或少數之人，一人或少數之人之意，是局部的，又怎能代表「全部」的「眾意」呢？個人或許有「代理人」（deputies），但多數人或眾人就不許由少數「議員」來代表眾意。議員之意與眾意不會完全合，也不會完全不合。代理人與本人，二者都屬個人，容或意同，但代議士（民意代表，如議員等）必與全數民眾有脫節。

人民不由個人身分予以批准（ratified）的法，是虛的、空的（null and void）。他還不客氣地指摘，即令世人嚮往的自由地英國，英人也只在國會議員的選舉時，享有自由權，選後就淪爲奴隸了。

2. 治權不容分解（indivisible）

人人都該作爲治權的一分子，此種權利不容讓渡，即不允許交代給他人行使，也不容分解（indivisible）。全民政治，不是議會政治，更不是代議士政治。眾意是群體意，也是一體意，又哪能割成分離的部分？殊意又怎是公意或眾意呢？立法、司法、行政，是「三權一體」。盧梭更明示，三權其實是一權，即立法權。行政是依「法」行政，司法也是依「法」司政。法，位階最高。法意是民意，也是公意；公益的展現，即依民意所立的法來治理，如此而已。立法者

或許是一人，如斯巴達立法者里克爾格斯（Lycurgus）、雅典立法者梭倫（So-lon）或貝里克（Pericles），但立法者不必然享有治權權力，只不過爲眾人提供較明智的立法勸言或諮訊而已，以彰顯出眾意之所在。

四、「眾意」或「公意」（general will）之闡釋

（一）volonté gnérale（the gentral will）及 volonté de tous（the will of all）之分辨

1. 眾意即通意、公意，也是恆常的意，或是「眞正」的民意；不因時因人因地而變易，有別於私意或殊意。後者的量計，靠舉手表決；即令是全數通過，但極有可能舉手或票決者心存私意、目前意、個別意，而不思及未來；一時受騙或無知。其次，法有明文規定者，不可用選票來決定。公理定律，也不能用「一致通過」予以否決；最後，基本的道德準則，是普世性的，通行（general）於各時各地，具有高瞻遠矚性。由民立的法，必先有個立法的啓蒙師來引導；現時的庸民，是欠缺此種智慧的。

2. 眾意既帶普世性，則永不出錯（infallible），正確且應該（right）。集會中的多數決，離盧梭所言之眾意相差太遠。如認爲多數決對公共福祉都有利有益，這是荒謬的（absurd），因與事實不符且有害（pernicious），也形同鼓勵多數暴力及不容忍（tyranny and intolerance）。以多取勝，此種「意」，格調太低。五個強盜到民房搶劫，屋主人只一，可以用表決方式決定屋內財務歸誰所有嗎？積非如能成是，眾口也可鑠金；試問這是什麼社會？多數人的視野窄，放大己利及眼前利，而盲於眾利及遠利，這正是人類史的眞情告白。

「萬物皆備於我」。大凡一般人之「意」（wills），誠如教父哲學家所說的，都以人這個「種屬」爲基點（sub specie boni），也是以人爲「本位」。因爲生存第一，「萬物」之利害居次。當然，盧梭並不認爲以人的自我本位所生的自愛，不一定帶有道德上的自私貶意。單人組成的眾人，己意演變的眾意，就不

該只是量的增加，卻更應具有質的提升意；衆意的眞意即在於此。因之，衆意等於衆善或共善（common good）。如此說來，似乎是邏輯上的「重言」（tautology）。只要議會的議決，以共善爲唯一訴求，則就是衆意的旨趣了，它凌駕於私意或殊意之上。

3. 衆意猶如江海，己意或私益好比百川，江海可納百川。關鍵在於聰明的立法者（a wise legislator）出世。其次，是阻止結黨營私的團體存在於一國之中。衆意之意有用武之地，則殊意之眞正面目，將逃不掉全民的耳目。

以當時的歐洲各國爲例，天主教會勢力大，是「國中之國」（a state within a state）。

> 教士階級是一種組合體（a corporate body），在國内處於主人及立法者的地位……所有基督教的學者，只有霍布斯這位哲學家才看出那是不對的，他提出補救之道，且敢於建議把雙老鷹的頭[2]結合成一體，政治體聯成一系……。不過他將看出基督教的爲我獨尊性，與他所擬的制度，兩不相容。教士階級的利益，常強過於國家利益。

盧梭主張國家展現的衆意，高於教會呈現的衆意。但二者干戈，水火不容，正是歐洲各地宗教戰爭的眞實主因。

4. 衆意實現之日，有二：盧梭認爲，一是公民接受啓蒙，投票時完全獨立自主；二是國内的局部性社團組織，不只能太猖獗，且要有效地予以壓制；若壓制不了，則不妨准許林立，使團體之不同利益及影響力彼此打消。在此種狀況下，多數決或許也可代表衆意。

> 若人民有足夠的資訊，深思熟慮，公民彼此不串通；大整數中雖有小異

2　神聖羅馬帝國以鷹作爲標記，其他的「國」也幾乎如此！

數，也形同眾意了。此時的決定，就是善的了。

　　大原則所立下的法，只有一個，即社會契約（social compact）必須無異議的同意。若不同團體組織的局部意不予以濫用，則多數意也幾乎等於眾意了。多數意當然比少數意較接近眾意，這是自明之理（truism）。代表公善、公利、公益的「眾意」，已由多數人體認，而不囿於己意、私意、黨意、派意。

　　5. 眾意的真正展現，自由權之行使是核心。盧梭的自然狀態，是一種「假設」；真正是否存在，今人也不知；但有組織的政治社會，卻是具體的存在，這是不得爭也不得辯的。此外他的另一種「假設」，是人處於自然狀態時，自由最充分，自由價也最高。而組成社會所形成的政治體，也是勢所必然。此種人為產物，不只人之自由度不減，且量增質也高。

　　棄了自由，等於宣布人不成為人。

　　天然的自由（natural liberty）務必轉換成公民自由（civil liberty）。

　　可是，守法是公民的義務及職責，否則必受處分。交換「自然狀態」而為「政治社會」，人的自由不減反增，也體認到比較真正的自由以及實質的自由。盧梭處理此一問題，值得大寫特寫。

　　民約一訂，己意即交付給眾意了；也帶有強迫性，但也具自願性。
　　公民同意於守法，包括自己所反對的法，甚至也包括他若膽敢違法，則予以處分的法在內。

　　其次，既以眾意即是己的真意，則眾意的表示，也等於是己意的表示；順己意行事，這是「自由」；而逼迫自己要以眾意代表己意，也是逼迫自己自由的另一種表示方式。自由與逼迫，乍看之下，兩相矛盾。但二者同存，這不是「詭

論」（paradox）嗎？

> 爲了使民約（社會契約）不淪爲空洞的形式，它隱然包括有一種承擔（undertaking）。只有靠此種承擔，才能使其餘就範。要是誰拒絕遵守眾意之決定，則全體人民都要逼他非守不可。其意即：他是被逼成自由的（he will be forced to be free）。
>
> 眾意可從票決中算出來，當與我作對的意見普及又流行時，這表示我錯了，不多也不少。

逆我意之意走紅，又成爲多數意時，「證明」我之「我意」錯了。此種「證」法，確實有其難度。盧梭卻單純地說，這是可以成立的。只是「自由」（free）這個字眼，語意頗含混、曖昧、不明。若自由表示一個人想作什麼就可以作什麼，只要他體力夠即可，則這個人必會被（政府）國家削減他成爲一分子的資格。由法來限定一個人的自由，對整個社會的公益而言，是必要之舉。純就利益層面來考慮，此種削減，是利大於弊。問題是自由之限制到什麼程度，才不致於妨害公善及眾意？盧梭對此一問題的純經驗事實面及功利效益面，不感興趣。他倒認爲，表面上或一看即知的自由之被削減，並非眞實的被削減。此種說法，確實難免使他落入詭論中。削減自由雖來自於他力（法律），迫他放棄自由，反而使他獲得更多及眞正的自由。

高聳在天空中的吊橋，人行於其中，若無欄杆，任誰都無膽走向邊緣。若深信欄杆穩固，則不但一般人都敢倚欄而行，更擠往欄邊往下俯瞰風景。自由的範圍雖受欄杆所限，其實，自由的領域反而加大。被欄杆阻擋，此種人爲的障礙若屬「必要」，則人人願放棄自由。甘願放棄，就無被逼的心理感受。

6. 文字的正用與濫用，「自由」一辭是一佳例。盧梭高度評價自由之可貴；不自由，勿寧死。「生命誠可貴，愛情價更高；若爲自由故，兩者皆可拋」。但自由的「眞諦」何在？自由本與逼迫爲敵，盧梭竟然使用了「被逼的自

由」（freed to be free），著實給語文解析批判論（linguistic criticism）極佳的討論素材。咬文嚼字，斤斤計較於用字遣詞，對某些人而言，是煩人也累人之舉；但在文宣上，卻大有煽情效果。以「自由」一辭爲例，多少人假自由之名，行迫害之實；也藉盧梭之名，反駁說，若不行迫，又哪來自由？自由的果實，到底是豐碩甜美，還是帶來更多的罪惡？都有史例證實。

自由是無限度、絕對、無止境的嗎？還是相對的、有條件的？A言自由，B也言自由，若二者起衝突呢？以「力」解決嗎？力有溫和的，也有不寒而慄的、恐怖的、暴虐的。孩童期可以享有自由決定權嗎？法定年齡是20歲或18歲，才享有自由。自由若是放任或縱欲，則必妨礙身心發展，逞一時之「快」，而危及幸福。「忍」是必要的美德。囚禁、桎梏、牢房，是失去自由者的經驗，但也因此使自由的珍惜情，更爲加倍。逼迫是自由的反面，即令外控形的逼迫有其必要，但最好能過渡到內控形的逼迫，那就是良心的「制裁」（sanction）了。

7. 政府（government）：盧梭以爲自由行爲有兩種，一是道德的（moral），即由意志力而生的行爲；自動的，非他逼的。一是體力的（physical），中風麻痺者有意走動，但力不從心，身不由己，只能留在原地且寸步難行。

政體亦然。政體之力（動作，行動）有二：一是立法。主權在民，法由民立。一是行政，即政府。法既是民意、衆意、公意的展現，適用於一切的人，而非特定的人。行政依法，對象有時指特定的人。

> 我稱之爲政府或最高的行政機關，合法執行行政權。執行此種權力的行政人物，稱之爲君王（prince）或行政長官（magistrate）。

君王或行政長官都是人民的公僕，而非人民的主人。老闆是民，行政官員只是夥計。官員不可對民施暴，任意便宜行事，反覆無常；全以衆意爲行政之所依，故不會有獨裁暴君（tyrant and despot）存在。

沒有一種政府體制可以無時無刻皆適用於全民。什麼是絕對最佳的政府，此

一問題無解，卻得視狀況而定。小國寡民如瑞士、雅典，或臺灣等，適合於民主政體（democratic government）；貴族政體（aristocratic government）則採用在中型國家；大國則實施王權政體（monarchical government）較妥。

　　憲法都有可能遭誤用而使社會墮落沉淪。政體與人體一般，有步向衰亡的一天，但善予保健，則存活日子總比較長。

　　「意」如「理」，理有公理也有私理，私理只是一時的，公理才永恆；「意」成爲「公意」，也是如此。衆意或公意，形同衆理或公理，或許也只是字異但意同。

第四節　影響

一、「民約」型的政治問題

(一) 中意於小國寡民的政府

　　盧梭的民約，最爲他中意的適用地，莫過於他的故鄉日內瓦，或希臘的城邦。因爲組成社會的每一分子，都因地小人少，而能經常或定期聚會，來行使公民的政治權，即立法。他所目睹的大國（法國）以及最大的都市之一的巴黎，那種貧富差距（即M型社會）極端懸殊的現象，以及盧梭從中常引以爲恥的各種醜聞，都不會存在。瑞士的小邦，人人安居樂業；日出而作，日入而息。樸素、誠實、正直、仁慈等「美德」，都是他從小就耳濡目染的活生生事實。奇怪的是他爲何不返居故鄉，或告別回老家，卻天天過著懷疑是否奸細爪牙環伺左右，緊張又憂鬱的生活？或許是他「良心」上有一種歷史使命感吧！「不入虎穴，焉得虎子？」或作爲「衆意」的化身？其次，他所反對的代議制度或民意代表或議員等名堂，只有在大國才有必要。在雞犬之聲相聞的村莊，人人熟識，相聚極爲容易，不需有代理人爲己發聲。「至於封建社會底下的政體，邪惡及荒謬，又貶低人性尊嚴且又辱及作爲以人爲名的名聲」，就更不堪入目了。當然，盧梭也知悉小國之劣勢，在抵禦外侮及強國入侵時，顯得無法保衛自己。他的對策，就是聯合小國而組成聯盟，同舟共濟，心連心，手聯手；民守民約，邦及盟也比照辦理。只是問題並不如此單純。盧梭未及目睹1871年由普魯士邦爲主而成立的德意志帝國，卻在二十世紀中業以前啓動兩次世界大戰，這也難怪大哲如康德，就早已預知人間事（世間事）最爲棘手的兩大難題，一是如何教小孩，一是何種政體最佳！此一難題，幾乎無解；竭精殫慮，苦思不出錦囊妙計。

　　1. 還政於民：政治版圖或疆域上之大小，並非解鑰關鍵。他不妄想法國成爲小邦，或盟邦形式。重要之點是人民要當頭家，爲政要符合衆意；這才是盧梭

在政治理論上影響後世最爲深遠之處。還政於民，此理念多多少少支配了法國大革命的靈魂人物；羅伯斯比（Robespierre）及激進的賈克賓黨員（Jacobins），高喊「自由、平等、博愛」（Liberty, Equality, Fraternity）的口號，響聲直達雲霄。

2. 啓蒙時代不少思想家盼望有種跨國式的大同政體（cosmopolitanism），安於小邦政體的他是不予支持的，因爲如此一來，愛國、愛鄉、愛土地之情，（patriotism），就淡了。這方面他美化了古代的斯巴達、羅馬共和時期（Roman Republic），以及他的家鄉瑞士。與其企盼有個國際性的社會主義（international socialism）出現，不如在各單一國家中滋長民主（national democracy）。

(二) 政治理論影響了康德及黑格爾

盧梭提出猜測用的假設，認爲自然狀態時的獨居，其後演變成爲鐵定事實的人爲社會；文化及文明的演進，更使人從善墮落爲惡。這是他的政治理論在哲學上的前提，也是論斷。

1. 《民約》提到的衆意說，植基於：凡是人有權要求鄰居者，鄰居也有相同的權。這是「理性的」（合理的）。

> 只擬滿足口胃之食欲者，是奴隸身分（slavery）；遵守吾人自訂的法，才算自由（liberty）。

可見人性有高低位階，高位階的人性是理性的，自發自動的。自我立法、行法、司法，這在人的生存面上，太具實際意義了。低位階的人性，則只求己利、近利、私意，或私欲而已。換句話說，前者是普世性的，適用於一切的人；後者則是特殊性的，只對局部分管用。由此所延生的倫理規範，康德繼承之。

康德的良心說，並非全屬理性範圍。盧梭早也說過，純粹理性對實際行動，不一定暢行無阻。能對行爲有引導力的法，才是自立的法；該法在「心」中是抹不掉的，棄不得的。說之以理，如無法動之以情，則徒勞無功。盧梭深悉，

「內情」（*le sentiment intérieur*）是不簡單的。履行道德規範，缺此內情的動力，則說理的前功必盡棄。康德提出「純粹理性」（pure reason）之外，在倫範上佐以「實踐理性」（practical reason），正是對準也回應了盧梭學說的要旨。盧梭的眾意說，隱約地潛藏於康德的良心說。在「理」的解析上，遭遇瓶頸困境而「有窮」時，「情」立即出手相助。此種一臂之力，使「功」就不虧那一簣了。理的冷，配合情的熱，持中的「金科玉律」（Golden Mean），不正是亞里斯多德所期望的至高倫範嗎？

2. 盧梭眾意說的普世性，不只針對客體（object），也直指主體（subject）。主體是民，且民享有治權，即立法權。自然狀態下的初民，不能發展出道德或政治意識；但一旦有了「民約」，則在政治體制下的治人者或治於人者，在主體及客體身分上，都一體適用。自我立法時的「我」，是立法的「主體」；自我司法及行法時的「我」，變成「客體」了。約是一種法，約及於己，也及於人；己守約，此時己之主體或客體合而為一。要求他人守約，他人即是法的客體。政治理論上把主體及客體都予以「有機化的理論」（the organic theory of the state），是黑格爾政治哲學的要旨。雖然黑格爾批判也反駁民約論，但稱許盧梭在政治理論上，把「意」（will）擺在首位的說法。放棄無拘無束的獨居，甘願生活在有法有規的政治體裡，其中，「意」必扮演了不少角色。「意」力大時，理雖拙或劣或虧，也得俯首聽命。

(三) 直接民主

1. 眾意最一清二楚的展現，就是公民直接表達己意，不假他人之手或口，以免扭曲、誤會，甚至有逆己意之情事發生。

2. 盧梭眼見的政體，少有行直接民主者。代議政治政體是普遍存在的，民之作為民約的主體性，就常常變為客體性了；立法者與民之真正心意，二者有了距離；而闡釋法者，也與民之意脫勾；寡意與眾意，猶如井水與河水，兩不相交之情勢難免。民一旦不是國家的主人翁，而降格為「臣民」時，本是「主體」

（subject）身分者，變爲「臣民」（subject）了，這眞是吊詭。立法者及釋法者（現在的司法院大法官享有釋憲權），與民漸行漸遠。主體客體對調，這是盧梭心中的最痛。他爲文力斥，若還濫用語辭，顚倒是非黑白者，就形同「視盜爲道」的同夥者了。

3.「衆意」（general will）說是盧梭的政治理論的理想面：究其實際發展，或許只能說，衆意曾部分展現在某時某地的政體中；但實際與理想，不能百分百吻合，難免有所修正或補充，故彈性大，不是固定無伸縮可能。立法者及政治理論家，或許該用功於此；但視之爲絕不有錯，好比聖經一般的奉爲至上極品，這是大可不必的。盧梭也坦承，他難提供給世人心目中的政體或形態。康德也說，那是有機的，會發展也能生長的；或許，民主政體才是不得已之中的上上選吧！

二、語義曖昧，理論紛歧

情勝於理，盧梭坦然承認。因之在用字造詞上，難免會落入語辭不清，語意不明的窘境，有賴後人之拆迷解惑。

(一) 大唱自由的盧梭，卻提出被迫的自由（forced to be free）說

不明究裡者或許會誤以爲他一時神經錯亂，心神恍惚。至於「意」之「衆意」（general will）或「公意」（all will），二者之分辨，也是如此。

1. 小米爾（John Stuart Mill）爲此解套。巨著《論自由》（*On Liberty*）大受嚴復推崇，漢譯爲《群己權界論》，頗能達意。自由涉及力的運作，也波及力的主體（己）及客體（人）。「力」的施展以何爲「界」，實該深究；不能一言以蔽之，沒這麼簡單。同時，自由也延伸到「權」（right）。但權的來源有二，一是自然權（natural right），一是人爲權，即法權（legal right）。後者如本諸衆意，則人之享有二權之自由行使，這是自明之理，無待辯駁。但他又說，權生德（morality），這就有必要進一步釋明了。不只此也，不同的國，道德互有良

窳，品行別有上下。爲了提升道德品行，因此一國之內該有一致性的操守標準，也該透過立法來貫徹之；這就有點近似專制極權（totaritarianism）的行徑了。其實，他並不認爲道德可以百分之百的靠政治；倒是說，若國爲善國，則民就是善民（良民）；這與柏拉圖的口氣，幾乎是異嘴同聲。但兩難（dilemma），就是兩位先後大哲要面臨的。先有良民後才有良國，或先有良國後才有良民呢？如同雞或蛋誰先的困境，就出現了。無良民則無良國，但若國政敗壞了民，也腐化了民，則民必也成惡民。盧梭因之在心目中，期期殷望人間有賢明的立法者，如梭倫及里克爾格斯這種立法大師出世。但他接著也說，德並不全依政。國稱頌之行，必是良行，這也是無史實爲證的。試問由里克爾格斯所訂的斯巴達城邦法，規定出生嬰兒若體弱不堪，則「該」棄之於荒野，任由老鷹野獸吞食；以及殺嬰（infanticide）成爲習俗的國邦。更不用提支那的歷代法規定，太監必去宮（割掉生殖器），難道由「國」出的「法」，必是良法嗎？此種史例舉不勝屈。三從四德，守活寡，天下無不是的父母，忠臣必出孝子之門……。今人笑古人爲蠢乎！覺悟之路有遲速，但「自由」之到來，相信「眾意」之法必提早降臨！

　　至於法定年齡前的學童，必有「範」可循；限制其自由，以便其後享更多自由。此種「逼迫性的自由」（forced to be free），小米爾的《論自由》，對此就有發揮的空間了。

　　2. 順乎自然，返乎自然：但自然的「眞象」如何，有必要釐清。由於盧梭此項呼籲，其後自然的「研究」熱，成爲時潮。自然法是良好，且深植於人的心坎裡；發自人心的自然法，就是眾意的表白。他對人性是持樂觀論的，即天性皆善，人心都良。其實，人性本善，並無完全的實證，只是一種倫理學上的「假設」。該假設在理論上比人性惡可取，理由是人性若本惡，人早就消失於自然中。複雜的是，反自然的人爲措施，如法律、倫範，或輿論，才使人性由善轉惡，但曖昧處也在此滋生。誰是闡釋法律、倫範，或輿論者？闡釋者永不出錯嗎？小孩自立的法，與大人立的法，不合之處必有，誰說了算？大人一言定江山，但誰又能保證必然如此，聖旨難道必不可違嗎？「將在外，君令有所不

受」，也有異例啊！大人及君享有自由，小孩及臣民，難道不也該有該享的自由嗎？

(二) 良心說，心是「良」的，但有邪心或惡心嗎？

1. 法、德、政，皆須秉諸良心，這是盧梭持之以恆的。但惡人也要臨死時，才「其言也善」；浪子要歷經滄桑，才回頭是岸。良心若人人皆有，皆是天生，但何時運作，何處當判斷的要角，都是問題。臺灣在2015年中，竟然有年輕人在捷運殺人不眨眼，即令在父母親人或法官律師之前，也坦言若不被阻止，他會續殺不停，一點悔過之「心意」皆不存。良心是普遍性的嗎？此種議題，也是神祕性十足，不明性更強。

2. 由良心出眾意，但眾意是舉國一致嗎？就盧梭的生平而言，他與眾多世人不合，更與百科全書作者拂袖而去，也離開持物論的霍爾巴哈陣營。可見在當時的歐洲，雖全在啓蒙大旗下，但將上述諸人之論述予以分類或歸類，都會出現彼此不宜或不妥處。

3. 良心發作，「不忍」之情意旺，盧梭是最佳的顯例。大反科學（science）及技藝（arts）的他，卻也在音樂上展其才華，爲百科全書撰寫音樂議題，音樂屬藝術（fine arts）類。他在文學作品上，由於扣人心弦，使康德忘了風雨無阻的散步習慣；也讓伏爾泰一睹，情不自禁地要用四足走路。此種煽情，爲日爾曼的「狂飆」（*Sturm und Drang*）期，提油救火。但就「情」史而言，他不是始作俑者。法國的沃夫納格侯爵才是搶頭香者，此事早已言及。因此，若視啓蒙運動時代的法國，以爲是理性主義當道，說教式的無味推理充斥，宗教上的懷疑論當家，物論傾向顯著，則盧梭一出，就勢必把槓杆作一重大調節了，否則兩論會失衡。若良心大家皆同，但良心一洩，則途徑殊異；硬性不妥協的強予以歸類，對盧梭而言，不妥、不宜、不該，也不是。盧梭就是盧梭，他多言愛語，名字臺語發言，形同囉嗦，實在傳神。在不民主的國政或社會裡，當然惹火上身。巴黎有他的一尊銅像，筆者於1990年旅法時曾去憑弔一番。在驚天動地的

法國大革命以及恐怖措施之前，他就辭世（1778）。拿破崙曾說，若少了從瑞士來的盧梭，法國大革命就不可能爆發！其實，時代局勢在當時，若無盧梭，照樣也會出現時代的鉅變，只是時間的早晚而已。

4. 盧梭應徵論文不受評審者青睞的題目，是討論不平等的原因。平等（equality）正是法國大革命的三大口號之一。平等有自然的，也有人爲的；不平，有自然的，也有人爲的。大力士與烏龜賽跑，出發點與終點同，前者必勝後者；烏龜在「跑」上不是長項，一定不及兔子；但就背脊硬度而言，兔子就比不上烏龜了。殘障者與好腳好手者作田徑賽，勝負早知。但這是不平的對待。平另有私平與公平。黑道社會講義氣，同夥受辱，老大必打抱不平，但那是重私平，而不及公平；孫逸仙提到立足點與齊頭點的平，分析比較深入。盧梭同胞的後起之秀，也擔任瑞士盧梭研究所所長的名心理學家皮亞傑（Jean Piaget, 1896-1980），發現國小學童的認知發展，先取平面的知，後才取立體的知，所以在數學上，開平方的演算法，易於開立方。兩個寬窄不一的容器，裝上水平同高的水，孩童就判斷兩瓶裝了同量的水。支那的莊子說得好，就「齊」（平）的立場出發，萬物皆齊。在飛機上，下俯數千公尺的山與深谷，高下相差不大；同理，歲壽八百的彭祖，與早夭的顏回，二者「平」，因爲二人最終皆「死」；大自然皆給予公平的對待。但自「不齊」（不平）的角度來看，則肝膽楚漢了；肝與膽器官，功能截然不同；楚與漢不兩立。故象棋棋盤上寫有楚河漢界，那是紅線，不可侵犯。美國教育史上種族糾紛案件，嚴重又層出不窮；黑白分校，但師資、教材、課程、設備等皆同，最高法院以「分但平」（separate but equal）作結。其後，更高層次也更見「文明」及「智慧」的判決，認定「分本身即不平」（separate itself is unequal）；遂以聯邦政府（中央）的軍力，「逼迫」地方地府（卅）一定要黑白合校。平等一辭的歧義性（ambiguity）及曖昧性（vagueness），有賴政治思想家或道德學者深入探討。盧梭的論文，爲此豐沛的題材開了決口，滾滾的大水隨後即順流而下。盧梭在這方面的貢獻，非同小可。

5. 以法而言，自然的秩序本身就是一部不可違抗的「自然法」；「人爲

法」該順之也仿之。就「制裁」來說，有內在制裁（internal sanction）一項，即良心制裁；有外在制裁（external sanctions）四項，即法律制裁、宗教制裁、輿論制裁，及自然制裁；其實，前三項都彙聚到第四項上。「約法三章」的「殺人者死，傷人及盜抵罪」，以及漢摩拉比法典（Code of Hammurabi）是西元前1792-1750年所頒布的，其中「以牙還牙，以眼還眼」（a tooth for a tooth, an eye for an eye），說穿了，那不就是自然現象嗎？比例原則，最為公平；違反者必得報應。自然就是必然！每試不爽，效應是普世性的，毫無例外。暗夜看書，就傷了眼力；大吃大喝，必拉肚子；牙不洗淨，就有齲齒之痛。

6. 眾意說，引來其後更多的探討與研究。己之意，並不完全同於他人之意。但只要發自內心（良心），本諸自然，又經過開導及教訓，則意會漸漸趨近於同，甚至是百分百的同。在自由意志的選擇上，有萬眾一心的結局。把無知變成知，又無不當的外力威脅，則眾意、公意、毫無異議的意，就能展現。當然，滿足此項要求的條件頗苛，配套也不易，這才是迄今仍有街頭卷議，人言言殊的局面。

試看文化史或文明史的過程，不當、不該、不對的意，已改正了不少，正邁向眾意之途逼近。民主政治配合民主教育，協調、說服等努力以消除異見，已漸有佳績。團契感（sense of community）萌生。community帶有communication（溝通）之作用，則consensus就大功告成了，即現代人所喜言的「共識」（consensus），與盧梭的「眾意」（general will），名異實同。

7. 盧梭高唱自然，反人為的文明及文化，絕大部分都有事實為佐證，但卻不完全是事實的全部真相。自然皆美及善，那是人的主觀價值判斷，且心存樂觀；相反的，自然也有人評之為不美且惡的部分，因之人為的裝飾加工，更提高了美及善的層次。人體最美，但也只有有本錢的人才敢裸體現身。其實，著上衣裳之後，也更突顯出另一類的美。就植物界而言，某樹任其自然生長，可能長不出甜美的果實；鳳梨要填加電池，木瓜幹要吃上鐵釘，更不用說施肥、剪枝、插枝、配種了，當然，連甘蔗也要施農藥，雞也得硬吃激長食品，女孩打上賀爾蒙

針，則提早發育；泰國的男性人妖，美豔及體型之誘人，連紅牌女模也相形失色。但也需知，自然效應的不利報應，就侍候在旁了。揠苗助長說，支那的孟子早提警告；順其自然地適時助長，不也更早得苗壯大之期待嗎？盧梭為文，振筆疾書，不正是文明人的具體象徵？他不也從四足爬行而變成二足動物？伏爾泰的風趣回覆，盧梭該在內心中有所領悟。至於他是否對不起正人君子如休姆，也該在他的《懺悔錄》（*Confessions*）中記下一筆吧！自然不儘然是善，人為也不必然是惡，視後效以定其手段之好壞、優劣、智拙。出手拔苗，一時見長高，但後效是「枯槁」或「死亡」。臺語的「沃水」，其意比「灌水」或「澆水」來得傳神，讓植物活得「肥肥的」。後效的「後」，有「永續性」及「持久性」之意涵，能給人種繼續存在，這才是真正的「人意」。此種「人意」，必是「眾意」，該無人有異議吧！

第十章

日爾曼的啓蒙哲學家(一)

第一節　哈列大學的教授及校長

日爾曼民族在哲學史上所占的地位，比英法兩國學者晚，更不用說更遲於（羅馬）拉丁及希臘民族了。英文的Enlightenment，日爾曼文是*Aufklärung*；首先在北方重視此字意的啓蒙師有二：一是哈列大學教授，二是哈列大學校長。

一、托馬修斯（Christian Thomasius, 1655-1728）

是催生大學史上第一所現代化大學哈列大學（University of Halle, 1694）的產婆。拋棄中世紀教父哲學，力促哲學獨立於神學之外，以母語（日爾曼語）授課，而不採國際學術用語的拉丁或希臘語文。其父曾當過來布尼茲之師。

(一) 借他山之石，以創新局

先以先進國家爲取法對象，去蕪存菁；他心目中認爲同爲歐陸的法及海峽對岸的英，在哲學成就上，極爲輝煌。

1. 日爾曼地區的學風，還停留在中世紀；英法則已勇往向前，先行者曾如上章所述。日爾曼人卻自甘墮落，不只原地踏步，且返觀復古之風尤其猖獗。其實，托馬修斯也看不慣英法兩地的傳統大學風。最古老的大學，法國的巴黎，英倫的牛津及劍橋，還是停留在「黑暗時代」。牛津直到十九世紀末，師生使用母語（英語）者受罰。哈列大學之成立，在大學史上算是幼齒者，但強調「教自由」（*Lehrfreiheit*）及「學自由」（*Lernfreiheit*），又使用日爾曼語授課，以母文爲書；授課重講解而不重背誦，更強調「辯論及闡釋」（seminar）。爲學方法，則以經驗主義的歸納法爲主，還注重實驗及懷疑；高等教育史上的一盞亮麗明燈，高懸於日爾曼天空上。這不是第一位現代化哲學家法國的笛卡兒，及第一位現代化科學家培根的呼籲嗎？

2. 哈列大學拓墾學術荒野，一注入「沃水」，一啓開蓋門，則不多久，芳香撲鼻的知識花朵，林蔭蔽天的的學術大樹，就是具體的「後效」。當然，托馬

修斯也非短視的哲學家，他也看出古文有其優點。還好，日爾曼地區在文藝復興及古學復活的期間，也與英法兩國同樣普設有學術性爲主科的「古文學校」，德文名爲*Gymnasium*，法文名爲*Lycée*，英文即public school（公學）或grammar school（文法學校）。重點學門，一是古文，二是數學。在哈列大學的母語母文要求下，民族自尊心擴張，其後著名的哲學家，不只精通古文（拉丁、希臘，甚至希伯來文），還對今文下過不少功夫。所以康德能讀盧梭的法文作品，熟悉洛克、牛頓，以及休姆之英文著作，但一生卻都以德文寫書。1871年成立的「德國」，由於在學術環境中特放異彩，不只英美學者要悉德文，美國更派最多的留學生往德取經，甚至連東方的日本，在「脫亞入歐」的明治天皇諭旨下，向支那儒家學說告別；擁抱歐洲，幾乎全倒向德國懷抱。支那留學生負笈德國者也不少，哈德成爲風潮。臺灣在1980年以前，作爲教育學術界龍頭的師大教育研究所，由於長年的教育學院院長及所長是田培林教授，他榮獲柏林大學哲學博士；不時地說，環球思想值得深究的著作，除了希臘及拉丁之外，德文擺首位。在他心目中，英文、法文、義文，甚至日文的書，都在相形之下獻醜而已。

3. 力排形上學及玄之又玄的抽象理論，因爲那只滿足少數空談學者之心，無補大眾的實際需要；是私意或己意，而非盧梭所言之眾意。專攻形上學，無法讓眞知出世。眞正的哲學，要注重實用效益，增進全民福祉。哲學是進步的工具，進步（progress）一辭，正是啟蒙運動時代的指標性名詞。

反對純主智（pure intellectualism）學風，因之撥亂反正，就趨向經驗主義了。只有四面觀望，耳聽八方，見識廣者，才不會有偏心或存私見。「蔽於一曲而闇於大理」，正是支那荀子在《解蔽篇》中的名言。先入爲主的成見，固執不曉變通的私見，更該掃地出門。知識眞理不是只有一種，至少迄今還未如是；猶如盧梭所言之眾意，抵達時日還得等待。意到「滿」時，還比月到「圓」時更遲，更爲遙遠。換句話說，意圓雖有滿圓（full circle）時，但要抵「滿意」（full will），更需啟蒙學者的通力合作。

因之盡信古人言，不如無古人言。支那的孟子不也說嗎？「盡信書不如無

書」。托馬修斯認爲笛卡兒持疑的爲學態度極爲可取，但笛卡兒與斯賓諾沙以爲數學的演繹法（deductive），可以在知識的「發現」（discovery）上大有展現，這就牛頭不對馬嘴了。新知是要靠觀察及實驗的，那就非仰歸納法（inductive）不爲功了。演繹法重內省，觀察及實驗的歸納法卻有必要面向大自然。設學立校以便進行「他教」的科目，就是「工具」學門，即語文、數學，及實驗操作技巧，其他大半靠自學。即令「無師」，也可成大師。教室外的資料是第一手的，但非得有健全感官不可。凡無法經健全感官證實的教科書內容，或至聖先賢的著作，都該「疑」，感官經驗是眞理的判官。

(二) 在信仰層面上，宗教改革的餘溫再度加熱

1. 步路德（Martin Luther）後塵，信仰權從教會還給百姓、平民、個人，而非教會壟斷。掌宗教改革大旗的是力主個人主義（individualism）的路德，日爾曼民族以他爲榮。路德還費心的譯拉丁聖經爲德文，將宗教知識普及化及大眾化，使本來只有少數貴族或神父主教等才能受賜的天主恩典，下放到中產階級（bourgeoise）了，甚至連販夫走卒的「普勞階級」（proletariats），也能感受到上帝如在身邊，常相左右。

2. 服侍上帝的最具體作法，就是踏入眞正的社會，才能依感官親自體會信徒之疾苦，而非孤守寺院暗淡的燭燈，或禁欲苦行（asceticism and mortification）；不必再仰天祈禱，俯地悔過，卻要兩眼直視，不閃避最現實的食行住行，茶米酒塩等基本需求等迫切問題，這才是眞正實踐了作爲上帝虔誠信徒的不二天職。此種「新教倫理」（protestant ethics），爲其後的資本主義（capitalism）鋪好了溫床。財富在中世紀人的眼光裡，是一種罪惡；現在改觀了，博施濟衆，扶弱救貧，正是資本家虔敬誠心的最具體行爲。知識眞理，並非只爲知識眞理爲目的，卻有實際效益的。宗教家、神學教授、富可敵國的以教會財產爲後盾的教皇及高級教士，不必要關起門來冥想沉思什麼終極、永恆、絕對至上的教條了，卻該轉頭面對嗷嗷待哺的上帝子民，思及社會上的政治、經濟、法律，及

教育組織是否藏汙納垢,然後籌謀疏困之道,而非一心一意地陶醉在形上統一性的存有體裡。

3. 虔誠派（pietism）是托馬修斯所屬的新教教派:路德的新教,由於力主個人或個別的信徒可以自由獨立的解釋聖經,先決條件就是人人要具備3'Rs條件,即「讀、寫、算」（reading, writing, arithmetic）,加上宗教（religion）,就變成4R's了。因此,識字第一;識的字是母語。虔誠教派源於路德教會（Lutheran Church）,在十七世紀的北歐,信徒甚眾,勢力不小。虔誠發自於內心之情感（feeling）,是有熱火的,更是行動派的;與持冷冷沉靜的形上玄思,二者形同陌路。一本路德的原有精神,人與上帝之神靈交往,是個人的事;與教會及社會的各種團體無涉,唯一媒介就是聖經,不必假手中間人。信徒在這方面,是無所謂代理人的。此意恰與盧梭合。

法國的啓蒙大師,對天主教（舊教）敵意很深,咸認那是社會進步及改善的最大絆腳石。托馬修斯在信仰上倒不這麼極端,但對天主教教會彌漫著形上學,又與教父哲學密不可分,這才是托馬修斯無法忍受的。

二、吳爾夫（Christian Wolff, 1679-1754）

(一)理性居首

吳爾夫先研究神學,後改行轉入哲學,在來比錫（Leipzig）大學任哲學教職。與來布尼茲有過接觸後,被後者推薦這位門生到哈列大學任數學教授。其實他趁數學教學之便,也介紹各種哲學學說,數學本來就與哲學關係密切。俄皇還邀約他當科學顧問,籌設國家學術院;應普魯士之請,擔任哈列大學校長（1741-1754）,也死於校長任內。

1. 雖強調演繹法,但又視該法不具唯一性:為學方法上,他異於托馬修斯,不強烈排斥形上學及演繹法。以數學起家的他,這是可以理解的;他是一位十足的理性主義者,偏愛演繹法,自是順理成章。只依形式邏輯及純數學,就可

直達最高位階的第一原理原則；絕不違反矛盾率。只要理由充足，則在邏輯推論及本體論證（研究實體性的學門，如上帝或最超越的存有），都可適用，都是有效的論證（valid argument）。

其次，他也警覺到單依一法，無法成為哲學研究的「充足理由」（sufficient reason），尤其在自然科學上。客觀的五官經驗以及歸納法，就非必備不可了。

演譯法是必然性的，歸納法是或然性的；前者不是1就是0，後者則介於1到0之間，中間序列是有等級層次的，概率（probability）的多少，就出現了。有些命題是確實無誤的，也是絕對的真；反之，就會自打嘴巴、自相衝突、自起干戈。有些命題的準確度不是絕對的，對錯、真假，或是非，就有百分比的問題了。

2. 仿其師來布尼茲之分類，把真理一分為二：一是「理性的真」（truths of reason），二是「事實的真」（truths of fact）。宇宙秩序如同機器一般的運作，機器零件有殊，功能各異；但彼此相互連結，關係密切。之所以如此，算是一種「假設」。「設」若上帝另有別種安排，則或許宇宙秩序不必然如此。絕對的真相到底如何，只有猜測；在某種「假設」上推出（猜測出）的必真結論，在另種假設上，則可能失真。事實的「全面性」，非人知可抵；可確信的只是局部的真而已。或許也可取盧梭的眾意為例，支那過去的文人寫書，「皆」使用文言文；這是文人界的「眾意」；但白話文運動興起之後，雙方論戰，中間就出現「文言白話不拘」的考試「規定」；其後，更發展成幾乎毫無例外地皆以「白話」文寫作了。這十足的是「眾意」的展現嗎？或許也是一種猜測或假設而已。「文」的本質（essence）分文言及白話，這在支那是如此；在歐洲，則是古文及今文，在其他地區呢？因之哲學家有必要在「可能的學門」（the science of the possible）費心，這是大有發展空間的。

3. 思想的中道性：不趨極端，是「大師」的心胸，也是「大學」之所以大的主因。在時潮痛詆教父哲學的氣氛下，他期望勿矯枉過正。此種大學校長風範，如同當年蔡元培（1867-1940）於二十世紀初主政北京大學一般：西學要，

中學也不可無；兼容並蓄，正是哈列大學的辦學要旨。1810年立校的柏林大學（U. of Berlin），更把此宗旨發揮得淋漓盡致。日爾曼的大學，從此獨步學林。

(二)哲學一分爲二，一理論，一實用

亞里斯多德及來布尼茲早就立了典範。

1. 理論哲學（theoretical philosophy），即是形上學（metaphysics）：包括本體論（ontology），直攻存有（being）本身；理性心理學（rational psychology），即探討心靈（soul）；宇宙論（cosmology），尋思萬有秩序；及理性或自然神學（rational or natural theology），論證上帝之存在及其屬性。

2. 實用哲學（practical philosophy）：包括倫理學（ethics）、經濟學（economics），及政治學（politics）。

校長既持此種哲學分類法，大學教科書及授課內容，也受到影響。

(三)遵循來布尼茲對「惡」（evil）的說法

惡有二，即形上的及形下的；後者又分爲道德的及政治的，肇因於「不完美」（imperfection）之存在。

1. 上帝創造萬物，一創之後，上帝即不管事了，一切悉交被創物負責。由於有「不完美」在，因之，被創物力求往美好境邁進；形上如此，形下更如此。「人非聖賢，孰能無過」？即令聖賢，過也難免。「神仙打鼓有時錯」，但「知過能改，善莫大焉」！

2. 惡其實是一種「欠缺」（privation），奧古斯丁早已提及：惡只是比較不善而已，醜則是比較不美，假也比較不眞罷了；往善、美、眞的「可能性」上，是上帝交給人們的「生涯規劃」（career）。因之在道德及政治上，都不可怪上帝爲何不管事，管者該是人才對啊！人之尊嚴乃因人有自由，自由決定擇善或選惡，後果自負，不是更給人榮譽感嗎？且感受到自己所欠缺的越來越少，也助他人作相同努力，這才是人生「最大的幸福」（*summum bonum*）所在。此種自由，操在人手中。至福，不是一朝一夕可竟其功；故「教育」的道德面，重要性

大增。不可守株待兔，也不該手不伐槳，以爲船到橋頭自然直；卻心存一種義務感，也是良心的催促。

比之於法國的笛卡兒、荷蘭的斯賓諾沙、日爾曼的來布尼茲，吳爾夫在哲學的造詣上，當然是個小角色而已。不過，日爾曼民族在來布尼茲之後，還可稱上爲較重要哲學家者，就歸他莫屬了。尤其他充當一流大學校長及教授的「教育」角色，雖有時被評爲上課或講話甚至爲文寫作，充滿獨斷、形式、枯燥，但最該稱許的是他廣結善緣。在康德出道之前，日爾曼大學的學風，大半向哈列大學看齊。

既有第一位現代化哲學家及科學家，乃有第一所現代化的大學。從此，日爾曼學者一經啓蒙，則活力十足的潛能性即一飛沖天；美國在立國後一百年的1876年，才成立於馬利蘭州（Maryland）巴鐵摩（Batimore）的約翰霍浦欽斯大學（University of Johns Hopkins），也是首座新大陸的第一所現代化大學；從此，美國學界幾乎執世界牛耳。日本於明治天皇上臺（1868）後9年（1877），東京帝大即立，其後帝國帝大如雨後春筍，連臺灣的臺北帝大（1928）也跟上了班。對國力之增強，加了數臂之力。迄今（2017），日本學者獲諾貝爾獎者，亞洲第一。

3. 吳爾夫主政哈列時，以nothing without sufficient reason爲治學之道；「理性主義」（rationalism）色彩至爲顯明。提出理由，並且是「充足的理由」（sufficient reason），否則一切皆「空」（nothing）。至於什麼才是「充足的理由」這種極爲嚴肅的課題，可能也如同盧梭所要求的「衆意」（general will）一般，極爲曲折與複雜，難度也高。不能滿足此條件，則一切皆免談。果眞如是，哲學家大概都要閉嘴了。「理由」除了邏輯推論之外，就是事實證據。光就後者而言，能「盡舉」所有的經驗事實，長期不會有「異例」（anomie）出現，這是任誰都不敢保證的。充足理由，基本上遵笛卡兒說法，即觀念得「清晰」（clear）且有別（distinct）；皆可以文字、語言、符號，或數字表示。因此，像「意在不言中」，那種只可「意會」的「美境」，就不在他的哲學系統中；「美

學」（aesthetics）不得不就忽略了。詩情畫意的領會、詮釋、說明、傳達，及教育，變數太多，總不如數學、符號、量化等的精確無疑。詩的表達工具，另成一格；美學其後在哲學上也占了一重要地盤。此是後話，屆時再談。

總之，吳爾夫的哲學及其從者，對日爾曼地區的「啓蒙」（*Aufklärung*），居功甚偉。

4. 理性指揮一切，情及意只好屈居其下；因此，路德的虔敬教派（piestistic Lutheran theologians）群起反對，憂心於理性的排斥信仰。其次，吳爾夫諸人對中產階級人士的教育特別重視，教導他們依理性來判斷信不信上帝；邦主或地方諸侯，不許為信徒決定該信那種教派；路德的新教，卻是教派林立。第三，美的鑒賞，不是貴族的特權，也非天才能獨享。哲學式的理性，可以四通八達；雖專技性的哲學少為人知，但人是理性的動物；理性之存在於人，人人皆不否認。理的運作，包山包海。由吳爾夫當主將，發揮了來布尼茲哲學；致使日爾曼學風，理性昂首闊步，與英法由經驗所主導的啓蒙運動，二者稍見差別。但吳爾夫的影響力，只在初期發功；其後，就由英法學潮所壓倒。

第二節　菲特列大帝（Frederick the Great, 1712-1786）

　　菲特列大帝從小受教於法國的女家教，因之有點瞧不起日爾曼文學；長法國志氣，滅自己威風，甚至比較喜歡說法語且寫法文。當然！他也頗尊敬來布尼茲及吳爾夫，後者在他力拱下，得以在哈列任教，卻與路德教派的神學家不謀也不合，該教派還把吳爾夫攆出大學校門外。日爾曼出了個英明的政治領導人，助長了啓蒙運動的快速發展。

一、大帝的開明作風

(一)宗教信仰上，力主寬容

　　權在宰相之上的大帝，肚子裡不只能撐船，還可開航空母艦。這位普魯士最高領導者，在位46年（1740-1786），比日本明治天王還久（1868-1912）。早年受斯巴達式教育，長大後卻頗中意與文人及藝術家交往，伏爾泰曾是他的座上賓。上臺時立即禁止審訊中進行拷打、取消新聞檢查、廢除宗教上的信仰歧視、召回流亡的名學者回國效勞。

　　1. 教派主張，悉聽自由：不許相互衝突行為。獨斷式的教派、頑固的基本教義派、理神論、不可知論，甚至無神論，他都不介意；不可因吳爾夫的宗教信仰不合乎當道，就必離開哈列，這那是「充足理由」呢？可惜！普魯士還是個人治之邦，人存政舉，人亡政息。除了邀約伏爾泰來距柏林不遠的波茨坦（Potsdam）之外，另也把法國首度介紹牛頓學說的莫佩爾蒂一同前來，談天論地，論古道今。對英國的洛克，評價甚高，期望也要安排他到哈列講學。

　　2. 本身雖信上帝，但內心卻充滿懷疑精神；法國哲學家培爾（Bayle）的著作，深獲他心，最愛自由自在的思考。同時，他也力贊羅馬的哲學王馬卡斯（Marcus Aurelius）之履行斯多噶的義務感及道德心；1770年，還出書《自愛作為道德原則》（*Essay on Self-love considered as the Principle of Morals*）；只有在履行德行時，才眞正體會出愛的眞諦。

(二)理神論（deism）之出現，是英法影響於日爾曼最直接的產物

1. 理神論之主張：人人依共有的「理性」，就可獲宗教知識，不必賴天啓或任何宗教團體的宣教或解說。當然，領會聖經是第一關；但原本的聖經經文，先是希伯來，後譯爲希臘及拉丁，都是古文，只少數神學家知悉。新教開路先鋒爲了要破除這一道障礙，乃以母語（日爾曼語文）來譯羅馬天主教會奉爲唯一的正版聖經（Vulgate），讓一般百姓能讀能了解；英國的丁道爾（William Tyndale, 1494-1536）也以英文譯拉丁聖經，雖在英惹禍，但在大帝出版自由的保障下，相關著作都於1741年時就傳到日爾曼。在英國引起信仰爭論的自由作家托蘭德（John Toland, 1670-1722），深信不信教的人也能懂聖經，且理性力就夠領會，天啓可有可無；旅日爾曼時，受到當地王公貴戚的盛情款待。

2. 知識的下放：人類文明的齒輪，要往前（forward）及往上（upward）推，不可能只賴極少數的精英。如能「全民」齊心協力，則速度加快。但這是太樂觀的看法。人的惰性強，改變習性，有待觀念的釐清，醒覺及查驗是必要的手段；知才能有行，也只有知才能變行。昔蘇格拉底說：「不經省覺的人生，是不值得活的」（an unexamined life is not worth living）。知的人數之增多，品質之提升，尤有待學校教育之普及。先有高等學府在，文藝復興恢復古文之際，今文也連帶波及；今文及母語，地位抬頭；以母語來讀聖經，是宗教改革統合文藝復興的最佳合作夥伴。理神論也爲此一時潮，注入一股活水。天啓論太深奧，玄不可測；深祕奧理，非常難解。理神論者只依常識或常理，就可直接與上帝交往。

3. 理神論者並不支持純物論或機械論（pure materialistic mechanism）：宇宙有則有序，隱藏有「智」、「靈」、「魂」（intelligent, soul, psyche）作用其間。雖然此一層次的知，大概只有「天」曉得，也只有「上帝」才知眞相；但常人憑理，也可了然於因果關係的存在，其中不少是不帶奧祕性的。

4. 理神論者爲文較一清二楚：學洛克的樣，以經驗爲師，務必要哲學大衆化（popular philosophy），也使哲學及宗教之知識下放，成效卓著。哲學不該不食人間煙火，或不過問人間事。以「理」來作爲人與神之間的仲介，「理」是衆

人可理解者。啓示的宗教常常要依個別的見證，他人無此經驗者，就難以置信了。把上帝說得很自然又很平常，信者必多。

(三) 普魯士邦在他的主政之下，軍事、政治，及文化上都一新耳目

1. 自稱是個「無憂無慮的哲學家」（philosopher of *Sans souci*），還於1745-1747年在波茨坦建「無憂宮」（Sans-Souci），帶有嘲弄意味。*sans souci* 是法文。在日爾曼諸邦以及歐洲各列強之間，他合縱連橫，尊俎折衝，政治上革新鼎故，心目中以「哲學王」馬卡斯爲榜樣。他的宗教觀念，天主教皇是不可能把聖者名號加冕於其身上的，他卻是個義務感及責任心甚重的專制君主，也是最合伏爾泰口味的政治明君。在1740年寫的《反馬基維里》（*Antimachiavelli*）一書中嚴肅地提到，君王該是人民的首要僕人，這句格言，他是不等閒視之的。普魯士人民有幸遇到這位一心一意的理想治國人物。

2. 秉諸公義：行政不偏無私，當然萬民擁戴，謝恩都來不及，故無內亂，也不會讓他落入爾虞我詐的馬基維里之憂心裡；寬宏大量，用人唯才，鞠躬盡瘁之謀臣名將，也必多。

3. 振興文教，最具實際又開明的啓蒙作風：從初等教育到普魯士學術院（Prussian Academy），完整的教育體制粗具。更難能可貴的是，絕不打擊異己，在主政的疆域內，提倡言論自由。天主教教皇發佈的壓制耶穌社（Society of Jesus）文告，他不張貼，也不許進行騷擾！耶穌社的學校因此得以繼續招生授課。政府的法律效力，只能見諸於外在的「行」，至於內在的「信」或「思」，政治力是不及的。此外，提升文化品質；將莎士比亞（William Shakespeare, 1564-1616）戲劇，首度譯成德文，在日爾曼廣爲流傳。其次，在詩及哲學上，普魯士學術院徵文，把首位爲歐陸人賞識的英國名文人波普（Alexander Pope, 1688-1744）之哲學體系當題目，《波普是個形上學家！》（*Pope a Metaphysician! Pope ein Metaphysiker!*），旨在降低來布尼茲哲學的支配力；包括萊興（見後）在內的學者，認爲英國18世紀初期最重要的這位諷刺詩人，爲文滲入

了以形上學見長的來布尼茲哲學，其實並無什麼哲學體系表現在詩作上。詩與哲學該是兩回事，前者是美的鑒賞，後者則是概念的表達。波普並無把二者混為一談，「天上維納斯」（heavenly Venus）異於「地上維納斯」（earthly Venus）；二者皆是美的化身。但前者是概念層的極致，屬「知」；後者則屬美層的頂峰，歸「情」，不能用分析或下定義方式予以體會。認知能力強者，不一定鑒賞能力優；美物或對象，也非人人之所欲，如該欲已遂，則該欲就不存；就是由於欲求不達，美感才永遠存在。真愛的對象，只留在美的冥想及享受中。

　　上述諸多看法，取之於日爾曼境內的猶太哲學家孟德爾遜（Moses Mendelssohn, 1729-1786）。他還把希伯來文聖經譯為德文（1780-1783），時間上比路德之譯拉丁聖經為德文，晚了兩個世紀多。

二、萊興（Gotthold Ephraim Lessing, 1729-1781）

(一)日爾曼首位不朽的戲劇家、社會評論家、哲學家兼美學家

　　1. 12歲入貴族學校，天資優加上好學，對希臘、拉丁，及希伯來等古文，植下深厚根底。15歲是支那孔子才「有志於學」之際，他就入萊比錫大學（University of Leipzig, 1409，1953改名為萊比錫馬克斯大學，Leipzig, Karl Marx University）專攻神學；不久，興趣轉到文學上，以戲劇及藝術評論見長；卻也在哲學史上占有地位。雖在哲學專業及系統性上，不如吳爾夫，但深探哲學議題，從隻言片語中洩漏出他的哲學卓見，影響當時及其後極深。

　　2. 文學作品中，二話不說，直截了當地以「啟蒙」為要旨；不是只作個反映他人意見的鏡子而已，卻佐以自己獨創的新見。1779年著有一戲劇，名為《智者納旦》（Nathan the Wise, Nathan der Weise）。堅信基督教、回教，及猶太教，三教平等，因皆讚美人類的真正倫理道德，即愛。劇中主角都有親屬關係，都是人類大家庭中的成員，相互友愛、容忍、合作。納旦（Nathan）是聖經中的一位先知，萊興則暗指是強調信仰自由的當代友人孟德爾遜。所有宗教信

徒，都是親屬性的兄弟姊妹、父子、夫妻，若只因信不同宗教就有罪，納旦期期以爲不可。審理此項糾紛的法官，要納旦直言不諱回答哪一宗教才算正統？此種敏感問題，他避而不答，因他深愛的少女，正惹上了這層次的疑惑，逐取寓言式的以三枚戒指故事爲喻。若一家有三子，習俗上，父將以戒指傳給最心愛之子。不過，在父親之愛子一律平等時，乃複製了另兩枚戒指。此事給聰明如索羅門王的法官一種暗示。他勸告三子正直生活即可，至於哪枚戒指才是眞的，此事留給億萬代的子孫去操煩吧！宗教寬容的理念，藉戲劇爲工具，正是他的人生哲學旨趣。

3. 宗教信仰上，他支持理神論（deism）：但由於也受到斯賓諾沙哲學的影響，其後的理神論演變成「心論」（idealism）。理神論者認爲自然宗教的基本眞理，都一一可以取理性予以證明。萊興並不這麼執著，反而認爲宗教信仰問題，不是普世性的，也不可從邏輯的有效論證中推論出來。信仰是純屬內心的體驗，不是理論性的、獨斷性的、實證性的（dogmatic positive religions）。自然宗教上的「眞」或「假」，不能作二分。理性主義所支持的理神論，完全依理性；啓示宗教卻高唱天啓；二者都爲啓蒙人士所揚棄，難道二者只能擇一而無法相互遷就協調嗎？在一正一反的對立中，能不能站在更高的層次；「不畏浮雲遮望眼，只緣身在最高層」（支那王陽明的詩句）。這不是雙方各打五十大板的「庸」見，也非淪爲支那孔子所不齒的鄉愿。他明確反對到底的一種說法，是凡聖經所啓示的，絕不有疑。

萊興的「高度評論」（higher criticism），也是十九世紀引爲風尙之論的，是宗教的價值、理念、信仰，該從行爲後效來評斷。他督促信徒，往更期待的途徑邁進。早在「新約」（New Testament）成爲聖經或「福音」（Gospels）寫作之前，基督徒的生活方式早已存在；與這些文獻的評論，無損也無傷，無助也無害，不生一點痛癢，乾脆悉數當垃圾一掃而清；轉頭來看「後效」吧！後效就是經驗，也是「後驗」——經驗之後，就見分曉了。英法的經驗主義說法，才是日爾曼人該學習的。

4. 眞理尤其是絕對、至上、永恆、普世性的眞理，不是一廂情願，一蹴可及的；卻是累積的、漸進的、逼近的、相對的，也是比較性的。他提出一個比喻，上帝如以右手爲至眞，卻要求左手無止境的求眞，則寧可選左手而棄右手；即令在求眞的過程中，往往出錯。純正又最後的眞理，只有上帝擁有。

(二)知行合一的眞理觀

眞理有層次、高下、等級，這些「位階」，憑什麼斷定？一言以蔽之，「行」。這也是他的說法遭致議論的原因。

1. 行的方式、途徑、手段，極爲紛歧不一。行是「動態的」（dynamic），而非只以「理」這種靜態觀點就可以迎刃而解；理神論的理性態度，實有必要作修正。眞理是動態性的，民意也如流水；水可載舟，亦可覆舟。

2. 去世前一年出版的《人種的教育》（*Education of the Human Race, Die Erziehung des Menschengeschlechts*, 1780），把「教育」與「啓示」看成同一位階。前者針對個人，後者指全部的人種；二者持續進行，這就是「教育史」的主題了。過去、現在、未來，都是一種過程。但啓示是最終的，而教育則是一時一地的；主要的以感官可及的獎懲，當作主要的兒童教育手段；上帝之教育人種，最先也是視人種是否遵守上帝之法，而給予功及過；遵守與否的最具體「行爲」，就是今生此世時的幸或不幸之遭遇。舊約（Old Testaments）在這一層次上，多多少少可以比照爲人種幼年階段的教育。

俟孩子成長爲青少年或壯年時，新約（New Testamennts）的「法」，就現身了。獎懲依據，有更高貴的動機；德行義舉結伴相連，不是只顧眼前利或私欲而已，要有遠思及深慮了；高瞻是有必要的。心靈不朽之追求，來生永不休止的獎懲觀念，默默隱藏在禱告中。把以色列的上帝（the God of Israel）發展成普渡眾信徒的天父（universal Father），內心的淨潔無瑕，以備步上天堂；取代了只奢求於表面或外在的作個循規蹈矩之人，或安於短暫的榮華寶貴之徒；這才是信徒或人人必受的眞正教育。人人要往前看，不可止於返顧。歷史不是講古而已，

這是消極的。歷史帶有教育作用的此種哲學觀，給黑格爾無比的啟迪。刺激了理性，這是理神論的業績；再由理性擴及到精神（spirit）層面，這是以黑格爾為中心的「心學」（idealism）了。

老年期呢？「一種新時代，永生的福音（eternal Gospel）屆臨了；此事是早在新盟中就守諾言的實踐了。」人種的教育共有三書，一是舊約，一是新約，一是新盟（New Covenant）；依次遞升。前者是後者的初階，後者是最後階，但都可巡迴。上帝的啟示，先後呈現在這三部聖經中；前者是後者的「初級讀本」（the elementary books, *Elementarbächer*）。第三階時，人的德行義舉，無外在目的或動機，本身自為目的或動機；獎懲就只是獎懲，未與今生、來世、物質，或精神有關。

如同耶穌「復活」（palingenesis or reincarnation）一般。在這方面，他沒有一套成系統的哲學理論，卻一再地提出下述諸問題：

每一個人不能在此一世界上再度出現嗎？難道這一假設，因太古老而顯荒謬嗎？……為何我不能常常返回，就如同我又重新獲得新知及新的能力嗎？

本身以「文」為業的戲劇家，提出如此令哲學家深思的話題，確實太具教育意義了。舊約及新約，都是聖經，新盟指的是福音（Gospel）。

(三) 心理學及教育學

1. 心理學在日爾曼有了突破性的進展，首要靈魂人物是特滕斯（Johann Nikolaus Tetens, 1736-1807），康德常置其著作於書桌前。反覆提到哲學研究的重要基礎，就是「經驗」。顯現二者都大受洛克的影響。曾任基爾大學（University of Kiel，1665年立校），1789年赴丹麥的哥本哈根大學（University of Copenhagen，1479年立校）任職。

心理學之探討，以「心靈現象」（psychical phenomena）之分析為主，而

非從形上學出發。形上學可以作爲理性主義知識論的基礎及神學論證的憑據，但心理學則當另闢蹊徑。內省法（introspection）可以使心理學步上科學，意識（consciousness）就是由內省所生的「現象」。意識有三，感受、意志，及理解（悟力）（feeling, will and understanding）。心靈只在行爲中才有意識，如肢體之動，這不純只是生理上的，生理上的就是感覺（sensaion）。生理加上心理的「動」，成爲「自動」（self-activity），是帶有價值性的，即一而再，再而三地往「完美」（perfection）之途進軍，這也就造成了「人爲萬物之靈」的主因。

由感受而生的感性（sensibility），對文學及藝術之「悟力」，大有幫助；意志也從中油然而生，行動力就更加明顯了。

2. 教育學，最大的引擎力，非盧梭的《愛彌爾》莫屬。實際採取行動，而非僅如康德只是讀之不忍釋手的，就是巴斯道（Johann Bernhard Basedow, 1723-1790），還爲兒童編寫《初級讀本》（Elemenatarwerk, 1774），內容無所不包，爲百科型的，是師生的重要閱讀資料。十七世紀歐陸最享盛名的教育家，是捷克的康米紐斯（Johann Amos Comenius, 1592-1671），二人都仿盧梭以自然爲師，是感官唯實論（sense realism）的健將。筆者在三民書局所撰述的《西洋教育思想史》，有較詳細的介紹。至於瑞士大教育家裴斯塔洛齊（Pestalozzi, 1746-1827），更爲日爾曼的國民學校（Volksschulen）奠基。巴斯道曾擔任過道德哲學教授（1753），裴氏則與哲學家之頭銜無緣。但教育帶有社會更新及道德重建意，此種精神，與啓蒙運動不謀而合。

以「愛」爲出發點的教育，本身含有極高的道德價值。裴斯塔洛齊的教育理念，把人的一生從「生物上的我」（biological-self）發展爲「社會上的我」（social self），更以「道德上的我」（moral-self）爲終極點。人在生物上的我，與動物無別；饑擇食，寒著衣，渴飲水。社會上的我，以「外在的獎懲」來規範行爲。到了道德上的我，就是良心的制裁或推動力，那是內心情意的裁示，神聖性與宗教合一了。

普魯士學術院宣布論文比賽題目的主題人物，是英國的名諷刺詩人波普，在

詩句中常出現醒世格言，不正也是道德教育上的極品嗎？如：

　　知識如淺薄，危險莫如斯！
　　錯誤人皆有，寬恕最難能。
　　天使畏踏處，愚人最衝入。

　　日爾曼的萊興及孟德爾遜等人，若取上述箴言作爲德行，不是廣義的教育嗎？也是人生哲學的內容。不必操心於波普的詩是否成爲體系，又是否染有來布尼茲的哲學色彩了。

第三節 理情的交火

　　啓蒙猶如覺醒與再生，但智力潛能的激發，方向並不一致。衆花爭豔，百香噴鼻；異調難免，不可能口徑完全一致。以「理性」爲主調，可以掃除陰霾；但心情之發洩，不也可秋風掃落葉嗎？此種局勢，在法國境內，盧梭與伏爾泰就時而反目；在日爾曼，雜音也夥。多元思想，正也是啓蒙之後的「正常」及「自然」現象。

　　重情輕理的哲學家，是本節所述的對象。

一、哈曼（Johann Georg Hamann, 1730-1788）

　　理性主義的健將吳爾夫去世時，哈曼24歲。火氣旺，情緒強，認爲理性不可靠。解決哲學或人生的疑問，只有靠以赤子之心及仰賴上帝一途。

(一)屬虔誠教派（pietism）的激端信徒

　　哈曼曾一度陷入極窮困之境，內心折磨無法忍受之際，因讀了聖經，竟然獲得解脫。此種人生體驗，使他無法忘懷。故鄉與康德同爲克尼斯堡（Königsberg）；兩人交情不惡，但康德從「獨斷的沉睡」（dogmatic slumbers）中覺醒之後，發表了三本哲學史上的巨著，即《批判》（Critiques）時，他就不顧童年友伴之誼，強力予以批判。一生不變的朋友，反而是本節即將提及的赫德（Herder）及雅各比（Jacobi）。由於後二者在哲學史上稍占地位，也使得他藉水漲而船高。

　　1. 吳爾夫的「哲學系統」（philosophical systems），強調抽象（abstraction）及莫測高深的理性運作（discursive reason），哈曼認爲，那反而只是一偏一極之論。一方面以誠心爲主軸，只要自己的理會一清二楚即可；另一方面既與上帝同在了，神喻式的文字語辭，就自然地脫口而出，如同乩童之喃喃。被封爲「北方之僧或巫」（the wizard or Magus of the North），乃不徑而走。啓蒙運動

所走的理性路線，他呼籲要反方向而行。理有善惡的一面，勿以爲理都是聖潔不沾汙。支那人由「理學」而生的「禮」，演變成「禮教吃人」，那不是窮兇惡極的結局嗎？

2. 語言是人與上帝溝通而生的神祕性工具，而非人的理性產物：他基於宗教情，反擊理性主義者的認爲，語言是人所創造發明的。上帝啓示的一種眞正證據，即創造出人會說話此種神跡。

3. 詩詞等絕非由理而生，卻是情的發洩：詩詞是「美學的簡稱」（Aesthetics in a Nutshell），是人類的母語。初民的話充滿感性，以「象形」（image）來表意；因之有了音樂、歌唱，及吟誦。即令迄今，詩聖詞仙之絕頂佳作，並無成規，也非依理出牌，卻都是天才稟賦上的極品。希臘的荷馬，英國的莎士比亞，「學歷」都不高，無師也可自通；前者不用說了，後者根本未上過牛津或劍橋。什麼是天才啊？天才如同預言家，或先知，那是神性靈感的傑作。一流的語詞表達及藝術結晶，源頭都是「天啓」（revelation）。大自然（Nature）所顯現的，對人而言，都是把各種「現象」（phenomenon）用標記（sign）或符號（symbol），使人「領會」神意，從而激發出語言出來。誠如大詩人歌德（Goethe）所說，人既是上帝造的，人因使用了語言而有別於動物，則語言也是上帝賞賜給人的恩物。就語言之使用這層面言之，理性是要靠邊站的。

(二) 情優於理

1. 人生樂趣，不在理的運作，而在情上的滿足：爲詩作詞及美藝成品，就是最實實在在的成果。才華源於天（上帝），這才叫做「天才」（genius）；「人才」是技差一籌的。嚴格來說，「理」的層面，沒有天才；只有「情」的地盤，天才才降臨。心靈要有感，此情才叫「靈感」（inspiration）。即令偉大科學家，也得仰賴它。只依「理」就可解神的「自然神學」（natural theology），即吳爾夫所謂的「理神論」（deism），是不夠的，屆時也不得不功虧一簣了；欠了「情」，又怎能說萬事「皆備」呢？情是臨門一腳，也是壓垮駱駝的最後一

根稻草。試問純理的人生，又有何樂趣？在信仰上，理甚至可以束之高閣，頂多作壁上觀；不是主角，卻是配角而已。

2. 歷史是神性的寫照：歷史不是科學的，屬神學；非人力卻賴上帝力。冥冥之中，自有一股祕不可測的力道，操縱其走向。人類史上扭轉乾坤及時潮的偉人，如宗教改革的路德，行徑都是純依理無法卜測的。先知之預示，理力極爲微弱，神力才驚人。此種史觀，大大地支配了其後他的友人赫德。他極端不滿於用理性主義來闡釋歷史的走向。此種觀念，也融入於黑格爾的史學觀裡。

3. 理只是一種「小理」，太抽象化、局部化、片面化，而「闇於大理」。誠如歌德所言，人生是全面的：言或行，都是整體的，「人格」（personality）乃是人的全部。人是詩人、音樂家、思想家，及拜神者的合一體，不可分割。「理」重解析，不利於綜合；因之，對人的全面性領會，易生落差。哈曼認爲，啓蒙運動中力主理性主義者，把理性實質具體化了（hypostatized the reason），以爲理就是一切，理也征服了除了理之外的所有地盤，此種惡果是可怕的。水清則無魚，純理，則人又怎能活？理只不過是人的整體功能中的一部分而已，這也是他不滿康德第一批判的主因。把「純粹理性」（pure reason）視同蒸餾水一般的，以爲毫無雜質在其中（purism）。康德出版的第一批判《純粹理性批判》（*Critique of Pure Reason*）一問世，他立即有了反應，劍及履也及地在1781年以《純粹理性純淨化的後設批判》（*Metacritique on the Purism of Pure Reason*）爲書名，痛斥康德太步分析之路，把理性（reason）、悟性（understanding），及感性（sense）予以三分；把形式（form）與質料（matter）作二分，且極端地予以抽象化。「推理力」（reasoning）是存在的，不能否認；但該力在運作時，難道可以一清二楚地把「理力」、「悟力」、「感力」予以一刀兩斷嗎？不都是有機體（人）各種官能的通力且整體運作成果嗎？此一提醒，也爲其後的日爾曼心理學家之出現「完形心理學」（gestalt psychology）鋪路。心理現像是「完形」的、「整體」的、巨觀（macrocosm）的，不該微觀（microcosm）。史觀也該如此。

二、赫德（Johann Gottfried Herder, 1744-1803）

生於東普魯士，父親是虔敬教派學校教師。1762年入克尼斯堡大學（1544年立校，1945年毀於二戰戰火中，1967年在原址設Albertus University of Konigsberg）先攻醫，後轉習神學；上過康德的課，悉吳爾夫哲學，也讀過盧梭及休姆的著作；且與哈曼爲友，但一時還未能接受後者的反理性主義說法。

(一)「狂飆」

啓蒙運動，就巨觀言之，是反權威、反專制、反獨裁、反黑暗、反封閉，就微觀來說，有重理輕情者，也有重情輕理者。大樹必有枝幹，合或分，要看從什麼角度著眼。本節所述，大體上仍歸屬於啓蒙運動，與之「決裂」（break），是言重了，二者殊途而同歸，一致而百慮；目標無異，手段有差，如此而已。以哈曼及赫德爲例，極爲顯然。赫德是浪漫運動的領航人，文學狂飆之勢於焉造成。

1. 語言研究：1766年出版有關語言發展的著作。詩詞語言（poetic language）有別於科學語言，也是他指的哲學語言（scientific and philosophical language）。取歷史發生學的立場來表述，這是得之於盧梭的啓示。就德文的發展史來說，可分爲四期，恰與人的生長史，相互呼應搭配。

兒童階段：情意的表徵，歡樂即笑，痛苦即哭；表情洩漏出內心的感受。

青年階段：年少輕狂，詩樣語言盡出，歌舞也隨之。

成年階段：散文（prose）比重漸大，敘述取代了表意性。

老年階段：爲文力求字詞之精確，說教意味濃，而犧牲了活跳跳以及多彩多姿的人生，讀來索然無味，或有癡呆跡象！[1]

---

[1] 此話若成立，則也可印證在支那文學語言史上。文言文稱雄千年之久，即令有文起八代之衰者之爲文，仍是「老態龍鍾」模樣。年少學子唸起古書來，身子搖搖擺擺，仿「老夫子」之步，之乎也者滿口；下筆則言必稱堯舜，都可歸類在第四種了。

2. 詩詞用語既與哲學（科學）有別，日爾曼詩詞就不必非合乎邏輯，或言之必清晰又有別（clear and distinct）不可。詩人的角色，是作為思辯哲學（speculative philosophy）及一般人民之間的媒介；借外國文學作為他山之石，以攻日爾曼文學界之錯，他是頗為反對的。模仿不如自創，若能馬上為日爾曼人民反應出即興式的詩詞者，將成為民族天才了。國家文學就可成長快速。因此，「民俗詩詞」（folk-poetry）是他心目中的最愛！啓蒙運動中若有人賤踏德語文，蔑視自家想法，且把「仿」（imitation）視為唯一活路，他是抵死不予苟同的。

3. 語言之「用」，是他的思考重點；也因此，他對語言的興趣，就與哲學有關。其後的英國哲學界，不也東施效顰式地以語言哲學為哲學主流嗎？其次，為文吟詩誦詞，要聚焦於百姓民意的反應上，以此作為文學最紮實的根底。此種說法，也為其後文化哲學奠基。

(二) 美學論

1. 在美學論（aesthetic theory）上，詩詞該與哲學分流。萊興於1766年出版《論畫及詩的分野》（*Laokoon*）中，特別標出，詩詞與造型藝術（formative art）不可等同視之。造型藝術即指繪畫（painting）及雕刻（sculpture）。詩詞是意在不言中，無聲勝有聲，無形勝有形，是形上的。造型藝術則是形下的。各有特色，在「美」的意境上各有所長；但不能混淆。Laokoon是希臘神話中的聖宮，與木馬（wooden horse）屠城記的特洛伊戰爭（Troy's war）有關。羅馬大詩人瓦吉爾（Virgil, 70-19B.C.）把該故事寫成名詩，歌頌特洛伊城隕落後，該戰中的羅馬英雄也是羅馬建國者伊尼亞士（Aeneas）逃難各地的滄桑及冒險事蹟。

赫德於1769年對上述有所評論。古代大詩人為詩取材於「神話」，詩的文字用詞，必有別於哲學（科學）之精確性、一清二白性，及事實檢驗性。不過，偉大的詩，都是獨創一格的，不能模仿的；荷馬及瓦吉爾確實是希臘及羅馬大詩人，他倆的詩作，也都有歷史條件作背景；而各民族的歷史演變，並非完全雷同。因之，詩作並無常規或常模（norm）可循。完全予以抽象化及理性化，是

此路不通的；歷史發展中的個別性及普遍性，二者之間的矛盾，恰是歷史發展的邏輯及理論基礎。世界上又哪有兩種史實是完全雷同的？大森林（Forests）中也有小灌木（Grove）；該兩字，也正是他批判寫作的書名用語（*Critical Forests, Kritische Wälder, Grove of Critical Forests*, 1769），是與萊興的*Laokoon*有所區隔。

2. 美學成立之醞釀：各學雖彼此相關，不能一刀兩斷；但各學也該各自成學，其中之一，就是「美學」（aesthetics）。

孟德爾遜（Mendelssohn）曾經指出，人體器官的各種「官能」中，該有一種「稱讚官能」（faculty of approval, *Billigungsvermögen*），尤指美而言。觸及「寧靜的愉快」（calm pleasure），「爽」就好。萊興稱讚亞里斯多德的《詩學》（*Poetics*），認為那是希臘大悲劇的反思所得的成果，這種「無誤的作品，直如歐幾里得的《幾何原理》（*Elements of Euclid*）」。悲劇寫作，把「憐與懼」（pity and fear）又淨又化了（Purging and purifying）。「憐」是一種人類的同情感（compassion），是良心的啟迪；「懼」則是「自忖」（relf-regarding）。看過悲劇的人，有一股滿腔熱血及慷慨就義的衝動，沒什麼好怕的；怎可日頭赤炎炎，隨人顧生命呢？要把私心悉數拋盡，詩中不是藏有德行意味嗎？「文以載道」，如同支那小說之《三國演義》或《七俠五義》一般。

真善美是「三達德」，美學理論家如賴德（Friedrich Justus Riedel, 1742-1786）把人的三種官能與之對稱：「常識」（common sense）官能求真（the true），「良心」（conscience）官能求善（the good），「品味」（taste）官能求美（the beautiful）。赫德不以為然，譏之為無聊之論。他反問，人有一種稱之為「常識」官能，不經推理，就可立即獲「至真」（absolute truth）嗎？那不是又落入吳爾夫純理哲學的窠臼了。至於品味官能的說法，是否以為「愉快的」（please）就是「美的」（beautiful）？若更大多數的人感到愉快，則「更美」，這不是荒謬嗎？美學異於邏輯。對人而言，哲學界有必要發展出一套美學理論。赫德在這方面著有功績。

3. 赫德的美學論：首先，美學不該將藝作成品的象徵意義（artistic symbolization）作邏輯檢驗，因美學異於抽象邏輯（abstract logic），也與科學（science）分途。倒應把美作歷史上的考查，重點放在文化層面上，美的歷史意更爲濃厚了。

口味或美的鑒賞，並非普世性、絕對性、不變性的，相反的，各種不同的歷史文化，產生美學的不同觀點。人無「同」嗜，每有逐臭之夫；如「臭豆腐」成爲臺灣的「美食」。美的標準，必與歷史文化，二者關係密切。因此，生理及心理因素就非考慮不可了，相對性的美學概念乃醞釀出來。苗條或環肥身材，有人喜有人厭。什麼是「美」的共同分母（common denominator），確實大費周章，考倒秀才。

其次，美學的研究，重點是若隱若現的。影響美學概念的眾多因素，除了一一加以分析與檢驗之餘，更要把心理、生理，及環境因素，作歷史的解釋，綜合在文化層面上。美學評論若缺及此，則是無生命力的，單調又乏味。赫德於1769年周遊各地，到義大利、巴黎，也在法德邊界的斯特拉斯堡（Strasbourg）與20出頭的青年歌德（Johann Wolfgang Goethe, 1749-1831）成爲伴偶。在《遊記》（Travel Diary）中，說出對美學研究前後態度上的「歷史」變遷。有點愧疚的是過去在《森林批判》（Critical Forests）中，寫些無用、粗俗又可憐的評論，這是他的返顧面。往前看，他要學法國語文，研究自然科學及歷史。浮光掠影，不如切切實實地獲悉人及世的一切實證性知識，才不會把自己弄得像個墨水管（inkpot）或油印儲庫（repository of print）。不該只傳而不創，美學是最具創意之學，絕不牢守成規。

但創，不是憑空的，必有紮實以奠基。

第三，孩童的美學教育要熟識於自然環境，因之鄉土歷史、地理、物理、民族志（ethnography）的實證研究，及資料蒐集等，都是美學教育的初步。教育方法注重歸納，由具體到抽象，以經驗及事實爲師；佐以宗教及道德教育，作全人格式的陶冶。他向歌德表示，對鄉土詩詞（folk poetry）及民族文化遺

產，甚為珍惜。為文寫作上，1770年的《論語言始源》（*Treatise on the Origin of Language, Abhandlung über den Ursprung der Sprache*），榮獲柏林學術院（Berlin Academy）獎。視語言全始於神意，或皆來之於人之「發明」（invention），都是無法讓他接受的兩極端論點；該問題不是單靠獨斷或先驗式的理論，卻要有事實的佐證，不許「削足適履」（the procrustean bed）。初民的語言與初民的詩詞，幾乎等同；而語言及詩詞一開始使用，它的社會功能，更不該等閒視之。該書實該作為美育課本。

由傳而創的佳例，也是赫德所熟悉者，莫過於蘇格蘭詩人麥克菲森（James Macpherson, 1736-1796），於1762年「發現」3世紀時的土著英雄莪相（Ossian）吟詩，「創」出堪與荷馬、米爾頓，及聖經相等的詩作，風迷全歐，歌德也讚頌不已。赫德受此刺激，於1773年也出版《論日爾曼自然及藝術》（*Of German Nature and Art, Von deutscher Art und Kunst*），其中提及「莪相」，也旁及莎士比亞。就美育立場而言，他開始與啟蒙運動的唯理派正式決裂；與其視啟蒙運動是哲學家的成就，不如該歸功於詩人等美學家。而啟蒙運動在歷史上的意義，就是人類發展史以此為終點，是至高的頂點。中產階級而非貴族階級，才是核心的推手。美學教育上的師生，唸的如果是笛卡兒、斯賓諾沙、來布尼茲等人的著作，則只不過是詩詞上的盧構（poetic fictions）。把柏克萊的詩，高懸在上，價值更高。而他自命不凡的於1774年以一本書向世人宣告《另類哲學史》（*Another Philosophy of History, Auch eine Philosophie der Geschichte*）已來臨。

該書敘述的人類史，猶如以情為主的盧梭所作的心理及生理發展過程。從幼童期的黃金時代（the Golden Age of Humanity's Childhood）開始，「聖人皆孩之」的觀念，隱含其中。但他一本初衷地強調，美學之重「創」輕「傳」，切勿一成不變；一中有殊，同中有異。這在人類各民族的發展史上看，是一清見底的史實，尤其在美的表達上。他的看法，當然引出別人議論或諷刺的談資。他取羅馬時代，喻為人種的成人（manhood）階段；十八世紀是許多啟蒙思想家稱讚的時代，卻歸之於行將就木（senility）的老衰期；福中有禍，禍中有福；在眾人樂

觀歡笑聲中，他不時提出冷落的警句。哲人雖提出聖像的觀念及理想的原則，但仁慈心、尊嚴性，及高貴性卻也萎縮。同時，自由呼聲雖響徹雲霄，但階級對立及主奴敵視，卻視若無睹。歐洲之惡，甚至還輸往他洲。

　　他的美學教育，不純是出口或爲文說說寫寫而已，還在歌德住居的威瑪別墅區（the dachy of Weimar）擔任督學來進行教育實際改革（1776）。教育的最終旨趣，是充分實現早已潛在的仁慈人性（humanity）。此種潛在性（potentialities），藉美育充分予以實現（actualization）。以「美育來完成其道德」，是蔡元培的口號。但是否此種含有十足仁慈人性的「人」，一旦教育成功了，這種人已非常人，卻是「超人」（superman）；在宇宙進化上，是否可提升到更高層次的存在體，這是頗引起爭議的。

(三) 兩「德」筆戰

　　1. 1799年赫德對康德的第一批判，提出「總批判」（*Metacritique*），不容情的指出康德的書是咬文嚼字之作，充斥著語言上的怪論，滿腦子是官能心理學（faculty psychology）的著作而昏了頭。他不是賣弄詆毀性的辭句而已，是含有「理」的成分的。康德以爲數學命題是「綜合的」（synthetic），如$5 + 3 = 8$；因此，$5 + 3$這「前項」命題，必與8這「後項」命題「等同」（identical）：也是其後維根斯坦（Wittgenstein）所稱的「套套言」（tautologies），如$8 = 8$。那麼，若以$4 + 4$當前項命題呢？與8等同的命題，指不勝屈：0+8，1+7，2+6…甚至-2+10都是。

　　2. 康德的時空說法，赫德也有異議：認爲時空皆無「形」，又怎能分析並批判呢？此議題留後詳說！上述兩項較枝節。

　　3. 康德哲學的主軸是錯誤的，與其分別的取出「理性」作爲批判對象，不如從語言下手。因爲推理不但是一種語言的表達，且推理與語言是二而一的。赫德認爲，「思」（thinking）是一種「內語」（inward language）；「語」把「思」大聲說出來，等於是將內思廣爲人知。「理」不是一種靜態體（enti-

ty），卻是動態的過程（process），是發言者人格的整體表達，語言是不可或缺的表達工具。康德的第一批判，建立在一種錯誤的心理學上；此種批判，錯了，該以語言爲批判的標的，才屬正確。

4. 1800年發表*Kalligone*，反駁康德的第三批判《判斷力批判》（*Critique of Judgment*）。第一批判，探討「眞」；第三批判，研究「美」；赫德不客氣的說，康德對美學的了解不徹底；至於第二批判的「善」，他並無爲文提出挑戰。其實，他也不認同康德的說法。只因赫德忙他事，無法分神與之論辯。

總而言之，赫德學識廣，興趣多元。雖論著在體系上欠缺完美，卻是多產作家，影響力非同小可，是日爾曼甚至歐洲「狂飆」（*Sturm und Drang*, Storm and Stress）之師，支配了日爾曼一般文學及浪漫文學的走向。他對民歌民謠及鄉土文學的重視，以及語言在文化史及美學發展上的角色，認爲歷史是神聖啓示的過程，在泛神論（pantheism）中爲斯賓諾沙贊聲。後人欠他的多。不過，此種名氣，大概都十足的是年輕時代赫德的現身；年齒日增之後，支配力在文學上則被歌德所取代；可惜的是他倆後來形同陌生人。歌德還發現赫德染上了一種「自相矛盾的壞脾氣」（ill-tempered spirit of contradiction）。學界傾向康德的多，赫德竟然堅持要與之作對，冒犯了主流，不但不時興，且也孤立了自己。漢譯有「德」的赫德、歌德，及康德，都是哲學史上大響叮噹又閃閃發亮的巨星，但意見之不合，印證了「文人相輕」這句古話！

三、賈克比（Friedrich Heinrich Jacobi, 1743-1819）

擔任過慕尼黑學術院院長（President of the Academy of Science, at Munich, 1807-1812）。堅持信仰第一，理性頂多是其次。強調無意建構一套有學術系統的哲學，倒堅持經由內在經驗的感受，就自有一股趨力，可以產生不可抗拒的超驗感。

(一)對斯賓諾沙的理性主義提出反駁

1780年，賈克比與萊興認識，在得知後者陳述，只對斯賓諾沙哲學能夠心領神會後，使他也擬一探斯氏哲學之究竟。致信給孟德爾遜時，卻透露出他對斯氏哲學的厭惡，反而心儀英國休姆的學說。「意」在心的地位上，高過於「理」；「直觀」（intuition）遠比「推理」，更能獲得眞理。宗教信仰的虔誠，不容挑戰。

1. 基於「信」的宗教，以及源於「理」的哲學，是兩不相交的：「欣賞」比「領會」，更高一層；「賞心悅目」，淩駕於思辯推論之上。勿妄想以「理」來證上帝的存在，那是徒勞的，不如信就好。棄形上學之玄虛，心中有上帝最爲實在。若一定非言理性不可，只好說理性有高低之分；高階理性（Vernunft）非低階理性（Verstand）可比；前者是瞬間立即的，後者則迂迴緩慢。好比「感」有兩種，一是靈感（inspiration），即心靈的立即感受，那是「頓悟」（insight）的，豁然開朗了；一是「官感」（sensation），是內感官及外感官的感；在速度上，當然靈感最快，內感官次之，外感官殿後。

2. 上帝之存在還用得上證明，簡直把上帝位階降低了：證明，尤其是邏輯上的證明，也是形上學、哲學，或理性的證明，都是「條件式的命題」（conditioned proposition）；他認爲結局必生無神論（atheism）。其實，不必這麼麻煩，只需提醒一下，拒絕承認上帝存在者，已自行關閉了一條通往人生「整體經驗」（whole aspect of human experience）大道。這種人的視野，只能看到肉體界及有限界。好比光分兩種，一在雲上，一在雲下。雲這個障礙「遮望眼」，這種人對上帝是「無緣」的；浮雲之下，是暗淡不明界。

(二)對康德學說之評論

1. 兩人不謀而合者：兩人皆同意，就知識圈（指科學或理論知識）來說，止於感官經驗界，該知是可能的知，或然的知，相對的知。只憑人的理性，無法證明超出感官界之外的另一實體。批判哲學就讓感性或意性的信仰去揮灑吧！理

性插不上手。

2. 康德竟然把理性分爲「純粹」（pure）及「實踐」（practical）兩種，掛帥的「理性」，「信仰」似乎被搶走了！

康德的「現象主義」（phenomenalism）及「物自體」（*ding an sich*, thing in-itself）觀念，認爲純粹理性不及於前者，實踐理性才可臻後者境界，這是賈克比無法接受的。只要信仰或道德靈感（道德感，moral intuition or sense）就夠，不必徒勞於提出「定言範疇」（the categorical imperative），這一種空洞又形式主義（empty formalism）論調。證明上帝，不必那麼麻煩地搬出「實踐理性」來。靈機一閃而至的虔誠信仰，就與上帝同在了。實踐理性「知」了上帝本身，純粹理性「知」了宇宙的萬有「現象」；萬流歸宗，信仰就把「自體」與「現象」，合而爲一。理性若只作「推論用」，即「推論式的理性」（discursive reason），這是賈克比要反駁的。康德的「純粹理性」（pure reason）就屬於這一種。但康德也「醒覺」了，純粹理性失效於上帝存在的證明上，遂以「實踐理性」補充之。只是賈克比對康德念念不忘於「理性」，頗以爲然！或許是二者用辭上的解釋不同而已。若改以「信」來代「實踐理性」，則就是宗教及道德上的最終極規則了。

最後，賈克比認爲康德以「物本身」（thing in-itself或things-in themselves），恰是「現象」的一種「脫序」（anomaly, *anomie*），出軌了。物本身是一，現象是多；且異例層出不窮，更不按牌理出牌。現象背後之實體界（metaphenomenal reality），是必存在的，猶如形下物理界（physical）之後，有個形上界（metaphysical）一般。證明此點，「信」即可，不屬「知」。但康德卻以因果法則（causal principle）來說明，不是侵犯了「知」的地盤了嗎？因果律的建基雖具主觀性，但只能用在現象界而非在物本身的本體界上。

本節所述的三人，對啓蒙時代的偏理起了平衡作用。心、意、情的比重，與理一起運作，才是「完整的人」。這也是赫德的進步教育觀念。人的歷史須注重

人性的整體面，依此來體現福音。理的分析，加上情的綜合，在「理學」（rationalism）之大潮下，也激起一股實力不小的「心論」（idealim）。康德之後的菲希特（Fichte），就朝此方向前進。十九世紀初期，日爾曼出現了「思辯式的心論」（speculative idealism），且勢力雄渾。不過，理性主義的「理學」仍餘波蕩漾，有大江東去浪淘盡的氣派。

心論或心學，配合文化上的整體觀哲學，加上心理學上的完形主義，全滾入黑格爾哲學體系內。理情二者之擺蕩，與其作絕緣的二分，不如可以如膠似漆的你濃我濃。信仰、宗教、神學，與理性、科學、哲學，攜手通力合作。本節所述的三人，取宗教爲最高的文化整合體，黑格爾亦然。但黑格爾並不死心，卻力拉思辯理性的地位，似乎又與本節所述的三者若即若離；藉之爲跳板，卻躍入出人意料之外的天地。其後齊克果（Kierkegaard）有樣學樣，卻返回跳到信仰上。反啓蒙的理性至上，產生了本節所述的三哲；與黑格爾之理性主義唱反調的齊克果，就有點呼應本節的三位主角了。十八世紀晚期的赫德及賈克比，形同十九世紀的齊克果。一正一反是平面的，還該有立體的，即有個更高的「合」出現吧！否則啓蒙運動的「進步」觀，不是空談了一番嗎？

第四節　現代化歷史哲學家

　　啓蒙運動，以「進步」（progress）爲口號，往上進及朝前踏步。但這是一廂情願的，也是自慰式及自滿式的（complecency），卻不是全部的史實眞相。文藝復興時代，歷史意識是返觀式的（backward）。兩大時期的史觀，一前一後，都帶有濃濃的「歷史意」。

一、舊史學觀

(一)詩、史、與哲學

　　1. 日爾曼在啓蒙運動中，詩的地位大增，美學也先以詩作爲基本內容。詩在思想史上的地位，可以遠溯自古代希臘；亞里斯多德有《詩學》（*Poetics*）巨著。這位大哲，視詩比史，更近乎哲學；因爲詩的內容所傳達的，是普遍性的；而歷史則較特殊性。詩是全面的，史則是局部的、偶而發生的、非必然的。

　　哲學及神學家早就探究「時」「空」問題，時是一種流動或改變，之所以可能，原因是有「空」。把時與空當實體，或視之爲虛幻，正是希臘兩大哲學家的歧異所在。

　　2. 希臘學者的史觀：柏拉圖以「一」爲哲學主題，他的及門弟子則力唱「多」。前者主不變，後者主變。亞氏舉出數以百計的各地各時之憲政體制，柏拉圖卻認爲「多」，都趨向於一；各種憲政體制，莫不朝向「理想國」邁進。基督教一興之後的神學家，也全以人類史的演進，只是上帝永恆天國的一種面相或假相；完美早存，且萬世萬代不易。亞氏卻認爲，歷史是人類朝聖的長程進香旅行。

　　柏拉圖的史觀是「圓形的」（circle），歷史是周而復始，始而複周，繞圓圈。圓是完滿也完美，無一缺陷；亞里斯多德的史觀是「直線的」（line），無止境，中間易生不可逆料的遭遇。柏拉圖的史觀，目光放在「目的」，且是最

終、絕對、永恆的目的；亞氏則把視野，朝向過程或方法。

(二)中世紀，基督教的史觀

1. 基督教神學家在上述哲學家的史觀上，各有選擇，但都是神學意味濃厚。啓蒙運動以排斥神學爲主調，此時出現的史觀，哲學性尤其科學性復位了，經驗主義的色彩更加明顯。神學的政權史觀，多半都持君權神授論，君且有絕對權，「朕即國家」的論調遂之而出。基督教既是普世性的教，則由此而建的帝國，也該是橫跨歐亞非甚至整個地球上的大帝國；信徒之朝拜羅馬天主教會，也好比臣民之仰帝王鼻息一般。政治上的帝王，形同教會上的教皇；二者之令，都是「聖旨」，不許違抗。所有信仰只一教而已，即基督教。

2. 神學的史觀，把人的努力看小了。人即令是大國的帝王，雖在某些層面上可以爲所欲爲，但終究逃不過基督教天主的掌握。個人、群體、社會、國家、民族的命運，雖各自不同，「因」也殊，但都有共因（common cause），共因即上帝。人造的國有興有衰，有成長也有枯萎；但天國是無時不在的，永恆不滅。

二、維科（Giambattista Vico, 1688-1744），首位現代化歷史哲學家

第一位現代化哲學家及科學家出，難免也會有第一位現代化的史家誕生；享有此頭銜的，該是義大利哲學大師維科。

(一)史學爲新科學

1. 1699-1741年共42年歲月，從年僅11歲時，就擔任那不勒斯大學（University of Naples，1224年立校）修辭學教授，自學有成。就職演說中，多次提到笛卡兒的爲學方法。但早在20歲的1708年，聰慧天稟的他，竟有大發現，以爲笛卡兒的數學方法只能管用於物理科學，至於帶有明顯的人意或人願的知識領域，就有必要採用新方法，以便向詩詞、歷史、語言、政治，及司法進軍。現代要向

古代揮別。

2. 當時地方史之寫作漸成風氣，宗教改革及反宗教改革（Reformation and Counter-Reformation）對這方面的努力，推波助浪。不過，歷史研究要成為一門「學」，即史學，不是只靠資料之堆積。第一位現代科學家早已指出，那是螞蟻式的為學法，笛卡兒的數學也被比喻為蜘蛛型的；最該採用的是要學蜜蜂，雙法齊用。所以在1710年為文《義大利人之古智慧》（Ancient Wisdom of the Italians, De antiquissima italorum sapientia, 1710），就直攻笛卡兒哲學之要害；「我思故我在」（Cogito, ergo sum）之思維方式，擋不了懷疑論，也不能為科學知識奠基。眞理的準確性，是內心心意的事，與理性較少糾葛；其次，「清晰又明辨」（clarity and distinctness）這兩大訴求，並非眞理的普世標準，頂多適用於數學而已，尤其是幾何。數學上的命題，只不過是人心的虛構；只有自然科學才「實」，也最為具體。嚴肅的說，數學上的命題，也建基於人心。物理學與數學，性質有別，研究方法也殊異，不可混同。實驗法才是物理學研究的要方。

3. 數學命題是人心建造的，但物理科學的敘述，卻必本諸於自然事實。前者是人心所「創」，後者是人心所「傳」。「物」並非心靈上的虛構，也不單只是一種「理念」（mere ideas），卻是人的心擬予以「認知的」（cognitive），而非視之為「存在的」（existential）。物的存在，是上帝所創造，人不能「創」物，頂多只能「知」物。但人「心」卻可在數學上創出數學上的「理念」，既由人心所創，當然既清晰又明辨，因該觀念早存於心中；但物之學，「傳與創」（verum, factum）就分家了；人只能就創來傳，傳操在人手中，創則只能上帝有。傳的方式或管道，無奇不有。

4. 人也是物之一，「人物」之稱，不是一清二楚嗎？而人的歷史是人自己編造的。因之，人有能力予以領會。人的歷史，成為一門學，該比物之成為一門學，更為簡易。人及物，都是上帝所創，只有上帝才完全知人及物；但人的社會、法令、語言，及文學，卻是人編造的，正是人該去知悉且去研究的領域，那就是人文學了。史學正是人文學的骨幹。他稱史學是「新科學」（New

Science），且也以此為書名（*Principles of a New Science concerning the Common Nature of the Nations, Principi di una scienza nuova d'intorno alla comune natura delle nazioni*，1725年、1730年、1744年三版）。在自傳中坦承，最崇拜的兩個古人，是柏拉圖及羅馬史學大師塔西突（Cornelius Tacitus, 55-117）。「就無可匹敵的形上心智而言，塔西突所思及的人是當前的人（man as he is），柏拉圖則思及該有的人（man as he should be）」。

柏拉圖的智慧是「深奧的」（esoteric wisdom），塔西突則有「通觀的智慧」（common wisdom）。

5. 新科學之名，靈感來之於培根的《新工具》（*Novum organum*）。培根強調，現有的知識應改編與補充，可惜，他未考慮到變更人類歷史上的法令規章；另一他仰慕的現代人，就是荷蘭雷登大學國際法權威的格勞秀斯（Hugo Grotius, 1583-1645）。後者在法學上的造詣，超出古人之上；將普世性的法學系統建立起來，哲學（philosophy）與語言學（philology）合作的成果，一方面包括史實與事件（實的或幻的），一方面把三種古代學術用語（希伯來、希臘，及拉丁），藉基督教史傳達下來，這才算是文明的起源。但維科認為文明之始的人，不是誠如霍布斯之所言，「放縱且暴力」（licentious and violent）；也非格勞秀斯所描述的：「孤單、懦弱、一貧如洗、若傻呆」（solitary, weak and needy simpletons）；更非日爾曼國際法理學家普芬道夫（Samuel von Pufendorf, 1632-1694）指出的，「四處漫遊於世，得不到神助及上帝之眷顧」（vagrants cast into the world without divine care or help）。他不願把人的起源作一刀兩斷式的結論，因為聖經創世紀（Genesis）並未如是說。亞當（Adam）在自然界過活，並無像霍布斯文筆下所說的那麼不堪。人之為野或蠻，過獸性生活，那是人一降臨於世之後的一段時間才發生的。

(二)文明發展有三階

1. 家庭時代：「文明」何自起呢？起於人的住所成為「定居」（settled

dwellings）之際。天神的打雷及閃電，趨使男人與女人一起到洞穴避危，這是文明起步的第一腳，屬於「諸神時代」（the age of the gods），也是「家庭狀況」（state of the families）初具之時。父成為一家之王、祭司、德行仲裁者，也是法官。此種家庭式的文明，階段有三過程：首先是宗教、婚姻，及喪葬之「禮」，建立了文明發展的第一階。

2. 家庭中英雄階段：不平等及緊張情勢頻起。因為非家庭的成員，遊蕩四方，他們拜土地公廟，或共耕共食。有些體強，有些身弱；後者為躲前者之欺凌，乃把定居家庭的社會形態，視為避風港，甘願依賴之，或充當供他人差使之農奴或農僕（serfs），以防前者（強者）之使用暴力。此外，一家之主的父親，也難免與眾多仰食者之佃農有所糾紛。此時，父親形同地主，各家的地主，也就不得不合作，攜手與佃農對抗。有土斯有財的權貴（patrician），與平民百姓（plebeian）兩種階級，也就浮現。父親當中孔武有力者，自必為各家之父奉為眾父之父，被拱為「英雄」。「英雄時代」（heroic stage）於焉降臨，身分如同支那人所說的「父母官」，即行政首長（magistrates）。第二期或階段，即「英雄時代」（the age of the heroes）。

3. 理性階段：英雄時代，緊張不安猶在。「主」之心意，只在維持現狀，享受特權，安於其位；百姓卻擬與之爭權奪利。結果，後者並非徒勞無功，終於也能獲有法律權，承認他們的婚姻有效，並享受公民權利，甚至也可以當官。英雄時代翻轉而成為「人的時代」（the age of man），即民主共和式的社會了。此時，人才算是真的人，是理性的人。

(三) 迴圈史觀

1. 新舊圓圈：第三階段的文明，潛藏著敗壞及墜落種子。原先，宗教力頗大；但理性力道取代信仰，哲學也更替了神學。枯燥無人情味的主智論（barren intellectualism），失去了人味。眾生平等，無分你我，卻也產生公德心之欠缺。只要我喜歡，又有什麼不可以，放縱又任性。此外，力倡寬容，法律之前，人人

無高下之分。但此種理想，代價卻高；社會有分崩離析之虞，引來外敵環伺。羅馬帝國的衰亡，史跡斑斑，歷歷在眼前，結局是野蠻時代（barbarism）的再度出現，這是舊圓圈。

新的圓圈來了，基督教引入了嶄新意義的神。在這一新圓圈裡，中世紀代表英雄時代，而十七世紀的哲學世紀，展開了「人的時代」新頁。維科的史觀，都以史實爲依，是歸納而非演繹；殊中有共，共中也有殊。圓圈只是一種「形」（形式），而實質內容，各時代不可能全同。他所說的同，就宗教而言，是指基督教。基督教的價值是永恆的，而非相對的。因之，其後的圓再怎麼變，都只有一種宗教信仰，即基督教。

2. 圓圈內，若形同但質變，即可繞出更佳的善，那是指心靈能力的完美。初民社會的心態，以語言作爲感官想像及情意的發洩，其後朝上演變，而成爲反思性的理性運作（reflective rationality）。而濫情式的批評或攻擊，疑心甚重，必導致於無定論的永恆懷疑中。換句話說，圓圈只是外表的形，實質上是繞出更高且更逼近上帝的圓。圈不是一成不變，重複式的；新圓與舊圓完全雷同，不！每一次的新圓，都有別於舊圓。他特別以基督教之演進史爲例，現代的信徒認爲新圓的基督教或許如同舊圓之「眾神時代」，是一種「駭人可怖的宗教」（frightful religion），如同美國宣教大師向眾人傳道時，聽者對於教義心生極端恐懼之情一般。但他信心滿滿地說，基督教的信仰，總優於眾神時代的信仰。

3. 純依理性，不足以作爲史學或歷史哲學之憑據。人的歷史，不是百分百可以用理性予以闡釋。理性主義的哲學家有一種錯誤的習性，把萬有一切的始源，都以「理」爲出發點；把理之外的領域，也強歸之於理之內。自然法的哲學家，描述人的自然（原始）狀態時，就用契約或合同說，來論述社會組織形成的「理由」或「原因」。其實，眞相並非如此。把遊民或流蕩者趕到洞穴以求生存，基本因素，是駭怕（fear），也是一種需要，那才是最自然、最本能，也最立即性的反應模式。

維科所說的圓，不是靜態一成不變的，卻是在轉動的。新圓不完全等同於舊

圓。古代及十七世紀的哲學家都以「理」釋史，認為由理而生法律，也寄望立法者闡明理性，以理來結合人群，以理來作為群策群力之發動力。其實，上述言的駭怕，那是情、意，及想像使然，心理因素才是關鍵。無助（力）感，是極其自然的，那才是獨居變成群居的主因。

4. 維科特別把詩與神話（poetry and mythology）標舉之來。《新科學》之第三冊，書名叫做《論眞正荷馬的發現》（*On the Discovery of the True Homer*）。若擬把初民的宗教、道德、法律、社會組織，及經濟等進行了解，千萬別先作抽象理論的沉思，卻應對語言學下功夫。語言學包括詩及神話。荷馬的詩，代表希臘的英雄時代，在宗教、習俗、社會組織、經濟甚至是科學層面上的「詩意性」（poetic characters），宣洩出人民的「詩情畫意之智慧」（poetic wisdom）或「庶民智慧」（vulgar wisdom），也是平常百姓在神話時代的思考方式，是即興式的文詞表達，正是眾生心態的儲庫資產，最具有歷史重建的意涵，千萬別以想像當眞實。荷馬詩所提的宙斯（Zeus）不是一個眞實的人。但同時，詩中的語句，也不純是虛構。把神祇的觀念化為抽象的哲學理論，只不過是一種高度想像力發揮的精品傑作，其中若也帶有邏輯，也不屬於哲學界所說的抽象式邏輯，而是情感意志的「邏輯」呈現，如此而已。

5. 歷史在各文化期中所展現的，既具複雜性也一致性；各圓圈裡的每一時代（age），都各自有不同的宗教、法律、社會組織，及經濟；千萬別以朝代、政治，或軍事事件為限，卻應挖掘平民百姓在各時代中的生活方式，看看眾生在宗教信仰、道德規約、習俗及法令、社會及政治組織、經濟、交易，及美藝的環環相扣中，如何過日子。同時，他也希望把人的一般性心態與特殊性的科技美藝，雙方的發展，作一比較研究。

歷史展現人性的本質，在詩歌、美藝、社會及法令演變中，人性冒出來了，本來面目也藉此現身。史是人造的，因之也只有人才能領會史，從中體會出人性是什麼。過去、現在，以及未來，此種醒覺，歷史意識就萌生了。此種歷史意識，理性的比重加大；理性時代的成就，也非同小可，那也是哲學時代的業

績。人的眞正面貌呈現在歷史中。過去及初民的人，實在比不上理性時代的人；衆神時代的「人」，是感官爲主的人；英雄時代的人，是想像的；人的時代的人，是理性的。

6. 人力都帶有神意：人的舉動、藝術紀念物、文學或體制之建立，都是人造的；但絕不可認爲都與神意無關。其實，那正是上帝藉人之手來完成的完美佳作。不過，維科不把人力這方面的「壯舉」，歸之於人性中的理性，卻源出於人性中的意性及情性，自自然然的，無神祕性在。他說，人內心中之所圖，結局常出乎意料之外。「父執輩運用無受限制的父權來對付佃農，置他們於民法力道（civil power）之下；結果，城市（city）出現了。」貴族統治者濫用他們的「豪族自由」（lordly freedom）來壓平民，卻因之出現了「大衆自由」（popular freedom）。「人在做，天在看」，其實，歷史也在瞧！民主時代，部分自由思想家擬摧毀宗教，結局是社會解體，文化期告終，卻也是新宗教的誕生。該新宗教更有助於新人之征服自私心。因之，新文化又出世，人的行動是自由的。但自由行動只不過是一種手段，是實踐神意永恆目的的工具。當年支那皇帝有權斷了宦官的種，後者卻因之亂了皇帝的政；這是平行式的一報還一報。「文明」之演進，在人醒覺出此種不仁道的措施之後，強迫閹割生殖器，及干政之亂相，期望能盡皆掃除。冥冥之中，黑裡有白，暗裡有光，野蠻中有文明；有意插花花不開，無心插柳柳成蔭。意不意，發諸於人，但結局是人作不了主的，一隻看不見的手在操弄。億萬富翁者有，白手起家的例子更多；後者遍嘗苦工被剝削的痛，也從中學到一些賺大錢及牟大利的訣竅。天網雖恢恢，但疏而不漏。戰爭帶來和平，破壞的結局是建設。看似自相矛盾，因果雖非必然，卻也常是史實。

維科生不逢時，十九世紀，他的著作才見天日。1787年歌德造訪那不勒斯（Naples），注意到了《新科學》，這位大詩人把該著作借給雅各比。1811年後者強調，維科的作品預示了康德的理念。英國十九世紀最著名的詩人柯立芝（Samuel Taylor Coleridge, 1772-1834），對維科著作熱情擁抱。在法國，史學

大師米什萊（Jules Michelet, 1798-1874），於1827年譯《新科學》為法文。強調
「人」在歷史演進中該有所作為，反對宿命論。義大利名史學家克羅齊（Bene-
detto Croce, 1866-1952），認為維科「發現了詩及美藝的眞正性質，也就是說，
發明出美學論（the science of aesthetic）。維科的理念，才大大地發揮其影響
力，甚至與黑格爾主義（Hegelianism）可以相提並論。義大利之輸入黑格爾哲
學，好比維科回故鄉一般。

　　孟德斯鳩除了《法意》（1748）一書享名學術史之外，另有羅馬盛衰之因
的著作（1734），雖無提及維科之名，但在1728年旅義大利時，極有可能知悉
《新科學》一書。維科的史觀必然影響了他。兩人皆強調，利用史實以領會人類
的歷史發展規則。孟德斯鳩在啓蒙運動一展開之際，即大顯身手，為追求自由而
奔走呼籲，成名早為人知。維科這顆巨星的亮眼，卻在啓蒙運動多時之後，才為
世人所瞧見。實證主義者孔德，及物論的大師馬克斯，都認為《新科學》是一座
里程碑。

三、伏爾泰及康多塞

(一) 伏爾泰

　　1. 歷史研究，必須「宏觀」或「巨觀」，不許只是帝王的家譜，如同支那
千年史一般；或只注重戰爭、外交折衝、政治鬥爭，或「大人物」（great men）
的言行，卻該把歷史當「文明史」來看。啓蒙運動不是只限定在政治興革上而
已。當時的風雲人物，思及歷史的學者不在少數。孟德斯鳩有《羅馬興衰史》
（*Histoire de la grandeur des Romains et de leur décadence*, 1734），英國牛津大
學史學教授吉朋（Edward Gibbon, 1737-1794），有六大冊之《羅馬帝國衰亡
史》（*Decline and Fall of the Roman Empire*, 1776-1781），伏爾泰有《查理十二
世史》（*Histoire de Charles XII*, 1731）及《路易十四世史》（*Histoire du siècle
de Louis XIV*, 1751），英國的休姆，史學著作也不少。特別要指出的是，把史學

重點下放到百姓的習俗作爲，是法國史家盧克羅斯（Charles Pinot Duclos, 1704-1772）。

其次，啓蒙運動時代不少學者視史學是純文學（*belles-lettres*）的一支，又在史料欠缺及不清不楚之下，胡亂下斷語；甚至完全以理性爲憑依，作爲歷史眞理的唯一準繩；忽視過去的史實，除非史實可作爲「哲人」（*les philosophes*）活躍的工具，而大唱十八世紀最爲輝煌，哲學最爲出色；其他時代都被看貶，甚至一文不值。不過，在樂觀過頭之際，一些悲觀語調也不時露出口風。進步的理論太過天眞。此種聲調，難能可貴的，是伏爾泰的說法。

2. 進步、樂觀、哲學、科學，音量宏偉。理性解放了，枷鎖除盡了，自由勝利了，進步就如影隨形的跟進。持此心態，對中世紀及遠古時代理性被囚禁的歷史，在了解上就困難重重了。霍布斯在憶測原始土著社會的「實情」時，是先把現代「理性」的人置於眼前的，竟然認爲最初的人種也運用「理性」來相互訂契約，簽合同，共組群居的社會。維科反對理性方法，不滿分析批判及人爲造作；遂要求該檢驗語言、詩詞、歌詠、藝術、紀錄、習俗、宗教儀式等，作爲領會初民生活的眞情面目。在啓蒙運動以理性爲主調的時代精神大海中，投下了一顆巨石，與「哲人」作風格格不入。對於中世紀，時人大半皆無「同情的了解」，去體會當時的文化及外觀，一味地取暗無天日或未到黎明，作爲形容詞；凡與十八世紀相左的，都在他們排斥之列。這種作風，實屬「非史」（unhistorical）——不合歷史實情；因爲不是史實的「全貌」。

3. 史實是科學的，史識或史觀則是哲學的。1740-1749年，伏爾泰寫作而發表於1756年的《風俗論》（*Essai sur les moeurs*），特別把宗教信仰因素以及上帝的觀念，作爲人類歷史發展的主軸，也把重點放在人的意志及情願的相互作用上。「進步」是因爲人擺脫了動物狀態，尤其理性當家時才有可能；若能遇上開明的專制君主王朝（enlightened despotism），則社會改革必指日可待且可成，不需依賴什麼上帝的規劃來臻超自然的目標。

歷史研究，要本於經驗事實，不該預設獨斷的教條。1765年寫出《歷史

哲學》（*Philosophie de l'histoire*），把不可置信的傳奇（legends）及神話故事
（fairy-stories）排除在外。試問可以准許一位腦筋靈光的十八世紀人，把德爾菲
的神諭（the oracles of Delphi）說得很嚴肅嗎？聽聽罷了，不必當眞！

　　史家的職責，不在向讀者提供霧裡看花似的，或一堆不可考的軼事，或誇張
荒誕的往事。放在現代史吧！何必言必稱古呢？一千個謊言或許只對上少數的眞
正實情。寓言不可當史，閒談及聊天式的古代名史家如希羅多德（Herodotus）
之寫作風格，實不足取。眞正的史家要有耐性，撥雲去霧，以見晴天。他說若歷
史研究非放在過去不可，則過去頂多到十五紀末即可。那時候開始，歐洲文明史
丕變；中世紀史引不起他的關注，遠古史的探討雖可滿足好奇心，但現代史的了
解，則屬必要之舉。

　　平情而論，伏爾泰此種賤古寶今的「史家」，在心態上也不十分可取。

　　4. 《歷史新考慮》（*Nouvelles considérations sur l'histoire*）確是小冊，卻顯
出他的長項本領。他說，讀了三四千種戰史及數百種條約之後，智慧並無增加；
倒不如聚焦於國家民族在美德善行及邪惡敗壞上，力道之強弱，及美藝工技之發
展及成就。以「公民及哲人」的身分來研究史，在態度上及法律上的改變，才是
史家的重責大任。《風俗論》中，他說：

> 我喜歡知道人類社會在十三及十四世紀時，如何過甜蜜的家庭生活，及技術
> 美藝如何培育出來。何必一再重寫那麼多的災難及爭奪，那麼多已逝的史
> 料，以及那麼多由怨恨所生的陳腐事例？

　　爲什麼歷史記載的大部分資料，都由少數人所獨占其篇幅？一將雖功成，但
卻是萬骨枯的代價。政爭史及戰場史催眠了過去的史家，政治史掛帥。「人的時
代」，士卒百姓，都是人啊！

　　歷史畫布應張大，不可局限於歐洲，還應擴及遠東及美洲。怎能不把回教世界
也納入史學範圍之內？東方宗教也不可忽視。當然，內容上務必把風俗納入其中。

(二)康多塞（Marie Jean Antoine Nicolas Caritat, Marquis de Condorcet, 1743-1794）

1. 生平：一生是數學家兼哲學家，22歲時就提出積分學（integral calculus）論文，大受讚賞。參與百科全書之編輯與寫作，被選入法國學術院（French Academy, 1782）。另有概率（probability）一書的出版。與重農主義者結夥，維護穀物的自由貿易。在政治上，狂熱於民主及共和，對大革命是首肯的，還被推爲制憲代表。但個性強，己見深，終難逃厄運之臨身；在風雨飄搖的歲月裡，年僅半百出頭即去世；中風，被毒死，還是自飲毒藥，此事成謎。極力反對死刑。一生遭遇，大半在驚懼中過日。曾躲入貴族寡婦家中，但一悉四周受監視，怕連累女恩主，逃亡中被捕獲，死在牢窖裡。

2. 對進步的史觀抱以熱望：政亂環伺之下，他仍不忘寫作。1794出版《人類精神進步史梗概》（*Esquisse dún tableau historique des progrès de l'esprit humain*），使他列爲哲學家之林。人種之歷史演進，往完美（perfectibility）邁進。如同暗去光來，蠻野走文明至一般，進步是無止境的。在斷頭臺（guillotine）陰影之下，他的心境卻樂觀無比。社會之敗壞腐化，惡劣的法律及制度是元兇，治者及教士是禍首。他攻擊皇室及僧侶階級，以及一切的宗教，二者都是阻止進步的毒瘤。他的解藥有二，即憲政改造及教育革新。1792年，他是制憲代表，提出全國性的俗世教育，不帶宗教色彩，其後被採納；主科放在數學、自然科學、技術科學、道德、及政治科學上；至於語文，古老及當今的，在課程表上，時數少，分量輕。學習重點擺在自然及人的研究裡。

3. 文化史分成9個階段

(1)野蠻狀態（barbarism）：在體力上與動物相異的是，人組成爲群體，如獵人及漁夫等，有家庭組織，且使用語言。

(2)畜牧時代（pastoral stage）：人處於不平等的主奴狀態，使用初級技藝。

(3)農耕時代（agricultural period）：農具之使用，進步比前更多更快。

這三期都是猜測性的，假設性的；但文字一使用，就有客觀的史實了。陸續出現其餘的6種文化，即希臘文化、羅馬文化、中世紀（分爲十軍東征之前及文字發明之後兩期）、文藝復興是第八期；印刷術出世，加上笛卡兒哲學出現，第九期出現法國大革命的1789年。還包含有牛頓的地心引力說，這是自然界知識的大躍進；以及洛克對人的探討，人性的奧祕被掀底了，人類社會制度規模粗具。至於第十級也是未來級，他預示的進步是國家民族及社會階級一律平等，以及個人在德、智、體三育上都能改善增進。他說的平等，不是數學上的（量上的），而是在權力平等上人人享有自由。

4. 樂觀的進步史觀，乃因過去既有進步史實，則來日必保證也一如過去的進步。不過，開啓進步的鑰匙，是教育；而教育必須是一種理性的啓蒙、政治的改造，以及道德的陶冶。如此，就如同引擎已動，人類進步的機器就永不休止地往前及往上動了。不只道德上，私德與公德可以相容；且物理科學、技術科學，甚至數學，都能日進日日進。（笛德羅對數學觀念之繼續更新，倒不這麼樂觀）

其後實證主義的孔德是接棒者。科學一昌明，神學即退位；形上學也居幕後不現身，甚至無先前的主導力了。康多塞與「哲人」們相處，不儘然全部呼應他們的訴求。他稱讚伏爾泰，也贊同他的「反教權主義」（anticlericalism，教皇權位至上，高過於帝王權）；卻對伏爾泰朝思暮想的闡明專制的好處以及對百姓的蔑視，不予支持。縈繞在康多塞心中的，是民主式及科學式文明的出生。雖然他的著作難免有瑕疵，但一般而言，目光比伏爾泰更具前瞻性，而非如同伏爾泰神化了十八世紀。不過，也因此種無可救藥的樂觀論，使他無視於人性的醜陋面及實際面。未見及此，不只他一人而已；其後的世紀，類似他一頭栽在持續進步的史觀者，人數也不少。

總而言之，舊史觀的宗教色彩濃；啓蒙運動時代的歷史哲學家，秉此觀念的也多，如日爾曼的萊興，把個人的教育（education）比作眾人的基督教天啓（revelation），宗教教育包括了教育的全部。康多塞恰好相反。雖然教育是二者的共同要求，但教育要根絕於宗教，人類進步的「概率」就增多。

四、赫德

(一)史觀務實

1. 空谷足音：他先攻擊歷史編撰（historiography）上一味地還沉迷昏睡，夢想天國世界的來臨。理性即令大放光明，不也有暗淡陰影；久旱之下所降的甘霖，也不一定各地均霑。千萬勿以一可以概全，也別歡樂於人史從宗教的神祕味及迷信風中解脫，信徒從此就穩坐樂土，品德操守也日善日日善，眞理也越辯越明瞭。這都是不可救藥的「成見」、「先見」、「預見」。「預先的諧和」（preestablished harmony），純是理論或空想。放眼具體的人生界，才不會被五官所蒙蔽。

2. 各民族史都是獨特的，都具研究價值。先排除本位主義的私見，勿用價值名詞於不同民族身上，以免因「情緒語言」（emotive language）而生紛爭與困擾。好壞、美醜、該不該、福禍，或苦樂的語詞，絕對避免。歷史好比生長，只作敘述性而不作評斷。幼稚、老羞、好壞，不能隨便妄置一詞。更不可削足適履。個案無法全歸入不變的法則中。歷史演變之「正」或「反」，只具敘述意，不含價值意。史學家切記，不可先存某種定見，以此來規範歷史事實或解釋過去事件，把一切皆套入該先見中。

3. 人的身心二者是無法斷然分離的：人的歷史，正是身心二者的通力合作；心理學與生理學兩學親，有其後行爲心理學（behaviouristic psychology）之傾向。同時，他也強調生理學存在著一種「生機活力」（vital force），爲法國柏格森的學說鋪路，這是一件大工程。1784-1791年，他花7年的時光，完成了《人類歷史哲學理念》（*Ideas for Philosophy of the History of Mankind, Ideen zur Philosophie der Geschichte der Menschheit*），先處理人所處的物理環境及身體的物理結構組織。人類學（考古學，anthropology）出現了，連史前時代都包括在內。其次是文字記載的歷史，直到羅馬帝國時代。另一冊則延續到1500年。雖人類史的「全集」未竟，卻已提供了建構用的石頭；得花數世紀才能建造好的大

廈，他自己絕不敢獨攬。

處理了人的物理環境因素之後，才能知悉人在地球上扮演的角色。繼之，有機生命體即人本身，出場了。他倒未利用演化原理，沒提及何種特殊動物演化出人來，卻以金字塔喻之。人是金字塔的頂端，基座是「屬」（genus, genera）及「種」（species）[2]。明顯地符合亞里斯多德對「人」的「定義」──「人是理性的動物」。動物此一「屬」，有兩個「種」，其一是「理性的」，其二是「非理性的」。非理性的動物有馬牛鳥等，有的會飛，有的不會飛；有的是哺乳的，有的是非哺乳的⋯⋯

(二)生機力

有機生命（organic life）有一種「生機力」（vital force），形同亞氏所言之「衝力」（entelechy），往上直竄，把潛能性化為實現性，使人從動物階冒上來，成為思考、懷疑、批判、明辨、想像等的生命體，向上帝逼近，嚮往至真至善至美之境。

1. 初民（原住民）也有「文化」，勿用「不幸」（unhappy）及「悲慘」（miserable）字眼來形容原住民。比起十八世紀的歐洲「文明人」，他們在某種生活形態或人生觀上，比現代人快樂得多。此說很合盧梭的口味。十八世紀的城市人，「朱門酒肉臭」，乃因「路有凍屍骨」；奢侈的人大吃大喝，換來的是「數百人忍饑耐寒」的生產；汗滴禾下土的勞苦大眾，眼睜睜地看穀物被富豪「合法」地「搶劫」。暴政猛於虎。他絕不敢寄望有個如同伏爾泰心中的「開明專制君主」降世，不如人人作主吧！不需「明君」在上。「需要有主的人，還是個動物。人一旦成為真正的人，他就不需有主人（lord）。看看初民，誰有必要看別人的臉色，聽取他人的命，或接受另一個人的令？」

---

2 在物的分類上，「屬」較通稱，「種」較殊稱。如人「屬」動物，動物包括了人、魚、鳥⋯⋯

2. 史家評論史實時，要公正不阿，不可隨意取任一族作爲心中的最愛，斤量依之爲秤，卻該同上帝造物主一般的，衆生皆是子民，一律平等。視野不可套牢於歐洲，應遍及支那、印度、埃及，及猶太民族。不能怪他，他對支那及印度史所知有限。有趣的是他取希臘史爲榜樣，文化圈（cultural cycle）最完整無缺。每個民族文化都有各自的重心，重心越沉，文化之保存及永續，就越爲穩固。當文化頂峰越攀升到極高點時，重心就可能搖撼了，平衡感受到衝擊，往下坡走是時日問題，也不可免，這是「自然法則」（natural laws），也是天則。羅馬帝國之命運早已註定，環境促使羅馬人成爲軍事民族，羅馬史也以此爲內容，偉大依之，敗亡也隨之。重心未處於平穩點時，隨時都會倒下的。如同人走路一般，重心不穩，就跋腳在地上了。

3. 理想的文化在伸展生機力時，要求平穩：他大力抨擊欺壓或淩虐其他民族的黷武主義國家。日爾曼人沒有征服其他民族的歷史使命感。人人既以自由來組成社會，國家及民族亦然！共同建造一個大家庭，每一分子皆盡其「慈愛人性」（humanity）的本分。種族優越感尤其不該。每個種族都是優越的，更不是某一種族「最」爲優秀。「我族中心主義」（ethnocentrism）不應掛在他的名下。

總之，他的歷史哲學，首先強調客觀的檢驗史實，不容情緒發作；其次，不該早就在內心中定調。此外，他視人的歷史猶人體本身，有生老病死的生理週期，似乎類似維科之圓形週期論。第三，特別該指出的是人類或人種在此圓形中，要繞出一種「慈愛的人性」，使先後不只有別，且品質更往上提升；此種發展是必然的，也是勢不可擋的。這就與啓蒙運動的主調「進步」，兩相契合了。過程中難免有破壞，但積極性的建設，也隨之而至。菲特列大帝（Frederick the Great）在政治上的興革，讓他心動；即令法國大革命一爆發，他也樂觀其成，但立即產生的「恐怖」（Terror），卻也逼他不得不在著作中刪掉了正面的評語。一生的最大盼望，寄情於教育上。如能把潛能性伸展開來，則人性不只

遠拋獸性，且向神性逼近。具體的取歐洲史當作「歐洲人精神」（the European spirit）的展現，首先是羅馬文化與日爾曼文化的混合，把歐洲變成一個宗教及政治的有機體；其次是文藝復興及宗教改革時代，然後發展到赫德所生存的社會。至於未來走向如何，不可預知，但字裡行間，卻也隱約地提出「世界精神」（*Welgteist*, world-spirt），該詞卻是黑格爾的「專利」。

　　赫德的歷史哲學，難以一言以蔽之，或許存有矛盾或不清晰處，也有理論上不一致的瑕疵。不過，歷史演變千頭萬緒，整合成一套乾淨無雜質的體系，也不合史實。歷史主義（historicism）或相對主義（relativism），也正是歷史邁向「科學」的必然結局。獨斷性的直線往前進，也往上衝，都不曲折，也不轉彎，人種的歷史還未臻此境地。還好，讓赫德安慰的是，他看出人步上「慈愛人性」（humanity）之途，已在過去歷史中隱然成形；雖曲折蜿蜒，但也似大江入海；也形同地球之「圓」一般，雖表面上山谷四處，凹凸不平，但「巨觀」上不正是完美的「圓」嗎？

第十一章

康德，日爾曼的啓蒙哲學家(二)

第一節　出生、個性，及著作

一、生平及個性

(一)生平

1. 足不出戶：康德這位哲學史上的巨星，在學術層面上，表現亮麗，鶴立雞群。相較之下，他的一生遭遇，就平淡無奇，並無戲劇性的高潮迭起，五光十色。其實，這也是大師級哲學家的通有現象。他們操心的是內心世界裡的疑難雜症，而比較不過問外在世界的曲曲折折，尤其是政治及經濟界上的紛紛擾擾；既未在戰場上駛騁，也非極地的冒險家。雖有大哲面臨被逼飲一杯毒藥而結束生命如蘇格拉底，或遇上火焚其身的天文學家布魯諾（Giordano Bruno, 1548-1599），這都是身不由己的。其次，他也不像來布尼茲或支那孔子的周遊列「國」，卻終其一生，未離故鄉克尼斯堡（Königsburg）一步。在東普魯士度過80年歲月，只是「秀才不出門，卻也知天下事」。曾在故鄉的大學擔任哲學教授，但不像其後的黑格爾是指揮柏林大學哲學走向的發號司令官。不過，卻也在此襯托出兩者的同異。康德教學的大學，比不上黑格爾執教鞭的柏林。但二者都是傑出哲學家。

2. 康德（Immanuel Kant, 1724-1804），父是馬鞍師（saddler）。童年時代，當地虔誠教派（pietism）勢力大，深受純樸率真之氣息所感染。對於學校生活上要嚴格遵守教義禮儀，他內心反感極強。幸而，學校也提供給他一項不可多得的為學資產，他在拉丁語文上，打下了深厚的基礎。

16歲（1740）入克尼斯堡大學，興趣多方，涉獵頗廣。上過的課，以邏輯學及形上學教授（吳爾夫門徒），印象最深。可惜該教授（Martin Kuntzen, 1713-1751），英年早逝。哲學研究之外，他還在自然科學上痛下功夫。物理學、天文學及數學是他的拿手。康德又善於使用教授的圖書室，尤欣賞牛頓的成就。早年的作品，對自然科學情有獨鍾，此種注意力，一生與他不離。

3. 畢業後，為了謀生，乃當家庭教師約七八年。1755年榮登今日所言之博士頭銜（doctorate），在大學充當校方不支薪的講師，由學生付講授費。此種職位，德文叫做*Privatdozent*，有點兼課性質，非在正式編制內。1756年擬接其師去世（1751）所留下的空缺，由於其師也屬「額外教授」（extraordinary professor），政府不擬補缺。1764年，校方告訴他可上詩詞課，他明智地回絕。1769年，耶拿大學（University of Jena，1557年立校）的相同邀請，他也敬謝不敏。直到1770年3月，才在母校獲聘為邏輯及形上學的「正規教授」（ordinary professor）；但先前的*Privatdozent*身分仍在，且兼圖書館助理，對經濟收入不無小補。不過1772年，此種行政瑣事妨及他的哲學深思，乃辭此兼聘職務。

(二) 個性

心態上非心理學家捕捉的興趣人物，無法從中揭發潛意識分析的最佳題材。在這方面，他不像齊克果（Kierkegaard）及尼采（Nietzsche）之讓心理學者欣喜若狂。

1. 一生生活極為規律，幾乎分秒不差，按時散步，有如機械的鐘錶一般，但無人敢評之為「變態」。唯一例外的是看了盧梭作品時，在欲罷不能的激情之下，竟忘了數十年如一日的午後三點半散步的習慣，害了鄰居家庭主婦因而晚餐稍遲下廚。

從另一角度來看，寧靜無大風大浪的生活起居，與他在哲學思想界掀起的驚天浩浪相比，也很不「尋常」。到底何種是「常態」，何者為「變態」，也著實難以定義。

2. 心平氣和是他的面貌表徵，但內心裡卻批判精神澎湃洶湧。哲學掛上批判，變成他的專利。1755-1770年的15年，屬於「前批判期」（pre-critical period）。他上的課，議題繁多：邏輯、形上學、道德學之外，還兼及物理學、數學、地理學、人類學、教授學，及礦物學，堂堂精彩，校方甚喜！闡釋教材，幽默又風趣，還以故事穿插之。心中旨意，與其「灌輸」，不如「激發」聽課者的

潛力，「教期無教」。聆聽老師教學，也不能一輩子師徒相隨；但自立腳跟，自我批判，才是要旨。

3. 康德絕非隱士，與世隔絕；不出門，此句話是相對的。在故鄉，他參加了不少社團，樂與他人交談。只是不「遠」遊，卻樂於聆聽異地來的訪客所介紹的奇情怪事。不過，他也會使對方張目結舌，發現本地人怎熟悉於他鄉事。原來他雖沒有親歷其境，所知是從書本閱讀而來，新觀念也油然而生。過目了盧梭作品，讓他深覺教育改革實迫在眉睫，政治改造也讓他內心起了不少漣漪。

4. 承先但也啓後：批判前期時，他的思維是接受來布尼茲及吳爾夫的，但自己的觀點呢？始自1770年他成爲大學正式編制之內的學術人員算起，他的第一本批判《純粹理性批判》（*Critique of Pure Reason*）卻晚到1781年才出世，或許可以說1770-1781年的十一年期間是醞釀期吧！此時他仍採用吳爾夫的著作當教本或參考讀物。同時，除了哲學課之外，還上人類學及自然地理（有別於人文地理），都屬「經驗科學」的領域，以便讓學生注重事實上的知識（factual knowledge）；體認經驗在知識上所占的地位，這就受到洛克的影響了。哲學理論不是憑「空」（void）而生的，無風怎起浪呢？瀏覽一下他的第一批判，此種印象極深。

6. 隨著第一批判之後，他的著作如大浪之襲至，滾滾而出。形上學、道德論、自然科學的第一原則等著作，幾乎一年一本的問世。七年之後的1788年，第二批判，隔二年（1790）第三批判也緊隨而至。其後，宗教及永世和平等，也是他寫作的內容。康德著作等身，光陰也得珍惜。他一本初衷的作哲學家漫步，按時外出，忠實不二。此種習性，不脛而走，成爲故鄉特色。早晨五時前必起床，飲茶、吸菸、計劃一天的工作；一日之計在於晨。6-7時，準備上課教材。夏季由7時到9時，各季則延後一時，爲他講課時間。課後到午餐時，寫作或與人交談；午後一小時的散步，晚上則陷入沉思及閱讀中。10時上床就寢。

表11-1　康德的作習時間表

上午	5:00	起床
	6:00	飲茶、吸菸
	7:00	準備上課
	7:00-9:00	（夏）／10:00（冬）上課
	10:00-12:00	寫作，休息
下午	3:30-4:30	散步
	10:00	上床

7. 心境不平靜的唯一一次，是他的《宗教只在理性限定之內》（*Religion within the Bounds of Reason Alone,* 1793）。此種大膽的說法，十足地反應出吳爾夫的「若無充足理由，一切皆空」的口號。不過，該書的第一部分，標題是「論人性內極端的惡」（On the Radical Evil in Human Natures），審查者認爲該書如同康德的其他著作一般，非爲大衆讀者而寫，因之不用多擔心。但第一部分，「論善惡原則之相衝」（On the Conflict of the Good Principle with the Evil）就難逃厄運了。權威當局認爲觀點有攻擊聖經神學（biblical theology）之嫌。還好，由四部分所組成的該書，皆通過任教大學神學院（Theological faculty）及耶拿大學哲學院（Philosophical faculty）的審查。1793年問世，麻煩來了。繼菲特列大帝而登基爲普魯士的帝王（Frederick William II, 1744-1797）龍心不悅，指責作者誤解也誤導聖經教義（Scripture）及基督教（Christianity）的基本原則；威脅作者若再冒犯，則有罪刑伺候。康德不願在理念上屈服就範，但承諾於授課時宣告，那純爲己見。王駕崩之日（1797），康德如釋重負，可以不必再守諾言。隔年（1798）又寫一書，討論聖經信仰上的神學，與神學或批判理性二者之間的關係，書名爲《各學院之間的衝突》（*The Conflict of the Faculties*）。

8. 57歲時，才在哲學界睥睨群雄。一生寫作不斷，人品上的特徵，是一流的道德極品；承受義務感，且書之於文筆；爲人謙和友善，樂與人交，慈悲又善

心。在金錢財富上並不富有，開銷是量入爲出的，極爲節省經濟，但常大方地濟貧救苦。節約只限於自己，對他人卻心軟，絕非自私或心如硬石。不輕易感情用事，卻對朋友既誠又忠，彬彬有禮，尊重他人。在宗教上，不一定遵守習以爲常的禮儀教規，但絕不落入神祕主義（mysticism）的陣營裡，卻也非屬正統性的基督徒。倒對上帝的信，一生不變。道德原則是獨立自主的，但道德與上帝，人是不可須臾或離的，或許他有過信仰上的眞正體驗，因之也道出繁星的「天空」（the starry heavens）在上，把「道德律則」（the moral law）隱含於人的內心中這種名言佳句。良心是道德律則的最後制訂者，天上的星星無比的寧靜，猶如人如信守良心的律則，則心之清明淨節與安寧，比得上星星。他對上帝之信及愛，不是來之於宗教體驗，而是基於道德，也是內在良心的義務感。上教堂只不過是應付形式上的要求，光只是外表上行禮如儀的禱告，不足以證明內心之皈依天主。研究神學的人，不一定就是宗教家；猶如他本人也寫出美學理論，但對音樂或許一竅不通。

在政治上，他是共和體制的友人。共和體制也把有限度的憲政式王權體制包括在內。美國獨立戰爭時，他寄予高度的同情心；對法國的大革命，也同表溫情。好戰作風（militarism）及沙文主義（Chauvinism），自我至上觀念，在他內心裡極爲陌生。《論永世和平》（*Treatise On Perpetual Peace*）作者的他，與納粹（Nazis）風馬牛絕不相及。人品上享自由，也尊道德，此種性格，才是康德最眞實的寫照。

二、著作

康德的書，內容包山包海，「百科」（encyclopedia）類的，「泛智」（pansophic）型的，正是「通識」（liberal or general arts）的反映。

(一)自然科學類

1. 1755年呈給大學而獲的「博士」論文，題目是《論火》（*Fire, De*

igne）。同年也寫出《普通自然史及天體理論》（*General Natural History and Theory of the Heavens, Allgemeine Naturgeschichte und Theorie des Himmels*），討論地球之環軸繞行，以及地球會不會老，此種物理學界的問題。星雲說（nebular hypothesis），比其後號稱爲法國牛頓的天文學者拉普拉斯（Pierre Simon Laplace, 1749-1827）之理論（1796），提早41年。

2. 康德對牛頓推崇備至，認爲物理學上的爭論，牛頓說的算。牛頓是物理學界最高權威。康德未曾是個實際的物理學家或天文學家，他只是這些領域的動筆「作者」，1785年甚至還寫出一書《論月球上的火山》（*On Volcanoes in the Moon, Ueber die Vulkane in Monde*）。在物理世界上，牛頓已提出最後的定論；宇宙之有規有則，是不容懷疑的，無一例外。但在觸及道德世界時，人的自由問題出現了；二者如何不生矛盾，康德尋求解脫。天之「道」是必然的，人之「道」是或然的；前者是早已決定了的，不能變更；後者則有伸縮性或彈性。

3. 自然科學上的普世性以及預測的有效性，如何面臨經驗主義的休姆所提的局部性及偶有性；這種皆來自於海峽對岸的學說，刺激了康德不得不勇於面對科學知識的眞正性質。

科學進步非凡，古典物理學即牛頓物理學又普遍爲眾人所接受。相互對比之下，形上學則停滯不前。到底形上學的眞正性質是什麼，也是康德擬提出答案的。

(二) 前批判期的著作

1. 「第一批判」之後的著作，才是康德的「己見」；之前在自然科學上取師於牛頓，且一生都未變；形上學則效法吳爾夫及來布尼茲，但不同於自然科學的「百分百」走牛頓路。康德對來布尼茲及吳爾夫之哲學，帶有批判性。

首先是「充足理由的原則」（the principle of sufficient reason），充足理由只適用於數學。在自然科學、形上學、道德哲學中，就另當別論了。數學觀念中的點、線、面等，定義是人定的，一清二楚；「理由充足」，不容懷疑與爭辯。

但形上學如來布尼茲提的「單子」，甚至是處於「昏睡的單子」（slumbering monad），就曖昧或混淆了。「無窗的單子」（windowless monad），不正是單子處於昏睡中的狀態嗎？單子觀念的提出，是哲學家的「任性」（arbitrarily）作為，難以像數學觀念之成為「公設」或「定理」（axioms）。非予以闡釋不可時，變成文法上的事了。「文法上釐清」（grammatical clarifications），是文法家的業務，而非哲學家的職責。來布尼茲形上學的單子論，是他獨創的，難以成為普世所接受的定論。只有數學觀念，才屬絕對有效的真理。數學可以提出「充足的理由」，形上學的時空定義則不然；聖奧斯丁曾困惑在其中，在《懺悔錄》中提及「時間」觀念時自承，若無人向他要求「時間」的「定義」，他對時間觀念是一清二楚的；但一碰及要給時間下一普世性大家都能接受的定義時，他就支吾不言了。

上帝存在的證明也屬此類：哲學界或神學界對上帝的證明方式多得不可勝數，但在「充足理由」上皆不足。證明上帝之存在，不屬「理」的範疇，卻是「意」的領域。總而言之，數學觀念在「定義」上都「絕對」可以接受；但神學、形上學、道德學的觀念，在「定義」上就一人一義，十人十義了。

2. 因之，數學獨立於形上學、神學、道德學之外。由形上學所建構的哲學理論，好比流星隕石，亮度越高，壽命不見得越長。邏輯解析式的形上學神學家，鐵口直斷地以理性推論證明上帝存在，但「信」神的人不見得就增加。「用力」去信神，大概更使不上力。

無疑的，形上學是人類的思考當中最艱難者，也只有形上學還未寫就，因為方法錯了。幸運、可靠，又準確的方法來了，牛頓是救星。循牛頓在自然科學的研究上得出牛頓成果的方法，這該是「形上學的天才法」（the genius method of metaphysics）。具體的說，形上學仿自然科學，如牛頓的「萬有引力定律」（the general law of gravitation）。換句話說，康德在「前批判」期（三大批判之前）中，早已存有批判精神。形上學的老方法走錯路了，正是最該被批判的。不該老是玄之又玄的內在冥想，卻要仿物理學管道。老形上學走「共相」推及「殊

相」的路，他是期期以爲不可的。形上學不應只有「形式」而無「實質」，不該如同數學一般的以純邏輯爲依，有「名」無「實」。此種老形上學，非進行「批判」不可。

3. 老邏輯即演繹式邏輯（deductive logic），也是亞里斯多德所創的。新邏輯是《新工具》（*Novum Organum*），是培根的「發明」。老邏輯最出色的是「三段論式」（syllogism），過去的神學家及形上學家，都取之作爲證明上帝存在的「唯一良方」。卻被康德於1762年爲文批爲「太過靈巧」（over-subtle），且「無必要」（unnecessary）。唯一可能得證的一方，是不必言宣的，不需像數學演算（demonstration），由已知到未知，由前提到結論。信神的人有必要向他人展現他如何信神嗎？有必要使用邏輯，條分縷析的解說信神的充足理由嗎？信屬「綜合」（synthesis）的事，知才有「分析」（analysis）的必要。1762年的論文，爲「批判時期」的第二批判（1788）埋下了伏筆。如同「名」與「實」之分野一般。演繹邏輯之分析，試以眞假二值的眞值表爲例：

A	B
T	T
T	⊥
⊥	T
⊥	⊥

「名」是如此，但又有哪種經驗事實或自然界的現象面，「完全」有具體的「實」，一一予以呼應呢？不陷入「難過的困境」（sorry plight）才怪！名與實，無法百分百「扣緊」（cogent），頂多只有可能性而已，未曾有必然性。充足理由在邏輯分析或數學演算可展雄風，但在形上學、神學，及道德學上則無能爲力。

就以上述「眞值表」（truth table）來說明：AB各有眞假二值時，則「有且只有」（is and only is）四種變化，沒有第五種，也不可只三種或二種或一種，

此種「充足理由」（sufficient reason）只在數學或演繹邏輯才如此。吳爾夫主政的哈列大學，以「無充足理由，則一切皆空」為「校訓」。果真如此，則大學只能開數學或邏輯學門而已了。此外，由因果律來證明上帝的存在，仿上表如下：

(1)有因有果	(1)善有善報
(2)有因無果	(2)善有惡報（善無善報）
(3)無因有果	(3)惡有善報
(4)無因無果	(4)惡有惡報

就宗教的報應上而言，「實情」有這麼乾淨俐落的嗎？除上述四種之外，複雜性更高。因果有大小，因又有近因遠因之分；果亦然，有小因生大果的，也有大因生小果的等。因之，哲學或神學史上出現的上帝之「理性」證明法，有本體論的（ontological），有宇宙論的（cosmological），有目的論的（teleological），不一而足，未如數學上畢氏定理一般，可以「定」於「一」尊！形上學陷入「無底深淵」（a botomless abyss），也沉於「無岸無燈塔的黑暗海洋裡」（a dark ocean without shore and without lighthouse）。

4. 1763年柏林學術院（Berlin Academy）有獎徵文，是關於形上學的一般及個別真理，是否可作為自然神學及道德學的第一原理原則？其真實性及準確性是否也如同幾何一般？如否，則形上學的真理，特殊性及準確性何在？康德並未得獎，首名是孟德爾遜（Mendelssohn）。

早在1763年，康德就說過，數學方法不宜作哲學研究之用。雖然數學真理與哲學的相關度大，且數學幫哲學的忙，果實累累。不過，哲學若以形上學為主幹，則與數學，二者有基本上的差異。作為建構性學門的數學，在建構數學觀念的定義上，是「綜合的」（synthetically）。幾何圖形（如多角形）的概念，依定義而定；哲學概念則是「分析的」（analytically）。康德稱哲學為「世界智慧」（world-wisdom, *Weltweisheit*），先把概念予以分析後才下的定義，也是先有混淆不清或不足的概念，然後在概念的應用上進行爬梳、比較，及抽象化。取

「時間」為例，如同前述聖奧古斯丁的例子，先有時間的某些觀念，哲學才進行探究一番。人人皆有「時間」上的某些經驗，如日的出沒、月的盈虧、四季晴冷之變化、童稚、老耆在體型及身材的不同等，將這些分殊的概念作一比較及分析，然後才得出抽象又完備的時間定義。

> 若我擬對時間的定義採綜合方式，結果恰與早已有的時間觀念完全吻合，那純是機會使然，或是好運當頭。

幾何（數學）概念在定義上，於具體經驗世界（感官界）中，並無、點、線、面等，而只有「名」上的意義。名是抽象的、概念化的，也是普世性的，因之大家無爭；哲學界（如形上學）也有仿此的，如來布尼茲的單子論，它與數學界一般，都具綜合性或統合性，但要取之作為四海皆準，百世不惑的學說，則不如數學概念之永恆。

5. 道德生活上，「情」第一。他學培根的口語，「知識即力量」（knowledge is power）。知是眞理之所依。至於善的感受，則要靠「情」（feeling），「二者不能相混」。當年蘇格拉底堅信，知識才是品德的基礎。那麼，看看下述的邏輯分析：

(1)知善行善

(2)知善行惡

(3)不知善（知惡）行善

(4)不知善（知惡）行惡

「善與惡」，「知與行」，需要仔細「分析」；這不是數學問題，卻十足的是哲學問題。一來要有「解決問題的必然性」（problematical necessity），即完成X目的，「必」採Y手段；另有「義務性的必要性」（legal necessity），即有責在身，非以利為念，並且也只是為了義而已，不及其餘；即不把他人只當工具，卻要視之為目的；為義務而行，不考慮其他。此外，「竭其可能，盡力而

爲」（Do the most perfect thing which is possible for you）。

6. 形上學家如擬在知識上日有進帳，不該仿數學方法了，不如改學如牛頓的自然科學法。首先，把不清不楚的經驗及概念弄明白，然後再作抽象的表達。自然科學提供新知，形上學也該如此。老形上學是沉思冥想型的，有必要祭起「語言學分析」（linguistic analysis）的利刃，把形上語言進行解剖開刀，或許可以將毒瘤斬斷，解除謎樣又玄妙用語的束縛。如此一來，將也有自然科學的亮麗成就。

1766年匿名發表的《以形上學夢來解見鬼者之夢》（*Dreams of a Ghost-seer explained by Dreams of Metaphysics, Träume eines Geistersehers, erläutert durch Träume der Metaphysik*）。匿名之眞人是誰，從未是祕密。該書半幽默半嚴肅。自然界中有精靈（spirits），令人生出魑魅魍魎的經驗，才會寫出「艱澀難懂的哲學片斷」（a fragment of esoteric philosophy）。山川精靈附著於人身上，投射出一種想像式的幻影；另一方面，「粗俗哲學的片斷」（fragment of vulgar philosophy）也賜給醫學界療病治傷之用。這是哲學寫作的兩極，各取所需。康德之爲文，旨在追究冥思式形上學的理論；既超越經驗之上，則其功能就不盡然只限定於憑幻覺即可領會哲學上的至深奧理，或許給見鬼者大夢乍醒而具起死回生的療效。超越界即逾出經驗及理性推論之外，不屬經驗主義或理性主義的範圍，那是吾人無知的源頭，也是人生知識的有涯處，不是能由理性及經驗來評斷的境界。培根的「知識即權力」的說法，在形上學地盤就失效了！

7. 休姆評論形上學所言之因果律，使康德受益良多。因果關係不受邏輯解析所支配，經驗才是證明因果的唯一準繩，不是超驗的（transcend experience），雖然該界之存在，康德並不否認。但形上學自古迄今都自認可以穿越該界，也有打開入門之鎖，這是康德無法接受的。休姆是喚醒他不再沉睡的哲學恩人。

形上學與道德並無必然的邏輯關聯。道德原則要取決於形上眞理，如靈魂不朽以及來世受上帝之獎懲，此種「獨斷」，康德更不背書。道德原則不是本諸於

冥思形上學的結論，同時，道德信念（moral faith, *der moralische Glaube*）可能超越經驗界。道德學獨立成科，不隸屬形上學或神學之下。

(三) 上課風趣，但著作則極為難懂

文字著作，尤其在「批判期」，則甚為抽象、理論、少舉例，使用的語詞及文字說明，冷僻艱澀又難懂，變成哲學史界繼亞里斯多德之後，讓讀者備感痛苦的閱讀資料。英哲羅素卻認為其後的黑格爾，更在這方面「青出於藍」。康德任教的大學規定，大學教授在學術上可能專精於某一學門，但大學是個「教育機構」，因此每一位教授都有「義務」思及教育問題。康德也就因此，參考洛克及盧梭的教育作品之後，撰寫一本《教育論》（*On Pedagogy*）。或許他的及門弟子才親領他在教學技術上的「專業」，但在著作中能享受閱讀之教育樂趣，就要失望了。

1. 三大批判，緊接而至：第一批判《純粹理性批判》於1781年寫就，探討對像是「眞」；7年後第二批判《實踐理性批判》於1788年出版，專注於「善」；第三批判《判斷力批判》於1790年付梓，是「美」的哲學理論。三巨著都以「批判」爲書名，激起學界極大風波。英、法，甚至日、漢之譯文也陸續在各國出現。不只譯文與本文氣味相同，闡釋與說明之晦澀也不相上下。譯有三原則，信、達、雅，「信」是客觀的，即「忠實」於原著，「達及雅」則是主觀的。但信是首要。如原文不清不楚，譯文是一清二楚，則譯者是不忠於原作者的。早在1763年，他對數學上的「負量」（負數）（negative quantity）觀念很有意見，還堅信數學方法不能全用於哲學。以此而言，若給他的著作評分，或在教學上爲學生打成績，可以用負數表示嗎？扣分也扣到零分爲止而已。

2. 時及空（time and space），是形上學的主要內容：三大著作充斥著「形上」氣，埋怨聲乃四面八方而來。1783年他逐寫一本小書，《任何未來形上學序言》（*Prolegomena to Any Future Metaphysics, Prolegomena zu einer jeden künftigen Metaphysik*），並非爲第一批判作補充，卻屬導論性。三大批判都有個

共同的形上用語，即「先驗」（*a priori*）。在「眞、善、美」三大領域中，把「眞」的自然科學、「善」的道德學，及「美」的品味學，三者之「先驗」予以單獨討論成系統。「先驗」是一種「形」（form），由「理性」生，但運用於三領域中任何經驗資料時，即成爲「實」，是有「料」（matter）的。三大批判都含在「時」及「空」中，那是形上學的轄區。

以康德舉的「時」之觀念爲例：時之觀念，先由形下的經驗界始，空亦然；然後才有形上的時空觀念；也好比他所說的，先學說話，才由「理性」理出文法規則，這是時間上的先後。但語言中，「早」有文法規則；語文實際使用，必按該規則。因此在「理論」上，文法規則這種「形式」（規則就是形式），也「必」先於語文的「實際」使用。此一問題，類似蛋生雞或雞生蛋的問題；形上與形下孰先，要視「理論」或「實際」而定。

3. 康德提出的「物本身」（thing in-itself, things-in-themselves）觀念：他說，人心之運作，純粹理性或實踐理性或許不知「物本身」爲何「物」。「物」的本體性存在（ontological existence），或「眞」相是什麼，好比人都帶著赤色眼鏡觀物一般，若該眼鏡永遠無法拋棄，則人所看的一切都是紅，無別色。「看」的主體（即人）左右了看的客體（即對象，物）。其後德國思想界之走入「心論」（idealism），或許與此有關。不過，「物自體」的提出，也只代表康德一生哲學中的一層面而已，勿忘了他除了物自體觀念之外，另也有別種學說。

粗略言之，康德所思考的領域有三，一是「經驗」世界：靠感官而有知覺，這是形下的；二是先驗（*a priori*），那是以形式或符號來建構經驗事實，即定義：這是形上的，其中以「時」及「空」觀念爲基軸。經驗世界中有具體可看到的「這頭牛」或「這頭馬」等，先驗世界即取之而定義爲「牛」或「馬」；三是「物自體」或「物本身」。前二者是水平面的，這卻是垂直的，屬更高一層者，名之爲「超驗」（transcendental）。「驗」分三種，不只在知識論及道德論上，更在神學論及美學論上，整合了經驗主義及理性主義的說法。納百川，蓄眾流，皆匯入康德哲學的大水庫，而又從大水庫中經過洩洪道，奔放出其後哲學大

水管及水渠道所澎湃洶湧的水流。在大水庫的「人」，除了具有科學的外觀外，另有道德上的良心，守義務，盡責任；且又有宗教上的信仰，靈魂不朽，自由，及上帝的存在。

　　休姆的懷疑論警醒了昏睡中的康德。由感官經驗獲得的知識都是相對的，也是平行的；康德在第一批判中，卻也給「絕對」及「永恆」保留了空間；數學及自然科學如牛頓定律之客觀性及準確性，是無可疑的。在第二批判中，雖純粹理性無法證實上帝之存在、靈魂不朽，或人之自由，但「實踐理性」頂替了純粹理性。「理」上未至的境界，由「情」達陣。此種說法，類似「哥白尼的革命」（Copernican revolution）。第三批判試圖在自然的機械性如物理學，與道德世界中的自由及信仰，二者之鴻溝中建一橋樑，這就是美的理念或品味的地盤了。「超」具有提升及往上意，是啓蒙運動的主要訴求。因之，未來、天國、上帝、另一更美好世界的理念，就必然出現。

　　康德學說似乎類似古希臘羅馬戲劇中，於事件糾纏不清之際，突然出現一個程咬金，或救星從天而降，終於擺脫困局；柳暗花明，化險爲夷。「機關未算盡，其中藏有神」（Deus ex machina），但那是神話。人世間倒也有不少「神祕」的事實，如訣竅或靈感火花，一瞬而至。天才或超人的說法，也仿佛可以與之相似。

第二節　第一批判《純粹理性批判》（真）

　　《純粹理性批判》，從書名即可知，理性運作的純淨化，成爲他「批判」的對象。理性運作，在哲學上是指涉形上學的。康德認爲，形上學過問上帝的存在，人的自由，及不朽等三大問題。換句話說，第一批判，針對形上學而來。

一、形上學的一般性問題

(一)形上學之爭議性

　　1. 形上學自古以來，哲學家都以最尊敬之心對待之。因爲形上學所追究的問題，至關緊要，可惜卻也眾說紛紜；比起自然科學及數學之進步神速，且所獲得的答案，也成爲普世性的「真理」；相對之下，形上學的形相，有明顯下沉跡象。任何一本形上學的書，都比不上歐幾里得的幾何學那般的可以止疑去問。被拱爲最尊貴的形上學，「最頂端的存有」（a supreme Being），或未來世界（a future world），依「純粹理性原則」（the principles of pure reason），可以如幾何一般的得出毫無置辯的答案嗎？

　　「物理學」（physics）比之於「後設物理學」（metaphysics），即形上學，也是如此。

　　2. 數學及物理學之亮麗研究成果，因爲有一套「進步」的爲學方法。相反的，形上學的方法是原地踏步，或向後返顧；遂造成形同炒舊飯或舊事重提，又了無新義一般，引不起學者的注目。迄今，形上學家所宣稱的斬釘截鐵之斷語，少有人關心介意。但任令形上學自生自滅，也著實不該。嚴肅來說，對形上學保持冷漠態度者，本身也是基於他自己的形上學。康德認爲不可單怪人心之輕浮，才造成形上學如此不體面的下場，而是人類理性批判力較成熟所致。現代的人已不把「擬似的學門」（pseudo-science），或「虛幻的知識」（illusory knowledge），當作一種可靠的研究學科。要命的是，形上學都被掛上這種標籤。因此

有必要請理性當判官，把形上學列爲被告，在審理臺上批判個一清二楚。

(二) 知識之始源

1. 康德一方面不同意洛克把一切知識皆來自於經驗，其實洛克也只說，「十之八九」的知識由經驗開始，可見也有十之一二，未由經驗起；另一方面倒支持洛克反對先天觀念說。康德認爲，經驗是獲得知識的「條件」，但只具「必要條件」（necessary condition）而已，即「有之不必然，無之必不然」；無經驗則必無知識，但光有經驗，也不必然就構成爲知識即科學知識，或可依賴的、眞的、無疑的系統知識。衆人皆知，暗室裡人眼無法視物，光乃是視覺的「必要條件」（無光必無法見物，但有光，不保證眼「一定」看到物）。其次，無適當的科學工具或儀器，也發現不出科學眞理；如無顯微鏡，則不見有細菌；望遠鏡未發明前，肉眼不及遠距離的星星；此外，人本身的主觀條件也限定了知，如眼疾、耳聾、舌腐、鼻塞、皮膚麻，則五官「知識」就不足；聰明才智之愚智，也在了解上產生難易的落差。

2. 康德關心的，不在「經驗條件」（empirical conditions）之內，卻是「非經驗」（non-empirical）的「純」（pure）思，完全限定在「形式」或「符號」（form, symbol）上，而非「內容」（contents）；探討「共」（universal）而非「殊」（particular）或「個別」（individual）。張三、李四、王五等，並不指涉任何特定的人，只是用來作個別人的「代號」，如此而已；因之可以用A、B、C代之。若無法把具體的或個別的人，以代號名之，則與形上學無緣。知識若只止於經驗，則無法形成系統的知識，更非形上學的知識。提升經驗知識的高度，正是形上學該承擔的任務。若不如此，則形上學把經驗資料拋棄了，空無一物，這才是他指責的「冥思形上學」（speculative metaphysics）或「專斷形上學」（dogmatic metaphysics）。

Perception without sensation is empty.

無感官經驗爲基所形成的概念，是「空」的。

　　他指名道姓，認爲吳爾夫是個「專斷哲學家中最大咖的」。一提吳爾夫，就也把來布尼茲拖下水了。知若限定於形上、名、符號，則跳不出名、形上，或符號的枷鎖，對具體內容的知識之增加無助。

　　但經驗知識雖內容豐富又龐雜，若無法作爲紮根立基而建構爲體系，則結局之蔽，仍不下於前述。

Sensation without perception is blind.

　　上兩句英文，支那孔夫子早以漢語說過：「學而不思則罔，思而不學則殆」。「學」靠外來的「感官知覺」（sensation），多數由外在刺激而來，是形下的；數量多，種類雜，一片惘然，易混淆迷亂（罔，blind）；「思」（perception）則是內在的，屬形上，如舵一般，航行無舵，是盲目了（blind），也危險（殆）。

　　其實，洛克所指的感官經驗有二：一是外感官，即五官；一是內感官，即心官，康德說是指揮理性的器官。內感官在外感官運作時，也伴隨而發動，利用外感官所得的印象予以組織或建構。內感官是無經驗內容的，「純」的（pure），好比一部機器。人有生命之後，該部機器即在運作。其實，內感官及外感官之運作，幾乎都是同時。但外感官提供給內感官機器運作時的「料」，也似蜜蜂將花粉釀成蜜一般，這才是貨眞價實的知識。若只有花粉（外），但無釀（內），則是一堆廢物。同樣，只有釀的功能，但卻無花粉當料，又哪能有「蜜」呢？外驗及內驗一併而成的知識，是可靠的，也是系統的。外驗即經驗（experience），內驗即先驗（a priori），知識不能缺其一。機器無料，只有「空轉」無成品；只名無實，就是空名；但實若未整合，則亂又迷。

(三)純粹理性批判的重點

1. 將內外感官的通力合作，作一考查及探究並批判，才是第一批判的任務。傳統形上學提出因果律（causality），如初生嬰孩之舉動，在因與果上都有經驗的具體事實，但將事實理出「律」來，就好比將粉釀成「蜜」了。理性如同機器，若出現空轉，那就變成「純理性」或「純機器」。車輪空轉，無法前進。冥思型及獨斷型形上學，該受嚴苛批判，原因在此。理性如只獨立運作，即純理性運作，而無具體的經驗事實，也如同咬嘴巴一樣，卻無食物在口內，因之饑餓更甚於昔。

2. 理性之「純」運作，也不能像心理學一般地完全限定在「心靈」的運作上，卻應包括生理上的，即有物質上的對象。驗即「檢驗」（investigation），以便「證明」（justification）。人一出生，既屬「動物」，因之會有舉動，包括四肢動作（外）及體內腸胃之蠕動，甚至腦筋之動，刺激因之生。刺激就有反應，其中樂苦感生；「因」與「果」之聯繫，久而久之，即成自然。一般都說因爲前，即前因；果爲後，即後果；由因驗果，稱爲「先驗」，由果推因，稱爲「後驗」。前驗即先驗（a priori），即在「因」上予以檢驗，從中理出「果」。但何因屬第一因（first cause）？有前因後因；究其實，因與果，在時空上幾乎是同時，但理論上有優先嗎？這確實屬形上學的課題，或者可以劃歸爲「物自體」領域。人之知，止於此；但不必操心，人擁有可知之因、果，或因果關係，都是人可知者，如數學及自然科學的定律或公設。

由果知因，這是「後驗」（a posteriori）。驗之後又有驗，以至無窮；如同因之前也有因一般，都納入「物自體」中。但若把理性之運作不放在「驗」（先驗及後驗）裡，單純的只及於「理性」，這就是「純理性」，也就是「超驗」（transcendental）了。但同樣的，先驗、後驗、超驗，本身也是一種「驗」，如此又都落入「物自體」（即物本身，驗本身）的窠臼裡。

二、先驗（*a priori*）

康德所言的先驗知識，不是相對的，或針對某一個別的經驗而言。取一衣近火，衣被燒或著火，此種「知」，是早就知的。不必試或一再地試，此種「驗」叫做「先驗」，且屢試不爽，不是相對、可能、或然的，而是準確無誤的知。自然科學的此知，人人不生疑。因與果是必然的，不必等候。康德所言的「先驗」，擴及一切。但，現在的消防員所穿著的衣，卻近火而不燃！

(一) 先驗不是「先天觀念」（innate idea）

先天觀念一點都與後天經驗無涉。但「先驗」卻不然，其中也有「驗」；先驗也得靠經驗。經驗主義者如洛克，主張一切知識都與感官經驗有關（with experiences），康德支持此說法；但強調，知識是「陪著」（with）感官經驗的，而不是說，知識從感官經驗「而出」（out of experience）。這就如同上述所言，蜜不是從花粉「而出」。若只有花粉本身，哪會有蜜出來？with表示「釀」（機器或工夫），才使蜜與花粉，二者相陪。因為有「釀」在其中，若無，則二者最後都各自存在。

感官知覺提供素材或粗料，心功能才組成為知識。心的機器一直在運作不停，有料來了，心機器予以建構組織，製造新產品。就「先驗」而言，是不來之於經驗的。火會燒，此種「知」，不必每次都靠驗得。既已成為先驗的知，則該知已不必再靠經驗了。

1. 先驗知識的標記是「必然的，且也嚴格的具普世性，二者相撐不離」。康德同意休姆，認為經驗知識未達此要求。依歸納法所得的「普世性」，只是比較性而已，且准許有例外。認定人生不滿百，此種判斷，只是一種「設定」（assumed）；但活過百年者也是事實。先驗是已驗過無數次了，數學上的命題即屬此類。任何的「變」都有因，雖此例依康德而言，「不純」（impure）；因為該命題之真，是靠經驗證實的，但卻是俟之百世不惑，千秋不改的普世性判斷。

2. 因果律上的先驗知識，康德坦承受益於休姆著作良多。

多年之前，休姆的想法首次叫醒了我的獨斷昏睡，使我在冥思哲學領域內開始有嶄新的方向。

休姆反對因果律則的「必然性」，不可純依經驗，康德百分百接受。但卻對休姆取觀念聯合論這種心理學說來解釋，無法苟同。倒認爲因果律是先驗的。因果律不完全是「純主觀的」（purely subjective），或只是內心中的一種習慣性期待有一種似機械式般的因果而已，卻有客觀的先驗爲基準。因果關係在經驗界中，不是百分百的成立，這是不容否認的。休姆指出這一要點，確屬先見。但以心理學的觀念聯合論來解釋，理由就欠充分了，無法說明先驗知識在因果律中是必然的事實。有因必有果，這是「先驗」的，個別的經驗事實即早已證明。

康德不「滿」休姆在心理學上的觀念聯合論來說明因果之必然相連，卻取語言分析角度來解釋。判斷分兩類，一是分析性的，一是綜合性的。

3. 分析性的判斷（analytic judgments）：命題的「述詞」（predicate）早涵在「主詞」（subject）中，如：白馬是白的。此一命題的主詞「白馬」，是「白」加「馬」。述詞中的「白」，早在主詞裡。因之此命題必眞。若不如此，而說白馬不是白的，則必犯了矛盾率。康德舉的例，沒如此一看即知，卻以「物體都是延展的」（all bodies are extended）爲例；因爲「物」的觀念，已把「延」含在其中。述詞不能多出主詞之外，且嚴格受限於主詞。這是「說明性判斷」（explicative judgments）。「物」有「延」性，笛卡兒已提過。

4. 綜合性的判斷（synthetic judgments）：述詞若不涵在主詞裡，則判斷可眞可假，而不犯矛盾率。如蘇格拉底是雅典人。此命題不保證「必」眞；之所以是眞，是「適然的」（contingent）、「偶有的」（accidental）。康德舉的例是「物都是重的」（all bodies are heavy）。此種例子極多，如「今日是禮拜二」，此命題有眞有假兩種「可能」。述詞超出主詞之外，屬於「延性判斷」（ampliative or augmentative judgment, *Erweiterungsurteile*）。

因果關係屬於分析性命題，果早在因之內，不超出因之外，因也限定了

果。但「某種族的人都是矮個子」，這當然是綜合性命題了；「眞」不是必然的。綜合性命題不屬於「先驗命題」。

5. 康德有一創見，發現某些綜合命題是必然的眞，也是普世性的眞。他稱之爲「綜合先驗命題」（synthetic *a priori* propositons）。他舉的例是：

事一旦發生了，必有發生之因（Everything which happens has its cause）

此一命題的述詞，不一定包含在主詞裡；且主詞也不必然涵蓋了述詞。卻符合了「先驗命題」的條件，即「必然性」（necessity）及「十足的普世性」（strict universality）。此一命題與事實經驗無涉，事實經驗「絕」不可能出現有與之相矛盾的命題；若事實經驗印證了該命題，也不增加該命題成眞的力道。

數學上許多命題都是屬於先驗綜合命題，如7 + 5 = 12，或兩點之間直線最短。述詞中的「最」及「短」，並不含在主詞的「兩點之間的直線」裡。但此命題之眞，是先驗的，必眞。純數學之所以可能，就是這個道理。其次，物理學上的命題亦然，如質量不變。

不只如此，道德學上及形上學的命題，也屬於綜合先驗命題。道德學上的良心，形上學的「世界必有最先開始之時」（the world must have a first beginning）。述詞內容都溢出主詞之外，但卻是絕對爲眞的命題。

第一批判處理三學門：純數學，純自然科學（物理學），及形上學；這三學門是否爲科學？科學指的是可以增加正確可靠又無疑的知識。

(二)哥白尼革命：「經驗」不足爲「必眞」知識之師

1. 休姆懷疑感官經驗或客觀事實可以作爲因果「必然」論的依據，因果律不存在於自然世界（客體）中，卻藏在人的心（主觀）裡。內心觀念上的聯想，把因與果二者相連。外感官不足以作爲準確知識之所依。康德舉出哥白尼的天文大發現，是不可忽視的「事實」；以地動說此種「假設」，來推翻傳統的天動

說。但人人都目睹太陽天天由東轉到西，繞著地球轉，乃以爲地球固定不動，動的是太陽。當年力學始祖阿基米德不也提出假設嗎？——在宇宙中找到一「定點」，則只要給我一根槓桿，就可以把地球這麼重的「物」挑起來。觀察天文現象者若以日爲定點，則地之繞日，也如同以地球爲定點時，天之繞日一般。兩種假設皆符合所觀察的「現象」，但兩者相較，太陽中心說（heliocentric hypothesis）在說明或解釋天文現象上，比地球中心說（geocentric hypothesis）較爲省事，且遭遇的困難也減少。其後的天文學界也發現確實是如此。

汲水疑山動，揚帆覺岸行。

但知識就這麼的停留在「相對」性上嗎？

2. 先驗知識如何可能，尤其綜合的先驗判斷如何可能，這是康德提出的重大哲學問題。如果地動，則地球上的一切，包括海岸、帆船、山都在動，無一是靜止的，這才算是「眞相」。人類史上在過去大半皆以月計時，稱爲陰曆或農曆；但時日久了之後，發現與春夏秋冬之冷暖不相符應。其後，陽曆年即以日計之，與眞正的事實相差較小。只賴經驗事實，心中無法得出一致性、普世性、持久性，及必然性的知，或叫做先驗的知。先驗的知，都是應驗過了的，無一例外；至於後驗的知，該知是受限定的，限定在盡可能提供的經驗資料上（merely given）。先驗的知，是演繹性的；後驗的知是歸納性的。前者天衣無縫，後者卻可能漏洞百出。事出必有因，不只在經驗界中可以證明，也在心中「早」有譜，確認事出有因，且也「必」有因。心與物（事），二者不只在經驗事實中存在著暫時性的心心相印，且也「必」有恆久性的心心相印。吾心與彼心既如此，心與物之交，也必如此。

康德此種先驗知識的必然性，如同哥白尼的地動說一般，都是一種「假設」。但此假設，或許比經驗主義甚至休姆的因果律更爲高明。知，往昔都認爲是「知者」（knower）與被知者（known），二相吻合；前者受後者所限定。現在不如學哥白尼的革命，把重心作180度的大改變，後者受前者所支配。從「命題」上來看，這是驚天動地的大改變。分析性命題，是必眞的，早有驗在先。經

驗只是可能性，先驗則具必然性；這才是「知識」的要項。但此一先驗，如何可能呢？取哥白尼前例爲證：古老的地球中心說，時人持之以恆（但卻是相對性的）的認爲是「眞理」；究其實，那也是一種「假設」。哥白尼提出新說，新眞理取代了舊眞理，且在解說「現象」時，方便許多。此種「現象」，比較接近「實情」。地動說及天動說，都可以算是「先驗」，都是知的主體（人）所猜測或斷然其爲眞者。但地動說卻比較逼近知的客體（物、自然界等）。就此角度而言，天動說在過去是可能的，地動說也是可能的。因之「先驗」之成爲可能，就毫無置疑了。那是人心在知識客體用心以「思」的成果。康德並不認爲人可造物，卻可以思物，且也該思物。

3. 人心是動態的，而非靜態的；是積極主動的，而非消極被動的。經驗主義最大的敗筆，就是把人心當作十足的受容器而已，不會也不能主動出擊；把知的客體，納入知的主體上，任由人心去揣摩、改造、變形、化裝、粉飾、精製，「形」（form）就出了，而把「實」（contents）套入模子裡。不如此，資料雜亂無章，綱領也缺。但心在操物時，在「物本身」上，是無能爲力的。物本身是上帝的創造物，物本身（thing-in-itself）是「本象」（noumena），由物本身所外顯的「現象」（phenomena），就是人心大可耀武揚威的地盤。

取前述已提的例說明之，或許更能一清二楚。如果人眼非帶上紅色眼鏡不可，則萬物皆紅色。但這絕非上帝創造萬物的「本象」，「物本身」並非如此，但卻被帶紅色眼鏡者「上下其手」了。其次，若物不刺激人的感官，則人不知物之存在，這不是柏克萊所修正洛克理論的地方嗎！to be is to be perceived。to be是「物本身」。由於人有官能，物如在官能上有所「感知」（to be perceived），人才知物之存在。但對帶紅色眼鏡的人來說，萬物盡赤。這是一種「假設」，假設人帶了紅眼鏡；另一假設是若人一出生的視力結構，是色盲者，所見萬物若也皆紅，這不涉及色的本體論（ontology）問題，——即「實」質的紅抑或「表」上的紅；前者全，後者局部；前者恆常，後者變異。色之「實」（本）爲一，但色之「表」則多，有五顏六色。前者客觀，後者主觀（因「心」

而異）。

　　第一假設是人戴了紅眼鏡，是後天人為之所加；第二假設是人出世即色盲，這是天生；前者在解說上會遭遇不少難題，後者若能合理解之，則擁護前者的人必少，而轉移到後者假設上。但二者都無法把色本身問題解謎。真正的色是什麼，此一問題無解。但色的「表象」或「表出來的現象」，依兩種假設的人所「看」到的，都前後一致；猶如地動說及天動說，同樣都看到早上旭日東「升」，黃昏時「落」日餘暉。但地動說者會以太陽之動，只是「表象」，實質是地在動。視萬物皆紅者也提出理由，說明之所以如此，乃因他戴上紅色眼鏡；一旦他拿掉眼鏡，則面目全非，已不是昔日景觀了。

　　4. 帶紅色眼鏡，也可說是一種比喻（analogy）；若以此當「前提」（antecedent）或「因」（cause），則「結論」（conclusion）或「果」（effect）或「後項」（consequent），必是「普世性」的一切皆紅，這是「先驗」的（*a priori*），即早已驗過，不必再驗即知沒有其他答案，但這是「物本身」嗎？這是第一假設。取下紅眼鏡來觀物，（這是第二假設）則物「呈現」出七彩，這也是「先驗」的。二者之中何者較接近「物本身」呢？此一問題如同第一假設之天動說，第二假設之地動說一般。第一批判的第一版（1781），作者在前言中向休姆致謝；第二版（1787）則強調數學及物理學的進步，給他不少新啟示。數學能夠成為「學」（science），必因數學家心中早有「先驗」概念（*a priori* concept），把數學上的點、線、面等，一一予以再造；物理學比數學之成為「學」，時間晚了許多；天文學上的天才巨星如伽利略帶給他「新光」（new light），使他能遠離黑暗，如同休姆給他警醒一般。物理學家看待物理界（自然界），絕對不是只充當聽話的小孩或順天而已，卻要理天、治天、用天，提出新假設，進行控制式的實驗，作個大自然的了解者、解說員，及判官。更依實驗計畫來尋找大自然的奧妙，而非乖乖地如幼童倚線學步，卻擬把大自然掌握在物理學家擬訂的假設裡。形上學為何不能依樣學樣？休姆早已提醒，「先驗的認知」（*a priori* cognition）無法解釋第二種假設，康德坦誠受教，但倒也用心思考，

難道不能適用於第一種假設嗎？哥白尼的學說就是第一種假設的最佳例子。

(三) 爲因果問題解套

1. 先驗知識中，有因必有果，這是普世性及必然性的。但休姆早有心防，提醒學者注意，觀察的個別事件再怎麼多，都不足以提供該「先驗」上的必然結論。因爲這種因果關係，不屬「知」的範圍。哲學家該努力的是尋求一種心理學上的闡釋，人爲何可在「信念」（belief）上爲該種說法所折服（persuasion）？休姆承認，因果觀念是人生不可或缺的；康德也特別指出此點，他的第二批判就是放在「信念」上。若認定因果屬「知」，那是「先驗上的知」；而先驗上的知，有一「範疇」（categories），就是因果關係。以因果爲例來解說各種經驗，是最爲妥適的。經驗事實不以因果來證明，則不悉其底細；就如同視萬物之前，必先有個視覺器官，視覺如受眼鏡所限，則對萬物之知也必有缺。因果在視覺知識上是如此，則先驗上的知，也就按此而延伸。

2. 物理學成就突飛猛進，實驗法之大量使用是一大關鍵。但因果等先驗知識，卻無法比照辦理。物理學上新假設之所以能夠成立，乃因新假設比舊假設可以解釋更多事實，所以物理學成爲先驗知識的一部分。人屬於「現象界者」（phenomenal being），與物一般，同受因果律之制約，運命早定無所逃；但人卻另有道德意識，人是「本質界者」（noumenal being），與物最大的不同，在於擁有自由觀念。用科學方式不能如同數學般的展現或演算出人是自由的。自由的「信念」（belief），倒來之於道德意識上的下令與指揮。人與物之差異處，植基於人有理性（人性）而物只有「物」性；「物」純屬現象界及感受界，「人」則另有本質界及智性界。千算萬算，絕不會失算，這是指「物」；千算萬算，可能失算，這是指「人」。第一批判帶來的問題，是一方面把人視爲現象界的命定論者，同時一方面卻因人有本質界，因之，自由與人不離身。把物理世界（牛頓的世界）與宗教世界，二者協調不生摩擦，持此一觀點，才不致於見樹不見林；其次，第一批判與他的其他著作，尤其第二及第三批判，是環環相扣的，

都代表康德哲學的總體，而不只是分枝而已。

　　先驗及分析性命題，必眞；後驗及綜合性命題，或眞或假；但先驗綜合性命題，也必眞；把純粹理性作此種敘述及闡釋，可解懷疑論者之疑。數學及邏輯領域，是純粹理性最可以施展的天地。至於康德所舉的地動說或天動說，就經驗事實予以檢驗，證明地動說才合乎「經驗事實」，該說也成爲「眞理」。

第三節　科學知識

　　人由理性之運作所提出的觀念，都是抽象的，不在經驗界中。數學的點、線、面，憑感官是無法得知的。該種知是永恆的。物理學界的地心引力，天文學上的太陽中心說，都是「先驗又綜合」的命題。人呢？人的自由、人的良心、宗教上的信，甚至靈魂不朽等「知」，也都不屬科學知識，也無法用實驗或實例來印證。但那也是「先驗又綜合」命題，「必眞」。

一、時及空

　　柏拉圖分析「人性」三部分，理性、情性，及欲性。其實，人性也是人心，因之也有心之理而爲心理，心之情而爲心情，心之欲而爲心欲。心在知識上是主宰角色，是主動的；而非如同感官之只能被動的，對刺激物予以反應而已。外物的刺激，感官會反應之；但心除了反應之外，還別以心予以改造或重組，甚至另以符號、形式，或數目等予以整合、分析、判斷、取捨。洛克之經驗主義，如被誤解以爲知識「只」來之於外感官，而忽視了內感官的功能，那就難有眞正的「知」。

(一)時及空的觀念

　　1. 心官把外感官所得的「素材」（raw material），予以整理或建造而生的觀念，就是時間及空間。康德引用奧古斯丁的說法，「時」的定義難下；但時的觀念，卻早在經驗中。空亦然！不只人類有此「直覺」（intuition），動物也有；連植物也有主動性，如向陽及向水，爲了要能生存。鳥飛時，外感官的本能佐以內感官的本能，不會碰牆壁；魚遊時也「知」轉彎。「宇宙」兩字的「定義」，就是「時空」，「上下四方之謂宇，古往今來之謂宙」；前者「空」後者「時」。無「空」，則萬物不存，無時則萬物不變。萬物適應大自然的時序予以運轉，這是活生生的「經驗事實」（empirically real）。人心予以提升而形成爲

「超越的理型」（transcendentally ideal），前者「實」，後者「名」，將具體予以抽象化，這是人心功能的展現。時空有了具體經驗爲依，一點都不虛也不幻（illusions）。抽象化的極致，就時空而言，就是「時空本身」，即「時空」這種「東西的本身」（things-in-themselves）。因之時空有其經驗界，也另有其超驗界；後者對前者之秩序，無損分毫。「物本身」是「實體界」（noumena），經驗界的時空即「現象界」（phenomena），有具體內容「呈現」（appearance）在感官上；前者存於「心」，後者則與外感官接觸。

2. 心能是一種「智能」（intellectual or intelligent），是超出經驗界的，但必然有此能，是「先驗的也是綜合的」，因爲述詞不含在主詞內。此種能，只有人才「較」持有，比起其他動物，程度「較」高，因此有智有愚。此外，人群中也只有少數精英或天才，才稟有此特殊「天賦」，展現出來的能，很具有「靈」性或「神」性。該能是「超越性的」，是「超驗的」。

3. 所有經驗所「呈現」出來的表象或現象（appearance, phenomena），都在「時空」秩序或關係（spatio-temporal relation or order）中。因此，時及空，乃是制訂一切的「範疇」（categories）。有名的範疇論（doctrine of category），正是康德哲學對哲學界的貢獻。時空觀念將一切的萬有，理出「形式」（form），與「內容」（matter）學科（科學知識學門）有別。「形式」學科，即邏輯及數學；「內容」學科，即自然科學、社會科學，或人文科學等。此外，時及空，分別代表人的「內感」及「外感」；「外感」（external sense）乃因「空間」而有；內感（internal sense）則是「時間」的產物。因此，由時（內）及空（外），又生出內及外的觀念。康德一再聲稱，感官經驗（sense-experience）之所以可能，乃因時及空是「先驗的必要條件」（*a priori* necessary conditions）。打個比喻，運動打球等，都是經驗界的事；但一旦要比賽且分出勝負，則必有「裁判」。裁判本身好比是時及空，不介入於參賽者的競技裡，卻非有不可，是賽「前」就早要決定的「要項」（必要條件），因此是「先驗的」──存在於檢「驗」雙方勝負之「先」。如此的活動，才算是「比賽」；若無「時空」，則一

切的感官經驗，都毫無「知識」上的意義。「先」不一定指的是時間上先後的先，也該有優「先」的本質。運動之「進步」，有如比賽，比賽必有裁判；知識之演進或增長（培根名作的書名）也仿此。比賽要有「序」可循，時及空就是有物也有則之序，也是「範疇」，即界定其有條有理的規則。則分內外，外則歸「空」，內則屬「時」；也猶如比賽一開始，不只有「時」的限，也有「空」的限。換句話說，範疇就是「則」。規則既定，是否會影響實際比賽的「實情」，則也有變數存在。一中有多，多中有一；殊裡有共，共裡也有殊；顯示出萬花筒式的世界。

(二) 由時空所建構的學門──數學

把時空作超驗界的解釋，即把時空作為基本原則，以資作為分辨其他「先驗又綜合性」認知（synthetic *a priori* cognitions）的學門。

1. 數學命題有「綜合性的」，如7 + 5 = 12。述詞（12）不在主詞（7或5）之內，但卻是「先驗的」，因為「必」如此。時空是「純先驗直覺」（pure *a priori* intuition）的產物，直覺是立即覺，也必覺。

以三直線來建構一圖形，這是可能的。

此一命題，是直覺即得，不必先將「直線」、「三」，及「圖形」等概念予以分析，就可「自然的」（直覺的）認知為三角形，因之是「先驗的」（必然的）。三角形一形成，就非屬於「物本身」了，也非只是心靈上的影像而已。「物本身」或「影像」，都是無法「現形」的。

幾何是數學的一種，是「先驗」的學門。因為幾何學上的基本元素，點、線、面，都不在感官經驗界中，但卻是必「先」要有的要素。三直線可以組成的三角形，形狀不一，有直角三角形、等邊三角形、等腰三角形等，這些三角形都是「綜合」性的，因為述詞不含在主詞內；但卻是「先驗」的（必然的）──即

其可能性是必然的。

2. 幾何或數學上的直觀理念，康德以柏拉圖思想爲例。柏拉圖的數學觀，完全排斥經驗世界爲其內容，這是他不予認同的，但二者都堅信數學知識都是先驗的，也是必然正確的。康德的數學，取「先驗」說，其中還有「驗」在；柏拉圖的數學，則把「驗」捨棄。先有一個果子，或一張床等觀念，有了此「驗」之後，才有「一」的觀念；柏拉圖反之，是先有一的觀念，然後才生出一張床等經驗。康德的「一」含有「驗」的直覺；柏拉圖的一，就只有一的直覺。二者之分別在此。

來布尼茲是解析幾何的數學大師，認爲一切的數學命題，包括公設或定理（axioms），都可依其「定義」及「矛盾率」予以解釋說明。康德反對此說。公設就是公設，反對公設即犯了矛盾率。來布尼茲及其他數學大師如羅素，認爲數學終究得回返到邏輯身邊，數學問題就是邏輯問題，而邏輯是分析性的，因之數學也是分析性的，不把康德列名在此一陣營裡，因康德認爲數學是綜合的，如$7 + 5 = 12$。數學公設是「定論」的，也是先驗的（*a priori*）。康德、來布尼茲、羅素，三人口吻一致；唯一有異議的是，康德說，數學命題是綜合的。不管如何，數學中的直覺成分頗高，分量頗重。

$7 + 5 = 12$

$7 + 5$這個「前提」（主詞），「絕對只能」有一述詞，12嗎？下述呢？

$7 + 5 = 5 + 7$ 　　　　　　$7 + 5 = 4 + 8$ 　　　　　　$7 + 5 = 10 + 2$......

前提同，結論之「變化」多得不勝枚舉。並且就綜合命題來說：

$12 = 7 + 5$

12之中必有7及5，單純孤立地就12=7+5而言，是「無誤」的。若考生答以$12 = 8 + 4$或$12 = 10 + 2$……，不也是準確無疑屬正確的答案嗎？

3. 康德及來布尼茲皆對歐幾里得幾何情有獨鍾。但歐氏幾何是「平面幾何」（surface geometry）；其後，非歐幾何（non-Euclidean geometries）發展出來，即「立體幾何」（solid geometry）。三角形三內角的和是180°，這在平面幾

何上是「公理」；但在立體幾何裡，答案就不一了。其次，兩點之間直線最短，試問何謂「直線」？在地球表面上的人，能夠畫出一條「直線」嗎？因爲地球表面是「圓形」的，「直線」成「彎線」了。

二、範疇（categories）

以時及空爲經及緯，將感官印象予以組織及建構，把素材的「料」納入「形式」或規格中，如此才可稱爲「知識」，也才可以說是對感官印象的「領會」（understanding）。知識的兩要件，缺一不可，一是感官功能被動的接受客體印象；二是內感官（即心思）之運作，把感官印象提升爲概念，成爲一種知覺（perception）而非只是感覺（sensation）而已。前已引的一名句言大受推崇：

sensation without perception is blind.

Perception without sensation is empty.

(一)判斷力（judgment）

領會力等於判斷力、整合力，及綜合力（understanding is the unifying or synthesizing judging power）。

亞里斯多德曾把知識分成兩大「範疇」，一是本有性（essence），二是偶有性（accidentals），後者又分成9種。範疇共十。康德則把「範疇」分成四大類，每一大類又分成三小類，共十二「範疇」：

1. 量（Quantity）：a.共量（universal），b.殊量（particular），c.個量（singular）

2. 質（Quality）：a.正面（affirmative），b.負面（negative），c.不定（infinite）

3. 關係（relation）：a.定言（categorical），b.假言（hypothetical），c.選言（disjunctive）

4. 態式（modality）：a.疑態（problematic），b.定態（asserteric），c.訓態（apodictic）

作爲知識之「料」，綜合或整合成四大類，量、質、關係，及態式，「共四類且只有四類」，不只三類或二類，但也不可能有第五類，這是「窮盡」的（exhaustive）。此外，每類，又分三小類，也屬此性質。「一定有三，且只有三」。

1. 量的全量，現代邏輯代號爲(x)Ax；部分量（殊量），現代邏輯符號爲(∃x)Ax，個量即現代邏輯代號如A、B……等。「凡人皆死」，此命題是「全稱語句」，即全量，符號化爲(x)(Ax→Mx)（A代表人，M代表會死）。「某些人死」，符號化爲(∃x)Ax；蘇格拉底死，則以Ms表示。for all x, if x is a man, then x is mortal.(x)(Ax→Mx), Socrates is a man, (As) therefore Socrates is mortal.(Ms)

2. 質有正、負，及不定三類，猶如好、壞，及不好也不壞三種。

3. 關係也有三小類，即「定言」如數學上的公設，假言如科學上的假設，選言即「或」言，邏輯符號上以v表之，A或B用AvB表之。

4. 態式的三小類：第一種「態式」是有疑的，或待解的，以「問號」作結；第二種即是確定無疑的，第三種屬於命令教訓態式，如「走開！閉嘴！」等。

(二) 範疇與判斷之比對，如下：

1. 量：一（unity），多（plurality），整合爲全（totality）。這裡要特別注意的是一與多是對立的，一與多，二者是平面的，但全是立體的。一不是多，多也不是一，全則把一與多都包括在內。當A與非A時，非A的領域頗廣，除了不是A之外，其餘都包括在內。「整合」A與-A，即得「全」。

2. 質：有「正」（reality）質，「負」質（negation），二者整合爲「定」（limitation）；前者如出價，後者如回價，最後之妥協以「定」成交。

3. 關係：內在性（inherence）關係，外在性（即因與果，causality）關係，

整合爲「相互性」（reciprocity）。

4. 態式：可能性（possibility）與不可能性（impossibility），存在性（exis-
tence）與不存在性（non-existence）；二者整合爲必然性（necessity）與或然性
（contingency）。

範疇種類有四，每類三分（triadic scheme），前者屬「疑態」，後者屬「定
態」；「疑」及「定」，都帶「訓」意，是「無遠弗屆」（far-fetched）的。三
「變元」（variables）的邏輯分析，不會犯二分法（dichotomy）之謬。事實有眞
有假，未有第三種「可能性」；但其他的「判斷」，若予以三分，則三足鼎立，
穩如玉山。此外，三分中的前二者都是對立的，也是水平面的（horizontal），
第三種則是垂直的，立體的（vertical）。其後黑格爾之「正」、「反」、
「合」（thesis, antithesis, synthesis）就明顯地步此後塵了。

(三) 範疇的性質

1. 綜合（synthesis）：綜合性範疇，都是「形式」或「模子」，將經驗事
實納入其中。因之不屬「經驗界」，而是「超驗界」（transcendental）。經驗事
實搖身一變而爲「知識」，非經過這道手續不可。超驗界中，「時」及「空」是
最基本的架構，綜合（整合）是構成知識最基本的要件。綜合或整合，完全是領
悟力（understanding）的工夫，把感官印象的雜亂性、紛歧性、時有時無性等，
予以綜合，範疇於爲形成。

2. 範疇是把知識建構成系統的、科學的、論證有效的「必要條件」（neces-
sary condition），即「無之必不然」。換句話說，無範疇，則「必」無知識；但
光有範疇，則不保證是知識，或許也只不過是散亂無序的粗料或素材，只具感官
印象而已，是被動「給予的料」（given data）。範疇則是心「思」（thinking）
的成品，是「意識」（consciousness）的產物；含有想像（imagination），也有
預期（predict）或先測（anticipation）。經驗主義側重前者，理性主義則強調後
者。但二者不該河水不犯井水，也不許孤離；卻得相互呼應。

外感官的運作，除非有缺陷，否則對「物」皆有覺；但經過心思範疇，把素材的覺統合之後，即成「統覺」（apperception）。統覺也等於是知識（knowledge）的代名了。

(四)物本身或物自體（*ein ding an sich,* thing-in-itself, things-in themselves）

1. 本相與現象（noumenon and phenomenon）：感官所接受的印象，是物「呈現」（appearance）出來的「現象」（phenomenon），但受到各種條件的限制，如感覺印象時的主觀及客觀條件。因之，所得之印象繁多，不一而足，千變萬化，花樣無奇不有，這都是人人「經驗的」（empirical），也是後驗的（*a posteriori*）。宇宙「本相」，就是「物本身」，並非「本來無一物」，所以都會「惹塵埃」。菩提不是樹，明鏡也非臺；但菩提、樹、明鏡、臺，都是「物」，只是該「物」的「本相」，也是物本身（物自身，物自體），是什麼？康德認爲無人知，這是知識的極境，也是知之涯。但「物」之「現象」，卻獻予人一塊大可開拓的知識疆土，取之不盡，用之不竭。人之「知」在此一層次上，不愁沒有展現才華的空間。

2. 若「物本身」非領會不可，只好透過負面方式，即不問「物」是什麼，而改以「物」非什麼？康德這麼說，立即使人聯想到上帝這一「物」了。感官上的直覺（sensuous intuition）派不上用場，其他直覺也使不上力，或許是「睿智性的直覺」（intellectual intuition）稍能涉及。但康德言，人不能享有此項直覺。

先是物本身（不可知），其次，物呈現出的現象（感覺印象），最後以範疇整合爲統覺（知識）。上述三過程或三層次，或許可以比之於洛克的物之三性。第一性是物本身，第二性是感覺印象，第三性即統覺。就因果關係來說，物本身是因，感覺印象及統覺是果。

如取數學爲例，物本身是1，感覺及統覺就是1/2 + 1/4 + 1/8 + ……，最後結

果，頂多是「逼近」（approximate）於前者而已，但不百分百等同，微積分觀念也類此。

3. 感覺是「外覺」，也是「外驗」（external experience）；統覺則是內覺，也是「內驗」（internal experience）。外驗之所以有「覺」，乃是心（意識）功能的展現，即「思」。心思是後起的。笛卡兒的名言，我思故我在；把「我思」放在「我在」之前，這就大錯特錯了，這種「心論」（idealism）是大有問題的（problematic idealism）。且「我在」，表示有時間性或延續性（succession）；我思時，我才在。至於「我本身」（ego noumena），這是不可知的。可知的是「我思」及「我在」。「思」及「在」，對「我」而言，都是「我」這個「本身」所「呈現」（appearance）出來的「現象」或「外觀」（phenomena）。「我在」才刺激了「我思」。當然，「我在」也是「我思」的「必要條件」而已。因爲除了像笛卡兒這類哲學家之外，不少人的「在」，並不保證他會「思」。

此外，我思時的我在，也不保證我在是眞實的；因爲作夢或發瘋時，易以「虛」爲「實」；因之，我思時的我在，要視狀況而定。

至於柏克萊的to be is to be perceived，康德說那是一種「獨斷的心論」（dogmatic idealism）。以to be perceived這種屬於「現象」（phenomenon）的經驗，「硬」說是「物本身」（noumenon），這不是獨斷又是什麼呢？雖然英法這兩大哲（柏克萊及笛卡兒）都注重「心思」，但「物本身」是否因此「現身」，康德是存疑的，也是予以批判的。他認爲一切命題，若非分析性後驗（analytic a posteriori），就是綜合性後驗（synthetic a posteriori），即皆屬經驗命題；只有「物本身」是「先驗」的，卻是「不可知」的。

康德的範疇論及物本身說，用字曖昧，在理解上確實吃盡了苦頭；比起亞里斯多德的四因說，更覺玄奧難懂。本有性（substance）如屬「物本身」，但透過四因說，也大概逼近「物本身」了。另有的九種「偶有性」，更一目了然，比康德的範疇論，在清晰度上，占了不少優勢。

三、知識的普效性（universality）

康德哲學，自名爲批判哲學（critical philosophy），雄心萬丈地把哲學史上對知識準確度的問題，一一予以批判一番。理性主義堅信絕對眞理的存在，笛卡兒雖從「疑」出發，但結局是「無疑」；因爲最爲無疑的，也就是最該信的，是有疑在。此種信，絕不有疑。休姆在因果議題上，以內心的期待說，來代替用經驗無法得出的因果必然性。康德的批判哲學，在知識的普效性上，建構成體系完整的學說，在哲學史上，堪稱爲罕見的極品。

(一) 邏輯

由邏輯奠定的三律說，最爲顚撲不破的同一律（A就是A），矛盾率（A&-A，「必」假），排中率A或非A，「必」眞；其「眞」不是經驗上的眞，而是邏輯上的眞。

1. 分析性命題（analytical proposition）：述詞早在主詞中，不待「經驗」的檢證，那是必然的眞。其實，這是字詞上的定義使然，如「白花是白的」。此命題也是分析先驗命題（analytical *a priori* proposition）。但此種命題，只在主詞中打轉，述詞受限於主詞，對「新知」無益。

2. 綜合性命題（synthetical proposition），述詞不在主詞中：如「這本書是我的」，此一命題的眞假，必待經驗予以檢驗。眞假皆有可能。

依「邏輯」而言，在分析及綜合這兩變元（variables）之外，又加上「驗」與「不驗」兩變元，則共有下述四種「眞值表」（truth tables）的分布：

(1) 分析先驗

(2) 分析後驗

(3) 綜合先驗

(4) 綜合後驗

理論上，上述(2)，無實際的經驗例子。因爲「分析」與「後驗」並存，是矛盾的。至於(4)，答案不一，也不構成爲普效性知識。(1)則因對新知無補，故

也排除。

　　康德挑出上述的(3)，如7 + 5 = 12，答案是「必眞」。他對此一「綜合先驗命題」特下功夫。本來，綜合命題是可眞可假的，但加上先驗，則去假只存眞。

　　傳統邏輯也是亞里斯多德所建構的演繹邏輯，其中的三段論式（syllogism）雖是至眞的有效論證（valid argument），但大前提（major premise）之「凡人必死」（all men are mortal），就「早」已限制住了結論「蘇格拉底必死」（Socrates is mortal）此一結論，因之了無「新」意。康德把此種推論所持之「理性」（reason）一分爲二，一是純粹理性（pure reason），二是實踐理性（practical reason）。前者屬分析性命題，後者則是綜合性命題。二者皆屬先驗，故都能成立，但後者增加了新知，如上帝之存在，靈魂不朽，人之自由，三大議題都非由主詞限定了述詞，也用不著純粹理性去證明，卻能在實踐理性展現出普效性及必然性，而不亞於純粹理性。換句話說，純粹理性的邏輯是「套套言」（tautology），實踐理性則超越套套言之上，是超越的邏輯（transcendental logic）。牛頓的地心引力說，及哥白尼的太陽中心說等自然科學的命題，述詞都不在主詞中，但卻具有普效性及必然性，因爲都有「先驗」。

(二) 範疇

　　範疇表中每一範疇又分爲三類，這也是「窮盡的」分類。

　　1.「是」，「不是」，與「非」，三分：

　　(1)是：肯定式的命題，如「今天是熱的」。

　　(2)不是：與「是」直接對立或相反的命題，如「今天不是熱的」。

　　(3)非：是與非，窮盡了所有命題。但如下例：

　　「人不是馬」與「不是馬就是人」，二句有別。前句必眞，後句只可能眞。以愛恨爲例，更爲明顯。A不恨B，並不「必」成爲A愛B。

　　可見，「非」「一定」是「不是」，但「不是」並不一定是「非」。

　　2. 範疇是一種「媒介」（mediate），介於外在的感覺印象與內在的思維之

中。內在思維的最頂級，就是「物自體」，「雖不可知，但卻可思」，成為朝思暮想的對象。其位階如同上帝、自由，及靈魂不朽。純粹理性所展現的邏輯推理或數學演算，攀爬不上此類「雲深不知處」的所在，飄渺虛浮。傳統形上學最為康德不滿的是耽於此種玄之又玄之境，恬然自得；不悉這正是給實踐理性最紮實的落根處。上帝、人的自由，及靈魂不朽，確實在「知」上，人無此能力，也在「理」上無法與之親近，卻是「信」、「望」、「愛」的最常駐之處，也是道德及美學的落腳地。第一批判在此也為第二及第三批判埋下了伏筆。「信」、「望」、「愛」雖不可及，但若欠缺，則人生之存在，就了無意義了。純粹理性在數學、物理學、天文學等「科學知識」上可大顯雄風，至於宗教、道德、美學等，則在實踐理性中找到了溫暖的窩。換句話說，純粹理性的命題是「假言」式的（hypothetical），因為都先要有個前提（premise），只有物自體才有「定言」式的命題（categorical proposition）。

四、正反二律背反（antinomie）及形上學

二律背反或正反背反，與詭論（paradox）是異名同實，但系統更完備。希臘克里特島（Crete）的人傳下來的「謊言詭論」（liar paradox），造成「真言」及「假言」莫辨。若「我們都說謊話」為真，則「我們都說謊話」為假，因為我們也說了一句「真話」，即「我們都說謊話」。

若「我們都說謊話」為假，則「我們都說謊話」為真（即我們都在說真話，或我們說的話，不全然為假，有部分真部分假）。

(一) 傳統形上學的最大弊病，即停留在假言命題上。

假言命題既是「假設」性的，「若或如……則……」，這是邏輯上的條件式命題（conditioned proposition），有「若」就有「不若」，有「如」也就有「不如」，這二種都「言之成理，持之有故」，也都能自圓其說。但物自體是無條件限制的，即「定言式的」。

1. 三段論式（syllogism）之有效（valid），不可有「四詞」之謬誤（four terms fallacy）。試看下例：

有意殺人者處死刑
劊子手是有意殺人者
劊子手處死刑

此種論證是「無效的」（invalid）。因爲犯了只能使用三詞的規則。三段論式共有三詞，即大詞（major term）、小詞（minor term），及中詞（middle term），中詞是媒介詞（mediate term）。上例的「中詞」是「有意殺人者」。此一中詞把「大詞」的「劊子手」與「小詞」的「處死刑」，建立了邏輯的必然關係；但究其實，該推論無效，因爲使用了「四詞」。出現兩次的「有意殺人者」，彼此之意義大有出入，不完全等同。這個作「媒」人的，若非同一人，則說媒又怎能成功？因爲把劊子手定義爲「有意殺人者」，是不妥的。劊子手是「奉命殺人者」，不是出於他的「自發自願性」（spontaneity），是自己作不了主的；怎能與「有意殺人者」同等看待呢？「中詞」的定義只一，若有歧義，則已不屬正格的（標準）三段論式了。

2. 形上學證明上帝、靈魂、自由之存在而使用三段論式時，不可將先驗與經驗二者混淆，否則即犯了「四詞」之謬誤。先驗與經驗，二者皆有「律」，涇渭分明；若謬以爲合一，則二律本相背，又那能等同視之？物自體與物表相（現象），二者是有落差的，如同「有意殺人者」不可與「劊子手」二者劃上等號一般。

(二) 就「宇宙論」（cosmology）而言

宇宙論在四種「範疇」內，各有兩派理論：其一是時間之有始終及無始終，空間之有限及無限；其二是構成宇宙之基本元素，可細分與不可細分；其三

就因果關係而論，有機械命定論及自由論；其四，就態式說，可能性及不可能性；存在性及不存在性，必然性及或然性，雖各有其律，但彼此對立，公說婆說皆有理。

1. 康德深信，人心有一股阻擋不住的衝動，朝向形上思考，這是天性，也極其自然，且具價值。雖然形上思考對知識增加無任何幫助，但卻帶有「規範」（regulative）意。古希臘強調「辯證」術（dialectic），是一種巧辯（sophistical disputation），康德以「超越的辯證」（transcendental dialectic）代之，且也以之爲書名，旨在糾正或批判由古迄今所形成似是而非的「辯證」，以謀取「物本身」及超驗界的眞正知識。時及空之觀念，不在經驗界中；但時空觀念，卻規範了整個經驗界。以通俗話來說，靜態的思考及動態的行爲，若無時無空，根本不能成立。朋友有事相約，事是「內容」，但卻要有「形式」的時及空，即「什麼時候」及「什麼地方」。

「了解」（understanding, *Verstand*）基於「現象」（phenomena），十足的是經驗界的領域，是有條件限制的；但「理解」（reason, *Vernunft*）就「超越」經驗界了，是無條件的。「了解」三段論式的「凡人皆死」（all man are mortal），此大前提之「前」，必另有一更大前提，「凡動物皆死」（all animals are mortal）。此一大前提不只把「人」包括在內，也把貓、狗、象等都涵蓋其中。但誠如上段所言，經驗事實是形下的。人有一種心意，不願止於形下界，而擬超脫形下之上，否則是不死心的。形下界都有條件限制，形上界則無；形下界的知是「了解」，形上界的知即是「理解」；理要去「推」，「推理」（reasoning）就是「純粹理性」（pure reason）的功能。形上的推理可以「整合」形下的經驗，即個別、特殊、局部，或暫時性的「事實」。此方式的三段論式（syllogism），稱爲「永續的三段論式」（prosyllogism），將受限的（conditioned）推到不受限的（unconditioned），也可稱爲「超越辯證」（transcendental dialectic）。

2. 康德舉了三種三段論式：

(1)定言（categorical）：A→A，主詞即述詞，二詞皆是「本質」（substance），也都是「物本身」（thing-in-itself），「必有」、「恆有」、「定有」，是「絕對的眞」。

(2)若言（hypothetical）（假言、如言……）：A→B，因果性及眞假值是三眞一假。屬經驗性或形下性，但可上升到形上性，即無條件性；也是最初因，因之上無因（因已不受限制）。

(3)選言（disjunctive）：（AvBvCvD）→A；在相互的一群（reciprocity or community）中，挑選項必窮盡。（AvB）→A，不如（AvBvC）→A，後者的選項（alternatives）較多。

他責怪亞里斯多德的三段式推論未思及此，演繹有點「隨性」（haphasard），不完備也未成體系；相反的，上述的三種，「是且只是三種」，無第四種；但也不只是二種且也不只是一種。非常嚴謹，毫無例外。也因之：下述三種純粹理性的基本理念，即昭然若揭了。

(1)靈（the soul）永遠都當主詞，心理學（psychoslogy）之形上意即在此。

(2)宇宙（the world）也永遠是現象界的因果之源頭，宇宙論在此奠基。

(3)上帝（God）是所有選項的整合者，條件再多，選擇再夥，總不超出上帝的掌握外，神學（theology）之內容不外乎此。

心理學、宇宙論，及神學之「觀念」，皆不在經驗界中，也不在現象界裡，卻都是整合經驗的成果。

3. 檢驗理性的心理學（rational psychology），駁斥的對象是笛卡兒的「我思故我在」。「我」（ego）屬於本體界（noumenal reality），享有自由；「我在」是現象界，這個「客體」不一定與「我思」這個主體，發生必然的因果關聯。心理學只能研究經驗的我，具時空性。換句話說，「我思」與「我在」，二者之邏輯關聯性只是偶有性的而已。

此外，「我思」的「我」，及「我在」的「我」，並非等同。本體界的我，並非完全是現象界的我。在三段論式中，犯了「四詞」（four term）的謬

誤。思的我，與在邏輯關聯性的我，並不一定是同一個我，若再加上「思」時的我及「在」時的我，有時間的延續性（successive），則猶如「今日之我」與「昨日之我」，並不一定同是我（identity）。硬要說同，則是謬誤推理（paralogism）。

(三)四類範疇的二律背反

冥思性的宇宙論（speculative cosmology）容易導致二律背反（antinomies），即正反二論皆可成立。就局部而言，正反二論都可振振有辭；但以大體及全域來說，就相互矛盾了，因此只能部分接受而已。眞也是適然、或然，或偶有的眞；假亦然。無法形成整體性的科學。

1. 量：就「正」而言：宇宙之構成，在時空上都有限，「時」是有始有終，空則受限。

就「反」來說：宇宙之構成，在時空上都無限，「時」是無始也無終，「空」則無限寬廣。

二者都有經驗界的「鐵證」，一矛一盾，正方及反方都有事實予以支持，但同時也有事實予以反證。單舉一例予以解釋即可明白，其餘可類推。如時間有限，則現時之前及後，屬於什麼「時」；空如有限，則限之外是什麼？空之外不也是空？時之外不也是時嗎？公說婆說對嗆，但都有「理」，只不過是局部的理，「蔽於一曲（部分），而闇（不明）於大理」所致。性善說與性惡說，二者都振振有辭，但並非人性的全貌。此種正反，屬於範疇的第一種。

2. 質：依「正」來說：宇宙的組成，在「繁」與「簡」之中，只能任選其一，「正」是選「簡」，「反」是選「繁」。

宇宙的組成，在「繁」與「簡」之中，只能任選其一。

哲學史一登場，早就存在著一場爭論，即組成宇宙的第一元素，到底是水、火、土、氣等單一元素，或四元素共同組成，而爭論不休嗎？正反雙方，也都互不相讓。其後來布尼茲的單子論，屬於正，注重本相界（noumena）；經

驗主義者屬於反，強調現象界（phenomena）；批判哲學（康德）讓兩界各安其
位，不宜越位。此種二律背反，屬於範疇的第二種。

3. 關係：「正」在因果關係上，有因必有果。

「反」則主張因果的必然，只指自然界；人因有自由，故不適用。

正方之論易遭遇一困境，即因果「鏈」上，什麼是第一因？因之前有因，第
二因是第一因之果，此果變成第二果之因。依此類推，永無休止。此種因果，是
「現象」界的現象。至於本體界，則是自發性的、自動性的，而非被動性的。批
判哲學釐清此一問題。就人而言，人的精神界享有自由決定權，肉體界則與大自
然一般，受因果機械率所操控。換句話說，「現象界」適用於因果決定論，「本
體界」或「本相界」因超出或不屬現象界，就享有自由。人橫跨兩界，本體界是
自由的，現象界就不自由了。因果必然律只適用於現象界，對人而言，不「完
全」適用。因果屬於範疇的第三種。

4. 在態式上，正：存在是必然的。反：存在是偶然的。

此二律背反性，猶如前述三種。在本體界中，存在是必然的；在現象界
（即經驗界）中，則是偶然的。

必然與偶然是兩極，必然性及可能性也趨於兩端。蘇格拉底是雅典人，他
最後被逼喝毒藥了以人生，這都是「偶發現象」，也是蘇氏與他人有差別的獨
特遭遇。「可能性」（possibility）屬「質」（quality），現在的科學試圖予以
「量」（quantity）化，把possibility（質的可能）改為probability（量的可能），
即以數目字表之，成為「概率」。人之遭遇變數太多，可能性都存在，智愚的運
作，使得有些人的偶有性幾乎變成必然性。由「疑」而「定」，最後到「確」；
「相對」到「絕對」。有些人則把必然性（necessity）降為適然（可能）性
（contingency）。這是「範疇」中的第四種，即「樣態」（modality）。

上述四種的「正」與「反」，只因角度不同而有「異」。究其實，二者都
可眞可假。以「正」的面觀「反」，反是假；相同的，以「反」面觀「正」，則
正是假。康德認為，「正」方代表獨斷的理性主義，「反」方就是經驗主義的立

場。就知識之增加面言之，他站在經驗主義這邊。但經驗主義如止於此（指現象或經驗），他也不予支持，尤其對「物論」（materialism）更不予認同，卻該往上超越，以臻本質的「物本身」，那是宗教及道德界域了。雖不可知或不可得，卻是可欲也可思的；好比意中人一般。他一生不婚，或許心中有意愛的伴侶，憧憬著達文西曠世名畫之美女，儘管只是幻影。精神上滿足於上帝、自由、靈魂不朽，雖光憑理性無法證明其存在，卻是生活或生命所不可或缺。

五、上帝存在的證明，純粹理性使不上力

(一)存在論證（ontological argument）及宇宙論證（cosmological argument）

1. 存在（existence）是一件不爭的事實，存在受時空所限。存在也有等級性，如有些存在物較美，有些則較醜。但「存在」既已是事實，則「必有」一最完美的存在物存在，該存在物即「上帝」。

2. 康德認爲以「存在」來論證上帝之存在，這是一種綜合性命題，而非分析性的，因之不必然爲眞；因述詞不「必然」含在主詞中，怎可能因主詞之存在，就保證述詞之存在呢？如同「蘋果存在，故上帝存在」；此種論證是脆弱的。笛卡兒的「我思故我在」論證，類此。

3. 即令上述論證成立，也無「實質」作用，頂多停留在概念層次，自我滿足而已。

> 取本體或存在論證或有名的笛卡兒式論證來論最完美者存在，這純是玩概念遊戲，卻生麻煩且虛扣時光，徒費精力。一個人期待致富時，若只是一種概念上的知，那就好比一個商人在他的現金存款薄上加幾個零。

4. 知上帝，難；信上帝，易。上帝屬本體界，非現象界；是主詞，不能當

述詞。分析性命題再如何窮盡，述詞也無法涵蓋一切的主詞。如「馬是……」無法盡舉白、小、好看、善跑……等。因之，知上帝難，信上帝，則易如折枝，也比舉手之勞更輕便。知可分析，信不可分析。信是綜合性的。信上帝是理性的一種「實踐」，而不停留在理性的「純粹」上。

來布尼茲以宇宙論作為上帝存在的證明，笛卡兒則取存在論論之，二者都被康德評為「獨斷的理性主義者」（dogmatic rationalists），二者可以合一而論。不過，存在論只及於「概念」（concept），宇宙論才稍及於實體（經驗界）。

(二)物理神學論證（physico-theological argument）

1. 上帝是宇宙的設計師（designer），此證由「後驗」（*a posteriori*）即可知上帝之存在。

　　一切的法，由果推到因，是的。吾人一切綜合性知識，只及於可能性的經驗，也只及於感官世界的客體。也只有如此，才具意義。

由大自然運行的有則有序，推及必有個「設計師」（designer），如同鐘錶分秒不差，必有個鐘錶的設計者。

2. 萬事萬物之安排，都具目的性。手段中含目的，目的也是手段的實現。但有時手段與目的二者之間的連繫，並非必然而是偶發的。由此可知，因與果之間，有時要依自由意志及智力決定。

3. 就整體觀之，各部分之間的相互關聯性，極為諧和協調不生差池，整個宇宙類似一件工藝品。人體結構之「完美」，就是最佳例子。

上述論證聽在康德耳裡，都被評為這只不過表示上帝是個「世界建築師」（an architect of the world），但建構受限於建材；而非「世界的造物主」（a creator of the world）。建材是經驗界的，創造則超越經驗界，是「先驗」（*a priori*）的。

4. 自然神學（natural theology）或康德所稱的「超驗神學」（transcendental theology），若只顧及理論而不及於實際經驗，則毫無價值可言；且是徒托空言，沒有內容。證明上帝的存在，不是理論界的事。純理無法證明上帝的存或不存。在優先順序上，理性尤其純粹理性，是要退居次位的，信才是掄元的頭香搶者。先有了信，理才作修正或淨滌工夫。先步上信的「路」，理才指出該往何方向，並思考以何方法去走。

(三)「仿佛」（As-if）

德國哲學家費英格（Hans Vaihinger, 1852-1933）呼應實用主義（pragmatism）學者，大力反對形上學。這位哈列大學（U. of Halle）教授，接受康德影響，提出「仿佛論」。知識只限於現象界。可靠的眞，只在具體經驗上才有；超越經驗界之上的，都只具仿佛或影像而已。生活「似」陷入迷宮中，哲學可以使人生具有價值，視「仿佛」爲「眞實」，信仰上「仿忽」的與神同在。宇宙中存有物界，倫理道德上則有種良心與人相伴一生。「仿佛」一概念，太具實用性了，也可作爲絕對眞善美的「啓迪原則」（heuristic principle），是「規約的」（regulative），是「內藏的」（immanent），隱約可見，似曾相識。或許此說最符合哲學的原始意，那就是「智慧」。在智慧上，人仿佛有之，卻得不到手，因此一再地追求。凡求不到的，反而更覺眞、善、美。三大批判，即集中於此。仿佛現身，乃激起一股高昂不歇的期待與希望，這不正也是人生的眞實寫照嗎？

日本小說家一知榮獲諾貝爾文學獎，就自殺，認爲人生無其他「樂趣」可言了；武林高手一生最大的盼望，就是走遍天下尋訪比武的對手；支那人最「不亦快哉」的是「洞房花燭夜，金榜題名時，他鄉遇故知，久旱逢甘雨」。對比之下，境界與格調太形下了。「物自體」仿佛來自另一世界，智慧只可求而不可得；枕邊配偶，哪能比得上「意」中的絕色佳人？「仿佛」，眞的受用不盡，不也是未枉度一生嗎？以「似」（as）代替「是」（is），如杜威（John Dewey）常提的，Education as growth，教育「不等於」生長，不「是」而只「似」生長

而已。似是類比（analogy）。至於if，則屬於「假言（若言）命題」（hypothetical proposition）而非「定言命題」（categorical proposition）。科學知識，經驗知識，現象界知識，都屬「假言命題」。

第四節　第二批判，道德知識（善）

科學尤其物理學知識，康德特別肯定牛頓的成就，天文學則垂青哥白尼。科學知識之外，另有道德知識，如「我們該說眞話」。科學知識屬「是」（is），那是事實（fact）層面的，也是「敘述性的」（descriptive）；道德知識是「該」（ought），屬「規範性」（prescriptive）。科學知識有先驗的（*a priori*），也有後驗的（*a posteriori*）；有「形式的」（formal），也有「內容的」（content, material）；道德知識則都是先驗的。科學知識多半屬假言命題，道德知識則全歸定言命題，「非如此不可」，毫無例外。「該說眞話」此一「律令」，即使有人違規，也未阻礙「該說眞話」是普世性的、絕對性的、「定言式」的。科學命題之成立與否，要靠經驗界、事實界、現象界來檢驗；道德命題則不必如此麻煩。

道德知識是先驗的，卻是綜合的，屬「綜合先驗命題」（synthetic *a priori*），這又是如何可能呢？還好，在科學知識上康德早已舉出7 + 5 = 12這個例，那也屬綜合先驗命題。答案不只是可能的，且是必然的。

理性有二種，一是理論性的（theoretical），即純粹理性（pure reason）；一是實際性的（practical），指功能（function）或作用（use）而言，即實踐理性（practical reason）。二者都是理性。純粹理性是就理性本身而言理性，實踐理性則擴及理性之外的道德判斷或道德選擇，因之包括了意志或情緒在內。簡言之，純粹理性可以把理性予以孤立起來，純就「知」面而論；實踐理性，則延伸到「行」了。「行」當中之所以要有「理性」，表示該行不是盲目的，卻是理性的。道德行爲的選擇上，意志力扮演重大角色。此時此刻，遵守理性的考慮，就形成爲道德原則及道德概念了。

一、除了「善意」（good will）之外，無善

《道德形上學的基礎》（*Groundwork of the Metaphysics of Morals*）一書，

開宗明義就表達出康德的道德學說，注重「動機論」（theory of motivatiosm）而非「後果論」（theory of consequence）。善意之有無，正是鑒別善惡的最後效標；無善意，就無資格言善。

(一) 善意是內在的，而非外加的。

身外物如財產，甚至上天稟賦的靈巧智力，領悟快速非常人能及，但都易誤用。小偷是狀元材，腦袋好的反而助長了惡，把小惡變成大惡；品行操守如勇氣，卻往惡途邁進。只有善意，才能無愧於德行。

1. 善意即善，這是套套言（tautology），如同「正者正也」一般。因之「必眞」。內心自在，不作他想，都是「本然」；位階與「物本身」同。善意這種物本身，也是本質界或本相界。由它所涉及的現象界，一概不予考慮。手術挨痛是「該」的，也是「善」的，但不是本身善，而是因爲開完了刀之後，會有療效，有利或有益於病人恢復健康。康德的善本身，甚至與幸福也不牽連。善意本身就是善，這叫「內在價值」（intrinsic value）。

2. 人類可以生存，且可以永續生存，最基本的理由，是人有一顆良心（conscience），這也是道德意識（moral consciousness）之始源。本此心意之行，就是「善意」，也是職責（obligation），或義務（duty），十足地具規範意。上帝造人，本意也是如此。因之人之善意，等於上帝意。絕不計較任何挫折或阻礙，勇往直前，一無返顧。善意（good will）即「聖意」（holy will）。

3. 盡責或履行義務，康德分析成爲兩類，一是「盡責」（with duty），一是爲了盡責而盡責（for the sake of duty）。前者之所以盡責，是盡責之後有獎賞，或有利可得等；後者則不思及此。取孟子的惻隱之心爲例，或許可以說明二者之區別。前者之盡責，是「要譽於鄉黨朋友，內交於孺子之父母」等；這些都屬「外在價值」（extrnsic value）。後者則一心一意只爲「良心」服務，如此才「心安」。職責或義務感，是自發自動的，而非外加甚至是外逼的。「只」且也「只」依規而行（if and only if），這是充足兼必要條件（sufficient and necessary

condition），如同A←→A一般的「套套言」（tautology）。

　　現代的公民，有納稅或當兵等「義務」，不履行之，會有罰則伺候。完成了此種義務，德的位階不高。只有純粹爲義務而義務，格調最爲神聖無比。讀書何所求，爲了黃金屋，顏如玉，車馬多如簇，金榜題名天下知，這都是以外在動機作引擎，又怎能與「讀書就是爲了讀書」（for its own sake）同日而語呢？

　　善意是一種依規而行的意。

　　「只」依規而行的意，才叫做善意。

　　後者才是康德所特別強調者。

　　「義務」或「職責」，向來都常有負面意。康德大不以爲然。全由自己甘願自定的職責或義務，不也笑逐顏開，心花怒放嗎？且急急忙忙著履行，不可稍遲疑。

　　4. 舉康德的兩例說明：商人小心翼翼地以價格公道爲「義務」或「職責」，不向購買者索取高價。他之此番心「意」，不儘然都是爲了履約而履約，而是擔心其後他會得報應；若不遵守「誠實是上策」（honesty is the best policy），其後一旦客人在貨比三家之後，他的店只好關門大吉。

　　保存生命是一種義務，防身、保身、衛身也是一種職責，因之不可也不該自殺。但若不視之爲「喜愛」保身而「討厭」傷身，則不構成「道德價值」（moral value），也不具「道德意」（moral sense）或道德行（moral action）。

　　「欲」（desires），大部分是外欲者多；常人之欲多半沉淪或低級，克服此種「心向」（iuclination），道德價值高。人上人者或「天將降大任於斯人也，必先苦其心志，勞其筋骨，餓其體膚，空泛其身，行拂亂其所爲」。人類學（anthropology）涉及人性，「食色，性也！」節制此種「天然傾向」（natural inclination），就有必要把婚姻（marriage）與「通姦」（adultery）劃分清楚。將夫妻之性行爲當成義務或職責，與婚外情之不貞，兩相比較，把高興的、快樂

的、愉悅的，置於「義務」或「職責」之下，對多數人而言，其道太苦，倫理道
德觀太過嚴肅了。

其次，基於天性上的同情憐憫心而大發慈悲的扶傾濟衆，施恩救難，康德
也認爲道德意義不大；他並不反對該種善行，還許之爲「恰當及可愛」（proper
and lovable），尤其是把與義務感相冒犯的外在引誘──杜絕。聖經福音書
（Gospels）愛世人的箴言，他評論道，愛如屬「病理上的愛」（pathological
love），則他是不同意的。愛應該如同上帝之愛一般，是神意的表現，該意是最
大的善意！

5. 守義務，依職責，等於是遵法也敬法。該法即「道德法」（the moral
law）。道德法是絕對的、永恆的、普世的，毫無例外。既然數學公設或物理原
則是永不移易的，道德法也是如此。人體結構中有物理成分，也一定按物理原則
行事，人也該仿之。完全隨道德法則之指示，不必考慮後果，只看行爲當事人是
否秉諸道德法則。善惡的裁判官，由道德法則擔任。

此種說法，太過抽象，雖非空談。但如何在道德生活中有具體的展現，康德
在此舉一例說明。一個陷入困境的人，爲了脫離苦海，乃許下他不可能兌現的諾
言。試問此種具體辦法，能成爲普世性的嗎？難道他不思及自己的「巧策」，有
何具體「後效」必定應驗或反彈在自己身上？以爲只要「騙到手了」，則就安然
無事。需知那頂多也是一時而已，或瞞了誠實可欺者，躲不過慧眼的巨光。「定
言應迫」（the categorical imperative）觀念，由之而生。

(二)「定言應迫」

臺大殷海光教授以神來之筆，譯categorical imperative爲「應迫」兩漢字，實
在很「扣緊」（cogent）。「應」就是該，「迫」是非如此不可，帶有強制性；
比「愛」、「喜歡」、「欲」、「想要」等，更含有道德義務感。遵守道德法
規，人人不可逃；不只是人生「準則」（principle），且也是普世性的「公設」
（axioms），如同數學或物理學的定理一般。是「定言」而非「假言」命題。

1. 純粹依理行事的道德當事人，一切行事皆依道德的客觀準則行事；此種客觀準則，也是當事人意向或心情上的主觀準則。主觀與客觀二者融合為一，客觀準則（objective principles）與主觀格言（subjective maxims）不分，二者若不合，則前者下達不可違抗的命令，「義務」（obligation）就出現：除非人之意如神意，聖潔無瑕，否則成為道德人，就有一種非盡道德義務不可的應迫感，以此來克服私欲或私情，這種理性作為，就是「實踐理性」（practical reason）的展現。以理克欲、節情、排私，如同將官下達指示一般，軍令如山，士兵必奉守不逾。「該」（ought），在道德行為層面上，「該做」比「想做」、「喜做」（心理意）或「欲做」（生理意）等都高。

2. 「應迫」有三種，但只有最後一種才具道德定義。

(1)「若你想學法語，就該採用這些方法。」是典型的含有「目的」與「手段」（工具方法）在內的陳述句，品味太低，只是顧及到學法語有何好處，該採何法為優？如此而已，而非注重為「該」而「該」。該句是「若言」（hypothetical），而非「定言」（categorical）命題。其次，並非人人都「該」學法語，且方法上也難以顯示出那種方法是最「該」。因此康德稱這種「應迫」屬於「問題式假言」（problematic hypothetical imperative），或是「技術上的應迫」（an imperative of skill）。

至於「若你想作個成功的夜盜，搶了他人財務而未被發覺，則該用什麼途徑」。此種「應迫」，在道德意義上更等而下之了，根本是反道德的技倆，與道德法相違。

(2)「基於人性的基本需求，你要謀幸福，因之你該採取這些行動」。此種命題不構成為「問題式的」，因為法語的學不學，或想不想作個成功的夜盜，任人都可以自由選擇。此一命題也非「假言」命題，因為無「若……則」之句型。此種條件句形式（conditional），卻是「肯定」（asserts），但仍有「假如」意味。康德稱之為「可以肯定的假言應迫」（assertoric hypothetical imperative），仍然含有「假言」成分，故不把它算在內。其實，幸福若不涉及到目的與手段，

尤其是外在目的與手段，而以幸福爲幸福，則已接近他下述所說的命題了。

（3）「定言應迫」（categorical imperative）才是他所首肯的道德律則。

幸福就是幸福，善就是善；不言其他。不只不談手段，且也對目的隻字不提。道德學上的目的觀（teleological ethics），他是不屑的。幸福或善，本身就是目的；是「絕然的」，「確信無疑的」。這種「定言」，才是「絕然定言」（*apodictic* imperative）。先驗的（*a priori*）命題，純只是一種「概念」（mere concept），該命題是：「依格言而行，同時該行也成爲普世法」（Act only that maxim through which you can at the same time will that it should become a universal law）。施於己者，也必施於人；勿施於己者也勿施於人。但勿施於己者，如恰是人之所欲呢？

行爲涉及目的及手段。就手段而言，康德不屑言之。即以目的來說，他似乎也有一股中世紀的俠士風（cavalier），「何必曰利」？更「何必言義」？義本身就是義，一出口說義，義的意就降格了，幸福亦然！不過，幸福如取亞里斯多德的由潛能性發展爲實現性，把人涵養爲眞正的人，此種「至善說」（*eudai-monia*），是否比康德的「福就是福」更有落實感，他不是也有志於研究人類學（anthropology）嗎？把人當人看（man as man），不是只把人當工具。人本身就是目的。行俠仗義本身也就是目的，且是義務，更是職責，沒有喜歡不喜歡的心理考慮。丹心不只照汗青，且也使良心發光！此種心，才是眞心又純意。

3. 道德公理既定，那是普世性的，則具體或特殊的道德行爲，就可由此推演得出（deduced, derived）。「無人比某人更具資格捐錢濟助窮人以解難關時，該某人就該解囊」。這一德目是普世性的「公理」（axiom）。當我是該某人時，我應義不容辭地履行該公理，也引用該公理，沒有什麼目的不目的，更不用說手段了。否則，就會拖延時日，更可以作爲不履行公理的藉口。

「一個人享受榮華富貴，有能力助人，卻眼睜睜地看別人忍餓挨饑而無動於衷」。這種人採用的普世性公理，是未思及那些人是眞正的處在困境中。因之他並未犯邏輯的矛盾律。只是當這位有錢人若陷入窮境時，「必」亟渴求他人之救

援。

　　「一個人需錢孔急，唯一辦法就是許諾還債，但明知自己無力如此。」這種人可以運用下述道德公理作為普世性原則嗎？「當我需向他人借錢時，答應會還錢，雖然我辦不到。」這就頂撞了「有借有還，再借不難」的公理了。二者發生矛盾。謊言是無人信的，公理又建立在無人信的謊言上，則公理不也毀了？純就邏輯看，二者雖還不至於是一矛一盾（contradiction），但二者是「不一致」（inconsistencies）的。在「對立關係」（square of opposition）上，矛盾是兩極，不一致則衝突不那麼嚴重。

　　4. 靠舉例，必然是舉不勝舉。以自私心作為道德公理，這是不道德的。實踐理性「要求或下令」（commands），人人要從自私心中升級，以便道德律則或道德法成為普世性的。

二、「類比」（analogy），「仿如」（as if）

(一)大自然（Nature）有普世性法則（Universal Law）

　　人的道德法則，正可以與大自然作「類比」，或「仿如」。

　　1. 人是大自然的一部分，也受大自然法則所束：天法及人法，二者皆屬「定言應迫」。「你的行動之格言或公理，透過你的意（will），仿如成為大自然的普世法則」（Act as if the maxim of your action were to become through your will a Universal Law of Nature）。「人陷入悲慘絕境時，仿如自殺，或與自殺可類比」。

　　2. 「自我決定」（self-determination）：只有在自由性及自發自動性的決定，才具有道德意義。自我決定時，理性（reason）及意志（will），二者要通力合作。一有決定，本身就是目的，是絕對的，而非相對的；屬「定言應迫」式而非「假言應迫」。

認定某種存在，存在本身具絕對價值，本身就是目的，取之作爲法規律令之所依。「只有且也只有」（in it and in it alone, if and only if），才可算是定言應迫之基，更是實際的法條。

(二)「目的本身就是目的」（an end in itself）

如同最高法院的第三審也是定讞審一般，是普世性的，終極性的，是實際法的全部源頭。

有此種「自我本身即目的」的嗎？康德斬釘截鐵地說，人，任何理性的人，本身就是目的。

1.「理性本身，是存在的，本身就是目的」（rational nature exists as an end in itself）：「人性的對待，對待自己或任何他人，視之爲目的，同時，從不可以只視爲手段。」（act as to treat humanity, whether in your own person or in that of any other, always at the same time as an end, and never merely as a means.）

上引言中「at the same time」及「merey」極爲重要。上理髮室是難免的，當然，視美髮師爲工具，但不可「完全」把他當工具看。理髮師也如同己一般，是一個「人」，手段與目的是分不開的。自殺呢？可以脫離苦海以免生不如死嗎？苦與悲慘都是相對的，只有人本身才是絕對的。視人身「只」是工具而已，自殺之「不該」，理由在此。工具可善用也可誤用，爲何不能善用呢？借錢不還，卻冒假允諾必兌現者，也只把對方當作可以任意指使的工具了。人本身就是尊嚴，自己的尊嚴不顧，也侮辱了他人的尊嚴。人的尊嚴，就是人之所以是人的內在目的。

2.《論永世和平》（On Perpetual Peace）：基於上述論調，窮兵好戰的君主，派軍隊侵犯他國，是在耀武揚威，擴張勢力，視他國甚至本國都「只」是他完成私心的手段或工具。康德甚至呼籲常備兵（standing armies）也該廢除，因爲他們上戰場殺敵或被殺，都只不過是充當政府或國家的工具而已，對人性或人

權之尊重無助且有傷。

(三)法意即自律（autonomy）而非他律（heteronomy）

1. 法期無法，刑期無刑：理性的人皆自我要求，自我立法，也自我行法，更自我司法。法是不得已的，短時的；良心制裁，良心不安，自覺過意不去，這種人，才必能徹底改過自新。外在管束只是治標，而非治本。

2. 定言應迫之行，與依興趣、利益、喜愛、欲望等之行，大爲不同：前者一，且共；後者多，且殊。除了可以形成爲萬有公法，即普世性之法外，別無「道德格言」。自律純依理，他律則思及利、益、愛、欲等。前者正是盧梭所言之「公意」（general will），後者是私意（private will）。

3. 立法、司法、行法，三法皆合一於自我身上，則這種人絕非他人之隸屬或奴僕。他自爲主人。同時，在群居生活中，他也是治人者兼治於人者。自己變成最高無上的「主人翁」（Oberhaupt）。他下的決定，他人無法也不許否決，自己成爲自己的上帝，在自己的王國（Kingdom），他就是王。此種王國，「仿如」大自然王國（the Kingdom of Nature）。若人人皆依「定言應迫」而立法、司法、行法，則此種「理想」就成眞了。人也在此種狀況下，才眞正是自由身。

三、自由（freedom），不朽（immortality），上帝（God）

憑理性，無法證明「自由」、「不朽」，及「上帝」之存在。三者皆是「物自體」，屬本體界；人的「知」，在此止步，但卻是道德領域中的最高原則。

(一)自由

1. 自由、義務、職責、應迫、該，這些字眼，乍看之下，似乎綁住了人。但規範如是在自由意志之下所決定的，甘願服從的，則也就無受約束感。自由是道德的「必要條件」（necessary condition）；「無自由，就無道德可言」；光有

自由，不一定就有道德。「有之不必然，無之必不然」；這是「必要條件」的定義。

2. 人兼有本質界及現象界，後者逃不過因果律的約束。因之，人在此一層次上，是他律的，與其他動植物或物理現象一般。但人也有本質界，現象界則是現實界。本質界即理想界，該界是自律的，自我指令、分配、安排，自己是自己的主人。在現象或現實界，人是不自由的；但在本質界，人是自由的。自由的行為，才算是「頂級德，最頂級的善」（the *summum bonum*），是無條件約束的，是整體的，而非局部的。

3. 失去自由的人，不能課以責任，行為也失去道德意義：福的位階低於德，有福的人會快樂，但那是現象世界的舒服，而非上臻本體界的享受。有德者在現象界不一定幸福，但卻在本體界中享福。前者的幸福是偶有的，但人不一定作得了主；後者則是必然的。如此，似乎也是正反律背反（antinomy）。其實，認清界域，就一目了然。換句話說，人的存在有精神面及肉體面，前者即良心。德與福在精神面有必然性關聯，在肉體界則不一定。德「必」生福，在本質界是必然的。因為有個媒介體，即上帝。

(二) 上帝

既有現象界及本質界之分，則世界不光只一，卻有另一世界存在。有今生，也有來世；有人的王國，也有上帝的王國。

自由，上帝，靈魂不滅，這三種命題皆非「分析命題」，而屬綜合命題，因為主詞並不一定涵蓋述詞。但三者都屬先驗，因之「必真」。但此種必然成立的推論，純粹理性是使不上力的，三者都是「物本身」。皆屬本然界或實質界，不歸經驗界、感官界，或現象界。

1. 康德認為上帝的存在，才保證有德者有福，也是有德者「必」享福的「必要條件」──無上帝，則有德者「必」不見得享福；有了上帝，有德者在「今生」不見得享福，但在來世（天國），則「必」能享福。在上帝世界裡，德

與福，反而是「充足條件」；在人世，則是「必要條件」。

2. 理性者（包括人）無法盡或「悉數」（全部totality）的掌控一切：物理、生理，及自然條件，超出人力之外者多；德與福要建立必然關係（充足條件關係），不是經驗上的事實。史實告訴我們，蘇格拉底及耶穌的一生（在世）遭遇，雖有極高德行，卻慘遭囚刑或上十字架。但世界不光只有人生界而已，另有天國界。因之，自由及上帝不朽，都是「綜合先驗命題」（*a priori* synthetic proposition）。福之多少，與德之多少，二者成比例，如數學公設一般的準確不疑。德與福二者，如同曲調一般的協合（harmony），調音師必是個理性者或睿智者（rational and intelligent）。

3. 上帝之存在，對人而言，「信」即可，依「理」是不夠的：理性作實踐用，就是「信」（faith），那也是一種「義務」（duty）或職責（obligation），帶有「應迫」（imperative）性，如此朝「頂級德」（*summum bonum*）邁進，是日進日日進。「理」的世界是理論性的，可以擴充或增加新知；「信」的世界是實踐性的，目的不在知識的增長，而是在行動中，使人更信「不朽」。

(三)不朽

1. 人的肉體，受自然或物理限制，不能永生；但人的心靈或精神，既是自由的，加上「信」有個上帝在另一世界，則靈魂不滅（immortal soul）。人有此「信」，不是極具實用性、實利性，又實益性（pragmatically useful, beneficial）嗎？

世界有二，一是今生之世，一是來生之世；人也有二，一是物質的，一是精神的。前者是形下的，如物理學（physics）；後者是形上學，即後物理學（metaphysics）。道德也分為二，一是感官上的愉悅、快樂、喜愛，一是道德意識（moral consciousness）的「良心」（conscience），那是形上的。此意識一生，則「我該」（I ought）就表示「我能」（I can）。知與行在此結合成一體，永不可分。

2. 道德與宗教的關係：康德認為，人不必因有上帝的觀念而生義務感，人不是聽令於上帝，卻要為義務而義務，不為別的，這才是最至高無上的行為動機。宗教儀式如禱告、懺悔、崇拜，或愛慕，也只不過是一種宗教信仰上的煙幕、幻想，或錯覺（delusion），是仿冒的（spurious），無助於道德的善。教條千萬條，比不上虔敬真誠一條。威風凜凜的教會高高在上，監視督促世人，又在啓示真理的闡釋上自扮演以為是最可信賴者，康德大表反對。人間世上有個教會，只不過是使信眾為上帝服務以及行德上作一個精神上的統合場所而已；由可見的教會，看到一個心思冥想中的教會；由形下而形上，從現象界而到本體界。

3. 傳統上獨斷式的基督教義，如「原罪」（original sin）或「墮落」（fall），他都取哲學觀點評論。盧梭以為人一出生，都是完美的，康德並不支持此說，他沒有這麼樂觀。就經驗事實而論，聖經繪聲繪影所敘說的許多不堪的故事，也只不過是人基於自私的愛，未守普世性的道德法則所致。新教教義把人性之腐化及美化，各走兩極；倒不如採取理性立場予以釐清。這方面，其後的黑格爾建立的宗教哲學，比康德更為完備。

4. 道德感、義務感、職責感，康德在這幾個層面上的堅持，令人肅然起敬。他的道德理論，說不上堂皇狀麗，但也只有像他這種人，才得不朽美名。道德律本身，不計及後果；後果或效應，與道德法則不相干。因為許多後果或效應，非行為當事者所能掌控，且因人、因時、因地而異。道德意識秉承人的自由，人擁有自由來下判斷，不受物理世界的因果法則所擺布，這就涉及到他的第三批判了。

第五節　第三批判（美）

　　第三批判，書名叫做《判斷力批判》（*The Critique of Judgment, Kritik der Urteilskraft*）。第一批判，純粹理性批判，指的是自然世界，即物理世界；第二批判，實踐踏理性批判，矛頭則指向人的自由世界。二者之命題都不是分析性的，而是綜合性的。前者如宇宙有地心引力，後者如人是自由的；述詞都不在主詞中，但卻都是先驗的；因此，也都是定言應迫命題。第一批判與第二批判，並非各自孤離，卻有必然性的關聯。這關聯性質，就是第三批判的主要內容，「判斷」觀念遂之而生，將二者作一富於詩情畫意，也最具美感的扣緊。三大批判的命題，真、善、美，都非分析性的，而是綜合先驗性的。康德的大哲學系統，於焉建立完成，是哲學史上的艱鉅大工程。

一、美（beauty）與品味（taste）

(一)美與品味，及苦與樂，二者之關係

　　1. 隨英語學者的用詞，康德取「判斷」作為「美」的「品味判斷」（*das Geschmacksurteil*）。一提「品味」，意指「主觀」。康德也承認，品味判斷是主觀的，也立即與苦樂二者相連；受客體條件所限，是條件陳述式的，屬情緒命題（emotive proposition），是「情」意而非「認知」。康德舉建築物為例，對於該建物之概念知識，與欣賞該建築物之美，是兩回事。

　　2. 美與品味是一種境界：把美及品味「本身」當客體看，每個人都有主觀性的美與品味的鑒賞。美醜的評價（判斷），與食物品味的口感（判斷），人人不同。但人人都具有美及品味的感受，這是普世性的、永恆的、絕對存在的、客體的，不是個人式的，也非經驗上的，更非心理上的，因之也必有「標準」及「規則」。美學研究的重點即在於此。當然，美學上的主觀及客觀條件，都有必要深究。

(二) 範疇有四，美學亦然

美學有「質」、「量」、「關係」，及「樣態」（quality, quantity, ralation, modality）四種範疇。

1. 質：把「美」從樂與欲，快或不快中抽離，完全中立於情（entirely disinterested, *ohne alles Interesse*）。看到一幅水果畫，就口水滴出，頗想咬一口過癮。滿口食欲，這不是美學上的判斷，也誤了「美」的哲學字意。美是心靈的，而非肉體的；美女「畫」一現身，就有非分之想，或有淫慾之衝動；美的「質」不在此。藝術與色情之別，昭然若揭。

2. 量：美及品味，並不以「量」取勝。美之滿足感，是眾人（全人）皆同的。言量，則是全量的。對美下判斷，絕對是自由自在而非被逼的，或他人下達指令的；卻一切操諸在我。因之，「道德上的應迫」（the moral imperative），建立的基礎與美的判斷同，都以「自由」爲基。一座雕像被評（判斷）爲美，因它具有客觀的特質。美的「質」與「量」，在此難分。

品味異於口味，如同精神的別於肉體的。口味人人有殊，但品味則全人皆同。料理食物，各國甚至各人之嗜好，絕對不可能齊一，這都是經驗事實，也是現象之呈現。但美是本質性的，即令以形下或肉體之欲而言，如喝酒使人爽。但「大家」讚賞（美）的，不是酒「量」而是酒「品」；「品」非屬「量」，而是「質」；「判斷」的標準，不設在「量」上；量的多少，與美無涉，但質才攸關。「大家」才屬「量」。

3. 關係：就樂（the pleasant, *das Angenehme*）、美（the beautiful, *das Schöne*）、善（the good, *das Gute*），三者之關係而言，樂，人與動物都有相同的經驗；善，則只心而無身（肉體），人無此條件；美則介於二者之間。只有理性的人，才稟有此天賦，但非人人皆具。人是靈肉的合體，有樂也有善，美是二者之媒。

此外，美與存在或不存在無關。水果畫引起一些人的口欲，之所以如此，乃

以爲該水果畫，眞的是可吃的水果在其中。但若以美學觀點言之，是不計較甚至不認爲是否有眞正可吃的水果在畫中。美味可口的眞實水果，是否在畫中，與水果畫之美不美，無「關」。

此外，興趣或利益（interest）的考慮，美是不計的；但並非美就不該有利或益，只是利或益，不可作爲美的評價標準。換句話說，因利及益而美，不可；但因美而有利及益感，則無可厚非。利及益，就如同樂及苦一般，是人言言殊的，但美則高高在上，利益或苦樂之齟齬與美何干？康德說，若有人以爲喝酒是一大快事，那僅及於他或與他的酒友之私人或局部人的評價；但若說某藝術作品是美的，則作此判斷（評價）者不是依私情之意了，卻帶有點強制性，但願他人也有同感，私感變成共感。若以爲美不美，標準難下，不易求同，那只是短暫的，是經驗界的。至於美的本質界，有漸漸被逼近的時辰；美的抽象意義，具體地呈現於藝術作品上，品評其優劣，現時雖然是分殊，但分殊之「異」，有漸趨同的傾向；「總有一天」，就如同眞與善一般的，無可爭議。

總之，美與善一般，無法用邏輯推論予以證明其存在，倒要寄情於「情」（feeling），才能獲「普世有效性」（the universal validity）：不僅說之以「理」（reason），更要動之以情（feeling）；「說服」（persuasion）他人，不妨再看一次，且更仔細地觀察美的「物」，則有信心，使個人的主觀漸變成互爲主觀（intersubjectivity），就往客觀（objectivity）逼近了。形同數學觀念上的「逼近」（approximation）；1，也是由$1/2 + 1/4 + 1/8 + 1/16$……而成，結果雖不是與1等同，但「仿如」（as if）1。「情」的一致性或普效性，也幾乎等同於「理」了。

美屬於「本質」界（noumena），有別於現象界（phenomena）之有目的，或以用處或效應，來判斷一朵花爲美：「美」並不過問該花幹什麼用的。「美只是目的的一種形式，但卻未呈現出目的」。此句話頗爲抽象。若以下述理解之，就「仿如」了。目的是實，美是名（形式）。美是一，目的是多。看到一朵花，這是具體的、經驗界的、現象界的，花當然有花的作用（目的之一），但賞花之

「美」者不一定考慮這些，卻只把花當「賞」之「用」而已。花若具有目的，此目的之一，就是當觀賞用，納入在美學的範疇。

最該注意的是情意（feeling）與情緒（emotion）有分，後者時間短暫，卻激烈且動力驚人，可達昇華淨化（sublimity）之境。情意則較平緩且持續。情緒的情甚激，情意則較穩。就美而言，意美比情美，較能自由自在，較不受情所牽。「自由美」（free beauty）而非「黏美」（adherent beauty），較「純」而不受汙，自由的主體性較強。

4. 樣態：美不能言玄，無法以文字或姿態予以表示，卻是一種「典範」或「楷模」（exemplary），更是有樣學樣的榜示。康德取英國學者伯克（Edmund Burke, 1729-1797）在1756年發表的《論昇華及美二者起源的哲學探討》（*Philosophical Inquiry into the Origin of Our Ideas of the Sublime and the Beautiful*），是此一領域最重要的著作，卻給予「批判」，認爲在釐清「昇華」及「美」二者之不同時，「純只以經驗界及生理界」（purely empirical and physiological）爲憑，是平面的；忽視了「超越性的闡釋」（transcendental exposition）那種垂直面了。

昇華（*das Erhabene*, the sublime）與美（the beautiful）一般，二者都有相同的面貌，二者都會激起快感；分野在於美，是自然美（natural beauty），是一種「形」（form），形即表示「限」（limitation）；與範疇上的「質」有關；昇華則是人爲的，無形的（formlessness），無限的（absence of limitation），是全力以赴（with totality）不受限的，形同大海洋中之澎湃，力大，波濤洶湧。美來自自然物，是「悟性」（understanding）的展現；昇華則是「理性」（reason）的工夫，也超越了悟性。領悟就是了解，屬「知」（knowledge）；理性則具推演功能，屬「智」（wisdom）。山川之美，這是自然的；形容爲「壯麗」，這就是昇華了。前者是柔美，後者是壯美，經常超乎想像力之外。因之，除了自然美之外，又加上了「神奇」（wonder）及敬畏（awe）。平靜的海洋是一種美，也是自然美，但捲起巨浪的海洋，如圖之以畫，觀賞者除了仍可以美享受之，但卻

另增（量）了一種恐或怕的心情。藝術「創作」在此有了揮灑的空間，超越經驗界了。「美」（the beautiful）與「媚」（charming）有異也有同，把自然或經驗的美往上推，而及於本體界或超驗界的美，這才算是藝術。

以「目」來睹昇華界的美，逃跑都來不及了，這是經驗界的感受或領會。實際親自駕一條小船，竟然巧遇大風大浪，還有心情去欣賞這番得來不易的景觀嗎？只好趕緊祈禱盼望脫離險境；親「眼」看到張牙舞爪的大蟲（老虎），除非你是武松，否則得用盡（全部）自身力氣，死命逃生。但該素材如作成繪畫，則佇立於旁的鑑賞者，就拋棄了實際經驗面而超越昇華到另一心靈界了。美女是可愛的，眞想撫摸一下，甚至親親芳澤，這是經驗界的美。但昇華，就是心靈上的精神享受了。

昇華的美，康德舉羅馬的聖彼得大教堂（St. Peter's at Rome）爲例，那是「絕對的大」（absolutely great），「其他都相形的小」。這叫「數學上的昇華」（mathematical sublime），是心靈上及精神上的；對比之下，其他的美，就是物理界或自然界的了，他稱之爲「動力的昇華」（dynamical sublime），與前者相較，是居弱勢的。

二、美與品味之「判斷」，如何成爲普世性的有效（universal validity）

(一)判斷（judgment）

判斷，不是邏輯（logical）的，也非經驗的（empirical）；因之非演繹的（deductive），也非歸納的（inductive）。

1. 美及品味獨立於經驗事實之外：單從經驗事實而言，美及品味無法求其同或一，卻是異或多。普世（空間）的人，及古、今、後的人（時間），不可能對美及品味都有百分百的相同判斷。美及品味也非分析命題，而是綜合命題，如「這朵花好美」或「這道菜甚合我品味」，述詞皆不在主詞中，故不能用演繹

（邏輯）予以推論而得到「有效的論證」（valid argument）。

2. 美及品味的判斷是主觀的，個人的；討厭、喜愛、贊、歌頌、鑒賞等，因人而殊，難以求同。但康德認為美及品味的判斷，有個「先驗」（*a priori*）為其基，這是人人無別的，那是想像（imagination）及領會（understanding）的交互運作使然。換句話說，人有想像力及領會力，此一命題雖不是分析性的，卻是先驗的，故也比照純粹理性有別於實踐理性，可以作為「定言應迫」命題，普世有效性因之也成立。並且，將此判斷傳播於他人（communicability），也基於他人心靈結構上（mental structure），同樣都由想像力及領會力所組成。這也是毫無疑義的。即令美及品味的判斷是主觀的，比如說康德對鬱金香（tulip）情有獨鍾，但亦不妨礙他對美及品味的判斷。

(二) 美藝（fine art）

1. 美藝有別於自然，因為那是人為的（making, *facere*），即「下功夫於自然上（*agere,* acting, operating），從而有了產品（work, *opus*），那是使力（effect, *effectus*）的結果。」

2. 美藝本身（fine art, *die schöne Kunst*）不同於只令人喜愛或戲耍的玩物（pleasing art, *die angenehme Kunst*）。前者是內在的，若能廣為流傳，則對文化及精神力之提升，有莫大貢獻。因之，fine art異於pleasing art；前者屬本體界，後者屬現象界。

3. 美藝雖也源於自然（Nature），但前者不受限於後者，卻可以海闊任魚躍，天空隨鳥飛；不過，也不是放縱式的自由自在，只是不許有一絲一毫的痛苦感來接受藝「則」。藝「則」即是把大自然中的「自由」（freedom）部分挖掘出來，那已超越了感覺（sensation）及「概念」（concept）之上或之外了，直指向著大自然界的本質面。

因之，美藝作品是天才（genius）的專利。大自然所賞賜的天才稟賦，在藝術上自我立法，自我司法，也自我行法，不受其他所左右或控制。天才具有一種

特殊的心靈官能（*Geist*），能夠孕育出「美的理念」（aesthetical Ideas）。想像力的傑出作品，文字語言難以解說。天才不是只傳而已，卻重原創性（originality），特別厭「仿」（imitatien）。天才是自學、自教、自習的，他人插不上手，但也得接受專技性的訓練，了解藝作之法則。天才是美藝作品的「必要條件」（necessary condition），而非「充足條件」（sufficient condition）。換句話說，天才不一定有頂級的藝作，但非天才則不可能有曠世名畫。

4. 二律背反（antinomy）：一正一反，這是二分（dichotomy）；但真及善的二分，是不窮盡的，因之並不對立或矛盾，卻可相容。「美」亦然。美與醜，並不窮盡所有的判斷界域（domain of discourse, domain of judgment）。不美不一定就是醜，不美只是不美而已。同理，不醜也不必然是美。此外，美與醜，有些是可斷定的（determinate），有些則否（indeterminate）；前者屬現象界，後者則是本體界。二律雖相背，但不一定就相反。猶如漢與賊之外，還有第三者在；即令漢賊不兩立，但非漢非賊者卻皆可立。

(三) 美與善的關係

1. 二者有「仿如」（as if）或類比（analogy）性，符號（symbol）性極強。取盧梭的眾意（general will）說，國家「如同」人體，依人民制訂的法來統治。若是一人治，則猶如一部機器，如手搖磨紡機（hand-mill），獨裁者（autocrat）展現他的絕對權力。這段話所陳述的，都是象徵或符號化的。國「類似」人體，把二者都比為機器，皆只具字面意而已。「因之，美是善的一種記號」（the beautiful is the symbol of the morally good）。

2. 美與善，二者在類比上，有同有異：道德上純粹理性無法提供上帝存在的有效論證，不能使疑者（不信神者）相信有個上帝在。但實踐理性可以彌補此種論證。宇宙「仿如」有則有序，不只存在最高的建構者、設計者，以及創造者，且所有這些的最終旨趣，就是把人創造出來才算是美的極致，若「缺了人，整個創造將只不過形同一片沙漠，徒勞也無最後宗旨。」既創了人，才算「善

舉」，則人必須是個「道德的東西」（a moral being）。

3. 先驗（a priori）與後驗（a posteriori）之關係，也是後物理學（meta-physics）與物理學（physics）之關係；一形上，一形下。物理學這種屬於現象界或經驗界的科學，不是只有經驗事實資料的堆積，卻含有原理原則；如物與物之間的「引力」及「斥力」（attraction and repulsion）。原則是作爲形上及形下之媒。原則的抽象性有等級之別，最高者就是「物本身」。物本身此種形上概念，在三大批判中都有，即眞善美；三者也皆有範疇，而範疇種類也各都有四種。

康德哲學號稱爲超越哲學（transcendental philosophy），是以先驗概念作爲基準，建立綜合命題的知識體系。在上帝、宇宙、人，三者之間整合爲一，而人介於上帝與宇宙之間，也居本體界及現象界之中；在因果關係上，人是命定的，也是自由的，肉體上受物理性的限制，但在心靈上則奔向永恆。昇華在美學中的概念，也是如此。

康德的著作，在領會上確實令本書作者吃盡了苦頭。哲學名詞太多，界說又晦澀，分辨也不清晰。據言他上課講解風趣又活潑，可惜今人無緣作他的及門弟子。臺灣在1930年代於高等學校（即今之師範大學）求學的菁英，傳記都說他們喜歡看康德及黑格爾的哲學，眞不知他們懂得多少。哲學史的名家，在撰述康德哲學時，亦有不少迷惑處，有時也自承難以領會。即令在大學哲學系擔任西洋哲學史的教授，出版該學門的寫作，仍然大部分作傳譯工作而已，參考價值不高。本書在此部分的介紹或解說，不敢說觸及「康德哲學本身」，或許那是不可知的，如同「物本身」（本質界）一般，而只在康德哲學的「現象界」，作些揣摩而已。

結語

　　作爲西洋哲學史的中冊，本書在時間上的範圍，涵蓋十六及十八世紀。其中有數項特色，利用此機會再作補述。

一、歐陸的理性主義：笛卡兒、斯賓諾沙、來布尼茲

(一)形上學面臨挑戰

　　1. 數學：文藝復興之後，歐陸學界，懷疑風甚熾，形上學氣勢大降。笛卡兒爲挽回此頹勢，乃以數學予以解圍。懷疑之所以起，乃因概念太抽象，名詞既不清又混淆。精於數學的笛卡兒，先以「疑」爲學之始，但「疑本身」是深信不可疑的，他的哲學，以「不疑」作結。試問數學的公設，又有誰疑？哲學尤其形上學，若能取數學爲榜樣，則能屹立不搖。數學運算，一步一步按序而來，一清二楚。其他的數學大師來布尼茲甚至發願，如能把哲學命題都改成邏輯用語，以符號表之，則哲學史上爭論不休的陳年舊案，就可仿數學作業一般的公開解答，1就是1，2就是2，又哪有疑呢？

　　但7 + 5是12，與7杯加5杯，是12杯，二者意義又有別了！12是符號，「杯」是具體實物。杯又有大小、形狀、色彩等之分。

　　2. 物理學，哲學史當然以哲學問題爲主要內容，因之哲學史所探討的，離不開哲學；但哲學史的演變，卻也受到哲學以外的學術風氣所影響，其中之一就是物理學。在十七世紀之後，進步神速的物理科學，日新月異是拜「假設演繹」（hypothetico-deductive）說之賜。由形下的物理學或天文學所認定的地心引力或太陽中心說，在觸及上帝此種神學或形上學時，遭遇到麻煩，可以祭出「假設」說以解困脫套。

　　3. 中世紀的學術主流是神學，神學榮登「萬學皇后」（the queen of the sciences）寶座。但神學能悉數包羅萬象，把一切學術科目盡含其中嗎？歷史學自

黑格爾起，經濟學從馬克斯始，都在萬學中頭角崢嶸。當然，這已是十九世紀的事。至於其他的學門如心理學、生理學、社會學等，都奮力掙解而跳出神學的牢籠。換句話說，神學領域已大爲縮減。同理，哲學亦然。

簡言之，爲學方法的重視，取數學爲榜樣，是西洋哲學史中冊的重點所在。方法是一種形式，架構、工具、手段，但爲學方法的得當，卻對知識內容之增加，裨益不少。

(二) 知識之增加

1. 爲學態度（如鼓勵疑）及爲學方法（如依數學方法），不只可以把哲學知識予以系統化，且在應用上，功效奇大。對「實體界」（reality）中新眞理之發現，貢獻最爲驚人。哥白尼就深信，作爲純形式或純符號化的數學，竟然可以透過數學的公理或定義，而讓他讀懂大自然（Nature）這本「天書」，發現大自然的奧妙與神奇。天文學的大革命，由他發動。大自然本身，原來是充滿「睿智」（intelligible）及「理性」（rational）的；因果關係形同邏輯的條件關係，宇宙原來是一套理性的系統，哲學家當然要以演繹法予以重組，將大自然操在人（哲學家）手中。理性的「伸展」（unfolding）而非「緊縮」（folding），才是該走的途徑。因之，觀念是先天的、內在的、自然的、上帝所賦予的（innate）。先天觀念早就存在，從內往外伸展，這就是演繹法（deduction）的主要根據。相反的，由外往內的過程，則是歸納法（induction）。康德所用的術語，數學觀念是先驗的、超驗的、本體界（實體界）的，而非感官界、形體界，或現象界。如此一來，「最終」或「最後」（ultimate）、永恆（eternal）觀念遂出。

2. 以來布尼茲的一種夢想爲例，他但願語言文字皆可符號化，可以解決一切哲學史上的爭論，答案也如同數學解題一般的成爲「公設」或「定理」。此夢想啓動了其後邏輯從語言哲學使勁的腳步。不過，純數學與形上學，究竟無法完全等同。在形上哲學的用字遣詞中，如何把它完整無缺地譯成邏輯符號，此種艱

巨工程之難度頗高。還好，一種收穫就是新知多了。其後，數理邏輯及語言哲學的成爲顯學，來氏之功不可沒。

二、英倫的經驗主義：洛克、柏克萊、休姆

(一) 要旨

1. 受牛頓物理學的影響：歐陸理性主義廣受數學所支配，英倫的經驗主義則充斥著牛頓的物理學影子。理性主義是數學在哲學上的應用，經驗主義則取資於物理學。休姆說的「實驗哲學」（experimental philosophy），即指物理學（physics），是古典的（classical），也是牛頓的（Newtonian），當然與現代物理學不同。海峽兩岸的經驗主義及理性主義，主角都是人，這也是文藝復興之後，主體的人而非客體的物，地位大增的明證。「人學」（the science of man）分量加重。經驗主義的哲學家，對人的知識、悟力、領會力、感覺、知覺、概念等，作了著作的標題，尤其是休姆在因果律上大感懷疑與興趣，此舉撼動了康德。

2. 爲學方法上，經驗主義較偏特殊及部分，理性主義則較重整體及統合；經驗主義是微觀（microcosm），理性主義則巨觀（macrocosm）。形上又綜合的理性主義，在經驗主義者心目中，如同紙牌作成的屋子（houses of cards）；該設計不可靠又不堅實。分析則是內縮的（reductive analysis），由印象（impressions）而生觀念（ideas），印象是有序列的，井然有序。色彩或影子之濃淡，幾乎可以量化，如其中一影一色不存，立即被明眼人看出而可補上。

3. 經驗主義所言的「眞」或「假」，是可能性的（possibility）；理性主義的眞假是絕對性的（necessary）。可能性有程度或數量的等級，因此變成概率（probability）。一命題爲眞，與之相反的命題也可能是眞。這在邏輯上是可以成立的。

今天是禮拜二，

今天不是禮拜二。

上述兩命題相反，但卻可以同時為真。

今天是禮拜二「或」今天不是禮拜二。

此一命題「必真」，但那只是經驗界或現象界的真。

今天是禮拜二，且今天不是禮拜二。

此命題「必假」，這是邏輯上的假，也是「必」假。經驗上的真或假，皆有可能；邏輯上的真假，不是「可能」或「不可能」，而是「必」。

(二) 評論

1. 就現代經驗主義而言，命題都是分析性的（analytic propositions）：其一是「套套言」（tautologies），如「A是A」。A重覆一次，A→A，A不管真或假，A→A都是「真」。A真時，A→A為真；A假時，A→A也真。其二是「後驗命題」（*a posteriori* propositions）或「經驗上的假設」（empirical hypotheses），而無「綜合先驗命題」（*a priori* synthetic propositions）。

經驗上的假設，在「真」上都是可能的，且屬概率性，即量的多寡。至於套套言，明或暗的（明的如A是A。暗的如[(A→B)&A]→B，那是A→A的變形，也等同於A→A，故都是tautologies），都「必」真。

2. 經驗主義學者排斥形上學尤其是古典形上學，古典形上用語都未在經驗界上落實，是空的，只不過是一堆語言文字而已。但若視形上理論為一種「假設」，則也有概念上的可能性，這就與經驗事實密不可分。把古典形上學去除，

因爲了無經驗意義。形上學只是一種修辭用語或嘴巴說說的贅語（verbiage），一點都不「實」用。休姆學說與功利效益說接軌，使道德用語上的「贊」或「斥」（approbation or disapprobation），賦予「感受」（feeling）的「情意」（emotive），是抒發性的，而非「敘述」（descriptive）性的。形上學充斥著情緒語言及文字，頂多在道德「用途」上，不無可取，但無「知識」價值。

三、人學，研究人之學

取「人」這個主體當作學術研究的對象，全面的檢視人的心理、知識、社會、經濟、政治層面，是西洋哲學史中卷的重要內容。

(一) 掙脫形上學及神學的桎梏：側重經驗層面，以具體資料爲研究之基。

1. 取歸納法爲工具，注重現實證據，腳踏實地考查各地民情風俗。倫理學也擺脫神學的牢籠，至於政治理論中的契約說，難免帶有絲絲的演繹推論味，但單純依冥想式的理論演繹，已由訴諸功利效益的學說所取代。

2. 啓蒙運動以「進步」爲口號，進步根據理性。理性的運作，就是掃除宗教的迷信，且抗拒政府施政及教會組織或民事機構之不合理。巴黎有大夥的自由人士聚集在沙龍（salons），褒貶政局。咸認人類文明之進步，並非全仰賴先天觀念或遺傳因素，卻大部分得靠後天環境尤其是有形教育（學校）的普及與推廣。

3. 人的史觀是樂觀的、前瞻的、寄託於未來的，且今生今世就應往天國樂園逼近，積極主動地作社會改良及重建。歷史研究是有憑有據的，非來之於「先驗」，也不是從形上推演而得。不過，事先該有價值判斷，理想在心，步出黑暗，邁向光明。他們向中世紀告別，迎接曙光及晨曦的普照。傳統習俗兼舊有想法，一概棄之如敝屣。就此一觀點言之，啓蒙運動者頗爲「獨斷」（dogma），他們心意如鐵石，斷定一代勝過一代，淡水河後浪「必」推前浪，步步高升，節

節向前。

(二)理性第一，但情意不可無，物欲更不可缺

1. 在理的大軍壓陣之下，也有不少學者不只指出情意的重要性，甚至如休姆就直言，言或思是由理主斷；但行及動，就得依情賴意。甚至說，理性該是情意之奴，理接受情意之指揮，非理性的分量不可輕忽。法國道德學家沃夫納格侯爵特別強調人性中的情意面（affective side of human nature）；其後盧梭就全勁使力，對情意上特下功夫，浪漫情調彌漫；在百科全書型的學者堆中，異軍突起；於理的樂章中，奏出情意的優美又動人心弦的曲調，餘音繞樑，久久不散。理力加上情力，二者通力合作，同把宗教迷信或形上枷鎖鍛練剪斷。

2. 中世紀太重靈性，究心而不理身，肉體大受貶損；啓蒙運動撥亂反正，「物論」（materialism）湧出，有點滑稽的自嘲與「物」同輩；連大文豪歌德都不得不為之所動，他在學生年齡時，喜愛看費爾巴哈的作品《自然體系》（*System of Nature*）。精神或心靈的滿足，對絕大多數的芸芸眾生而言，那是遠在天邊，倒是肉體上基本需求的獲得，才是哲學家更應關注的福祉，也如此才能使人人可以把命運操諸於己手，而不必神往超自然力。哲學界開始注意「最大多數的人」（the greatest numbers）的「最大幸福」（the greatest happiness）。在宗教信仰上，不僅以新教換了舊教，這是宗教改革時期的歷史產物；啓蒙運動時，更大展宏翼地飛向「自由思考」（free thought）以及「理性自主」（the autonomy of reason）天地；把權威開除，或驅逐出境。

自由的思考必與寬容相連，此種心態（mentality），才是作為人最可貴之處。只有位高權重又有寬宏大量氣度者，才使人人都享有真正實質的自由。

(三)歷史研究的重要性陡升

文藝復興有「復古」的濃濃意，「時間」觀念在時人眼光中，分量加重。古今比較，「歷史」意識隨之而起，這是「事實」的部分。啓蒙運動又以進步為指

標，涉及「價值」了。

1. 休姆有一段發人深省的話，「是」與「該」不宜混；「是」是客觀的，敘述事實的；「該」則是規範的、主觀的、價值的，二者不一定相連。怪的是不少學者未釐清二者之別，使之各就其位，卻經常把「是」（is）變成「該」（ought），似乎是理所當然。其實，二者分屬不同的「討論界域」（domain of discourse）。「我是臺灣人」與「我該是臺灣人」，此二命題，不可混淆。否則犯了「範疇的謬誤」（fallacy of category）。

2. 啓蒙時代的哲學家之史觀，是樂觀的，此點前已述及。樂觀之心態，易言之，就是把「是」提升爲「該」，二者併而不分。啓蒙時代的歷史哲學家，自認理性可以使中世紀的黑暗邁向光明，歷史事實層面上的證據昭昭明甚。「是」之意，指的是時間上的永續，無時無刻都是現在式，如此的「是」，必也是「該」；以「理」爲依而出現「該」的觀念，評「是」是否爲「該」，結果答案若是肯定的，則過去的是，也是現在的是，而未來的是，也經過相同的程序及相同的檢驗，不「合格」者就淘汰出局，而不再爲「是」了。此時，to be is to be right或whaterer is, is right；這是黑格爾歷史哲學名言。is與ought (right)同時存在。

四、康德哲學

(一)匯聚理性主義及經驗主義而成哲學大湖泊甚至大海洋

1. 「匯聚」，不是物理上的，而是化學上的，不只是量而更是質。康德哲學本身富有獨創性，取培根爲學的昆蟲比喻，康德似蜜蜂釀蜜；歐陸學者如蜘蛛，英倫學者像螞蟻。或以黑格爾的正反合而論，正及反是平面的，同位階的（horizontal），二者半斤八兩；合則是縱貫的、主體的、垂直的（vertical），提升了。經驗主義之缺點，認爲知識都是外來的，被動的，頂多像螞蟻的堆積；當然，堆積的結果含有某些意義及目的，而非盲目亂竄；理性主義的缺點是無實

際資料，只能空口嚼舌，無食物下肚，餓依舊。康德的創造，是提出「自由、不朽，及上帝」三個「先驗知識」（*a priori* knowledge），雖理性無法得證，卻是行為當中最不可或缺的本質（noumena）。

2. 光只是經驗主義的或理性主義的作法，無法獲致現在所稱的科學知識。歸納法（inductive）及演繹法（deductive）之外（水平面的），另該有垂直面的設證法（abductive）。凡人能知的，都只限定在科學領域內；除科學知識之外，一切皆不可知。形上學不是科學，也了無意義，卻具「情」的功能。

(二)啓蒙哲學家對知識論特別下功夫

康德在知識論上的貢獻，超出歐陸及英倫學者之上。「我能知嗎？」（what can I know?）之外，還過問：「我該行嗎？」（what ought I to do?），且又及於「我能希望什麼嗎？」（what may I hope for?）

1. 知識論（epistemology, theory of knowledge）從此在哲學領域中一枝獨秀。經驗主義者用功勤，康德使力甚深，先對形上學採取破壞性的批判，如同哥白尼推翻地球中心說一般的「革命」，後又以超驗批判，建構了一套知識體系。

2. 康德其後的哲學發展，相較於康德的「批判哲學」，似乎有點吊詭。德國哲學界重新陷入一片形上學大海裡，且冥思性比前有過之而無不及。有一「正」，則「必」有一「反」乎？本書之下冊將從此出發！

索　引

國家圖書館出版品預行編目資料

西洋哲學史（中）：16～18世紀哲學史／林玉
体著. -- 初版. -- 臺北市：五南，2017.04
　面；　公分
ISBN 978-957-11-9078-5(平裝)
1.西洋哲學史 2.中世哲學
140.9　　　　　　　　　106002434

1BBB

西洋哲學史（中）
——16～18世紀哲學史

作　　者 ― 林玉体

發 行 人 ― 楊榮川

主　　編 ― 陳姿穎

責任編輯 ― 許馨尹

出 版 者 ― 五南圖書出版股份有限公司

地　　址：106台北市大安區和平東路二段339號4樓

電　　話：(02)2705-5066　傳　　真：(02)2706-6100

網　　址：http://www.wunan.com.tw

電子郵件：wunan@wunan.com.tw

劃撥帳號：01068953

戶　　名：五南圖書出版股份有限公司

法律顧問　林勝安律師事務所　林勝安律師

出版日期　2017年 4 月初版一刷

定　　價　新臺幣700元

※版權所有・欲利用本書內容，必須徵求本公司同意※